统编 高中语文教材

名师课堂教学实录

总　主　编：洪方煜

本书策划：郭吉成

本书主编：郭吉成

本书编写者（以姓氏笔画为序）：

王　惠　方　园　方香椿　叶其卿　华伟臣

张　颖　陈爱娟　庞云萍　庞加栋　胡奇良

侯小娟　姜志超　姜建华　徐成辉　郭吉成

黄巧英　黄黎莲　谢　虎

点评专家：孙元菁　应　健　陈智峰　洪方煜　郭吉成

统稿审稿：郭吉成

浙江工商大学出版社
ZHEJIANG GONGSHANG UNIVERSITY PRESS

·杭州·

图书在版编目(CIP)数据

统编高中语文教材名师课堂教学实录 / 洪方煜总主编；郭吉成主编. — 杭州：浙江工商大学出版社，2023.4(2024.9重印)

ISBN 978-7-5178-5394-7

Ⅰ．①统… Ⅱ．①洪… ②郭… Ⅲ．①中学语文课－课堂教学－教学研究－高中 Ⅳ．①G633.302

中国国家版本馆 CIP 数据核字(2023)第 037012 号

统编高中语文教材名师课堂教学实录

TONGBIAN GAOZHONG YUWEN JIAOCAI MINGSHI KETANG JIAOXUE SHILU

总主编 洪方煜　主编 郭吉成

策划编辑	杨　戈
责任编辑	童江霞
责任校对	何小玲
封面设计	沈　婷
责任印制	包建辉
出版发行	浙江工商大学出版社
	（杭州市教工路 198 号　邮政编码 310012）
	（E-mail：zjgsupress@163.com）
	（网址：http://www.zjgsupress.com）
	电话：0571-88904980,88831806（传真）
排　版	杭州朝曦图文设计有限公司
印　刷	杭州宏雅印刷有限公司
开　本	787mm×1092mm　1/16
印　张	20.25
字　数	467 千
版 印 次	2023 年 4 月第 1 版　2024 年 9 月第 3 次印刷
书　号	ISBN 978-7-5178-5394-7
定　价	68.00 元

前　言

2017年底，《普通高中语文课程标准(2017年版)》经教育部正式颁布后，浙江省郭吉成名师网络工作室便立即投入到对新课标的学习研究中，先后组织了多次工作室的活动进行学习研讨和实践。在这个过程中，我们对高中语文新课标、新课程、新课堂、新教材逐步有了理解和认识。在此基础上，工作室组织了名师与浙江省的学科带头人先后编写出版了《统编高中语文必修教材(上下册)课文教学微设计》《统编高中语文教材选择性必修课文教学微设计》《统编高中语文教材写作教程与教学设计》三本教学辅助用书。

这三本书经浙江工商大学出版社出版后，受到了一线高中语文老师的广泛欢迎与好评。同时老师们也期望能继续出版一本有关统编高中语文教材课文教学实录的教学辅助用书，以供他们借鉴与参考。老师们的意愿也正合我们的想法。于是，我们在两本关于"课文教学微设计"的书出版后，便着手将"微设计"的设计思想转化为课堂教学实践，并用"实录"的方式将课堂教学实践真实、客观地记录下来。工作开展以来，我们先后收到了50余篇课堂教学实录。本书就是在此基础上，经过不断甄别筛选而形成的。

选入本书的实录都是统编高中语文教材所含课文的教学实录，执教这些课文并将课堂教学情况记下来的老师，有特级教师和正高级教师，有各设区市的名师或名家，有浙江省"浙派名师"的培养对象，还有省级课堂教学大赛获奖者。这些老师都来自教学一线，在不断的学习中，努力探索课堂教学方式与课堂教学艺术，形成了或正在形成自己的教学个性与教学风格。尤其是在当今新课标、新课程出台的背景下，他们积极实践新课程的理念，不断丰富自己对新课程的认识，积累对新课程教学的经验。他们的教学风格或特色、认识或经验，我们可以通过本书的实录在不同程度上读到或"看"到。

"课堂教学实录"是一种用文字为教学艺术"定格"和"留影"的形式，它富有教学的现场感和真实感，能比较真切地反映每位实录撰写者的课堂教学理念和教学智慧，能比较客观地呈现一堂课的教学设计、过程和氛围，让人感受到真实的课堂教学中师生之间、生生之间的交流和对话。作为本书的主编，我在阅读每一篇教学实录时，都深深地为每一位撰写者的教学探索精神、教学处理智慧、教学追求高度而感动。我深知，虽然这本实录还有许多方面不够成熟，但这一份精神、智慧和追求就是弥足珍贵的精神财富。

本书选用的38篇教学实录，是老师们新课程教学实践的成果。由于每篇实录所对应的课文篇目不一样，每位执教者的学识、禀赋及其所执教的学生不同，因此，每篇实录所呈现出来的执教者的风格也不尽相同。但这些实录有着共同的理念、共同的特色，择其要者，简述如下：

一是先进的课程理念。本书的实录是在新课标、新课程、新课堂、新教材的背景下组织编写的，因此每一篇实录的撰写者都认真地研究新课标、新教材，围绕着"立德树人""以学为中心"的课标理念，组织并实施课堂教学。从实录中我们可以清晰地"看"到、"听"到课堂教学落实以"学生的学"为中心的教学行为与教学方式。新课标所提倡的"任务群""大单元教学设计"

"任务型学习""项目化学习"等崭新的教学设计思想与教学行为方式在每一篇教学实录中都有较好的体现。

二是创意而个性化的教学设计。课堂教学是对教学设计的具体落实,一个富有创意和个性化的设计是上好一堂课的基础。从本书所收录的教学实录可以看到,每篇实录的背后都是一篇富有创意和个性化的设计。实录中的施教者都在遵循课标思想、充分尊重教材、体现教材意图的基础上,努力进行创意设计,从教材内容的选择、教学思路的展开、教学环节的安排和教学手段的运用等方面体现出实、活、新的特点。新就是有创意,有特色,不落俗套;实就是脚踏实地,不追时髦,追求实效;活就是灵活多样,不板滞,不胶着,开合自如。将教材的规定性和教学方法的灵活性、学科知识的可接受性与运用性、教学的技巧性与艺术性有机有效地结合,使其相依相融、浑然一体,让课堂教学既厚重大气,又不失灵动生机。

三是富有可借鉴的教学方法。教学方法属于"术"的层面,虽然它是服务于教学设计的,但"术"怎样运用、运用得怎样,却直接关系到教学设计(教学思想、教学内容、教学环节)的落实问题,因此必须引起重视。从入编本书的教学实录来看,每位施教者都在教学方法的选择上下了功夫,尤其是在学习的实践性活动的安排与实施上,都在努力地寻找适用于"这一篇课文"的教学方法,其中有许多教学方法是值得我们借鉴的。

本书的编写者都是来自全省各地的优秀教师,均为浙江省郭吉成名师网络工作室的学科带头人。他们通过这一篇篇实录,用写实的方法,抱着交流、讨论的态度,向我们呈现了他们对新课标、新课程、新课堂、新教材的理解与认识。38篇教学实录,犹如一堂堂生动的课。相信这些课、这些实录,对我们今后的课堂教学会有一定的启发。

为了进一步体现每篇教学实录的精华所在,我们特邀了省特级教师(正高级教师)陈智峰、应健、孙元菁、洪方煜、郭吉成分别对每一篇实录进行了精到的点评,特邀袁萍女士为本系列教学用书分别创作了封面插图,在此一并表示衷心感谢!

教学实录是一位教师教学技术与教学艺术的真实呈现,它具有很强的情境性与实践性。由于各位编者所在学校不同,所以不仅他们的课堂教学对象程度不同,他们的教学情境也存在一定的差异,即使是同一篇课文,在不同的老师那里所呈现出来的教学设计和过程也一定有所差别。有些教学设计可能还会与读者的要求存在或大或小的差距。因此,本书中的教学实录只是特定学校、特定情境下的教学实录,只能作为一种教学的参考或借鉴。

教学总是有遗憾的,教学艺术也总是无止境的。我们期望各位读者带着发现的眼光、抱着交流的态度、以实践和行动去阅读这本书。

真诚地感谢您的阅读,诚恳地欢迎您指出本书中存在的缺憾!

主编 郭吉成

2022年8月30日

目　录

1.因事解人　缘文明体

——《喜看稻菽千重浪——记首届国家最高科技奖获得者袁隆平》课堂教学实录

【课文简析】

《喜看稻菽千重浪——记首届国家最高科技奖获得者袁隆平》是由著名科普作家、高级记者沈英甲先生撰写并刊发于 2001 年 2 月 22 日《科技日报》独家头条的文章。该文作为第一课被收录在统编高中语文教材必修上册第二单元。本单元的主题属于必修课程"实用性阅读与交流"任务,单元的人文主题是"劳动光荣",认识劳动的价值和意义,树立新时代的劳动观念。

这是一篇人物通讯,袁隆平作为首届国家最高科技奖获得者,他的主要成就是成功培育了杂交水稻,这是人物事迹的核心内容。作者通过追述杂交水稻的研究过程,以事写人,清晰地展示了袁隆平先生的科学探索之路。文章通过介绍他发现天然杂交稻、培育杂交稻、选育"超级稻"的艰难历程,生动地展现了他扎根田间地头、敢于挑战权威、始终坚持真理、勇于创新突破的精神品格。

人物通讯报道的对象一般是在时代发展中涌现出来的典型人物,主要表现典型人物的精神品质,旨在揭示时代精神,教育读者。《喜看稻菽千重浪——记首届国家最高科技奖获得者袁隆平》全方位、多层次地选取了袁隆平身上的典型事迹,把人物放在时代的宏观背景下观察和表现,展现人物的形象。同时,作者还对采访过程中的切身感受及访谈中得到的典型细节进行深入挖掘,让人物在读者心中撞出火花,引起共振,更加生动、立体地展示出袁隆平的形象,展现了他的内心世界和精神风貌,也使通讯充满现场感。

当然,作为一篇带有科普性质的新闻作品,文章在化深奥科研内容为通俗公众阅读内容方面也颇有特点,介绍说理深入浅出,科普表达很有典型性。

【教学目标】

本课时的教学目标如下:

(1)通过梳理文章的核心内容,从"劳动最光荣"的维度,把握袁老身上所闪耀的劳动者的品质;

(2)结合梳理的内容,从材料使用的角度,理解新闻通讯选取材料和裁剪材料的基本要求;

(3)准确把握新闻信息,能从新闻事实、新闻背景和新闻立场等角度理解新闻,提升媒介素养。

【设计阐释】

本文是一则新闻通讯,虽然通过小标题的设置让结构更加清晰,但文章内容依然很长,学生在阅读时,可能会因为时代和内容的关系而缺少共鸣。通过内容梳理,可以帮助学生养成带着任务阅读的习惯,提高阅读的效率。同时,梳理文本也是对本则新闻选材方式的初体验,通过这个步骤,学生们可以初步了解新闻通讯在材料选择和材料处理上与新闻消息的区别,能够帮助学生把握新闻通讯的特点,为后面的学习打下基础。

人物通讯讲究选材的典型性,内容以叙述为主,写法上更具变化性,会有大量的细节描写,同时也会穿插议论、抒情等表达方式,整体笔法更加丰富,摇曳多姿。通过关键语句的选择,可以帮助学生更好地理解和把握新闻通讯在写法上的多样性。同时,让学生通过理解文中的关键语句和重要细节走进袁老的精神世界,感知他勇立潮头、引领创新的开拓精神,激发其崇尚劳动、尊重劳动、热爱劳动的美德。

新闻通讯作为我们日常生活中经常接触到的文章类别,与我们的生活关系密切。但新闻通讯相较于一般的文学类文本和新闻消息,又有很大的不同。通过分析具体语句的写法和语言特点,可以帮助学生进一步了解新闻通讯的语言特征,把握单元的核心任务。

在把握了文章的主要内容、理解了主人公的精神品质之后,我们还要具体研究本则新闻通讯的选材,理解本文是如何通过典型事例的选择、如何通过聚焦事件的核心点,以及如何通过裁剪组合材料,来达到对人物的成功塑造的。

通过对文章细节的图片化处理,我们可以进一步对文中的新闻细节进行分析,并形成对文本内容的形象感知,从而能够从新闻价值、报道角度、结构层次、语言表达等各方面对本则通讯进行考量,形成我们对优秀新闻的评价标准,培养和增强我们的媒介素养。

【课堂实录】

PPT 出示:钟南山和袁隆平的照片。

师:同学们,看看这两位是谁?

生:钟南山和袁隆平。

师:对! 这是广受我们尊敬的两位老一辈科学工作者,我们称他们为"衣(医)食无忧"组合。今天让我们走进其中的一位——袁隆平,首届国家最高科技奖获得者。

师:我们今天要学的《喜看稻菽千重浪——记首届国家最高科技奖获得者袁隆平》是什么文体?

生:新闻通讯。

师:让我们先来看看新闻通讯的特点。

PPT 出示:

新闻通讯的特点:

新闻通讯是运用记叙、描写、抒情、议论等多种手法,具体、生动、形象地反映新闻事件或典型人物的一种新闻报道形式。

师:同学们,在我们学校的名人宣传栏上,有"共和国勋章"获得者袁隆平先生的宣传照片。

PPT出示:学校宣传橱窗的照片。

师:学校宣传部门觉得名人宣传栏上的内容太过单调,打算重新设计这部分内容,请同学们协助完成以下任务。

PPT出示:

学习任务一:认识袁隆平。

请同学们根据本文内容为他设置一张人物名片,让人们快速了解他。

职业:＿＿＿＿＿＿＿＿＿＿＿＿＿

荣誉:＿＿＿＿＿＿＿＿＿＿＿＿＿

主要事迹:＿＿＿＿＿＿＿＿＿＿＿＿＿

师:袁隆平先生作为"共和国勋章"的获得者,在科研领域有着杰出的贡献。为了做好这块展板,我们需要对袁老的科研经历有准确而充分的了解,请同学们根据本文内容为他完善这张人物名片,为展板的设计提供必要材料,让大家能快速地了解袁老。

生:职业是科学家。

师:能否再具体一点呢?

生:哦!农业科学家。荣誉是最高科技奖。

师:他的主要事迹有哪些呢? 顺便问一下,什么是主要事迹呢?

生:不是细枝末节的小事,而是有重要意义的事吧!

师:对,不需要详细讲述事件的具体经过和相关枝蔓,只简单说明最具有新闻价值的事实,可用"时间＋事件经过"的形式。好,我们继续。

生1:1961年的时候,袁隆平发现了天然杂交稻株。

生2:1964年7月5日,他又发现水稻天然雄性不育株。

师:为什么这个时间这么准确?

生2:应该是新闻的真实性吧。

师:是的,很好!

生3:1986年,袁隆平提出杂交水稻育种的战略设想。

生4:1992年,他致信《人民日报》,用事实说明"杂交稻既能高产又能优质"。

师:那为什么要做这个说明呢?

生:当时有贬斥杂交水稻的文章,袁隆平为了驳斥这些文章而做了说明。

师:好! 你再给我们概括一下。

生:1992年,袁隆平用杂交水稻高产优质的事实反驳对杂交水稻的贬斥。

师:好! 刚刚我们按照时间顺序梳理了袁老的科研经历。

PPT出示:

职业:农业科学家

荣誉:国家最高科技奖

主要事迹:1961年发现"天然杂交稻株",1964年找到水稻天然雄性不育株,1986年提出杂交水稻育种的战略设想,1992年发表文章回应贬斥杂交水稻的说明。

师:在刚才的概述中,我们可以发现新闻通讯的第一个重要特点——新闻性,基于新闻事实来进行报道。那么,新闻通讯的报道和我们初中学过的新闻消息的报道有什么不一样呢?

生:新闻通讯的篇幅更长,涉及的新闻事实更多、更全面。本文就记叙了袁隆平在不同时期的研究情况,这跟新闻消息不一样。

师:很好。是的,在选材的处理上,跟消息报道不一样,新闻通讯会更加灵活、更加丰富。

[板书:新闻性——选材典型、丰富]

师:在将名片上的人物事迹介绍等内容写入展板后,宣传栏内容虽然丰富了,但是还不够饱满,所以,宣传部门希望能够再在展板上写一句对袁老的评价或者摘录一句袁老的话,请结合文本,推荐一个句子并说明理由,大家可以先相互交流一下。

(学生或思考,或讨论,约3分钟)

生:我给袁老写的评价是"脚踏实地,开辟杂交水稻田;仰望星空,追寻'禾下乘凉梦'"。

师:说得很好,能说说理由吗?

生:袁老首先是一位求真务实、艰苦奋斗的实干科学家。他一下课就"匆匆来到校园外的早稻试验田""面朝黄土背朝天",辛勤劳动,只为早日实现梦想。他更是一位精益求精、敢想敢做的梦想家。他不满足于自己的成就,为着全人类的温饱不断奋斗。他梦到"水稻长得像高粱那么高,稻穗像扫帚那么大",这便是袁老的梦想。

师:很好地概括了袁隆平的工作状态和梦想。

生:我给袁老的评价是"尊重权威但不崇拜权威"。

师:很写实的句子,请具体阐述一下。

生:面对那个时代"杂交是退化"的权威认知,袁隆平创造性地提出了两条路,其中一条便是人工去雄杂交,在"不可能"下通过改良实现了产量的突破,在不断创新中实现了一场场"绿色革命",让世界人民远离饥荒。

师:好!"创新"是取得突破的重要因素,总结得也很不错!

生:我推荐的句子是"感念我们在这个时空相遇的每分每秒,我们的星空因为有了你而璀璨"。这是钟南山团队对袁老的悼文,也是千千万万中国人对袁老的敬意和感恩。"拍去身上的粉笔灰尘,披着讲义夹,匆匆来到校园外的早稻试验田。""两点一线"是他的全部生活。"顶着权威学者的指责和压力",他并"不打算退却","他头顶烈日脚踩淤泥弯腰驼背去寻找这种天然雄性不育株",开创水稻新纪元。"禾下乘凉梦""全球覆盖梦",他带领我国解决粮食自给自足的难题。我们纪念袁老,是缅怀他给世人留下的丰富食粮,更是缅怀他无尽的精神财富,如坚持不懈、爱国奉献、自立自强等。

师:很好,虽然选用的是钟南山团队的悼文内容,但是你结合了文章的具体细节,将这份凝聚在文字中的情感表达得非常细致,很棒!

师:大家发现没有,刚才同学们的回答里有很多来自文章的细节描写。这便是新闻通讯的第二个特征——

生:文学性。

师:是的,新闻通讯之于消息的第二个不同之处就在于,它往往通过大量的细节来表现人物的形象,在细节上更加生动。

[板书:文学性——细节形象、生动]

师:现在呢,宣传栏展板内容已经确定。宣传人员希望同学们帮忙为展板选择一款配色,根据你对本文的理解,结合文中你觉得最合适的语句,给名片配个底色,并说明你的理由。

PPT出示:

学习任务二:致敬袁隆平。

根据你对本文的理解,结合文中你觉得最合适的语句,给名片配个底色,并说明你的理由。

(学生分小组讨论)

生:我想用棕褐色。这是泥土的颜色。文中说:"挽起裤腿走下稻田,是人们从播种到收获季节见到的袁隆平最标准的'形象'。"稻田的颜色不仅很好地体现出袁老踏实肯干、勤劳朴实的品格,也代表了我们对他的敬意。

师:非常有想法的颜色,很符合袁隆平的形象。

生:我认为可以配绿色。文中说:"袁隆平是在世界上最有影响的中国科学家之一,他正在引导一场新的'绿色革命'。"引导"绿色革命"是他最突出的贡献,我觉得绿色挺合适。

师:革命的颜色,表达出对其巨大贡献的赞美,很好!

生:我认为可以配黄绿色。文中说:"收获季节他得到了一把金灿灿的稻种。"黄色代表着收获,也是对袁老品格的赞美。同时,文中还说:"第二年春天,袁隆平把这些种子播种到试验田里,期待收获有希望的新一代稻种。"绿色象征着希望。所以我觉得黄绿色比较好。

师:两种颜色的搭配,将其浓缩为对袁老一生的评价,也不错!

生:我认为可以配蓝色。文中说:"他还得顶着研究水稻杂种优势利用是'对遗传学的无知'等权威学者的指责和压力。他根据自己的实践,以科学家的胆识和眼光断定杂交水稻研究具有光辉的前景,他决心义无反顾地坚持研究。"正因为有创新精神,才让他取得突破,而蓝色可以象征这种创新精神。

师:从他的压力出发,发现了其性格的另一个特征,很好,颜色也不错,充满了理性的力量!

师:通过刚刚的配色我们也读懂了袁老的工作环境和他的精神品质。其实,什么颜色并不重要,重要的是,我们发现了隐藏在颜色之下的作者和我们对袁老的感情!这也是新闻通讯的另一个重要特征——情感表达。

师:新闻通讯具有文学性,不仅体现在细节上,更体现在细节所蕴含的情感上。

[板书:文学性——情感细腻、动人]

师:至此,展板正面的内容已经基本设计完毕,那么背面呢?请大家讨论一下下面这个任务。

PPT出示:

学习任务三:描绘袁隆平。

若需要在这幅名片的背面增加一幅插图,你更愿意选择文中哪些文字描绘的场景进行配图? 请说说你的理由。

(学生或思考,或讨论,约3分钟)

生:我选择"那是1961年7月的一天,下课铃声响过之后,袁隆平拍去身上的粉笔灰尘,掖着讲义夹,匆匆来到校园外的早稻试验田。采用常规法培育出来的早稻常规品种正在勾头散籽,呈现一派丰收景象。袁隆平把讲义夹放在田埂上,走下稻田一行行地观察起来。突然,他那敏锐的目光停留在一兜形态特异、鹤立鸡群的水稻植株上。他屏气静神地伸出双手,欣喜地抚摸着那可爱的稻穗,激动得几乎要喊出声来!"这段文字描绘的场景。这一场景生动地再现了当时袁老发现"天然杂交稻株"的情景。特别是"他那敏锐的目光停留在""他屏气静神地伸出双手""欣喜地抚摸""激动得几乎要喊出声来",这些短语中的动词非常传神,那种如获至宝之感、那种惊喜之感溢于言表。

师:是的,一系列修饰性词语使人物那种迫不及待、小心翼翼、欣喜若狂的形象更为立体、丰满。

生:我选择"他头顶烈日脚踩淤泥弯腰驼背去寻找这种天然雄性不育株,已是第14天了。突然他的目光停留在一株雄花不开裂、性状奇特的植株上,这正是退化了的雄蕊。他马上把这株洞庭早籼天然雄性不育株用布条标记。袁隆平欣喜异常,水稻雄性不育植株,终于找到了"这一场景配图,我觉得这里能体现袁隆平顶着巨大压力苦苦追寻之后的豁然开朗。这里他的目光有欣喜,更有面对巨大压力时的果敢和坚毅。

师:这一场景让我们看到了袁隆平面对困难时的矢志不渝,同样也对他目光中透露出的柳暗花明之感感同身受。我发现刚刚同学们找的场景都非常有力地表现了袁隆平的内心世界或精神品质。也就是说,本文很注意"通过具有典型意义的事件来表现人物的优秀品质"。

师:通过刚才几位同学的分享,我们发现了本文文学性的第三个表现,便是语言的生动和丰富。

[板书:文学性——语言生动、丰富]

师:其实,沿着这条线索,我们还可以继续发现本文在语言运用上的特质,大家可以再发现一下。

生1:第一部分第三段开头"挽起裤腿走下稻田",第三部分第一段"他一边甩去手上的泥巴对我说"生动地再现出农民形象。

生2:文中还有多处引用,如课文题目"喜看稻菽千重浪"引自毛泽东《七律·到韶山》中的"喜看稻菽千重浪,遍地英雄下夕阳"。还有课文第一部分的标题"曾记否,到中流击水"引自毛泽东的《沁园春·长沙》,借诗句生动地概括出袁隆平的精神气质。

生3:我觉得有一处很有意思。"主持人问袁隆平是不是也做梦,梦见过什么。他高兴地回答:他曾经梦见过水稻长得像高粱那么高,稻穗像扫帚那么大。"这句话很有趣,夸张的梦境让袁老显得很纯真,又很接地气。

师:好。今天我们通过一篇通讯走进了一位伟大的科学家,通过文章写实又感人的语言了解了他做学问的态度,了解了一位劳动者光辉美好的品质,这是学者的魅力,也是我们每一位同学求学之路上应有的追求。

浙江省诸暨市海亮高级中学　黄巧英

【专家点评】

　　黄老师的这堂课,情境选择贴近学生生活,任务设计对接单元任务,教学内容紧扣文本特征,课堂层层推进、脉络清晰,总体上非常不错。

　　课堂从"实用性阅读与交流"学习任务群的要求出发,立足于单元的学习任务,从新闻通讯的文体出发,从选材的典型性、角度的多样性、细节的生动性、语言的灵活性等多个维度引导学生探究文本,形成对单元和文本的深入认知,非常具有操作性。

　　同时,课堂在任务设计上,从校园环境的真实情境出发,设计了"认识袁隆平""致敬袁隆平""描绘袁隆平"三个学习任务,分别指向选材、情感、语言三个维度,将新闻通讯的真实性和文学性融为一体,让课堂既具有知识性,又有探究的深度,充分体现了实用类文本的教学价值。

　　从课堂氛围来看,因为三个任务的层次性和启发性,课堂给予了学生丰富的学习和发挥空间,让学生能够在接近校园学习生活实际的任务和相对宽松的学习氛围中展开对文本的探索,学生反响热烈,也有非常精彩的表现,课堂总体情况十分出色。

(温州市第二外国语学校教师、正高级教师　陈智峰)

2. 于客观真实中 探生命之高度

——《"探界者"钟扬》课堂教学实录

【课文简析】

人物通讯《"探界者"钟扬》由"90 后"年轻记者叶雨婷所撰写,2018 年 3 月发表于《中国青年报》。该通讯从"英雄"少年、种子达人、科学队长、"接盘"导师、生命延续等五个角度,立体地报道了当代知识分子、植物学家钟扬献身种子事业、普及科学知识、悉心培养学生、进行援藏教育等动人事迹,展现了他对"生命的高度和广度"的不懈探索,体现了新时代中国知识分子的使命与担当,弘扬了新时代劳动精神的美好与崇高。

2018 年,包括人民日报在内的主流媒体开展了对钟扬事迹的集中性报道,中共中央宣传部宣传教育局编著的图书《时代楷模·2018——钟扬》收录包括《"探界者"钟扬》在内的 34 篇钟扬的相关报道和评论。本文能从众多报道中脱颖而出,成功入选新部编教材,基于以下两点:一是具备人物通讯的一般特点,即重视通过具有典型意义的事件来表现人物的优秀品质,通过细节刻画让人物形象更丰满,能够多角度、分层次地进行报道;二是有自己的独特风格,即摆脱了人物通讯报道的模式化、脸谱化、语言过度煽情、形象过度高大上等常见问题,"客观、平衡地报道事实",以平实客观的语言挖掘人物背后的精神驱动力,展现人物在不同"界"中的探索,从而呈现出一个立体的、真实的、杰出的新时代"劳动者"形象。

【教学目标】

本课时的教学目标如下:

(1)梳理并分析典型事件,初步了解人物的形象和精神品格;

(2)比较阅读鉴赏,合作探究客观动人的语言背后作者的真实立场;

(3)结合当下生活,探究"钟扬们"的精神驱动力和对青年们的启迪。

【设计阐释】

《"探界者"钟扬》被收录在统编高中语文教材必修上册第二单元,是"劳动之歌"主题的三则人物通讯中最新的一则,讲述了科学家钟扬献身种子事业、教育事业的故事,展现了新时代劳动者的精神风貌。基于语文核心素养的要求,建构正确价值观念、必备品格和关键能力的需要,以确定本文的教学内容和教学方法。教学内容如下:

首先,构建新时代的正确劳动观和人生观。钟扬身为科学家对种子事业的执着与热爱、身为教师对学生的关心与培养等职业上的劳动精神必然是文本的探究重点;钟扬成长过程中对大学专业的选择体现了对梦想的执着追求,为社会义务科普的行动体现了知识分子对社会的责任感,舍生忘死的援藏工作体现了新时代知识分子对民族大义的使命感。钟扬在不同的"界"为年轻的学生呈现了生命不同维度的美好与意义,启发学生对生命、劳动、职业选择的真实而深刻的思考。

其次,掌握人物通讯的写作要点。既包括"这一类"人物通讯的共同点,如典型事件对人物形象的刻画、多角度分层次报道等;也包括"这一篇"人物通讯的特点,如客观而真实地表达作者观点等。

教学方法如下:

(1)图表梳理。文章的内容并不深奥,学生通过表格框架对人物事件进行梳理、概括、归纳、分析,能更清晰、具体地呈现真实立体的人物形象,进而探索更完整的人物精神品质。

(2)比较鉴赏。通过多文本的比较分析,能比单文本阅读理解得更全面、更清晰、更深入,如将删去的部分与原文对比探究,让同学们揣摩教材编委的意图,转换角度来了解教材的读者意识等。

(3)情境写作。真实情境的写作任务是对学生课堂掌握情况的较为可观的表现性评价手段。

(4)小组合作。既给予每一位学生表达的机会,又能让他们在合作探讨中发生思维碰撞,拓宽思维的广度和深度。

【课堂实录】

(说明,本课为一课时)

师:同学们,大家好。今天我们要鉴赏的是统编高中语文教材必修上册第二单元"劳动之歌"第三篇,关于时代楷模钟扬的人物通讯。时代楷模如此之多,为什么通讯报道的是钟扬呢?他的身上具备哪些新时代青年该学习的劳动品格呢? 关于钟扬的人物通讯稿如此之多,统编教材为何对这篇"年轻"的人物通讯青睐有加呢,它有怎样的魅力呢? 让我们一起走进《"探界者"钟扬》。

[板书:"探界者"钟扬]

师:作为人物通讯,作者通过丰富而有意义的典型事件来为读者呈现立体真实的人物形象,通过这些事件的梳理与概括,我们能较为清晰地感受到钟扬的精神品质。(教师PPT出示相关内容)在课前的学案中,同学们已经完成了各自的表格,现在我们同桌之间来分享各自的成果,相互探讨、补充。

PPT出示:

任务一:丰富而典型的事迹,展现真实的人物。

活动探究1:人物通讯是通过具有典型意义的事件来表现人物的精神品质的。请阅读文本,梳理文本中的具体事件,探究其背后的人物精神,合作完成以下表格。

表 2-1　孙扬精神事例

	典型事件	精神品格	叙述角度
"英雄"少年			
种子达人			
科学队长			
"接盘"导师			
生命延续			

（学生同桌之间讨论交流,教师巡回走动观察、视听,通过学生学习任务单上表格的完成情况,了解学生的已知和未知）

师:讨论的声音轻了,想必都有了自己的答案。现在,让我们来按照表格的要求,选择一个板块来分享一下。

生:我选"'英雄'少年"。这里的典型事件有与父亲赌气考上中国科技大学少年班、旁听生物系课程、从无线电专业转向研究植物,还有求婚。这些都体现出了钟扬的勇敢,对婚姻很霸气。

（同学们"哈哈"大笑）

师:通过前面这些事件看出勇敢的品质,很好。但是"霸气"这个词用来形容人物的精神品格不是很恰当啊,试试换一个。

生:自信。

师:可以,勇敢、执着、自信都行。那么作者是从什么角度来叙述这些事件的呢?

生:从学习、工作、婚姻的角度。

师:再概括一些,这些对于人物来讲都是从他的……

生:成长。

师:对,个人成长的角度。从这个角度的叙述中,我们看到了一个勇敢自信的追求梦想的少年的形象。

师:我们请下一位同学。

生:我选的是"种子达人"。典型事件有初到上海生活条件差但钟扬不讲究,穿着磨白了的牛仔裤,在高山不顾生命危险采集种子。这些体现了钟扬对生活品质不讲究、对专业不将就的品质。叙述角度是种子事业。

师:很完整的分析。种子事业或者从事专业的角度都行。

生:我选"科学队长"。典型的事件有为自然博物馆的建设写作和服务、为上海小学生做科普,体现了钟扬对科普的热爱。角度是社会科普。

师:在这些事件中,有几个关键的形容词不能被忽略,我们一起找一下。

生（全体）:"没有回报""义务"。

师:是的,正是这种不计回报的、义务的且花"大精力"的科普,更能体现他对科普的真诚的热爱,体现他热爱社会服务。

生:我们组选的是"'接盘'导师",主要讲了钟扬接盘学生、培养研究生的事,体现了钟扬的"暖"、对学生的责任感。叙述角度是教书育人。

师:这里要明确一点,钟扬培养的研究生主要是哪里的?

生:西藏的。

师:是的,结合当下语境,想想为什么文章要突出西藏的学生。

生:是和脱贫攻坚有关吗?

师:的确,脱贫攻坚是时代的主题词之一。培养学生是他作为教师的本分,做"接盘"导师是他作为院长的责任,但是教育援藏则是责任之外的大爱了,是知识分子对民族复兴的使命感。

生:最后板块的具体事件较少,主要是通过西藏大学老师展示了钟扬一天的工作安排,钟扬脑出血之后更加拼命,去世后双肩包里小纸条上记录的工作安排等内容。这些完成与未完成的工作,体现了钟扬生死无畏、探究生命高度的精神。我们归纳为生命探究的角度。

师:无畏生死,探究生命高度。概括得真好。钟扬探究的不仅是种子的生命高度,也是人类的生命高度。用文章中的话说,钟扬是真正的"生命的先锋者"。

师:我们一起来总结一下这些角度,分别是"个人成长""专业探究""教书育人""社会科普""西藏援教""生命探究"。作者通过这些不同角度的典型事件的叙述,让我们看到了一个全面立体的、平凡而伟大的钟扬,看到了一个勇敢追求理想、淡泊名利、无私奉献的新时代劳动者。

(板书:典型事件　多角度　精神品格)

师:这些角度能调换顺序吗?同学们思考一下。

(停顿两分钟,让学生思考)

生:不可更换。因为这是按照时间顺序安排的,成长是年轻时候,工作、教学、援藏都是成年的时候,献身科学是生命终结的时候,所以不能更换。

生:顺序不能换,从读书求学到选择专业工作,到西藏采种子、科普,再到援藏、牺牲,这是事情发展的先后顺序。

师:时间先后、事情发展这两种关系找得很好。仔细观察,它们之间还有更深层次的关系在里面,大家找找看。

(学生静默,似乎很难有新的发现)

师:我们一起来看,从上依次往下,专业、婚姻、种子探究是个人层面的,为学生无偿科普是作为知识分子责任的社会层面,援教西藏是民族的大爱,最后生命的探索则是永恒的人类生命意义,所以内在的层次上是……

生:(集体)层层深入。

师:对,层层深入,层层深刻。由此,我们知道人物通讯在写作时要有真实的典型的事件,在谋篇上也应该讲究结构和逻辑层次。

(板书:有层次)

师:但有时候典型的事件也未必能进入教材,本文在入选教材的时候,有删改,比如"种子达人"的前三段原文。如果你是教材编委,你认为哪一种表达更合适?请阐明理由。现在我们先请一位同学读一下原文的文字。

PPT 出示：

活动探究 2：比较阅读"种子达人"前三段的原文与课文，如果你是教材编委，你会选哪一种？请阐明理由。

2000 年，钟扬辞去武汉植物所的工作来到复旦大学，经佐琴成为他的行政秘书、后勤主管。那年 5 月钟扬报到时，学校还没有过渡房。经佐琴临时给他找了一个系里别的老师提供的毛坯房，当经佐琴愧疚地和钟扬沟通此事时，没想到他毫无怨言接受了这个连煤气、热水器都没有的房子，洗着冷水澡住了半年。

十几年过去了，钟扬和家人的住房仍没有太大改善，只是从毛坯房搬进了一套仅有几十平方米的小屋。

这和光鲜亮丽的上海形成了强烈对比，和他后来担任的复旦大学生命科学学院常务副院长、研究生院院长的职位也产生了巨大反差。

为了供孩子上学，钟扬夫妻把唯一的房产卖了，如今的住所是岳父岳母的房子。这个小屋紧挨着一片工地，却住着钟扬一家四口和他的岳父岳母。

尽管钟扬对生活品质不讲究，但对于'种子'却一点也不将就。

（一位同学读，其他同学思考）

师：现在请各位"教材编委"各抒己见。

生 1：我认为并不需要删除，因为这段文字很生动，将贫寒的物质生活与钟扬的复旦大学院长身份进行对比，产生了极大的反差，将钟扬对生活品质的不讲究、对专业的不将就写得很动人，更能凸显他作为科学家的淡泊名利，更能显出他对种子事业的热爱，也更能打动读者。

生 2：我认为应该删除这部分内容。一个大学的教授，在上海，还是复旦大学的教授，并且是院长级别的，生活竟然如此艰难，读者看了会觉得不真实、有夸张的成分。

生 3：我认为应该删除。不是因为夸张，这是全国性的权威媒体的报道，也不可能弄虚作假的，但正是因为不可能弄虚作假，因为真实，反而更要删掉，因为中学生读到后可能会产生一种想法，原来读书也没什么用，选择那么伟大的事业，结果生活那么艰辛，那么为什么我们还要努力读书，还要选择那么没有"钱"途的工作呢？如果青少年都不选择有意义的事业，那么国家民族的未来又何从谈起呢？

（底下学生喊道"好"，掌声雷动）

师：这位"教材编委"的理由令人难以反驳啊。他关注到了教材及其对象的特殊性，教材的使命是"以文化人"，而教材"化"的"人"是还没完全建构起正确三观的甚至还不能理性地辨析信息的青少年，严谨的表达才能更好地引导青少年的价值观构建。这段文字尽管对人物精神的表现是真实有意义的，但是对教材读者而言是真实无意义的，所以删除可以更好地避免产生误解。通讯的人物事件不仅要对人物表现有意义，也要对读者有真实的意义。

（板书：有意义）

师：其实，对此我们应理性分析，君子喻于义，小人喻于利，在世俗看来生活是贫穷艰辛，但是对于钟扬来说，与他所热爱的种子和教育相比根本不是事儿。有很多职业，也许不能赚取名与利,但是对于个人、社会甚至民族而言,具有非常大的意义。能够在自己喜欢的有价值的事业上,努力拼搏,哪怕奉献所有,对于奋斗者而言,何尝不是一种幸福与完满?

师:钟扬正是这样的奋斗者,所以当他牺牲时,关于他的报道不计其数,仅《时代楷模·2018——钟扬》一书就收录了各类相关报道34篇。而本文《"探界者"钟扬》却获得了向来以"挑剔"著称的统编教材编委的青睐,恐怕还与本文独特的表达风格有关,用作者的话来说就是"客观、平衡地报道事实","客观"中立地表现人物。现在前后桌四人小组合作探究,在比较阅读中发现本文的"客观性"表达具体体现在哪。

PPT 出示:

任务二:客观与动情的语言,传递真实的情感。

活动探究1:新闻是历史的第一手底稿,应该"客观、平衡地报道事实",人物通讯作为报道特定人物的一种新闻体裁,作者认为在《"探界者"钟扬》的写作中也应以"中立"的态度"客观"地表达。对比阅读,合作探究,结合文本,举例说明《"探界者"钟扬》的"客观性"具体体现在哪儿。

(课前为学生提供了另一篇关于钟扬的人物报道《一粒种子的初心与梦想》做比较阅读的文本,选择这一篇并不是基于优劣之分,而是两者表达方式不同,可以为学生扩宽思考的空间。同学小组讨论,教师巡视、发现)

师:刚才大家讨论得很热闹,相信经过讨论,大家都有新的发现,发言也会很精彩,现在请开始你们的分享。

生1:我们组认为,文章主要通过各种与钟扬相关的"他人"角度的回忆或评论,来展现钟扬的人物形象。比如,在"种子达人"中,钟扬在西藏忍受着严重的高原反应采种子的故事,就是通过他西藏的同事叙述的。又比如在"科学队长"中让科普的对象来谈钟扬对科普的付出。

生2:我们组认为,文章引用了很多钟扬的原话或原文为钟扬自己代言。比如"生命延续"中最后一段:"任何生命都有结束的一天,但我毫不畏惧,因为我的学生会将科学探索之路延续下去,而我们采集的种子,也许会在几百年后的某一天生根发芽,到那时,不知会完成多少人的梦想。"文章的结尾,运用钟扬自己的话为自己的生命作注脚,也为作者代言。

师:用钟扬的话为钟扬自己作注脚,这个我们能理解,但是,为作者代言,怎么解释?

生2:就是作者应该评论或者需要评论的地方,他没有发表自己的言论,而是用人物自己的话来展现自己的观点和情感。就像刚才举的例子一样,结尾应该是作者发言总结,但是文章用钟扬的话来为钟扬自己和更广大的生命意义做了评论,这样会比用作者的话更为客观有力。

师:他给了我们一个新的很重要的启发,作者似乎刻意地在文章中把"我"即作者自己淡化,甚至退出文章,以此让读者自己去生成人物评价。

生3:在对比的文章中有很多作者对人物的想象性描写,比如:"一粒种子可以造福万千苍生,总把这句话挂在嘴边的复旦教授钟扬,正坐在一辆疾驰的车中。……他心驰神往:那看似光秃秃的苍茫山脉间,蕴藏着多少神奇植物?""此时,钟扬的血压已可怕地飙升至200毫米汞柱,他试图说话,想跟身边人交代什么,可口齿不清的话语没人能听懂;他试图安慰一下被吓坏的儿子,可右手已经不听使唤,用尽全身力气只能用左手摸摸儿子头顶。……想到这儿,泪水禁不住浮上了钟扬的眼眶。"这些都是作者自己在揣摩人物,代替人物进行心理情感告白,但是在《"探界者"钟扬》中,作者都是直接引用或用第三人称来讲述人物故事,毕竟采访的时候钟扬已经不在,所有的想象都是臆测,所以,对比之下就显得更为客观。

生4:我们组也发现了,在对比文章中有很多作者的抒情语言,比如"泪水一次次模糊了记者的双眼。……雪山巍巍,江水泱泱。他再也看不到、听不到了,但他留下的4000多万颗种子,还在休眠中静静等待发芽。它们会在未来的某一天,用蓬勃的生命告诉人们,曾有这样一位大学教授,用短暂而壮丽的一生,谱写了这首传唱千古的生命之歌"这样抒情的语言,充分地、直接地表达了作者对人物的歌颂。在《"探界者"钟扬》中作者没有直接地抒情和赞美,而是让读者在客观的叙述中,去咀嚼和揣摩人物的精神品质。

师:大家从各个角度阐释了有趣的发现。"客观"不是疏离,而是咀嚼之后的真实与隽永。两篇都是很棒的人物通讯,只不过教材要使用许久,所以文本要的不是一时的情感渲染,而是永恒有味,让每一个学生自己去生成人物评价,这才是真实动人的评价。客观中立的表达也更符合新闻的特征,毕竟新闻是历史的第一手底稿。

(板书:客观的表达)

师:虽然作者极力将自己隐去,但是面对如此高尚的人物时,其在节制客观的语言表达中,还是能让人感受到情不自禁的赞美。现在让我们一起来找一找。

PPT出示:

活动探究2:通讯作者在记述新闻时,需要表达自己的观点与立场。在该通讯客观的笔调中,我们仍可以读出作者情不自禁的赞美,这种赞美来自人物本身的魅力,也来自作者刻意的语言形式的使用,请举例说明。

(学生结合文本寻找,安静地思考,"安静"是思维生成必不可少的环节。教师适时提醒学生,要及时圈画文本中能够呈现出赞美特点的语言文字)

师:同学们找得很认真,画得很认真,现在来分享一下你找到的。

生1:我觉得小标题就是赞美,尽管看起来是客观地讲钟扬在不同领域的事件,但是作者的用词比如"英雄""队长""接盘"等,其实都是在赞美他的勇敢、担当和责任感。

生2:最大的赞美就是大标题"探界者",充满着创新、进取的精神,正是今天我们这个时代所崇尚的。

生3:有很多形容词能体现赞美,比如在"科学队长"里有对钟扬的文字的描述——"这细腻而又富有文采的文字,竟出自这位看起来五大三粗的理工男之手",还有"钟扬的'暖'是有目共睹的",用"细腻而又富有文采"来赞美钟扬的文笔,用当下的流行语"暖"来赞美钟扬对学生的关爱。

师:同学们从"词"的使用上找到了最直接的赞美。还有其他角度吗?比如句式、修辞。

生:文章很喜欢用排比句,比如,在"生命延续"里钟扬遇难之后,作者写道:"钟扬未完成的愿望很多,他希望继续收集青藏高原的种子资料,希望帮助西藏大学学科建设不断提高,希望培养出更多扎根高原的植物学人才……"三个"希望"排比,展现了钟扬对西藏人才培养的无尽期待与热爱。

师:反复使用"希望"这个词,使文章更动人。

生:在描述钟扬西藏工作的一天行程安排时,作者也运用了类似排比的句式——"上午……下午 3 点半……5 点……晚 11 点……凌晨 1 点……深夜 2 点……清晨 4 点……4 点半……"用时间的排列,写出了钟扬的忙碌、不惧生死、探索生命的边界。

生:还有钟扬的背包里"很多张小纸条中,他的工作依然很满——9 月 26 日,他将……9 月 28 日,他将……之后,他将……"用"他将"的排比和词的反复,写出了他对工作的奉献、对生命深度和厚度的探索。

师:大家找得很好,从词语到句式再到标题的使用,都能让我们感受到作者节制中的动情。的确,在如此真实而伟大的人格面前,谁能不动容不动情? 所以作者说:"我希望越来越多的年轻人可以看到这篇文章,了解这样一个普通的大学老师如何为实现自己的生命价值而努力,希望他们可以在读万卷书后,有自己的思考和选择。"结合生活,谈谈你读了钟扬的故事之后,对生命、对劳动、对职业有什么新的理解。

(板书:"动情",板书至此呈现为"探界者"钟扬)

PPT 出示:

任务三:探究生命的高度,赓续青春的使命。

活动探究 1:"我希望越来越多的年轻人可以看到这篇文章,了解这样一个普通的大学老师如何为实现自己的生命价值而努力,希望他们可以在读万卷书后,有自己的思考和选择。"结合生活,谈谈你读了这篇文章后的思考。

生 1:职业的选择在于自己的热爱,因为热爱所以专业,因为热爱所以无悔。

生 2:劳动价值和职业价值,有时候并不是眼前的金钱能衡量的,而是在于漫长时间的认同。

生 3:我们总是认为这些时代楷模,是在神坛之上的,是严肃的、冷峻的,但是像钟扬这样的人,有时候多么平凡,平凡得就像我们身边的人,可是在面对专业的时候,又是那么奋不顾身。

师:生活上很"佛系",专业上却是斗战胜佛。

生 4:伟大的职业,也许更多是从人类命运的高度去理解的。

生 5:生命的高度、深度、广度,在于自己的定义、自己的探究、自己的热爱。

生 6:职业无论大还是小,获得的金钱无论多还是少,如果它是有意义的、有价值的,不仅能让自己变得更优秀,也能让别人更幸福,这就是完美的职业。

师:这个观点诠释了"钟扬们"的劳动价值,也极为符合先贤们对劳动的看法。

PPT 出示:

在选择职业时,我们应该遵循的主要指针是人类的幸福和我们自身的完美。

——马克思的中学毕业论文《青年选择职业时的考虑》

劳动是人创造自己的生命、生活并同时塑造世界的基本方式。

——黑格尔

（学生齐读）

师：先哲们用哲理的语言，"钟扬们"用真实的故事，都在向我们诠释：职业或者劳动选择的指针应该是人类的幸福和自身的完美，这两者并不矛盾，反而相辅相成。本文的作者叶雨婷采访了几十位与钟扬有交集的人，收集到的采访资料有几十万字，最终才写成了这篇载入教材的文章。我们的主人公钟扬用自己的青春和热血诠释劳动的价值、奋斗的意义、生命的高度。无论工作为何，每一个人，都应当敬畏自己的劳动，在劳动岗位上实现自己独一无二的生命价值。因为敬畏劳动的本质，就是敬畏自己的生命。这也正是"钟扬们"给予正在面临学习或职业生涯规划、专业选择的青年最真实的意义。

师：通过文本的探究，相信大家对钟扬有了进一步的认识，请大家在课后修改自己的文字，小组推荐组内的优秀作品。

PPT 出示：

课后作业：学校的文化周要开展以"当代青年榜样"为主题的人物视频展，如果你们班要推荐关于钟扬的人物纪录片，请你结合文本人物形象，写一段推荐语，100 字左右。

师：新时代的环境里，每一个劳动者都是梦想者，更是造梦者，你们都将成为中国梦的筑造者。本堂课就到这里，谢谢大家。

杭州市余杭中学　侯小娟

【专家点评】

侯小娟老师的这堂课是人物通讯，立足于文本本身，扎实、生动。

从教学内容上讲，是扎实的。教师基于语文核心素养对文本的重难点把握很到位，能关注到文本在整个单元中的"角色"，引导学生通过对文本语言文字的鉴赏从而把握新时代劳动者的精神品格。在解读中，能引导学生关注到"这一类"人物通讯的共同点与这一篇的"特点"，为学生建构起较为完整的人物通讯的知识框架。

从教学方法上讲，是生动的。教师采用了多种方法推动学生任务活动的完成：采用小组合作探究，在生本课堂中，合作探究是让学生的学习真实发生的较为有效的方法；采用多重比较阅读，用原文与课文的比较阅读，用课内外的同一人物的不同通讯的比较阅读等，让学生在比较、分析的基础上，解读文本，认知文本，这对学生的思维品质尤其是批判性思维品质的建构是有意义的。

（温州市第二外国语学校教师、正高级教师　陈智峰）

3. 梳理与探究：新闻评论的逻辑和语言

——《以工匠精神雕琢时代品质》课堂教学实录

【课文简析】

自 2016 年起，《政府工作报告》中连年提到"工匠精神"一词。"工匠精神"，初闻耳目一新，随之在全社会引发热议。在这样的背景下，《以工匠精神雕琢时代品质》这篇新闻评论刊发在 2016 年 4 月 30 日的《人民日报》上，针对新闻热点表明官方媒体立场，引导舆论，向公众表明倡导发扬"工匠精神"的鲜明主张。

本文是一篇极具美感的实用性文章，首先体现在作为说理论述文的逻辑结构上。显然题目"以工匠精神雕琢时代品质"即是论点，统摄全文三个层次 5 个自然段。第一层为第 1 自然段，引用名企业家的话，点明"工匠精神"与"时代品质"的密切联系，简洁明了、开门见山；第二层为 2—4 自然段，深入探讨工匠精神，从揭示其本质到论述其现实价值，从列举人们对工匠精神的认识误区到表明坚守工匠精神的正确做法，从揭示工匠精神的具体内涵到指出当前社会存在的浮躁风气，逐层深入、点明主旨；第三层为第 5 自然段，对全文加以总结归纳，明晰工匠精神的作用与意义，从而深化主题。

美感重点体现在这篇评论的思想及语言上。本文给人以启迪，催人奋进，关键在于其具有文化哲思，传递的是一种理念、思维、观念。这里既有"格物致知""诚意正心"的儒家思想，又有"技进乎道""超然达观"的道家思想；在"积极"与"无为"的互补中，指导着中国人不仅是对待工作而且是面对现实世界生存应有的正确态度。

另一方面是语言的文从字顺。文中大量使用短语，如"气质雍容""实实在在""立根固本"等，读来节奏强、韵味足；使用整句、排比营造磅礴气势，齐整有力，层次感强；语言精练，如"一盏孤灯一刻刀，一柄标尺一把锉"生动形象，富有感染力。

【教学目标】

课后"学习提示"写道："新闻评论既具有议论性文章的特点，又有新闻作品的属性。要注意分析文章中事实与观点的关系，学习文章联系社会现实提出观点并合理阐述的写法，体会其有的放矢、直面现实的新闻品格。"

本课时的教学目标如下：

（1）了解新闻评论，诵读文章，把握评论立意新颖、论证清晰、论说精当的特点；

（2）体会新闻评论的语言特点，感受新闻评论强大的传播力；

（3）感悟工匠精神的时代内涵与精神指向,做工匠精神的传承者与践行者。

【设计阐释】

《以工匠精神雕琢时代品质》是一篇可以作为论述文写作范本的佳作,它既具有议论性文章的特点,又有新闻作品的属性。因此,当高三复习课再读文章时,学生应该会有更多的收获。

这一堂课的设计是将课文与同一主题即"工匠精神"相关的论述类文本阅读题进行联读训练,目的有以下几方面:

一是规范理解论述文的结构与思路。主要通过任务一"找准角度 把脉思路"来强化训练,通过梳理、整合、归纳,结合学生的协作与自主表达,形成对论述文逻辑规律的把握。提示学生加强信息筛选整合训练与练习,从而提升有效阅读效率。

二是体会新闻评论就实论虚,围绕事实展开论述的文体特征,感受评论严谨、务实的文风。

三是学习评论文的语言。感受其通过语言传达深刻思想的魅力。

由于是复习课,因此,两个学习任务下,学生通过基本的语文学习活动即阅读与鉴赏、表达与交流、梳理探究,在讨论探究自主学习氛围中,完成本课的学习任务和活动。

【课堂实录】

（说明:本课是高三有关论述类文本阅读涉及"新闻评论"的一堂复习课。）

师:我们这堂课的主题与新闻有关,翻翻眼前的几本教材,把你找到的合适的文章按表格中的要求进行分类,注意它们之间的差别。

PPT 出示:

表 3-1　文章分类表

	新闻	区别
消息		
通讯		
评论		

生:《别了,"不列颠尼亚"》是消息,统编高中语文教材必修上册第二单元大多数是通讯,人物通讯。

师:怎么区分是消息,还是通讯?

生 1:"消息"就是狭义上的新闻,每天及时更新那种,比如《别了,"不列颠尼亚"》是写香港回归那一天的事,真实地报道事实,从早到晚写了几个特殊的时间点,告诉人们香港确实脱离了英国的统治,回归了祖国。

生 2:"通讯"是一个事件的综合性报道,不如消息传播得及时,但报道比较全面。比如《在民族复兴的历史丰碑上——2020 中国抗疫记》是事件通讯,"记就是叙事";而《县委书记的榜样——焦裕禄》《"探界者"钟扬》《喜看稻菽千重浪——记首届国家最高科技奖获得者袁隆平》

这些是人物通讯。

师："消息"和"通讯"都是基于新闻事实的报道，"通讯"虽然偶尔也会有些议论性的语句，但主要是为印证事实而阐发观点，为有效报道事件或人物而服务。而今天我们关注的是论述类文本中的一类——新闻评论，它的评论也基于新闻事实，但更侧重议论，有新闻热点作为评论的背景，不过可以在评论时选取热点的不同角度。

PPT出示：

任务一：找准角度　把脉思路

新闻热点持续发酵，社会舆论众说纷纭；通常只有评论员站出来发表自己的"冷思考"，人们才能静观热点，理性评价。以下是几篇围绕"工匠精神"的评论文章。分析各篇文章评论的角度与论证的思路，总结文章以理服人成功的原因，谈谈你阅读的收获与启示。

表3-2　阅读启示

文　　章	评论角度	论证思路
李斌《以工匠精神雕琢时代品质》		
张柏春《工匠精神自古就是"中国气质"》		
公晓慧《"工匠精神"是深藏于中华民族基因中的精神密码》		
苑利《为什么需要"工匠精神"》		

师：我们来做一个群文联读，这是课前我们读过的几篇文章，在深入解读前，我们需要梳理文章脉络，因为新闻评论具备论述文的典型特征，需要大家讨论整理并形成思维导图。先回顾有关新闻评论的知识，新闻评论在新闻宣传中的作用在于能够针对新闻事件，尤其是新闻热点表明立场，引导舆论，反映出媒体鲜明的倾向。而新闻热点"工匠精神"一词自2016年李克强总理在《政府工作报告》中提出直到现在，在全社会热度不减，这当然有党和政府的引导，但更离不开新闻评论的大力宣传。同时，对"工匠精神"的作用、意义、来源等认识也有许多负面的声音。因此，选取一个合适的角度切入，对"工匠精神"进行评论，对正面引导社会舆论也起着相当关键的作用。现在，我们再读读文章，分小组讨论，去解决这些任务，开始！

（全体前后桌讨论思考，协作完成思维导图，教师巡视问答，讨论用时8分钟）

师：好！讨论了这么久，大家应该也准备好了自己的讲解方案，我们还是先来关注四个标题，找找异同。

生1：我觉得第二、三两篇很像。实际都是讲"工匠精神"在中国历史上的传承与内涵的演变，以前没有"工匠精神"这个词，但各朝代都有体现这个精神的相近理念。

生2：这两篇文章有很多引用，都提到与"工匠精神"类似的一个词，叫"精益求精"。

师：那张柏春和公晓慧的文章是针对什么进行评论？

生：一部分国人，不相信"工匠精神"在中国的存在，总认为是国外工匠的品质，比如，德国的机械制造、手表，日本品牌的手机、相机等。

师：所以两位作者力求扭转这种认识，建立起中国的文化自信、中国人对传统文化的自信与认同,可以这样理解!

生:《以工匠精神雕琢时代品质》针对"时代品质",是讲"工匠精神"在当下的内涵和价值,与刚才提到的两篇角度有区别。虽然前两篇讨论从古至今"工匠精神"的形成历程,但李斌的这篇现实性更强,他要表明我们为什么在当代还要坚持"工匠精神"。

师:理解得很透彻!

生:我来分析《为什么需要"工匠精神"》,这篇评论,看似在探究原因,其实在讲坚持"工匠精神"的益处。从三个方面——制度保障、信仰支撑以及文化支撑,论述坚持"工匠精神"对行业、匠人的价值。

师:坚持"工匠精神",最终对谁有益?

生:对社会。

师:具体点说……

生:嗯……对每一个行业的发展,对每个工匠手中产品的质量,对消费者的权益都有保障。

师:这回说得最明白! 所以用文中的话来说就是"要想重建中国的'工匠精神',需要我们深入探讨中国'工匠精神'所需要的制度保障、信仰支撑以及文化支撑",对吧?

生:是的。

师:这样也就解决了部分国人感受不到"工匠精神",质疑"工匠精神"的消极认识! 这就是新闻评论的价值——正向引导舆论。好,分析了评论角度的异同,也就理解了各位作者写作的目的,接下来,要找几位同学展示刚刚的讨论成果。思维导图各有特色,我们投到屏幕上,方便大家观看,也方便几位同学讲解,我们从哪组开始,先讲哪篇文章?

生(集体):按顺序吧!

生1:题目"以工匠精神雕琢时代品质",就是全文的核心论点,这是一篇标准的论述文,按照"提出问题—分析问题—解决问题"的模式进行论述。第一层为第1自然段,引用了聂圣哲先生的话,点明"工匠精神"与"时代品质"的联系,扣住文题;第二层为2—4自然段,分析问题,深入探讨"工匠精神",从揭示"工匠精神"本质到论述现实价值,从列举人们对工匠精神的认识误区到表明坚守"工匠精神"的正确做法,从揭示"工匠精神"的具体内涵到指出当前社会存在的浮躁风气,逐层深入、点明主旨;第三层为第5自然段,对全文加以总结归纳,解决问题,阐明"工匠精神"的作用及意义。

生2:《工匠精神自古就是"中国气质"》这篇文章依然是在首段确立了论述的主体关系——"工匠精神"与"中国气质"的关系。选择这个角度表达我国自古以来就具有这种精神品质,题目明确了中心论点,作者从人们普遍认为工匠精神来自德、日两国的狭隘认识入手,列举实例表明我国古代就有匠人名垂青史,以此来印证论点。我们小组认为,文章属于总分总结构。大家看导图,论述主体属于逐层递进关系。首先,肯定中国古代各类工匠的技艺具有为社会创造价值的作用,并引用朱熹对《论语》"如琢如磨"的注释阐释了这就是中国气质的体现;然后,指出"精品的产出当然需要制度做保障",用秦以来采用的"物勒工名"制度证明产品有质量保障;之后,指出"工匠文化"与"工匠理念"的形成,体现了中国气质,提到官窑生产的好产品呈现给皇家时,用坚守"出现次品就要砸掉"及"仿品不能当正品出售"这些传统理念来印证;最后，以"精益求精"自古及今的追求，再次证明"工匠精神"，让"中国制造"成为响亮品牌，"中国气质"在新时代依然靓丽不减。

生3：《"工匠精神"是深藏于中华民族基因中的精神密码》是对"为什么有人否认工匠精神一直深藏在民族文化中？"的正面回答，这篇文章由质疑开篇，有很强的现实针对性。我们发现全文文化韵味深厚，引经据典，充满了对民族文化的自信。首先，提出"工匠精神"在中华民族文化中有着深厚的土壤，"大国工匠"创造的古代科技文明，凝聚起"工匠精神"，在中华民族文化中成为精神支柱；接着指出每个时代无论庙堂还是江湖，"工匠"都是先进生产力的代表，秉持"工匠精神"成为社会的核心价值观之一，列举历代名家名作中的经典语句印证"敬业精神"在中华大地有着高度的文化认同；再论述当"工匠精神"蔚然成风后，其精神内涵与要义，在先秦、宋代、清代、民国等著作中都有高度的概括和提炼，提出这是对"精益求精"的追求；最后又对"精益求精"做出深入阐释，让"工匠精神"与"精益求精"形成时代对接，从而回扣文章主题，完成"工匠精神"是深藏于中华民族基因中的精神密码的解析。

生4：《为什么需要"工匠精神"》结构更简单，节选部分是"总分"结构，从三个方面——制度保障、信仰支撑以及文化支撑，论述坚持"工匠精神"的内涵和益处。

师：各组表达得都很有条理，论述类文章讲求的就是"逻辑"，我们的汇报就是对文章论证结构与论证思路的梳理和归纳，如果能养成梳理的习惯，时常注意，快速捕捉寻找文章信息，相信你在拿到试卷时，也能在短时间内高效地完成对文章信息的筛选和整合。

（生全体点头表示赞同）

师：我们对文章的分析才刚刚开始，回到之前的问题，作为评论，要"以理服人"，能够说服社会大众，产生积极的舆论影响，条理清晰只是第一步。这几篇都属于评论，作者针对哪些事实进行评论，我们要能够区分；文章的"说理"艺术怎么通过语言来体现，还需要我们细读。

PPT出示：

任务二：就实论虚　斟酌表达

就实论虚是指就实际工作或具体事情来看政治、方向、路线、人的立场和人生观。在课后"学习提示"中也提到要注意分析文章中事实与观点的关系，学习文章联系社会现实提出观点并合理阐述的写法。现在需要我们再读评论，体会语言的艺术，将你认为值得挖掘的语句勾画出来，互相讨论，完善思考。

师：接下来我们仔细品读文章，新闻评论是基于事实热点来阐述观点的，既需要论证逻辑清晰，也需要论证语言精当。这才能达到评论以理服人的效果。比如李斌文章的开头引用的文字"我是真的希望工匠精神可以变成我的墓志铭"，牵连出一个事实，当下企业确实对"高精尖""炫彩酷"进行着不懈追求，这也是消费者的需求。电子产品如手机、平板电脑不断推陈出新，这就是供求关系的现实，企业需要加大研发力度，更要追求品质，所以得出一个事实，就是"今天，我们迎来了一个更加注重精细品质和独特体验的时代"。而为了确保"时代品质"，作者自然地联系到"工匠精神"，这种就实论虚的方法，基于事实，联系实际，阐发观点，进行论述，使得作者的评论可信度更高。此外，遣词造句的精当，使得表达更具可读性，"高精尖""炫彩酷""不懈追求""不谋而合"这些词语的高度概括，成语的熟练运用，引用、比喻手法的使用，让读者见到了一个成熟优秀评论员的内涵。现在,我们再读文章,找找你觉得能够体现思维缜密、语言独特的句子,说说你的体会或者理解。

(学生小范围交谈,勾画批注,6分钟)

生:老师,我觉得作者引述《说文解字》,解释"匠"的含义,由此提到当代对这个字的解读,很妙啊!

师:妙在哪里,我们洗耳恭听!(部分学生小声笑)

生:讲了"匠"的本义,而"心思巧妙""技艺精湛""造诣高深"细想正是我们能见到的那些精巧的木制工艺品诠释出的工匠技艺与智慧,油然生出一种敬意!这似乎改变了我对职业差别的看法,由此我对"职业与职业没有高低贵贱之分,但人与人却从来都有职业品质、专业精神的差别"的论断非常赞同。

师:作者语言有魅力,逻辑值得推敲,读文字能有这样的感受很好;然而人们依然改变不了对工匠固有的印象,人们仍然认为工匠普通,是没有技术含量也可以干的,甚至不值一提!

生:我又找到一处,不知道是不是可以为工匠正名。

师:但说无妨!(生全体笑)

生:大家看课文第3自然段。"工匠精神从来都不是什么雕虫小技,而是一种改变世界的现实力量。坚守工匠精神,并不是把'拜手工教'推上神坛,也不是鼓励离群索居、'躲进小楼成一统'"这句话里藏着新闻事实!

师:怎么讲?

生:作者在否定一些人对工匠精神的错误认识,在否定所谓"雕虫小技""把'拜手工教'推上神坛""鼓励离群索居""躲进小楼成一统"。这说明社会对工匠精神的误解就是作者要针对的新闻真实,他对此进行批驳,并提出自己的观点和看法!

师:这里就体现了评论的价值,针对事实阐发议论,发挥舆论引导或教育的功能。其他几篇文章有没有类似针对事实提出观点的语句?

生:《工匠精神自己就是"中国气质"》首段——"如今,大家一提工匠精神,一般都先想起德国、日本等发达国家。"

生:《"工匠精神"是深藏于中华民族基因中的精神密码》——"为什么有人否认'工匠精神'一直深藏在民族文化中?"

师:好,这都是看得见的事实,是作者评论的动因。围绕"工匠精神"这一热点选取角度评论的文章还有很多,每一段文字都渗透着作者的思考,有哪些语句吸引了你?说说你的感受。

生1:"倘若没有发自肺腑、专心如一的热爱,怎能有废寝忘食、尽心竭力的付出;没有臻于至善、超今冠古的追求,怎能有出类拔萃、巧夺天工的卓越;没有冰心一片、物我两忘的境界,怎有雷打不动、脚踏实地的淡定。"文中像这样的排比句还有很多,一层层地将工匠精神的内涵与意义论述透彻,阅读起来特别有气势,表达得很有力。

生2:"工匠精神中所深藏的,有格物致知、正心诚意的生命哲学,也有技近乎道、超然达观的人生信念。"这句话里的成语包含了儒、道两家的哲学思想,提高了工匠精神的思想层次。工匠精神本是一个抽象的概念,有了这样的表达,给人一种醍醐灌顶的感觉。

生："《说文》里讲：'匠，木工也。'今天的'匠'，已成为心思巧妙、技术精湛、造诣高深的代名词。"从"匠"字的本义讲到演变，深刻解读了当代对"工匠"的理解和期许。其他文章也追本溯源，体现"工匠精神"自古以来就具有的文化根基及传承价值。

师：工匠精神不仅是工匠们的追求，更是所有读者深刻理解后"肃然起敬"的文化认同。这节课暂时就交流到这儿，工匠精神的话题也要运用到写作中，同学们下课后将这几篇文章中写得巧妙的语句做好摘抄，并利用阅读课或网络去仔细了解至少一位可以称得上"大国工匠"的人物，熟知人物的事迹。

浙江省诸暨市海亮实验中学　沃　　野

【专家点评】

这堂课，选择了以高三复习课的形式呈现，抓住文体特征和热门话题两个点，筹备复习，把高考试题中的论述类文本阅读的考查要点融入其中，具有实用价值。

课堂之初，一个细节值得关注，高三复习要用好统编教材，整合教材资源，分类复习。辨别区分新闻文体类别是开启思维活动的起点，可积极调动学生参与整理。接下来，沃老师点明了课堂教学的主题，通过课文《以工匠精神雕琢时代品质》与相关主题文章联读，训练学生寻找新闻评论角度，感知写作目的，并给予充分时间让学生分组自主梳理文章写作思路，然后让学生主动表达。梳理探究、筛选整合文本内容，是学生有效理解文章，从而应答试题的关键步骤和能力。学生在多次梳理训练中，能加深对论述文特征的认识，从而掌握提炼组合信息等方面的能力。

接下来，依据课后"学习提示"，设置学习任务。分析新闻事实与观点的关系，并感受课文的语言魅力，理解作品"以理服人"的原因。课堂训练较为扎实，学生参与度高，质疑互动，沉思表达，有助于学生取得学习上的收获。

此外，建议把握课堂节奏，教学设计更多关注细节，能够使教学效果、课堂呈现更清晰、更有效。

（温州市第二外国语学校教师、正高级教师　陈智峰）

4. 登高化文多悲情

——《登高》课堂教学实录

【课文简析】

此诗作于公元767年(唐代宗大历二年)秋天,杜甫时在夔州。这首诗是他在56岁时写下的。一天他独自登上夔州白帝城外的高台,登高远眺。萧瑟的秋江景色引发了他对身世飘零的感慨,渗入了他老病孤愁的悲哀。于是,就有了这首被誉为"古今七律之首"的《登高》。此诗总体上给人一种萧瑟荒凉之感,融情于景,将个人身世之悲、抑郁不得志之苦融于悲凉的秋景之中,极尽沉郁顿挫之能事,使人读来,感伤之情喷涌而出,如大江东去而一发不可收拾。

《登高》首联写景,动静结合,勾勒了一幅以冷色调着墨的绝妙的水墨画,渲染出悲凉的气氛。一个"急"加一个"哀"字,非常能让人动容,使人立马进入作者所营造的令人忧伤的情境里不可自拔。"渚清沙白鸟飞回"描绘的是一幅冷淡惨白的画面,"渚"是"清"的,"沙"是"白"的,"鸟"是"飞回"的,在一片萧瑟肃杀的荒无人烟的"渚沙"之中飞舞盘旋,孤独、悲哀之情油然而生。

颔联集中表现了夔州秋天的典型特征,茫无边际、萧萧而下的木叶,奔流不息、滚滚而来的江水,不仅使人联想到落木窸窣之声、长江汹涌之状,也无形中传达出韶光易逝、壮志难酬的伤感、悲怆之情。透过沉郁悲凉的对句,显示出神入化之笔力。

颈联和尾联的视角回到诗人个人身上。"悲秋"已让人黯然神伤,"万里悲秋"更是让人凄怆不已。一个"常"字更是道出"万里悲秋"时常与"我"相伴,悲哀之强烈浓重,令人心神寂寥,无可排遣。"常作客""独登台",独在异乡的孤独惆怅感与深秋景色之荒凉凄冷水乳交融,寄托诗人悲秋伤己的伤感情怀。

诗人由秋及人,有感而发,写自己年老多病,拖着残躯独自登上高台,那种异乡怀人的情感喷薄而出,心中苦闷跃然纸上。尾联"艰难苦恨繁霜鬓,潦倒新停浊酒杯","艰难""苦恨"突出诗人内心的痛苦和郁闷程度之深,愁肠百结,愁绪万千,以致白了头发、伤了身体、失了流年,壮志未酬身先老,悲秋之情、愁苦之绪绵延不绝,令人哀叹。

诗前半写景,后半抒情,在写法上各有错综之妙。首联着重刻画眼前具体景物,好比画家的工笔,形、声、色、态,一一得到表现。颔联着重渲染整个秋天的气氛,好比画家的写意,只宜传神会意,让读者用想象补充。颈联表现感情,从纵(时间)、横(空间)两方面着笔,由异乡漂泊写到多病残生。尾联又从白发日多、多病断饮,归结到时世艰难。这样,杜甫忧国伤时的情操,便跃然纸上。

此诗八句皆对。"一篇之中,句句皆律,一句之中,字字皆律。"不只"全篇可法",而且"用句用字","皆古今人必不敢道,决不能道者"。它能博得"旷代之作"(见胡应麟《诗薮》)的盛誉,是理所当然的了。

【教学目标】

本课时的教学目标如下:

(1)精读诗歌,从意象、技巧、情感等角度欣赏,运用知人论世、比较等方法,理解诗歌内涵,获得审美体验,发现诗人独特的艺术创造之美;

(2)撰写诗歌推荐词,与同学交流体会,做到有理有据、语言准确;

(3)梳理归纳登高文化的内涵,探究登高"悲情"的原因;尝试交流自己创作的登高诗。

【设计阐释】

诗词是中华文化的瑰宝。鉴赏是传承文化的基础,而写作是传承的重要手段。我们现实的教学往往停留在表达技巧和情感的鉴赏上,而忽视了写作,但写作诗歌才是传承文化的重要手段。本课例是在传统教学的基础上有一定的创新,把思考登高化文"悲情"的深层次原因作为锻炼学生思维发展与提升的重要手段,并让他们创作及点评。学生课前精心创作仿写,课上在此基础上进行讨论修改,能够加深对古典诗词格律的理解,这对传承文化有很大助益。以此来实践,初步了解学生诗词文化的素养,为今后的诗词教学做一些必要的铺垫。

本节课主要突出以下四个方面:

一是思维能力的训练。改善思维品质,提高学生的思维能力,在实际教学中把握住思维品质,提升深度学习的内容。登高化文,其背后必然有深层原因,而学生的挖掘程度有深浅之分,由此可评判学生的学习层次和思维层次。既引导学生重视对文本的理解,体会意象、情感,更引导他们理解和传承文化。

二是检验诗歌鉴赏表达技巧等诗词鉴赏能力的高低。这首诗所涉及的手法和情感较为丰富,可以很好地检验学生对诗词理解的水平。

三是语言运用能力的评判。新课标重视梳理能力的训练,本节课将基本的诗词鉴赏技巧和知人论世方法结合,引导学生重视基础鉴赏能力的培养,在此基础上,通过撰写推荐理由,提升学生语言建构与运用的能力,以此来检验学生对语言的掌握和运用程度。

四是传承民族文化、家国情怀。不仅要准确理解家国情怀,更为重要的是将家国情怀意识在自己书写的文字当中体现出来。

【课堂实录】

(说明:《登高》计划上1个课时,本实录为该课时的教学过程。为保证教学进度,事先下发导学案,将上课的几个要练笔的教学环节通过预习予以落实。)

师:同学们,古人云:"登山则情满于山,观海则意溢于海。"每一首诗的背后都有一段人生,每一段人生的背后都是一首诗。读诗不仅仅在于背诵,不仅仅在于体会中华语言之美,还要体会作者的情感,体会其中蕴含着的优秀传统文化。今天,就让我们一起走进被称为"古今七律之首"的《登高》,一起来读诗,一起来参悟人生。

PPT 出示:

我们学校团委准备举办一次以"登高"为主题的读书沙龙活动,鼓励同学们一起读诗,一起参悟人生。你作为我们班级的代表,请以《登高》为读诗对象,谈谈从中读出了怎样的人生思考。

师:同学们有没有信心为班级争光啊?

生(全体):有。(窃笑)

生:兴趣是有的,只是我怕讲得太粗浅,被别人笑话。

师:这个活动也就是各抒己见而已,站上去,把你的感悟讲出来,你就是赢家了。

生:我也有兴趣,只是担心讲不好,因为我不知道怎么来读诗,怎么来参悟人生。

师:大家都比较谦虚。大家初中的时候已经读过许多优秀的诗词,应该掌握了一定的诗词鉴赏技巧——紧扣文本,从意象入手,去体会作者的情感。换句话说,我们可以从情感的精深处、表达技巧的精到处、意象的精妙处及知人论世等方面尝试参悟诗词中蕴含的人生思考。

PPT 出示:

活动探究 1:奇文共赏话因由。

表 4-1　导学案

意象	表达技巧	身世经历	情感态度	推荐理由

师:为了方便大家理解,老师制作了这么一张表格作为导学案,昨天已发给大家预习,不知道大家完成了没有?

生:(七嘴八舌)完成了。

师:你可以结合四个方面来讲,也可以就其中某个方面谈谈你的理解,最后呈现两个比较好的推荐理由。

师:接下来,给大家几分钟时间,前后左右之间交流一下,看看彼此的答案有什么可以互相借鉴参考的。

(师巡回,指导交流,约 3 分钟)

师:我们的课堂自由开放一点,大家不必拘束,畅所欲言,好吧?! 谁先来?

生:我来。"天高"一句给我印象很深,读来显得天底下的人很渺小、很孤单。我有一次一个人爬赤城山,也有这种感觉,差一点儿就哭了。

(生大笑)

师:那你有没有把当时那种想哭的感觉写下来?

生:(羞涩)没有。

师:太可惜了。那个时候的真情实感要是能记录下来,或许你就是小杜甫了。

(生大笑)

生1:我觉得这首诗运用的表达技巧非常丰富,动静结合、视听结合、上下远近结合,富有动感,更加能够情景交融,表达出作者内心的感受。

生2:"风急天高猿啸哀"中"风急"让我们感觉到了环境的凄冷。其中的"猿啸哀",一声猿的啼叫,以动衬静,给人带来了凄凉甚至恐怖的感觉。白居易《琵琶行》中的"杜鹃啼血猿哀鸣",也有类似哀伤的味道。

生3:我也赞同这位同学的看法。无论是"猿啸哀",还是"猿哀鸣",都给人带来了凄凉和哀伤之感,更表现了诗人的境况和心态。风急已经使人感到非常冷,"猿啸哀"更是"一倍增其哀",所以这里有身体的凄冷,但更主要的是心灵的凄冷。

师:"一倍增其哀"说得非常好。是的,哀莫大于心死。身体的凄冷多加一件衣服就可以解决,但是内心的凄冷确实是难以治愈的。那么作者为何会感到内心凄冷?

生:我认为这个可以从"鸟飞回"这个意象来分析!在凛冽的秋风中,鸟儿在寻找自己的巢穴,但因风大急,只能在空中盘旋,无处着落,十分无奈,十分凄凉。再结合"万里悲秋常作客",我们可以看出他漂泊异乡、妻离子散的痛苦。这里杜甫与"鸟"合而为一,述说的不知是鸟儿的凄凉还是杜甫的凄凉。

师:很好,这位同学的发言紧扣了意象的特点,而且带有辩证色彩,非常精彩。我们从意象中,可以把握诗人的处境和遭遇。意象的本身,可以看作诗人人格的化身。有一种抒情手法叫作"托物言志",要想读好一首诗,你就应该紧紧扣住意象来解读,思考它在表达作者情感的角度上有什么作用,进而把你自己当成作者,化身其人,当这首诗或这篇文章就是你自己写的,这样我们才可以将诗中的意象与自己或者说是诗人紧密联系在一起,也就是说我们要"置身诗境、缘景明情"。

[板书:置身诗境、缘景明情]

生:是的,我在读诗的时候就把自己当作一只小鸟。(生轻笑)鸟给我的感觉是自由的,例如,"山气日夕佳,飞鸟相与还""众鸟高飞尽,孤云独去闲",表达的就是这个意思。但杜甫这只飞鸟却不是这样的,它应该是一只离群的鸟,到处盘旋,在寻找自己的巢穴,"飘飘何所似,天地一沙鸥"中的沙鸥也是这样的。杜甫诗中的鸟给我的感觉是凄凉孤单的。

师:你拓展的知识很丰富,用自己丰富的知识来填充诗给我们留下的空白,让我们感受到了一只与我们印象不一样的孤独的鸟。

师:我们为什么不把它想象成一只欢乐的鸟呢?而且你为什么认为是一只,而不是多只?

生:因为我是根据杜甫此时此刻的处境去想象的。此时杜甫一个人在外漂泊。"百年多病独登台"中一个"独"字让我感受到了杜甫的孤独与凄凉。所以这鸟是一只,而且是凄凉孤单的。

师:除了让人感觉孤单与凄凉之外,其他的意象让我们读出了诗人怎样的情感?

生1:我认为,杜甫看到落木,会想到或看到落叶飘零,肯定是在想自己像树一样,已是晚年,已老了,就像一片树叶飘零于生命的晚秋,这让我感受到了生命的短暂。

[板书:生命短暂]

生2:长江滚滚,流逝的是江水,但在诗人眼里却是大好的年华,时光一去不复返,而自己却一事无成,更何况现在已是"霜鬓""潦倒"。古人讲,落叶归根,此时的杜甫肯定也在想念家乡,想早日回归故里。

师:一个垂垂老者站在高天下、急风中,面对清渚、白沙、孤鸟,拖着老迈的身体,想念家乡,想回归故里,这也是人之常情。但他还有回到家的那一天吗?

生:没有。杜甫从漂泊开始就再也没有回到过家乡。那时安史之乱仍旧没有结束,藩镇割据的情况并没有得到很好的改善,回家只能是一种奢望。经您这么一问,我更觉得此时的杜甫是那么的凄凉无助。他太可怜了。这么伟大的诗人就要结束这么伟大而凄凉的一生。不知道是为什么,读杜甫的诗,我脑海里总是浮现杜甫苍老憔悴的脸庞、颠沛流离的模样,读他的诗总是憋得慌,有一种生命短暂、时日无多的沉重感和压抑感。

生:(举手)我来补充一下。

师:来。(示意站起来回答)

生:我来说说"长江"这个意象。子在川上曰:"逝者如斯夫,不舍昼夜。"看到滚滚流逝的江水,我总觉得是生命在流逝。我没有苏东坡那种"自其不变者而观之"的境界,我只能说千古江水更衬托出自身生命的短暂。

师:确实如此,从深层次角度来看,人的生命越短暂,历史和时间越显得悠久。反之亦然。那生命,指的是人类的生命,还是个人的生命?

生:是个人的生命。历史和时间越悠久,个人的生命就越显得短暂。人类的生命是无穷无尽的,正如张若虚所说的"人生代代无穷已,江月年年望相似"。

师:总结得很好。人生倏忽百年,江水万古长青。

师:接下来,我们再来看看"万里悲秋常作客,百年多病独登台"。什么是"作客"?是否同于我们现在说的"做客"?

生:不同,这里的"作客"是客居他乡的意思。

师:是一般的那种客居他乡吗?比方说,有些同学家在白鹤万年山,离学校那么远,那现在也是客居他乡呀,有什么不同吗?

生1:杜甫这里是漂泊他乡、流浪他乡的意思。

生2:而且,杜甫此时是在战乱的年代。

师:是短时间的吗?

生:是长久的、不断的,是"常"作客。

师:对的,杜甫从48岁开始,到58岁去世,一直在外飘零。写这首诗时已是他在外漂泊的第八个年头了,是在离家万里的他乡,是在悲凉的秋天。作客并登台,已是两层"愁",是双倍的愁。杜甫拖着老年多病的身体,这是又一层的愁苦了。那造成杜甫愁苦的最根本原因是什么呢?

生:是安史之乱。八年战乱,使唐王朝由盛转衰,杜甫也因此流落西南,饱受颠沛流离之苦。从"艰难苦恨繁霜鬓"可以看出,由于艰难、痛苦和仇恨,诗人已经两鬓斑白了。

师:很好,你的分析已经运用了诗词鉴赏常用的一种方法——知人论世。

[板书:知人论世]

师:我这里有一个小问题问一下:苦,到底是什么意思?

生:痛苦。

师:这样解释大体上也讲得过去。不过,我们认真看一下教材的注释,教材中将"苦恨"解释为"极恨"。原句可以理解为一生艰难,常常抱恨于志业无成而身已衰老。你觉得哪种解释更好?

生:教材上的解释更好。因为这样更表现出杜甫的忧国忧民。

师:我们学习诗词还是要注意一下以本为本的,毕竟对于教材,编审还是比较严格的,注释相对来说更经得起推敲。好,接下来,同学们还有什么补充的吗?

生:我来补充一下,杜甫想为国家出力,平定战乱,但是由于年老多病而不能为国家出力了,这使他非常难受。

师:那这会儿是一种什么样的心情?忧愁还是忧愤?

生:忧愤。心急如焚。

师:对,就是心急如焚,这个词用得好。心急如焚,才白发丛生,两鬓像浓霜一样。颠沛流离,坎坎坷坷——一直伴随着杜甫一生。这里既有个人的苦难,又有国家的艰难。我特别强调杜甫的一个独特之处,就是古代知识分子常以"达则兼济天下,穷则独善其身"作为处世准则,杜甫却是无论穷达,都心忧天下。但现实总是无奈的,此时,一般人可以借酒浇愁,更何况情感丰富的大诗人呢?但杜甫最后一句写道:"潦倒新停浊酒杯。"他为什么把酒给停了呢?

生1:在人们普遍的印象中,诗人总是特别爱喝酒,譬如李白"斗酒诗百篇",杜甫也这样,"白日放歌须纵酒,青春作伴好还乡""重阳独酌杯中酒,抱病起登江上台"。喜也喝酒,忧也喝酒。但此时的他患有多种疾病,因病戒了酒。

生2:而且因为穷困,他也不一定能够有酒喝。

师:同学们,借酒才能浇愁呀,至少能消散一些愁闷的情绪。可是此时的杜甫因病因贫不能喝酒,这忧愁更是难以排解了。普通人无法排解忧愁已是痛苦万分,更不用说"致君尧舜上,再使风俗淳"的杜甫了。结合同学们的发言,我们这张表格就可以完成了,请看PPT投影内容:

表 4-2　推荐词

意象	表达技巧	身世经历	情感态度	推荐理由
风、天、猿、渚、沙、鸟	动静结合、视听结合、上下远近结合、情景交融……	唐代宗大历二年(767)秋天在夔州,56岁的诗人极端困窘。当时安史之乱已经结束四年了,但地方军阀又乘时而起,相互争夺地盘。好友严武去世,失去依靠,生活困苦,身体非常不好。独自登高临眺,百感交集	"万里,地之远也;悲秋,时之惨凄也;作客,羁旅也;常,久旅也;百年,暮齿也;多病,衰疾也;台,高迥处也;独,无亲朋也。""艰难"……	

师：接下来，我们有请许婧怡同学来读读她的推荐词。

PPT出示：

"风急天高猿啸哀，渚清沙白鸟飞回。无边落木萧萧下，不尽长江滚滚来。"这两联动静结合、视听结合、上下远近结合，富有动感，更加能够情景交融，表达出作者内心如同环境一般的凄凉。而且此处用了对比的修辞手法，将历史长河永不停息与生命短暂构成对比，极富时间感与空间感，更加感慨时间的流逝及年华的老去。在此悲壮的环境之下，作者不由地想象到自身客居他乡、百年多病、官场不得志的种种困境，才有了"艰难苦恨繁霜鬓，潦倒新停浊酒杯"一句，艰难与潦倒既是指作者自己的命运，同样也是指国家的命运，更好地抒发作者生活艰难与壮志难酬的感受。

（生鼓掌）

师：我们再一起来读读徐俏熔同学的推荐词。

PPT出示：

落木萧萧，老去的是年华，凋敝的是历史。长江滚滚，扑面而来的是一代一代不可阻止的更迭。时光远逝，当年"会当凌绝顶，一览众山小"的意气风发的少年诗人也已垂垂老矣。常年漂泊、老病孤愁，情感在此刻迸射而出，念及时世艰难、生活困苦，常叹鬓如霜白。"艰难""潦倒"二词形容的是个人，更是国家。将身世之感慨上升到人类普遍情感的高度，拥有着对社会、国家乃至整个人类的大爱，情真意切，情景交融，无愧于"古今七律之首"的称号。

师：从同学们的导学案答案和刚才的发言来看，同学们对诗词的理解已经非常深入了。（师指着黑板）：置身诗境、缘景明情，以意逆志、知人论世这两种手法是我们鉴赏诗歌的必由之路。大家今后要多学习运用。那第一个活动就到这里，接下来我们来进行第二个活动。

PPT出示：

活动探究2：悲情根源细思求。

（1）登高诗的情感内涵丰富：思念之情、身世之悲、壮志难酬、忧国忧民、励志喻理、愉悦闲适等。那么总体的审美倾向是什么？（用一句话或一个词语概括）

师：请大家结合具体诗词来谈谈。

生1：陈子昂《登幽州台歌》表达了诗人对自己怀才不遇的落寞、苦闷与悲愤之情。

生2：辛弃疾《永遇乐·京口北固亭怀古》中的"凭谁问：廉颇老矣，尚能饭否"表达了壮志难酬的悲慨之情。

生3：李白《与夏十二登岳阳楼》中"雁引愁心去，山衔好月来"展示的是作者登上岳阳楼之后的愉悦心情。

生4：杜甫《登岳阳楼》"戎马关山北，凭轩涕泗流"展示了忧国忧民的伤感情怀。

生5：王维"遥知兄弟登高处，遍插茱萸少一人"是对家乡亲人的思念，情感略带伤感。

师：综上，我们能得出什么结论？

生：情感是伤感的居多。

师：确实诗词多触景生情，一般多是悲情，这确实值得我们思考一下。

［板书：言愁叙悲］

我们再来看:

PPT出示:

(2)读书沙龙活动中,有一个交流的环节,每个参与者都要接受任务发言。我们班级分配到的任务是:为什么登高诗词中的情感以悲情为主? 结合所学知识,制作小卡片,列出提纲并与同学交流。

生:中国文人"治国平天下"的理想促使他们离开家乡,而古代的交通、通信技术使得他们不能与家人团聚,所以"万里悲秋常作客",离家万里作客,多羁旅之思,这种情感最容易触动诗人的悲情。

师:人总是惦念自己亲人的,远离家乡,看到某个和家乡近似的景物,眼泪或许就禁不住流下来了。这就是我们诗歌鉴赏中常用的手法——

生(齐答):触景生情。

[板书:触景生情]

生:苏东坡登上赤壁高岸,感慨"哀吾生之须臾,羡长江之无穷";孔子在江边也感叹道"逝者如斯夫";曹操亦有慨叹"人生几何,对酒当歌"的时候。对于那些积极追求的伟人来说,登高所见之景往往容易触发他们人生短暂的感慨,这种感慨也是偏向哀愁的。

师:是这样。人生中遭遇了一点挫折,经济困境与政治生命困境接连加诸于身上,诗人往往心情愁苦,将滚滚江水与永不停息的历史结合在一起,与自己生命的短暂形成对比,突出面对时光飞逝而感到的伤痛和生命的脆弱,更容易引起悲秋情怀。

生:还有从生理学角度来看,人们一旦到了秋季也会有秋燥之感,因此容易引起内心的烦躁与不安。

师:这一点很有道理,身体上的不适确实会带来情绪上的不适,更有感到悲凉的可能。虽然不及许婧怡同学的深刻,但也很有道理。言之成理的,都是允许的。

(生笑)

生1:杜甫一生忧国忧民,关注民生。冯至的《杜甫传》中提到,"实际上他那忧国忧民的泪是一直流到他死亡的前夕"。他在登高时想到自身"艰难苦恨繁霜鬓",再想到山河破碎,想到百姓流离失所,便怎么也无法像我们秋游一样怀着开心愉悦的心情。

生2:我们秋游那是欢天喜地的,杜甫这些诗人他们登高不是为了自己的兴趣爱好或者健身。他心里装着国家百姓,国家百姓幸福他就幸福,可惜他所处于安史之乱时的唐朝,天下民不聊生,注定他的诗歌是充满忧愁的。

师:那能不能用一句话或一个词语概括一下理由呢?

生:心系天下,家国情怀。

[板书:家国情怀]

师(竖起大拇指表扬):一首诗词格调的高低完全取决于其中蕴含的家国情怀,有情怀自成高格。由于时间关系,我们就不展开讨论了,接下来我来补充一点。登高本是我国古代文化中一种别具特色的民俗现象,其源自古代宗教祭祀活动,也就是"望祭山川"。登高和古代文人有着不解之缘,孔子时代就有"君子登高必赋"的传统观念,登高在古代士大夫那里已经演变成日常生活中一种普遍而高雅的文化活动,成为古代文人展示文才的重要舞台。身体的高举带来的是心灵的超脱,以有限之身面对无限时空,顿觉眼界开阔,能见前之所未曾见或不可见,如萧萧落木、滚滚逝水、迢迢客路等,能起前之所未起之思、不起之愁,如西风残照、宿鸟归飞、浮云漂泊等,从而获得一种博大的情感体验,更易产生创作的灵感,所以文人往往因登高而"情满于山"。

[板书:登高传统]

师:接下来,我们来总结一下,大家看PPT投影。

PPT出示:

1. 登高传统、赋诗作文(望祭山川,重九登高);

2. 宇宙浩瀚、自身渺小(卓然而立,心灵超脱);

3. 触景生情、生命短暂(时不我待的生命紧迫感);

4. 世道兴衰、家国情怀(舍我其谁的生命价值感、忧国伤时的社会忧患感)。

师:同学们,诗歌就是遭遇理想与现实背离的诗人寂寞诗魂的精神见证,虽然多悲情,但确是一种文化。作为新时代青年,我们该做些什么呢? 接下来我们进行下一个环节。

PPT出示:

活动探究3:诗词文化一脉流。

新时代的青年,传承文化,责无旁贷,如果读书沙龙活动中要求展示自己的登高诗作,你能否创作一首参与交流?(注意押韵,不重平仄,重在参与)

学生作品呈现并讨论:

(学生前后桌四人一组讨论交流,教师巡回走动观察、视听)

师:昨天我们的作业要求写好以后,找一位同学点评一下,大家完成了吗?(生七嘴八舌说完成了,闹哄哄地推荐某些同学)

师:接下来大家推荐几位同学来呈现他们的诗作,也请同学们来点评。

PPT出示:

登 高

太阳当空照,花儿对我笑,

我们手牵手,一起去登高。

(生大笑)

生:采用儿歌的形式,读起来朗朗上口,诠释轻快欢乐的气氛,不仅体现了诗人当时内心的快乐,也让读者读起来心情愉悦。怎一个"好"字了得!

(生大笑)

师:从同学们的笑声中听出来许多乐趣,但诗词讲究"雅",这里用词缺少了文学韵味,而且第一、二句,直接用了儿歌的内容,有抄袭的嫌疑,这一点要改。

PPT出示:

登 高

逶迤绿水秀,拥青山入怀。涟漪轻轻动,阔叶飒飒挨。

平陆已成江,亭云正皑皑。世事沧桑变,百川仍向海。

生：登高诗，往往是表达作者的悲情的，这首诗却描写"绿水""青山""涟漪""阔叶""亭云"等清丽明快的意象，同时感慨世事易变，这是极其有趣的。我们不是杜甫，也不是饱经风霜的半百老者，在"为赋新词强说愁"的年龄里，更多的是感到自由放松的美好，触景也会有淡淡的愁绪，两者结合，青涩有趣。

PPT 出示：

华顶观景

厚土为盘物为棋，风卷箫笛路迢迢。

铺天万里云着色，拔地千丈雾斩腰。

方正樊笼凭窗眺，百尺江山倚栏招。

此景悠悠何处觅，落子梦中周公邀。

生：此诗对仗工整，颔联描绘的场景宏大又有画面感，气势很足。颈联通过对比的手法表现樊笼，即教室里的学生对出去玩的渴望，以及欣赏江山的愿望。尾联自问自答，这样的场景只有梦中与庄周下棋的时候才能看到，进一步抒发对自由的向往。

PPT 出示：

登赤城山

凤夜悬梁时日长，徜徉山间心明朗。

飘摇藏梦树叶中，花心向阳自芬芳。

人生自当存高远，刀山火海难阻挡。

层云之巅怀子美，绝顶归来看金榜。

生：不同于以往古人的登高悲秋，这首诗描绘了一个书生寒窗苦读，考完试后上山畅游的情景。他品味着大自然的美好，并在山顶发出志存高远的理想，还引用了杜甫《望岳》的典故，表达自己对被录取的信心及功成名就的期待之情。

师：看到同学们的诗词创作与点评，老师我甚是欣慰，总感觉诗词文化传承有人了。大家创作的诗词虽然平仄存在瑕疵，押韵也显得勉强，但只要尝试了，坚持下去，就是最好的学习，这个单元结束后，我们再总结一下律诗的平仄押韵规律。现在来看看老师写的两首诗。

PPT 出示：

登青城山

峰屹穿云浸碧苔，坐亭休憩接行杯。

淙淙清露下山涧，杳杳仙翎上峻台。

叶坠纷繁真道境，木高错落岂凡材。

梦中登览常萦挂，今上青城望一回。

乐山之上望岷江思张献忠沉宝事

汤汤三江畔，巍然古佛立。风云常变幻，朝代多兴替。

蚕丛开国地，乱世竞称帝。万千金珠玉，终沉岷江底。

厮杀为己利，何曾顾民计？悲悯视蒸黎，方是佛祖意。

生：(作惊呼状)老师您太厉害了。

师：老师自觉第一首仅仅是表达对登上青城山的那种得偿所愿的喜悦之情,而第二首相对于第一首,更有一种对百姓的悲悯情怀,格调更为高雅,境界更为阔大,我更为满意。

(铃声响)

师：同学们,时间过得很快,这节课我们了解了一下登高诗的"前世今生"。

(生笑)

古人所写的登高的诗词,无不展现了他们深邃的思想、深刻的人生感悟。我们将登高所见所感诉之笔端,是对我们自己负责,也是对中华诗词文化负责,正如杜甫老病孤愁、忧国忧民的悲情,无不在警醒我们要有悲悯情怀、家国情怀。今天这堂课就到这里,作业请看PPT：

PPT出示：

1. 必做题：修改昨天的推荐理由,再选择一首登高诗词进行推荐理由的微写作。

2. 选做题：仿写诗词。

师：大家根据自身实际情况自主选择完成。好,下课,同学们再见。

生：老师再见。

浙江省天台中学　庞加栋

【专家点评】

随着新课程改革向纵深推进,课堂教学正在发生质的改变。我们的教学应通过语言运用,让学生获得形象思维、逻辑思维、辩证思维等的发展,从批判性和独创性的角度提升思维品质,传承文化。

一、重视学生语文核心素养的落实

我们的教学重在理解"这一个"文本,进而可以推广到群文阅读,这不仅要让学生全面理解这个文本,更要让他们从这个文本中发现学习的方法,进而掌握"这一类"文本。更加重要的是,要让学生根据教师指导去搜集信息、甄别信息,然后有自己的假设和验证过程,在比较、联系、探究中得出问题的结论。这一过程需要关注同一话题在不同文本中的具体体现。

表 4-3　信息梳理表

意象	表达技巧	身世经历	情感态度	推荐理由

这份表格非常重视学生梳理信息的能力,将其与鉴赏诗词的技巧有机结合,非常能体现"思维的发展与提升"素养。

《普通高中语文课程标准(2017 年版)》有"以核心素养为本","坚持立德树人,增强文化自信"的要求,因此这堂课将重点设置为在体悟语言的过程中锻炼思维、审美的能力,更重要的是传承和理解古人的文化情怀,这在最后诗词写作点评环节体现得比较明确,将整堂课的层次拔高了许多，明显地区别于一般的诗词教学课。

二、情境任务设置真实，有现实操作性

结构化解读非常有必要。教师引导学生对教学过程做了一个结构化的理解，即贯彻了所选文本的核心话题。文本围绕核心话题"登高"设置了一个总任务，分成三个活动来落实，环环相扣，衔接自然。

"学校团委准备举办一次以'登高'为主题的读书沙龙活动，鼓励同学们一起读诗，一起参悟人生"这个情境任务不是虚假的任务，在我们学校里是真实存在并实行的，将团委的社团活动与语文教学连接在一起，丰富了学生的学习生活。

三、重视拓展延伸，将写作融入诗词教学

诗词教学可以以项目化学习的形式展开。微写作可以促使学生的思考紧扣文本，教师有意识地引导学生从情感的精深处、表达技巧的精到处、意象的精妙处等方面尝试微写作，不仅仅是培养学生理解诗歌、解读诗歌和鉴赏诗歌的能力，更是训练学生整合、联结、钩玄提要、评价等多重能力。不仅有推荐诗词的微写作，还有创新性的诗词写作与点评。虽然格律平仄不是很严谨，但是很明显感受到了学生写作诗词的积极性，这是对中华诗词文化的最好传承。

再如，对不同"登高"主题的诗词进行区别和甄选的过程，是训练学生的梳理探究与拓展能力，提高学生对概念进行清晰界定的能力。研习过程中进行比较，得出结论，认为通过抒写登高所见所感，更多的是表现作者的悲情。这当然并非标准答案，讨论比较的目的是促进学生对"登高"诗特点的深入理解，这种区分过程能促使学生的思维走向深入。这对加深学生的理解和对登高文化进行深层认知有积极作用，并且给予学生解答此类问题以明确的思考方向，是朝着诗词写作的立体化、项目化方向在努力的。

（温州市第二外国语学校教师、正高级教师　陈智峰）

5. 半生浮沉半生事，半是清醒半糊涂

——《声声慢》课堂教学实录

【课文简析】

《声声慢》是李清照的名篇。这首词写于什么时候，名家各有不同的观点。有的认为这是李清照早年的作品，有的认为这是李清照晚年的作品。笔者在解读这首词时，采取的是统编高中语文教材必修上册第 67 页的观点。这首词作于北宋末年，李清照南渡避乱，不久北宋灭亡，丈夫病死，她只身逃难，境遇悲惨之时，也就是说这一首词是作者南渡后晚年的作品。

词人的不幸恰恰是词坛的大幸。一个人晚年的作品一般是这个人创作顶峰的作品。比如这首词的语言上就有李清照词作鲜明的特点：押入声韵、口语化、叠词等。

当然，一切的语言形式都是为表现词人的情感服务的。这首词第二个特点是词人的情感流动之美。除以叠词体现情感的变化之外，淡酒、大雁、满地的黄花，更兼细雨的梧桐，无一不流露出诗人晚年凄苦、百无聊赖的感情。这也是解读这首词的重中之重。所以，这首词不是作于秋天的一个时间点，而是作于秋天从清早到傍晚黄昏的一个时间段。在这个时间段里，诗人或许昨晚又度过了一个不眠之夜，或许从昨晚的睡梦中醒来，以为梦中之人（丈夫）还在，"寻寻"，寻不到，又"觅觅"，李清照像庄周一样，分不清梦和现实啊。找不到丈夫之后，她发现四面环境是冷冷的，没有那个能给她温暖的丈夫。而内心"清清"，无言的寂寞空虚在心里逐步加深、逐步加深，以致不能承受了。不能承受，最后只能哭泣了。而且这哭泣不是放纵地哭，而是压抑地哭。人到晚年了，经历太多，连哭泣也是有节制的。喝酒，不能解愁。看到大雁，更加引起内心的痛苦。看到菊花，想起往事，如今有谁堪摘？还是到窗边去坐坐吧，但是，听到这点点滴滴的细雨打梧桐叶的声音，她又怎么能睡着？

她的前半生是快乐的，是少女的无忧无虑，是少妇的闲愁。她下半生的主色调是黑色的。她的黑色是亡国之恨，是丧夫之痛，是颠沛之苦，是遇人不淑的再婚又离婚，认识到她的黑色里还有文化的中断和空白——这种黑色不仅仅是个人的遭际，也是人类苦味的体味与反射。

【教学目标】

本课时的教学目标如下：

（1）通过朗读，感受《声声慢》的语言之美；

（2）在对《声声慢》的解读之中，感受其情感流动之美；

（3）联系时代背景，感受李清照下半生黑色的主色调。

【设计阐释】

《声声慢》是李清照的名篇。李清照被称为"婉约词宗"，这不是浪得虚名。她的词独树一帜，在文学史上被称为"易安体"。这首词有很鲜明的语言特点。所以，笔者教学设计的第一板块就是感受《声声慢》的语言之美。在朗读过程中，在师生对话过程中，让学生了解这首词在押韵、口语化、叠词等方面的语言特点。

教学设计的第二板块就是感受《声声慢》的情感流动之美。很多优秀的教学设计是从意象的角度来解读整首词的。笔者想不落窠臼，故另辟蹊径进行设计。整首词作于秋天的一个从清早到傍晚黄昏的时间段。鉴于此，设计这篇课文的第二个切入点为感受这个时间段的情感流动之美。通过对这个时间段里的情感的整体把握，以引导、带动学生从整体上去研习探究这首词所表现的情感。

教学设计的第三板块是解读李清照下半生的主色调——黑色。学生在老师提供的支架下，一步步地认识到她的黑色是亡国之恨；她的黑色是丧夫之痛；她的黑色是颠沛之苦；她的黑色是遇人不淑的再婚又离婚。她的黑色里还有文化的中断和空白。这种黑色不仅仅是个人的遭际，也是人类苦味的体味与反射。这黑色既是词人情感历程的真实写照，也是时代苦难的象征。

整个教学设计带有项目化的特点，以编词集带动学生解读这首词，调动学生的积极性。最后围绕《声声慢》一词中的场景，为《知否？知否？》这部词集设计一个封面，也是颇有趣味的。

【课堂实录】

师：梁衡称李清照为"乱世中的美神"。今天是世界读书日，我们学校"绿荷"文学社要出一本李清照的词集。请同学们给李清照的词集取一个名字。

PPT 出示：

今天是世界读书日，我们学校"绿荷"文学社要出一本李清照的词集。

活动探究1：请同学们给我们编辑的李清照的词集取一个名字。

生：李清照自己的词集叫《漱玉集》。她的词集中菊花这个意象出现次数的很多，就叫《菊花词》吧。

（全班同学大笑）

师：同学们的笑真是意味深长啊，我们能不能取个比较文雅的名字呢？

生：我想给她的词集取名《知否？知否？》。有一部有名的古装剧不是叫《知否？知否？》，我就想要用这部剧名来做这部词集的名字。

师：同学们的这些想法都很好，我们就用《知否？知否？》做这部词集的名字。接下来，我们要思考选择李清照的哪些词可以收入到这本词集中。我们回忆一下，一般一部作家的作品集按什么线索来选择篇目比较合适？

生：时间线索。

师：对。这样的好处是什么？

生：符合我们读者的阅读习惯啊。

师：对。现在我们看统编高中语文教材必修上册第 67 页，大家觉得按时间线索把这次我们编辑的词集分为几个板块比较合适？

生：我觉得分为两个板块比较合适。

师：为什么？

生：因为北宋末年李清照南渡避乱，不久北宋灭亡了。我想以一个朝代的灭亡作为这部词集板块的分割线。

师：可以。我们就把这部《知否？知否？》词集分为两个板块。大家看 PPT，请思考后将上面这些词归入不同的板块，并给每个板块取个标题。

PPT 出示：

《如梦令》《醉花阴》《蝶恋花》《点绛唇》《永遇乐》《声声慢》《渔家傲》

生 1：《如梦令》归入第一个板块。

生 2：《醉花阴》也归入第一个板块。

生 3：《蝶恋花》也归入第一个板块。

生 4：《点绛唇》也归入第一个板块。

师：这一板块的标题是？

生：我想取名叫"快乐的闲愁"。

师：为什么？

生：因为这个时期的李清照是作为少女和少妇的李清照，那时是快乐的，有思念丈夫的闲愁。

（板书：快乐的闲愁）

师：哪些词可以归入第二板块？

生 1：《永遇乐》归入第二个板块。

生 2：《声声慢》也归入第二个板块。

生 3：《渔家傲》也归入第二个板块。

师：这一板块取的标题是？

生：我就想用老师开头的短语——"乱世中的美神"，因为那时候她遭遇了国家灭亡、丈夫病死，自己又南渡避乱，颠沛流离。

师：说得很好，我们第二板块就取"乱世中的美神"这个标题。

（板书：乱世中的美神）

师：杨慎评价说《漱玉集》中，《声声慢》一词，最为婉妙。我们今天要探究《声声慢》这首词美在哪里。

PPT 出示：

活动探究 2：品味词之美。

宋人中填词，李易安亦称冠绝。使在衣冠，当与秦七、黄九争雄，不独雄于闺阁也。其词名《漱玉集》，寻之未得。《声声慢》一词，最为婉妙。……山谷所谓"以故为新，以俗为雅"者，易安

先得之矣。(杨慎《词品》卷二)

师:《声声慢》是一首慢词,慢词的名称从"慢曲子"而来,是依慢曲所填写的调长拍缓的词。历来作者多用平韵,而李清照改仄韵格,韵脚全用入声字,为世所传诵。同学们齐读全词,感受这首词的语言之美。

(板书:语言之美)

(全班齐读)

师:请同学们找一下这首词的韵脚。入声在现代汉语中已经没有了,所谓"入派三声",但是吴地方言还是可以读出入声字的特点的,它比较低促,比如"黑"在我们的方言里就念"hè"。但我们今天不可能用方言来读它。

(板书:入声韵)

生:上阕有觅、戚、息、急、识。

师:下阕呢?

生:积、摘、黑、滴、得。

师:我们再试着用吴地方言自读这首词,整首词读起来时运气怎么样?

(全班试着用吴地方言自读)

生:运气比较短促、凄厉。

师:对。我们读这些字的时候可以读低促些。大家试着齐读一下。

(全班齐读)

师:这样短促、凄厉的入声韵,表达了李清照怎样的感情?

生:一切语言形式都是为内容服务的。我想表达的是她南渡后那种似乎吞咽不尽的愁苦吧。

师:说得很好。关于这首词的语言之美,除用入声韵之外,同学们再看看,还有什么特点?

生:似乎我们现在的高中生很好懂,语言口语化。

师:对,这是她语言之美的第二个特点。李清照的词语言浅近,她不像辛弃疾那样文辞晦涩。在她的词里,几乎找不到生僻的字和晦涩难懂的典故。

(板书:口语化)

师:同学们再开动脑筋,想想这首词的语言还有什么特点,并看看开头用了什么词。

生:叠词。

师:这些叠词只是李清照在玩文字游戏吗?

生:我想不会吧。

师:为什么?

生:具体原因我还没有想好。就像刚才的入声韵一样,这些叠词应该是为传情达意服务的。

师:说得很好。接下来,我们就从叠词开始,进入下一个环节。

(板书:情感流动之美)

师:同学们看一下,这首词中一共有几组叠词?

生：七组。

师：我们先来看看第一组和第二组叠词，李清照在寻寻觅觅什么呢？

生：寻觅她的丈夫吧。

师：为什么这么说呢？

生：因为教材中的注释表明，这时候李清照的丈夫已经去世。

师：对。看来他们夫妻俩关系不错嘛。同学们知道他们之间的爱情故事吗？

生：好像李清照出身名门世家，父亲李格非师从苏轼，是著名经史学家；母亲乃名门闺秀，善文学。李清照从小耳濡目染，也聪明伶俐，善音律，能写诗作词。其他的我就不知道了。

师：那李清照和赵明诚的感情怎么样？

生：李清照18岁嫁给门当户对的太学士赵明诚为妻。两人情趣相投，共同致力于金石书画的搜集整理，夫妻感情笃厚，家庭美满幸福。

师：感情这么好。北宋灭亡那年李清照一家被迫南迁避难。两年后（1129年），其夫赵明诚在去赴任湖州太守的途中不幸染病身亡，留下李清照孤苦伶仃一个人。此后李清照颠沛流离，亡命各地，经历了珍藏多年的金石书画丢失、遇人不淑的再婚又离婚等事情。写这首词的时候，她寻觅已逝的丈夫是有可能的。

师：除寻找自己珍爱的丈夫、美好的爱情之外，她还有可能在寻寻觅觅什么呢？

生：她可能在寻觅她少女时期快乐悠闲的生活吧。

师：也有可能。过去的美好时光一去不复返了。还有其他李清照心爱的东西吗？

生：在南渡时珍藏多年的金石书画丢失了，她有可能在寻找这个。

师：能不能从李清照的其他诗词中找找她还有可能在寻寻觅觅什么呢？

生：哦，比如溪亭、鸥鹭、大雁、黄花，甚至那雨疏风骤，都是可以的。

师：对。总之，她在寻找过去美好的人、美好的事物、美好的时光。我们再思考一下，"寻寻"和"觅觅"的意思一样吗？这两个词能互换吗？

生：似乎不太一样。

师：你觉得这两个动词，哪一个动作更细致呢？

生："觅觅"比"寻寻"似乎找得更细致。

师：为什么这么说呢？我们就举例生活中寻找食物的一个词语，叫——

生：觅食。

师：为什么不叫"寻食"？

生："寻食"感觉就很平常，而"觅食"就感觉很迫切，很想找到食物的样子。

（全班同学会心一笑）

师：对。"觅觅"比"寻寻"从动作上来说更细致，更带有重复性、目的性。李清照为什么"寻寻"之后又"觅觅"呢？我们就从寻找丈夫的角度来说一说。

生：可能一早起来，李清照不相信她丈夫已经离开，所以"寻寻"。

师：这位同学，你为什么判断这首词是从早上写起的呢？

生：想不出来，我自己感觉的。

师:秋天的温度是怎样的？你们能从这首词中找点线索吗?

生:乍暖还寒。

师:对。只有秋天的早晨才会乍暖还寒啊。

PPT 出示:

此词作于秋天,但秋天的气候应该说"乍寒还暖",只有早春天气才能用得上"乍暖还寒"。所以,这首词是写一日之晨,而非写一季之候。秋日清晨,朝阳初出,故言"乍暖";但晓寒犹重,秋风砭骨,故言"还寒"。

——吴小如《宋词鉴赏辞典》

师:所以,大清早的,李清照起床"寻寻",寻到了没有?

生:寻不到,所以再一次有目的地"觅觅"。

师:对,或许李清照昨晚梦到了赵明诚,以为他还在,"寻寻",寻不到,又"觅觅",李清照像庄周一样,分不清梦和现实啊。

师:找不到她的丈夫之后,她发现周围的环境怎样?

生:冷冷。

师:所以,"冷冷"指的是周围的环境还是内心的感受?

生:四面环境是冷冷的,没有那个能给她温暖的丈夫。

师:"清清"呢?

生:内心的感受。闺房的环境是冷的,没有温度。内心"清清",寂寞沙洲冷。

师:说得很好。同样的,"凄凄"呢?

生:内心的寂寞空虚在逐步加深。

师:"惨惨"呢?

生:好像很凄惨,不能承受了。

师:对。"戚戚"呢?

生:不能承受,哭泣了。

师:对。这七组叠词就把李清照内心情感的波动细致地刻画出来了。

PPT 出示:

良人既已行矣,而心似有未信其即去者,用以"寻寻"。寻寻之未见也,而心似仍有未信其便去者,又用"觅觅";觅者,寻而又细察之也。觅觅之终未有得,是良人真个去矣,闺阁之内,渐以"冷冷";冷冷,外也,非内也。继而"清清",清清,内也,非复外矣。又继之以"凄凄",冷清渐甚而凝于心。又继之以"惨惨",凝于心而心不堪任。故终之以"戚戚"也,则肠痛心碎,伏枕而泣矣。

——傅庚生《中国文学欣赏举隅》

师:李清照肠痛心碎,伏枕而泣之后,又去做了什么?

生:喝酒去了。

师:喝的是什么酒?

生:淡酒。

师:有用吗?

生:没有。没法抵御傍晚来的急风。

师:喝酒只是为了暖暖身子、抵御急风吗?

生:借酒浇愁吧。

师:对。从这个角度来说,不说淡酒,浓酒能抵御急风吗?

生:不能。她内心的愁苦太浓了,浓得化不开了。

师:对。人有时候不能直视自己的痛,所以会把痛转嫁到身边的事物上。所以,李清照在无缘由地责怪那酒太淡了。

师:酒太淡,到屋外看看天。她看到了什么?

生:飞过的大雁。

师:为什么伤心?

生:以前认识的。

师:为什么这么说呢? 同学们回忆一下,李清照以前的词里有没有关于大雁的句子?

生:李清照在《一剪梅》中写有"云中谁寄锦书来? 雁字回时,月满西楼"一句。

师:雁足传书是常用之典,"过雁"象征着离别之后的相思之愁。

PPT 出示:

"云中谁寄锦书来? 雁字回时,月满西楼。"(《一剪梅》)

"征鸿过尽,万千心事难寄。"(《念奴娇》)

师:《一剪梅》写的是李清照与丈夫赵明诚离别之后对丈夫的思念。《念奴娇》创作之时,赵明诚在汴京,李清照居南,南雁北飞,仍难寄相思。我有点疑惑,难道她的眼神这么好,能认出这大雁是曾经的大雁?

生:应该没有那么好吧。我看大雁,觉得长得都一个样。

师:对。其实大雁不见得就是原来的大雁。是不是原来的大雁并不重要,重要的是——

生:原来思念的那个人不在了。

师:对。这才是李清照内心的感受。这大雁勾起了她对过去甜蜜婚姻的回忆,对丈夫的思念。

师:看看天,愁更浓。那就低头看看吧。李清照看到了什么?

生:满地黄花。

师:"堆积"这个动词怎么理解?

生:我想应该是被傍晚的急风吹落得满地都是。

师:为什么?

生:后面紧跟着一句"憔悴损,如今有谁堪摘?"菊花被风吹得零落,很憔悴,没法采摘了。

师:这种理解是符合语境的。还可以怎么理解? 可不可以与之相反?

生:我想应该是一盆盆在地面上旺盛地开着。

师:菊花在地面上旺盛地开着,那应该不憔悴啊。那憔悴的是什么呢?

生:是人啊。

师：看到菊花，人憔悴了。可见菊花曾经带给她太多美好的感受了。我们能想象一下李清照与丈夫赵明诚关于菊花的美好场景吗？

生：当年两人一起赏菊、作诗。赵明诚亲手摘下花，别于词人的发髻，夫妻你侬我侬。

师：而如今呢？没有人一起赏菊摘菊，只剩下憔悴的词人。天上的，令人愁；地上的，令人愁。还是到屋内去吧。到屋内做什么呢？

生：守着窗。

师：已经傍晚了，李清照能挨到天黑吗？

生：不能。

师：为什么？

生：窗外雨打梧桐叶的声响让她受不了。

师：为什么？

生：这点点滴滴的声音，不单单是打在梧桐叶上，更是打在她的心上。

师：说得太好了。以我观物，万物皆著我之色彩。这点点滴滴的声音不是让人心静，催人入眠，而是让人想到今天的白天总算熬过去了，但这个晚上，又怎么熬过去呢？白天难熬，晚上更是难熬啊。这次第，怎一个愁字了得啊。

师：词人的不幸是词坛的大幸。现在，我们要给这部词集设计封面的主色调。

PPT 出示：

活动探究 3：我们要给这部词集封面设计一个主色调。请同学们从《声声慢》中找一个最能承载李清照悲愁颜色的字。

（板书：颜色之美）

生：黑。

师：为什么用黑色作为词集封面的主色调？

生 1：黑色是她下半生的主色调。她的黑是亡国之恨。

生 2：她的前半生是快乐的，是少女的无忧无虑，是少妇的闲愁。她的黑色是丧夫之痛。

生 3：她的黑色是颠沛之苦啊。

生 4：她的黑色是遇人不淑的再婚又离婚。

生 5：李清照的愁是在经历了颠沛之苦、丧夫之痛、亡国之恨后的"欲说还休"的愁，是一种沉甸甸的深沉的愁。

PPT 出示：

右《金石录》三十卷者何？赵侯德甫所著书也。取上自三代、下迄五季，钟、鼎、甗、鬲、盘、彝、尊、敦之款识，丰碑大碣、显人晦士之事迹，凡见于金石刻者二千卷，皆是正讹谬，去取褒贬。上足以合圣人之道，下足以订史氏之失者，皆载之。可谓多矣。

——李清照《〈金石录〉后序》

师：她的黑色里还有文化的中断和空白。这个"黑"是李清照这一日、以后的每一日都要面对的生命底色。她生命中最繁华与最美好的都已逝去，生命中的光亮都被这浓重的黑吸收了。

师：王国维的《人间词话》评价南唐后主李煜的《虞美人》："后主之词，真所谓以血书者也。"

……后主则俨然有释迦、基督担荷人类罪恶之意。"我们再进一步思考,李清照仅写出了个人的遭际吗?

生:不仅仅是个人的遭际,也是人类苦味的体味与反射。

师:对。李清照咀嚼的黑夜也是我们每个人面对生命困境时所承受的哀愁与无可奈何。所以,我们用黑色作为词集封面的主色调是恰如其分的。

师:今天的课后训练:围绕《声声慢》一词中的场景,为《知否? 知否?》这部词集设计一个封面,为下一节课课堂交流做准备。

师:下课! 同学们再见!

浙江省诸暨市海亮实验中学　　叶其卿

【专家点评】

叶老师的教学设计很新颖,符合新课标对语文教学的要求。

首先叶老师对问题设计有着正确把握。从整堂课来看,叶老师的整个教学设计带有项目化的特点,以编词集带动学生解读这首词。

李清照的词独树一帜,在文学史上被称为"易安体"。《声声慢》这首词同样具有鲜明的"易安体"的语言特点。词是可以吟唱的,或许现在的学生不会吟唱词了。但在朗读过程中,在师生对话过程中,学生可以了解这首词在押韵、口语化、叠词等方面的语言特点。

教学设计的第二板块就是感受《声声慢》的情感流动之美。这也是很新颖、不落窠臼的。在叶老师对整首词慢慢的解读过程中,学生感受到李清照从"寻寻"到"觅觅",到"冷冷""清清""凄凄""惨惨""戚戚"的情感逐步递进的过程。"戚戚"之后,喝酒,但不能解愁。到屋外走走,抬头看到大雁,更加引起内心的痛苦。那就索性低头吧,看到菊花,想起往事,如今有谁堪摘?还是到窗边去坐坐吧,但是,听到这点点滴滴的雨打梧桐叶的声音,她又怎么能睡着? 这是一个晚年经历了亡国之恨、丧夫之痛、颠沛之苦、遇人不淑的女人一次次的自我拯救的过程。但很可惜,每一次,都以失败告终。

接下来,就顺利地进入设计的第三板块。正因为前面的解读,确定了词集的封面主色调是黑色的。这种黑色不仅仅是个人的遭际,不仅仅是词人情感历程的真实写照,也是人类苦味的体味与反射,是时代苦难的象征。这次第,怎一个愁字了得。

(温州市第二外国语学校教师、正高级教师　陈智峰)

6. 如是我读，交流体会

——《乡土中国》课堂教学实录

【课文简析】

《乡土中国》是费孝通先生的一本社会学经典论著，被统编高中语文教材列为"整本书阅读"单元。通过《重刊序言》可以了解到，这本书是费先生根据他在 20 世纪 40 年代后期在大学所讲"乡村社会学"一课所著的论文集。

书中所讲的乡土中国，不是具体的中国社会的素描，而是包含在具体的中国基层传统社会里的一种特具的、支配着社会生活各方面的体系。费先生通过在具体现象中提炼出认识现象的一些概念，特别是"乡土社会"这个概念，尝试回答"我自己提出的'作为中国基层社会的乡土社会究竟是什么样的社会'这个问题"。

温儒敏先生指出，"教材中'整本书阅读'的要求主要是充实知识，拓展眼界，提升素养。如果还能探索一下阅读这类书的门径，甚至引发对某些问题的思考探究，那就更好"。我们在具体学习中，可分成粗读全书（序言、后记、目录、正文）、把握逻辑（辨析概念、理清思路、概括主旨）、辩驳分析等三步走（程载国老师的《整本书阅读"学教评"》），其中可穿插做摘抄笔记、绘思维导图、制作表格、写读书心得、交流展示等实践活动。

【活动目标】

本课为活动课，活动目标如下：

（1）通过细读与联读、鉴赏与对比，能准确理解《乡土中国》文本内容；

（2）通过梳理与整合，展示思维导图的绘制能力，提供学术著作的阅读方法，了解作者严谨的治学态度；

（3）通过表达与交流，形成思维碰撞，提升思维品质，增强民族文化自信。

【设计阐释】

《普通高中语文课程标准（2017 年版 2020 年修订）》对整本书阅读与探讨的"学术著作"的学习目标与内容有以下说明："通读全书，勾画圈点，争取读懂；梳理全书大纲小目及其关联，做出全书内容提要；把握书中的重要观点和作品的价值取向。""用自己的语言撰写全书梗概或提要、读书笔记与作品评介，通过口头、书面形式或其他媒介与他人分享。"

《乡土中国》对于高一学生来说，有一定的难度和时间隔膜。这堂课设计为活动展示课，正是出于对学生阅读感受的尊重与呵护。整本书的阅读与研讨应以学生的自主阅读、撰写笔记、交流讨论为主,而教师则要善于发现学生阅读的成功经验,为他们积极创设平台,及时组织交流与分享。在经过暑假的初读、开学以来开展的课堂导读后,10月份专设这堂活动课,即让学生能够自主展示、评价、交流与探讨,激发他们的阅读兴趣,深化思考,同时以便后期教学能够有的放矢、突出重点、解决难点。

【课堂实录】

(说明:这是一节《乡土中国》阅读活动汇报交流课)

师:同学们好。今年暑假必定是难忘的,经历中考的厮杀,大家进入了心仪的高中。更难忘的是,大家暑假就接到阅读任务,要阅读费孝通先生的《乡土中国》。(有学生笑)这本书好读吗?(全体:不好读。)是的,的确不好读,这是一本学术性著作。所以,开学这一个月来,我们尝试了做摘抄、画思维导图、写体会等形式,从粗读全书到慢慢细读文本。随着时间推移,我们也渐渐地发现了这本"难读"的书中经典的、有趣的、发人深思的论说。今天这堂课是大家交流阅读体会的活动课,现在我将舞台留给你们,请尽情展示、畅所欲言吧!

(主持人上场)

主持人:又是一年金秋时,在田野里,金色的秋阳烘熟着弯弯的稻穗,散发出熨帖人心的乡土气息;在校园里,我们围坐着共读《乡土中国》,品味着经典的芬芳。前阵子反复涵泳,现在到了检阅的时候了。

今天,我们经同学推荐和个人自荐选定了超有实力的8位选手。这边,是同学们票选出来的4位公平公正的评委。当然还有最具眼光的你们,充当大众评审团。今天,我们将选出"《乡土中国》阅读之星"。现在,我们来看一下评价细则。(选手、评委、主持人等选拔及评分细则的商议制定都在课前完成)

PPT出示:

表6-1 "《乡土中国》阅读之星"评价量化表

评分(100分)	关键词	层级三	层级二	层级一
内容(55分)	观点(15分)	观点富有启发	观点一般	观点不明确
	材料、论证(30分)	材料翔实 条理清晰	材料较翔实 较有条理	空洞无物 无条理
	创新(10分)	有创新,有亮点	较有新意	无新意
表达(25分)	声音、语速、体态(10分)	声音清晰悦耳 语速适中 体态自然大方	音量适中 语速稍快(慢) 体态一般	音量过轻(重) 语速太快 体态随意
	语言(15分)	语言准确、思辨、生动	语言准确简明	语言通顺
多媒体(10分)	课件制作(10分)	制作精美	制作一般	制作粗糙
其他(10分)	脱稿、时间(10分)	完全脱稿 时间掌控好	脱稿但磕巴 时间掌控不够	死板念稿 时间控制不好

主持人：请大家注意，选手得分由评委组打分和大众评审投票两部分组成。评委满分为100分；大众评审投票，每票是1分。好，《乡土中国》读书交流会现在开始！有请前两位选手。

选手一：大家好，我交流的话题是"如何跨越心理障碍，走进《乡土中国》"。我想问大家一个问题——在得知《乡土中国》是必读书目时，你们心中是否有过不知所措甚至有点儿怀疑？请举手示意一下。（很多同学举手）看来不只我一个人。

一开始我翻到哪儿读哪儿，翻开的第一章就是关键概念特别多的《差序格局》。读时却发现竟没有想象中的那般晦涩，作者用捆柴和将石头扔进水面产生一圈圈的波纹分别来比喻西方的团体格局和中国乡土社会中的差序格局；原本模糊的概念通过这些新鲜巧妙的例子变得实体化、生活化，让人下意识就想赞叹和认同一句："哈，真是这样。"（有同学点头）诸如此类的例子还有很多，不管是多么生僻的概念，作者往往都能通过实例、经验，或是与上述一般的比喻为读者扫清障碍，因此，概念上的恐惧自然是不复存在的了。

阅读期间，我也总能听见些抱怨，无非是什么时代在发展啊，现在的我们读这老书还有必要吗，读了也没有共鸣之类的。但卸下心防，细细品读第一篇《乡土本色》时，你真的无法感同身受吗？

PPT出示：

"我初次出国时，我的奶妈偷偷地把一包红纸裹着的东西，塞在我箱子底下。……这是一包灶上的泥土。"

读到这段话时，我一下子想到自己类似的经历：小时候爱参加各种夏令营，我外婆就总爱塞个小纸包在我的背包里，每次都是偷偷地，她不明说，我也不挑破，有谁愿对一份关怀、一份爱意说"不"呢。"宁恋本乡一撮土，莫爱他乡万两金"，这经久不变的乡土情怀，带着些笨拙的、温暖的土气，也让现在的我始终感恩与铭记。像这样，在学术性研究著作的背后，《乡土中国》带着它那浓浓的家国情怀和乡土情结，总能以意想不到的方式吸引着我往下阅读。

借用书中的《从欲望到需要》这篇文章所述，不仅仅是乡土社会的行事方式从基于欲望到基于需要，对于那些心存恐惧，迟迟不愿翻开它或只是在勉强自己阅读，心中顾虑未消的同学们来说也是如此，单靠欲望行事是受限的，是靠不住的。阅读欲望逐渐进化为需要，需要是主动和自觉，是对阅读行为本身和背后的理解和认同。跳出阅读的舒适圈，去突破你当前认知框架中的书籍，而不是一味追求欲望与愉悦。

当然了，很多文字、阅读体验是需要伴随我们人生体悟的丰富而不断深化的。就像很多人说：少时不懂鲁迅，读懂已是中年。但这却不是阻止少年读鲁迅的理由。哪怕是一词一句让你无法忘怀，或是能在未来人生的某个瞬间给你力量，让你释怀，令你泪目，它就必然是你一生的宝藏。

跨过心里的那道小坎，跳出舒适区，让我们一起走进《乡土中国》！

（热烈的掌声）

选手二：大家好，今天我交流的话题是"读《乡土中国》，读懂生活"。起初，我与第一位选手感觉完全相同。但读到《乡土本色》的这一处，我被深深打动了。

PPT 出示：

只有直接有赖于泥土的生活才会像植物一般地在一个地方生下根，这些生了根在一个小地方的人，才能在悠长的时间中，从容地去摸熟每个人的生活，像母亲对于她的儿女一般。

——《乡土本色》第 15 自然段

生了根在一个小地方，在悠长的时间中，从容地去摸熟每个人的生活，这番描述很接近我们小县城里的生活，当然，最贴近的是村里祖辈们的生活——熟悉、悠长、充满温情。一到村子里去，阿公阿婆就要唤着"谁谁家的孙子回来了"，陪着奶奶择菜的时候，总要听到各种家长里短，倒不是揭人隐私，而是生活得久了，熟悉得就像自己家小孩一样，即使早已走出乡土，落户城市，但在祖辈们心里，他们永远像树梢的叶子，根依然在这。

在乡村的奶奶家，有时奶奶关着门在炒菜，外面响起一阵敲门声。问："谁啊？"答："我啊。"她"吱溜"就把门打开了。这现象可谓司空见惯，而费先生对此做了阐释："在'面对面的社群里'甚至可以不必见面而知道对方是谁……你不妨试一试，如果有人在你门上敲着要进来，你问：'谁呀！'门外的人十之八九回答你一个大声的'我'。这是说，你得用声气辨人。在'面对面的社群'里一起生活的人是不必通名报姓的。"费先生以他深入浅出的语言，为我们揭开了"乡土""社会"肌理下的秘密，读来非常有意思，也很受启发。

……这书实在巧妙，他教会我如何观察生活里的现象，如何用社会学的理论解释"现象"，让我深深感受到其中流淌着的乡土情结和浓浓的传统文化。

主持人：谢谢两位精彩的发言，非常接地气。从他们的分享中，我们有这样的共同感受，《乡土中国》虽是学术著作，高一的我们还是可以读的。但它毕竟真的是学术著作，我们也不能仅仅停留在具体的例子上，那些抽象的概念和观点又该如何读懂？欢迎下面两位选手。

选手三："00 后"的我们受到的教育是，"我国要坚持依法治国和以德治国相结合"。所以书中冒出了一个"礼治"，我觉得很难懂。礼治和法治有什么区别呢？带着这个疑问我进入书本。

PPT 出示：

我解"礼治秩序"。

礼治秩序，顾名思义，是根据礼制来进行治理的社会秩序。这是乡土社会的一个特色。礼，是礼节、礼貌吗？"礼是社会公认合式的行为规范。"这个字常给人一种彬彬有礼、温文尔雅的感觉。而文中有这么一句："礼并不带有'文明'，或是'慈善'，或是'见了人点个头'、不穷凶极恶的意思。礼也可以杀人，可以很'野蛮'。"我听过礼教会吃人，听过贞节牌坊后那些女人的哭泣。但孔子说"富而好礼"，推崇周礼，显然礼是两面的，礼也有温和的一面。

那么，"礼"与"法"有什么区别呢？"法也是一种行为规范，而礼和法不相同的地方是维持规范的力量。"法律靠国家权力推行，礼靠传统维持。然则，为什么乡土社会依靠"礼"，而现代社会更侧重"法"呢？前文中提到，乡土社会是不流行的、变迁缓慢的，因此，在生产、生活上，个人不但可以信任自己的经验，而且同样可以信任祖辈父辈的传统经验。渐渐地，人们对传统就有了敬畏之心，由不得你不信，差序格局中的伦常你不得不遵从。而现代社会变迁很快，传统经验难以满足日新月异的发展，传统的价值被贬，新萌生的事物一次次刷新我们的认知，在我们急切地追赶求新时，传统沦落，谁也不能依着老法子应付新问题了，因而出现了法律。

最后，当代中国需要礼治吗？我想请大家来回答。

观众（举手示意）：我认为不需要。因为现代社会是一个高速发展的社会，而礼来自传统，可能不太适应现代社会的发展。而且礼从某种意义上来说是刻板的，如鲁迅在《二十四孝图》中提到的"老莱娱亲"，这里的礼是比较虚伪的。

选手三：这位同学有独特的见解，但我认为比较片面。（生笑）礼是两面性的，既是凶狠的又是温和的。当代社会需要法律的束缚，但也需要礼的教化，在内心形成一种敬畏之心，成为一种更有力的道德自觉，是一种更理想的境界吧！

选手四：同学们好，今天我想与大家分享"联读《差序格局》《系维着私人的道德》的两种方法"。

第一种是思维导图。我尝试运用导图将第四章的核心概念"差序格局"与第五章比较复杂的观念也是儒家的核心思想"仁"做一个联系。

PPT 出示：

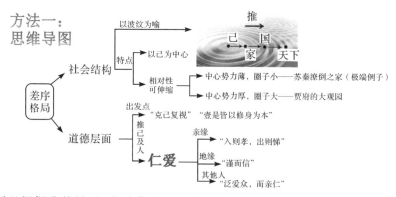

同学们可以根据我的导图，翻动你手中的教材。

就我理解的而言，第四章侧重从乡土社会的社会结构来引出"差序格局"，而第五章是指出差序格局在道德层面的体现。《差序格局》中，作者以波纹形象地比拟社会结构：以"己"为中心，像石子投入水中一般，产生水的波纹后，一圈圈推出去，如《礼记》中所言："修身齐家治国平天下。"这是一种自己和别人联系的社会关系，亲疏有别。而且这种群己关系具有相对性、可伸缩性的特点，伸缩能力是由中心势力的厚薄来决定的，中心势力薄，如苏秦潦倒之时归来，妻子都不愿意认他；中心势力厚的，像贾府大观园容纳了一系列沾亲带故的人，而当贾府势力一倒，大观园的圈子就散了。

因此，在道德层面上，道德的出发点是克己或者说是修身；并推己及人，一直上升到"仁爱"的境界。而"仁爱"是儒家思想的核心。在追求仁爱的过程中，也有波纹形象，靠近"克己"的先是受亲缘关系影响产生的"入则孝，出则悌"——孝顺父母、敬爱兄长的德行；接着是受地缘关系影响而产生的"谨而信"——做事一丝不苟、说话言而有信的品德；最外的圈才是"泛爱众，而亲仁"——博爱民众、亲近仁人的仁爱。

第二种方法是表格对比。……抽象的概念和这两种方法更匹配，大家都动动手指用起来吧。

主持人：谢谢两位为我们提供了切实有效的方法。但是，在座的各位真的听懂了吗？有没有疑问？我们可以让他们现场解惑。

观众：听完差序格局和团体格局的区别后，还是有点懵。想问，我们学校生活是差序格局还是团体格局？

选手四：我认为，既有差序格局又有团体格局。像学习小组、班级这类团体，每个人各有分工，在组内班里是平等的，属于团体格局。而在日常相处中，每个人又像投入水中的石子，以"我"为核心，比如我们学习小组与其他学习小组之间就有差异，就属于差序格局。

主持人：谢谢两位精彩的表现！其实有同学在读到"差序格局"的时候确实产生了疑问，有的同学则通过《乡土中国》认识了另一部经典《论语》，有请这两位选手。

选手五：我想谈谈我对《差序格局》这章的一些疑惑。

"差序格局"是费孝通先生最富有创造性的一个概念。……就这两个概念，我觉得读懂了。但是，我随之产生了一个疑问：西方人就不以"己"为中心了吗？他们难道不存在"私"的一面吗？

我将这个疑问向老师提了出来，老师说我这个疑问很有价值，推荐了两篇文章让我读一读。老师给的是苏力的《较真"差序格局"》和陈心想的《差序格局：双线运作》。我读苏先生的这篇文章时，心里窃喜，他的想法跟我不谋而合。……

PPT 出示：

其次，差序化地应对和想象世界，是人的本能和必然。……对常人来说，爱如果不是爱一些人胜过爱其他人的话，就没有任何意义。……即便"一视同仁"，也从来必须是在一个圈子或团体或社区或国家中，不可能漫无边际。……所以，理解了差序格局的普遍、必要和命中注定，就可以断定"私"这一现象，不仅出现在乡土中国，在西方国家也同样是存在的。

——苏力《较真"差序格局"》

可为何差序格局会得到国际社会学界的公认？讲人情、走关系，这确确实实是发生在我身边的事，即使距费先生的调查过去了 70 多年，这一点仍然存在。所以我也仔细阅读了陈心想先生的《走出乡土》，他提到"这个概念属于'理想类型'，为了分析的方便。西方社会同样也有自己为中心的远近厚薄的关系网，只不过走出了乡土之后的社会团体关系更多建立在契约上。基督教的主流文化背景也弱化了中国式'伦理圈'。"《乡土中国》成文于 20 世纪 40 年代后期，那个时候的中国，大部分农民没有走出乡土社会，而西方城市化、工业化较早，转型较早，因而彼时差序格局在中国更为普遍，所以为了探讨方便，没有细分差异，是可以理解的。这一番质疑、阅读、思考的过程让我受益匪浅。

选手六：我在读《乡土中国》时，注意到多处引用了《论语》，遂查阅了一些资料，现在与大家分享。

PPT 出示：

熟悉是从时间里、多方面、经常的接触中所发生的亲密的感觉。这感觉是无数次的小磨擦里陶炼出来的结果。这过程是《论语》第一句里的"习"字。"学"是和陌生事物的最初接触，

"习"是陶炼，"不亦说乎"是描写熟悉之后的亲密感觉。……规矩不是法律，规矩是"习"出来的礼俗。从俗即是从心。换一句话说，社会和个人在这里通了家。

这是来自《论语》中的两处记载，一句是"学而时习之，不亦说乎"，一句是"从心所欲，不逾矩"。费孝通先生认为，乡土社会就是在地方性的限制下所造成的没有陌生人的、"熟悉"的社会。本段以此结论为前提，分析了造成"熟悉"的原因以及个人在这种社会中与社会规范的关系。这段引用将这两句建立了因果联系。我本来将第一句理解为学习让人有所得而快乐，或者更高端点认为学习这件事本身就是快乐的、有意义的，第二句是在夸孔子到了七十岁，德行学问愈发炉火纯青而心灵自由。而费先生给了我另一种视角，即这份快乐是因为在熟悉的社会中，我们会得到从心所欲而不逾规矩的自由。

他将习的对象定为"矩"，"矩"是习出来的礼俗，先学社会礼俗，又不断地习，不断熟悉，内化于心，在内心指引下的行动都能符合礼俗的要求，就可以从心所欲不逾矩，个体自由与社会规范同一，"不亦说乎"！简直让我打通了任督二脉！也让我更加明白了乡土本色中熟悉这一特征。

PPT 出示：

家里大闹起来，被人拉到乡公所来评理。那位乡绅，先照例认为这是件全村的丑事。接着动用了整个伦理原则，……这样，大家认了罚回家。子曰："听讼，吾犹人也，必也使无讼乎。"——当时体会到了孔子说这话时的神气了。

我们知道，《论语》是一本语录体著作，微言大义，缺少语境，给我们的理解带来了困难。现在费先生以他的调查给《论语》配上情境，让我们明白孔子所说的"讼"并不是法治的过程，而是依据礼俗来调解、教育。调解和教育只是分辨是非，不是厘定权利。案子里三个人都认了罚。在一个相对封闭、等级分明的乡村里，人人都守规矩，人人都能听从礼俗，那么"无讼"就可能实现了。费先生在本书中对此做了很多引用和阐释，说明乡土中国与儒家文化有密切的联系。"半部《论语》治天下"，为了更好地读懂《乡土中国》也好，为了别的也罢，认真读读《论语》真的很有必要！

主持人：非常佩服两位的探究精神。哎，都是女生哎，还真是男女有别，总算男生要出场了。男生们要带来什么精彩的发言呢？有请下面两位男生带来《〈男女有别〉之现代变奏》《从〈重刊序言〉〈后记〉看费老品质》。

选手七：在现代社会的变迁中，我读到《男女有别》中有些风气、现象仍然存在，而有一部分已经难以找寻痕迹。

PPT 出示：

因为乡土社会所求的是稳定，它是亚普罗式的。……那就是男女有别的原则。"男女有别"是认定男女间不必求同，在生活上加以隔离。这隔离非但是有形的，所谓男女授受不亲，而且是在心理上的，男女只在行为上按着一定的规则经营分工合作的经济和生育的事业，他们不向对方希望心理上的契洽。

——《男女有别》第 13 自然段

费孝通在本文中引入阿波罗式感情与浮士德式感情来阐释了乡土社会与现代社会中"男

女有别"的原因。乡土社会中,"男女有别"不仅是生理上的,更是在心理上的,他们不向对方希望心理上的契合。而这一点,显然在现代社会中发生了改变。除了生理上的无法跨越,在心理上,现代男女更追求心灵的契合,甚至把对方称为"灵魂伴侣"。在这一点上,我觉得是社会的进步。

而费孝通提到"男女有别的界限,使中国传统的感情定向偏于同性方面去发展"。这点在现代社会中依然在延续。在生活中,"闺蜜"和"兄弟"是最重要的情感载体。当然,随着时代的进步,对同性恋的认知也越来越普及,大家从投之以异样的眼光到现在基本的尊重,这一点,也是社会的进步。

最后,联系《家族》这一章,……夫妻关系在现代家庭中成了最重要的一层。但不可否认,丧偶式的婚姻,对女性的生养抚育要求这一潜意识仍然根深蒂固,而且,重男轻女的陈旧观念真的完全去除了吗? 这些方面值得商榷。还有另一种极端,反方的意见可能会举出这样的食物链。

PPT 出示:

消费投资 & 市场价值

少女＞儿童＞少妇＞老人＞狗＞男人

所以,"男女有别"这一组关系怎样走向和谐有序,还得由我们这一代继续探索实践。谢谢大家!

选手八:大家好,我想分享的是"从《重刊序言》《后记》看费老品质"。费老是一位拥有创新的探索精神、谦和稳重的治学态度的研究者。

PPT 出示:

"我当时在大学里讲课,不喜欢用现存的课本,而企图利用和青年学生们的接触机会,探索一些我自己觉得有意义的课题。那时年轻,有点初生之犊的闯劲,无所顾忌地想打开一些还没有人闯过的知识领域。"

我就在想,如果我是他的学生那该多好,这样的老师肯定是非常受人欢迎的,充满了创造力、拼劲、闯劲,有着自己独立的思考。联想到西南联大纪念碑文写的那句——"联合大学以其兼容并包之精神,转移社会一时之风气,内树学术自由之规模,外获民主堡垒之称号,违千夫之诺诺,作一士之谔谔。"真名师大师也! 他是一位有创新精神的思想者。

序言中尝试回答了我自己提出的"作为中国基层社会的乡土社会究竟是个什么样的社会"。这一点把我震撼住了。我的圈子好像就是学校、家,生活圈子小,社会经验少,对所有看到的事物都习以为常,很少会去问为什么、怎么这样,更不会从宏观上去看。社会究竟是什么样的? 这份气度和思考的深度深深打动了我。联系当时局势,政局紧张,费老为什么会在当时想到这样的课题,查了资料后,才知道他是在思考战后"家园重建"的问题,这更让我感受到了他的家国情怀。他在中华人民共和国发展中也做出了不朽的贡献。他是一位心怀家国的济世者。

……字里行间流露出他对前妻不幸遇难的悲悯,把这件事原原本本写出来,也是对她学术贡献的尊重,一点都不贪私。"无情未必真豪杰,怜子如何不丈夫。"这本书很学术,但我也能感受到费老在字里行间的温度，这非常打动我。他是一位至情至性的真丈夫。

主持人：果然是须眉不让巾帼。男生亦是学富五车、才华横溢、风流倜傥……（全班笑）现在，大家心中应该有了阅读之星的人选吧？谁会当选呢？请评委打分，大众评审投票，请收票人收票。评委正在紧张地结分，我来现场采访一下。

主持人：同学，你心中是不是早就锁定了人选？

观众：是的，我认为是选手四。从形式上来看，她完全脱稿，语气从容，给观众一种真正在做报告的感觉。从内容上来说，她抓住"礼"的两面性，解决了我们在读《乡土中国》时容易产生的错误认识。而且，她提出"当代中国社会需要礼吗"，来促进我们对这个问题的思考，让我们印象深刻。

主持人：谢谢你！现在到了激动人心的时刻！有请评委组组长上台公布结果。（评委组组长宣布获奖名单，并作简要点评）……恭喜！有请今天的阅读之星！有请老师为她颁奖！

（老师回到台前）

主持人：苏州市吴江区松陵公园里有块大石头，上面刻着一行字："逝者如斯而未尝往也，生命劳动和乡土结合在一起就不怕时间的冲洗了。"让我们以乡土为名，探究沉淀于细微角落的未知，读懂中华民族数千年的独特文化，读懂今日中国！报告会到此结束！

师：子贡以墙作譬喻，曰："夫子之墙数仞，不得其门而入，不见宗庙之美，百官之富。"今天同学们的精彩表现，证明大家已经成为《乡土中国》的"入门者"。《乡土中国》这本学术著作我们不但可读，且能初步读懂，但离登堂入室还有一定的距离，有些理解亦失之偏颇，这有待于我们进一步阅读、交流。再次给所有带来精彩表现的你们以热烈的掌声，希望大家继续深入阅读《乡土中国》，读懂过去的中国，理解当下的中国，参与、设计未来的中国！谢谢，下课！

浙江省象山中学　黄黎莲

【专家点评】

黄老师的这堂活动课别开生面、颇有亮点。其创新之处主要体现在以下几个方面。

第一，活动课真正促进学生语文学习方式的转变。教师在整堂课中只出现了5分钟，可谓是一个大胆突破。整堂课，学生主持、选手展示、观众互动、评委评分等环节真正体现了以生为主体，体现了阅读课的特点，增强了学生学语文、用语文的自觉意识，并提升了运用信息技术及其他资源的能力，体现了实践性。

第二，台前是学生的精彩表现，台后是教师的精心设计。显然，这8位选手的展示绘制了一条阅读《乡土中国》的可行性路径：跨越障碍，入乎其内（选手一、二）；厘清概念，绘制导图（选手三、四）；质疑思辨，拓展阅读（选手五、六）；联系当下，出乎其外（选手七、八）。这样的探索是很有意义的。

第三,对话交流,实现评价多元化。这堂课除主持人、选手的精彩表现外,有很多细节也让其他同学得以积极主动地融入课堂。如选手展示时与观众互动,互动提问环节,现场观众评价,评委代表点评,让对话多点展开,评价主体多元化,从而推进高效课堂,促进学生素养全面提升。

(温州市第二外国语学校教师、正高级教师　陈智峰)

7. 一声一气总关情

——《故都的秋》课堂教学实录

【课文简析】

《故都的秋》是现代散文史上的名篇,感情浓郁,意味隽永,文辞优美,形神兼备地写出了故都北平的秋味。

郁达夫写秋,不只重在描状秋景秋物,而是刻意渲染秋色秋味,摹写秋的深邃意境,尤其是笔墨里融进郁达夫个人的独特审美感受。文章先是抒发了作者对秋的总体感觉,为全文奠定了基调。然后将江南的秋与北方的秋作比较,突显了北国之秋的浓烈、酣畅,而后集中描摹了故都清秋的几种特有景致:破屋、落蕊、秋蝉、闲人,描绘的都是普通人家日常的生活场景,带着一股北平所特有的悠闲、自如,又有一点落寞的感觉。最后再次将北方的秋与南方的秋作比较,进一步表达了作者对故都之秋的深挚怀恋。

在语言上,多用整句,善用排比,有工整、雅致之美,抒情味很浓厚,朗读起来又具有音韵之美。

在写景状物上,描写细腻传神,抓住富有特点的景物,细腻刻画了故都的秋"清、静、悲凉"的特点。文中充满了对这座城市的留恋和热爱,作者的审美旨趣和性格也隐含在字里行间。

在结构上,构思精巧。开头和结尾都以北国之秋和江南之秋为对比,表达对北国之秋的向往之情;中间主体部分,细腻描绘故都的清秋景色,突出了"清、静、悲凉"的特点;最后以议论和抒情收尾,进一步赞颂北国之秋,首尾照应,构思巧妙。

【教学目标】

本课时的教学目标如下:

(1)分析文章观察景物的角度和表现景物的艺术手法,体会文章情景交融的特点;

(2)从用词、句式等方面入手,对文中精彩语段加以分析、品味,反复诵读,品味散文独特的语言美;

(3)感受文人笔下的美景,关注作品中的景物描写和人生思考,激发对自然的珍爱之心和对生活的热爱之情。

【设计阐释】

郁达夫的《故都的秋》是散文中的上乘精品。对这篇散文切入点的选定可以有多种,可从作品的结构形式着手,可从散文的语言去品读,也可以从情景交融的技法去赏读。从这些方面分析解读固然可以,但是缺少了学生的体验,很容易造成感受不浓,印象不深,无法深入感受这篇散文名篇的精妙之处。所以本课以诵读为抓手,引导、带动学生从情感上去体会散文借助景物描摹蕴含的个人化情感的特点。这样既能落实本课情景交融的教学重点,又能借助诵读直观地感受与体验作者的情感,让学生在诵读过程中,得出自己独特的阅读感受。

清、静、悲凉是文章的核心词,这是明显的,但对于散文的诵读,过于抽象,缺乏抓手。而在同一段落的"不逢北国之秋,已将近十年了"内涵丰富,可以勾连背景与当下,将这句话作为切入点来进行教学,通过诵读的层次性、阶梯性和形式的丰富性来聚焦情感,拉近作品与学生之间的距离,让学生以自己的生命体验来感受感悟郁达夫的"秋"。

叶圣陶先生说:"吟诵就是心、眼、口、耳并用的一种学习方法,通过亲切地体会,不知不觉之间,内容与理法化而为读者自己的东西。"这说明了诵读法在语文教学中的重要性。首先,诵读是培养语感的有效方式。由于汉语语音对发展人的语言能力有较强的感染力,学生在诵读中通过眼睛输入文字经由大脑短暂品析后,就会用声音传递出刹那间接触文字所生发出的感受;同时诵读形成的信号刺激强度远远超过默读,有利于学生把文本的书面语言系统"内化"在大脑之中,逐渐建构一个处理语言的"格式塔",从而更好地习得语言。其次,诵读是培养悟性的有形支架。学生在诵读中通过声音的高低起伏、语调的抑扬顿挫、语气的轻重缓急,能将文字背后的意境、言外之意和情感复活,促进学生对文字的领悟。

【课堂实录】

师:同学们读过这篇散文吗?

生:读过。

师:我们读散文时,有时大脑会做一些理性分析,但是如果缺少感性的体验,其实是很难体会彼时彼刻作者的心境和情感的。那么今天,我们用诵读的方式来进入郁达夫的世界,读出属于郁达夫散文的情味。

[板书:一声一气总关情]

PPT出示:

不逢北国之秋,已将近十年了。

师:请同学们齐声读一读屏幕上的这句话。

(全体学生齐读)

师:再读。

(全体学生齐读两次)

师:你听出了什么?

生:作者说自己离开北平十年了,有些想念。

师:想念?好,你来读一读。

(学生读,并请同桌评价)

师:你来说说看,听了他读这句话后的感受。

生：我没怎么听出想念,反而觉得对北平的情感挺一般的。

师：哦? 为什么呢?

生：因为听起来有点平淡。

师：你来试着读一读。

(学生读)

师：你觉得读出其中的情感了吗?

(学生摇头)

师：好,我们先来看看那十年在郁达夫身上发生了什么。

PPT 出示:

1923 年,2 月辞去教职,返回上海;10 月赴北京大学任统计学讲师。

1925 年,2 月离京赴武昌任国立武昌师范大学文科教授;5 月赴京看望迁居北京的妻儿;11 月因武昌师范大学发生内乱,离职回到上海。

1927 年,4 月目睹蒋介石发动的反革命政变,离沪去杭州避难。

1928 年,11 月中旬离沪去无锡、扬州等地避难。

1929 年,创造社出版社被查封。

师：看了这些经历之后,你们觉得哪些地方需要特殊处理?

生：十年。

师：请你读一读。

(学生把"十年"加大音量读,特别响亮)

师：你为什么这么处理?

生：我想强调他离开的时间很久。

师：当我们要强调某一件事情的时候,除了加大音量、加重音外,还有没有其他方式? 如果将声音忽然变轻,效果会怎么样? 我们来试一试。

(全体学生读到"十年"这个词的时候,声音变轻)

师：你说说看。

生：好像这样一读,深沉含蓄多了,多出了一点历经岁月沧桑的感慨。好像这十年发生了很多事情。社会条件的限制、自己家庭的变故、工作的调动,其实也可能有机会到北京来,但可能一直错过,里面的感慨之情能读出来,让我们觉得背后的东西更丰满了。

师：你再来读一读。

(让刚才读得响亮的同学再读,该同学读"十年"时边摇头边读)

师：老师发现,你刚才在读到"十年"的时候,边读边摇头,你体会到了什么?

生：我体会到了郁达夫这十年间,辗转千里,颠沛流离,饱受人生愁苦与哀痛,我觉得生活于他来说太难了,此时回北平,应该会感慨万千,所以摇头。

师：非常好! 我们再一起读三次。

(全班齐读,读到"十年",都慢下来,充满深沉的气息)

师：非常好! 大家进步非常明显,好像都已经进入郁达夫的处境中了。

师:我们再来看看这句,你们来读读看。

PPT出示:

可是啊,北国的秋,却特别地来得清,来得静,来得悲凉。

(学生齐读)

师:老师也来读一读,你们听听看。

(教师范读,以低沉舒缓的语调,在三个"来得"后面,都有明显停顿,渲染"清、静、悲凉"的气氛)

(学生鼓掌)

师:同学们,我现在把这句话缩减一下,改成"可是啊,北国的秋,却特别地来得清、静、悲凉"。请你们也读一读,看看效果有什么不一样。

生1:原句三个"来得",表达了作者内心那种有点急切、迫不及待地感受北国"秋味"的情感,表达了作者对故都的秋无限向往之情。

生2:我不太同意急切的说法,如果从速度说的话,"清、静、悲凉"之间用顿号,显然它的速度会更快。而加入了三个"来得",而且用逗号分开,节奏反而是更舒缓的,使得我们能够慢下来去欣赏。

师:这个就非常好,抓住了它们的不同之处,虽然看似这样一个小小的变化,在语义上是差不多的,但是读起来,给人的感受是不一样的。其实我们在诵读抒情散文的时候,可以通过这种节奏的变化、刻意的停顿来影响和感染读者,更好地抒发自己的情感。

师:好,刚才我们反复多次读了这篇文章的核心句,那么大家也有一个这样的感受了,这篇散文在用词上是非常有特色的,在情感抒发上也是很有特色的。请同学们在文章中再找一个你最有感触的文段,先自己读,再读给同桌听,让同桌来评价,然后再跟我们分享一下。请结合景物意象、形声色态、氛围意境等方面,选择文中的一个或几个句子进行赏读。一定要把声音放出来读,现在开始。

PPT出示:

读词、读句、读篇——读出散文的情味。

请结合景物意象、形声色态、画面组合、氛围意境等方面,选择一个或几个句子进行赏读。

(学生放声诵读)

师:好,刚才大家读得都非常投入,现在我们请同学来分享一下。来,这位同学,你选的是哪部分?

生:我选的是第4自然段。

师:好的,你先给大家读一读。

生:"像花而又不是花的那一种落蕊,早晨起来,会铺得满地。脚踏上去,声音也没有,气味也没有,只能感出一点点极微细极柔软的触觉。"

师:你读出了什么?

生:"脚踏上去,声音也没有",没有声音,静!

师:很直接的感受——静。还有吗?

生:不仅声音没有,连气味也没有,只能感出一点点极微细极柔软的触觉,我觉得还有心境的宁静。

师:很好,请你读读看。

(学生读)

师:请同桌来点评一下。

生:我觉得他把这两个"极"字加重了,可能想要表达一种强调,但是给人的感觉似乎有点喧宾夺主了,我觉得这里如果是静的话,它应该是一种轻轻柔柔的、小心翼翼的那种感觉。

师:那请你来读一读。

(学生读,他把"极"字处理得非常轻,带有气声)

(全体同学鼓掌)

师:非常好,大家有没有发现,这位同学刚才把"极微细极柔软"读得很轻。这种轻柔也正是郁达夫细腻情感的一种表现,很好。大家再看看哪些地方需要用心处理。

生:我觉得这个"铺"字用得很好,很有视觉冲击力。

师:你来读读看。

(学生诵读后,同学们鼓掌)

师:非常不错,你学过朗诵吗?

生:没有。

师:老师发现你不是简单地加重音来强调,而是把"铺"字声音拉长,拉长后,又在"满地"前面做片刻停顿。为什么这么处理?

生:这样仿佛会有一种视觉的延伸,就会发现,满地的这个落蕊不是一堆堆,而是整片整片的薄薄的一层撒在地面上。

师:很好,你读进去了,读出那种味道了。停顿能更好地传递情感,也是另外一种形式的强调,让我们关注到槐花是在夜间悄然坠落的,不是一朵两朵,而是一大片,是"铺得满地"。

师:那大家看看,还有哪些地方值得细细品读?

生:"扫街的在树影下一阵扫后,灰土上留下来的一条条扫帚的丝纹,看起来既觉得细腻,又觉得清闲,潜意识下并且还觉得有点儿落寞,古人所说的梧桐一叶而天下知秋的遥想,大约也就在这些深沉的地方。"

师:你读到了什么?

生:"扫街的在树影下一阵扫后,灰土上留下来的一条条扫帚的丝纹",说明没有人走过——环境静,作者能注意到这些丝纹,说明他的心很静。

师:一丝一丝的纹路其实是什么?

生:我觉得是槐花生命悄然逝去的痕迹。

师:非常好,很有诗意。你们注意过校园里地面清扫的痕迹吗?

生:没有。

师:为什么?

生:每天有干不完的事,做不完的作业,哪有闲心去注意这些。

[板书：闲心]

师：作者除了"觉得细腻""觉得清闲"，其实还在潜意识里"觉得有点儿落寞"，文字表层的"细腻""清闲"是可以诉诸直觉的，而感情深处对生命衰亡的感伤，则必须靠一颗敏感的心去细察、体味、遥想。我们再一起读一读这一段。

（学生齐读，轻柔细腻，停顿分明）

师：还有谁来分享下自己读的那一段？

生："说到了牵牛花，我以为以蓝色或白色者为佳，紫黑色次之，淡红者最下。最好，还要在牵牛花底，教长着几根疏疏落落的尖细且长的秋草，使作陪衬。"

师：你为什么选这段？为什么这样读？

生：我觉得郁达夫造的这个景很独特，"在牵牛花底，教长着几根疏疏落落的尖细且长的秋草"。我觉得很特别，我想或许是因为秋草所象征的生命之破败，让我们回想起它曾经的繁盛，和刚刚的落蕊一样，它们都是很快就要走向死亡了。所以我在读的时候带着既欣赏，又有点惋惜的情绪，来看那几根疏疏落落的秋草。

师：品读得非常细腻，读得也不错，这段确实不好读，很多人会当成平常字句忽略过去。这位同学通过联想让我们更加地怜惜眷恋这样的生命，反而觉得这个秋草似乎比葱茏的春草更有品味、玩赏的空间。好，我们现在把同学们选出来的选段再齐读一次。

（学生齐读选段）

师：同学们，通过这样的诵读，你们是不是慢慢地进入到作者给我们营造出来的那种美好的、深邃的、充满诗意的《故都的秋》的散文世界？

（学生点头）

师：其实，对自然的抒写，不仅可以悦目，更可以赏心。中国自然美学是一种生命安顿之学，在山水自然中可以安顿身心，在一枝一叶中获得情感的慰藉，在与自然的相处中获得灵魂的诗意和精神的超越。那么接下来，我们再回到这节课刚开头读的那两句话，再读的时候，看看能不能读出这篇散文的韵味。"在南方"，预备起。

PPT出示：

在南方每年到了秋天，总要想起陶然亭的芦花，钓鱼台的柳影，西山的虫唱，玉泉的夜月，潭柘寺的钟声。

不逢北国之秋，已将近十年了。

北国的秋，却特别地来得清，来得静，来得悲凉。

（学生读，缓慢、深情了，停顿和轻重恰当）

师：我们之前在同学们选读的各个部分，已经把北平之秋"清"和"静"的特点读明白了，我不知道大家明不明白最后这个悲凉，这个悲凉又是什么意思呢？

生：悲凉是他在这十年之间经历的辗转。

师：好的。还有没有？

生：是看到北平的景物所引发的情绪。

师：好的，我们发现他在写具体景物的时候，不是那种很悲伤的悲凉，你看他要欣赏的是那些疏疏落落的秋叶,在欣赏落蕊时,脚要踏上去感受那份轻柔、那种柔软。

师:这里能看出悲凉吗?

生:好像看不出来。

师:这里的悲凉确实比较难理解,它其实是郁达夫自己所独有的生命体验,就像刚才我们读的这些文字里面,他描写的那些东西往往是有点衰落的、衰败的。但是那些衰败的东西,其实也曾经灿烂过。所以当我们看到它即将消逝的时候,那种无力感、寂寞的感觉往往更强,能给人带来深刻的思考。而这种思考不是直接告诉读者的,而是融在景物描摹中的,这样就会让读者回味更久。

(学生们点头回应,若有所思)

师:所以郁达夫的悲凉其实是一种独特的审美感受,就是当以我的眼光去看世间的万事万物的时候,这些事物跟我其实是一样的,都有自己固有的生命循环。当我们以这样的境界去重新看待生命的时候,那么生命的境界其实是更开阔了,不再为一时一刻的消逝而感到悲伤,反而是从容了。郁达夫在翻译一部日本文学作品《徒然草》时,就曾说自己"爱宕山野的朝露,鸟部山麓的青烟,若永无消失的时候,为人在世,也像这样的长活下去,那人生的风趣,还有什么? 正唯其人世之无常,才感得到人生的有味"。所以呢,这篇文章中出现了很多衰败的东西,可能现实生活中我们会对其感到悲痛,但是文学作品中其实有它独特的审美价值。因此以悲凉为美,是郁达夫这样的作家在审美层次的一种开拓。我们刚才在诵读体会这篇文章的时候,也能够感受到郁达夫与其他作家的区别所在。好,那么最后我们再回到这个句子来,我们一齐来读一读。

PPT 出示:

在南方每年到了秋天,总要想起陶然亭的芦花,钓鱼台的柳影,西山的虫唱,玉泉的夜月,潭柘寺的钟声。

不逢北国之秋,已将近十年了。

北国的秋,却特别地来得清,来得静,来得悲凉。

(学生齐读)

师:在郁达夫笔下的破屋下,我们读到惬意与自如;在秋蝉的嘶鸣中,我们读到孤寂和寥落;在雨后的桥边,我们读到洒脱与悠闲;在落蕊中,读到自然的情趣和落寞。那么在这堂课即将结束的时候,我也为大家留了一个小小的课后作业,望大家课后认真完成。

PPT 出示:

用诵读的方式,去读一读不同的秋味(毛泽东的《沁园春·长沙》和杜甫的《登高》),再细细观察,调动你的各种感官,去感受某个季节某个地点的声色光影之美,将这些感受写出来,诵读出来。

师:下课!

温州市第八高级中学　谢　虎

【专家点评】

谢老师这节课把"诵读"作为课堂教学的主要手段,通过各种形式的诵读组合,以"诵读"为抓手,以"诵读"为推进器,让教学目标在诵读中渐次达成。

《故都的秋》是一篇好文、美文,但难教,定位难、切入难。谢老师将《故都的秋》的教学重点确定为"语言的赏析与情感的品味",抓住了抒情散文最关键的审美要素,很好地解决了"教什么"的问题。在具体的施教过程中,谢老师通过诵读完成了对文本内容的梳理,引导学生关注所读文字的深层意蕴,很好地解决了"怎么教"的问题。

教学中,谢老师始终抓住通过诵读品味语言这一重点。诵读,不只是为了读而读,而是落点到教学主旨的实现上。谢老师在师生合作初读文本时,要求学生反复朗读"不逢北国之秋,已将近十年了",旨在让他们读出那份回忆,那种十年思念之深;在赏读写景语段时,让学生诵读"脚踏上去,声音也没有,气味也没有,只能感出一点点极微细极柔软的触觉",旨在让学生感受细腻的触觉,读出其中深藏的悲凉;最后通过融"我"入境的诵读,旨在让学生感受郁达夫这篇散文"清、静、悲凉"的特点,在一声一气中获得情感的慰藉,在与自然的相处中获得灵魂的诗意和精神的超越。

（安吉高级中学教师、浙江省特级教师、浙江省首批正高级教师　郭吉成）

8. 置身词境，领会豪放之美

——《念奴娇·赤壁怀古》课堂教学实录

【课文简析】

《念奴娇·赤壁怀古》是苏轼于宋神宗元丰五年(1082)七月游览黄州城外赤鼻矶后所作的词。当时，苏轼因以诗文讽刺新法，被新派官员诬陷论罪，即历史上有名的文字狱"乌台诗案"，贬斥至黄州任团练副使。此时的苏轼深感年岁渐老，事业功名未成，郁结于心。面对东去的长江和峭壁耸立的赤壁胜迹，词人不禁追古怀思，抒发有志报国却壮志难酬的感慨。

《念奴娇·赤壁怀古》是一首咏古抒怀的词作。词的上片，词人从眼前赤壁雄奇的江景，联想起古代特别是三国时代的英雄豪杰，侧重写景；词的下片，词人运用描写和对比衬托的手法，赞美周瑜"雄姿英发"的形象及其"樯橹灰飞烟灭"的功业，也借此抒发了自己虽政治失意、怀才不遇，亦未曾失去的旷达心志，侧重抒情。全词写景、咏史、抒情融为一体，环环相扣，一气呵成；气象磅礴，格调雄浑苍凉，境界宏阔，历来被视为豪放词的代表作品。

【教学目标】

本时的教学目标如下：

(1)了解苏轼的人生际遇与本词的写作背景。

(2)理解本词写景、咏史、抒情相结合的写法及对比衬托手法的运用，体会宋词豪放派的风格特点。

(3)探讨词人所抒发的情感，体悟词人旷达洒脱的人生态度。

【设计阐释】

《念奴娇·赤壁怀古》咏古抒怀，雄浑苍凉，境界宏阔，历来被视为豪放词的代表作品。学习时，既要诵读涵泳，发挥联想和想象，感受词作的意境，仔细体会词作将写景、咏史、抒情融为一体的写法，欣赏词作的艺术魅力，又要把握词作的内涵，思考词中寄托的生命感悟与人生态度，理解词人旷达豪放的胸襟、积极乐观的生活态度，从而提升综合审美鉴赏力。

如何让学生置身词境，领会豪放之美？可以分三个环节。

第一个环节：知人论世，了解词人及写作背景。知人论世是鉴赏古诗词的一种基本方法，可以帮助学生透彻理解其主旨意蕴。因此，这个环节不仅使学生对北宋词人苏轼有个全方位的了解，而且有助于学生理解词作中蕴含的壮志难酬的忧愤及旷达洒脱的豪情。词人是在什么样的情况下创作《念奴娇·赤壁怀古》的？课前,学生查阅资料,了解苏轼的生平、思想与本词的写作背景;课堂上,学生相互交流分享。

第二个环节:品读分析,领会豪放之美。这个环节是最重要的一个环节,要求学生深入作品,置身词境,通过诵读感受、理解分析等方法,领略词作中体现出来的豪放之美,知道词人看到了哪些景物、想到了哪些人、写了英雄人物的哪些事。

第三个环节:寻幽探微,体悟词人的人生态度。以合作探究的方式,引导学生对词作内容进行合情合理的分析,然后形成自己的判断,培养学生的逻辑思维能力。比如,"人生如梦,一尊还酹江月",有人认为词人此时是悲观消极的,有人认为这体现了词人豁达豪放的人生态度。你的看法如何呢?请在小组合作探究的基础上做出合理的判断,并阐明自己的理由。

【课堂实录】

师:"问汝平生功业,黄州惠州儋州。"这是苏轼对自我的评价。"苏轼是全才式的艺术巨匠。"这是后人对他的评价。苏轼的功业究竟如何?你能把所了解到的苏轼的主要成就跟同学们分享一下吗?知道一点说一点。

生1:苏轼是个文学家,在文、诗、词三方面都有极高的造诣,是宋代文学成就的主要代表。他的散文纵横恣肆、豪放自如,与欧阳修并称"欧苏",为"唐宋八大家"之一;诗题材广阔、清新豪健,善用夸张和比喻,独具风格,与黄庭坚并称"苏黄";词方面,与辛弃疾同是豪放派代表,并称"苏辛"。

生2:苏轼在书法方面也很厉害,他擅长行书、楷书,与黄庭坚、米芾、蔡襄并称"宋四家"。

生3:苏轼还是个画家,擅长文人画,尤擅墨竹、怪石、枯木等,是中国文人画开创者之一。他主张画外有情,画要有寄托,提出"士人画"的概念,为其后"文人画"的发展奠定了理论基础。

师:嗯,这三位同学预习认真,对苏轼有比较充分的了解。还有吗?请其他同学补充。

生:苏轼也是中医药学家,他懂医理,通制药,收集验方整理成册,留济后人。他在中医药养生之道方面颇有建树,写过《问养生》《书养生后论》《养生说》《续养生说》《养生渴》等我国养生学中的珍贵资料。他还始创了我国古代"公私合营"的医院——杭州"安乐坊",这是中国最早的民间救济医院。

师:苏轼在中医药方面的成就估计有许多同学不知道,大家用掌声对这位同学的分享表示感谢。(学生鼓掌)现在我们了解到苏轼已经拥有四个"家"了,(学生笑)还有补充的吗?

生1:苏轼还是个美食家。他被发配到黄州时,创造出一道流传千年的名菜——东坡肉;发配到惠州时,又把东坡肉跟梅干菜结合起来,烹饪出梅菜扣肉;其他还有东坡鱼、东坡饼、东坡羹等60多道著名菜肴。(气氛活跃)

生2:苏轼也是个水利专家,处处筑堤。被贬颍州(就是今天的安徽阜阳)时,对颍州西湖进行疏浚筑堤;出任杭州知州时,疏浚西湖,筑成一条纵贯西湖的长堤,名曰"苏堤","苏堤春晓"是著名的西湖十景之一。

师:刚才同学们的介绍,让我们感受到苏轼真是个全能型的人才。难怪许多人认为苏轼是"中国古代第一全才"。他政治上长期失意,一生经历坎坷,命途多舛,颠沛流离,身上却有这么多闪亮的标签,散发着耀眼的光芒,确实是不容易的,令人肃然起敬,我觉得苏轼应该成为国人的偶像。(学生笑)苏轼身处逆境依然功业突出,这说明什么?

生:说明苏轼在逆境中没有沉沦,依然保持着豁达乐观、积极进取的精神。

师:有道理。看来你比较懂苏轼。(学生笑)有谁知道苏轼是在什么样的背景下创作《念奴娇·赤壁怀古》的?谁能联系词人的人生际遇说一说?

生:苏轼反对王安石的变法,写了一些诗文以揭露和讽刺,引起了王安石一派许多官员的强烈不满,于是,他们从苏轼的诗文中找到罪证,用牵强附会的手段指控苏轼怀有谋反之心。苏轼被捕下狱,受尽严刑拷打,差点被判处死刑。这就是中国历史上一次有名的文字狱——"乌台诗案"。当时朝中多人为苏轼求情,王安石也劝宋神宗说:"圣朝不宜诛名士。"又因太皇太后曹氏、章惇等人出面力挽,宋神宗于是下令对苏轼从轻发落,贬其为黄州团练副使,但"不得签署公事,不得擅去安置所"。这无疑是一种"半犯人"式的管制生活。苏轼住在黄州东坡,过着十分艰苦的生活。为排遣内心郁闷,他泛舟赤壁,先后写下了《前赤壁赋》《后赤壁赋》和《念奴娇·赤壁怀古》。

师:你对写作背景了解得这么详细,说明查阅了资料,预习做得充分,值得点赞。(学生鼓掌)

请同学们齐读全词。(全班学生齐读)

师:刚才同学们读得似乎不够豪放。这类豪放派的代表作应该读得高亢激昂、铿锵有力。学习诗歌,重在朗读,朗读诗歌有哪些基本要求呢?首先读准字音,其次读出节奏(停顿、音调高低、语速等),最后读出感情,把自己的理解通过声音传达出来。请大家再读一遍。(全班学生齐读)

师:这次朗读有明显进步,豪放之气似乎扑面而来。接下来让我们一起置身词境,理解词作内容,体会词人情感。这首词的标题告诉我们哪些信息?

生:"念奴娇"是词牌名,"赤壁"点明地点,"怀古"说明这是一首怀古词。

师:鉴赏古诗词首先要看题目。根据题目信息,你能大致推测一下怀古诗词的一般思路吗?

生:怀古诗词往往是作者由眼中所见之景,引起他对历史人事的联想,进而抒发或昔盛今衰或壮志难酬的感慨。

师:大家同意他的说法吗?

生:(齐声)非常同意。(笑)

师:我也同意。

[板书:怀古诗词一般结构:临古地→思古人→忆其事→抒己志]

师:本词是公认的苏轼豪放词的代表作。我先讲一个故事:苏轼在玉堂署任职时,有幕士善歌,就问他:"我词何如柳七?"幕士回答说:"柳郎中词,只合十七八女郎,执红牙板,歌'杨柳岸,晓风残月'。学士词,须关西大汉,铜琵琶,铁绰板,唱'大江东去'。"苏轼为之前仰后合地大笑。幕士用非常形象的语言道出了婉约词与豪放词的不同风格。你认为本词的豪放表现在哪些方面?请结合具体词句进行分析。以小组为单位,选派代表分享自己的看法。

生："大江东去"的"大"与"千古江山"的"千古",分别从空间和时间两方面表现出境界的阔大。

师:从时空的角度来分析,有眼光!(学生鼓掌)

生："东去""淘尽"突出了滚滚长江的非凡气势。逝者如斯,历史的长河也带走了风流人物。

师:说得好,词人将滔滔江水与历史上的风流人物联系起来,借雄奇的江景抒发壮怀。

生："乱石穿空,惊涛拍岸,卷起千堆雪"描绘出一幅雄奇壮丽、惊心动魄的画面。"乱"字,写出了江边山石的险怪;"穿"字,写出了山石的高耸险峻;"惊"字,写出了江水之汹涌澎湃;"拍"字,写出了波涛力度之大;"卷"字,写出了波涛巨大的力量;"千堆"两字,以夸张的手法,写出了波涛数量之多;"雪"字,运用比喻手法,写出了波涛的晶莹。

师:这位同学对词句的理解到位,分析全面,掌声在哪里?(学生热烈鼓掌)还有补充的吗?

生:词的上片,词人通过视觉与听觉,营造出雄浑壮阔的意境。

师:你们从词句中感受到了豪放之美,谁能总结刚才几位同学的发言?

生:我认为本词的豪放首先体现在对景物的描写之中。词人即景生情,运用夸张、比喻的手法,描写纵横驰骋、游刃有余,呈现出雄奇壮观、气势磅礴的景致,显示出宏大的气魄。

师:本词的豪放除了体现在景物描写方面,还体现在哪些地方?

生:还有人物形象的豪放。

师:依据在哪里呢?

生："遥想公瑾当年,小乔初嫁了,雄姿英发"这一句从幸福美满的婚姻与雄姿英发的形象两个角度体现了英雄人物周瑜的豪放之气。

师:最能体现人物形象豪放的是哪一句?

生："羽扇纶巾,谈笑间,樯橹灰飞烟灭。"这一句把周瑜叱咤风云的儒将风采写得生动形象,充分说明周瑜在赤壁之战中建立奇功,才能卓越,人物的豪放之气跃然纸上。具体来说,"羽扇纶巾"表现出周瑜束装儒雅,风度翩翩,气定神闲;"谈笑间,樯橹灰飞烟灭"刻画了周瑜从容沉着、指挥若定、潇洒从容的形象,表现出他运筹帷幄之中,决胜千里之外。

师:说得好!那词人是如何由景的豪放写到人的豪放的?

生:由"江山如画,一时多少豪杰"这一句承上启下,由写景过渡到写人,十分自然。

师:使用过渡句,能够使文章条理更清晰,同学们写作文时,也要善于使用过渡句。接下来请同学们思考,词人是运用什么手法塑造周瑜这个豪放的英雄形象的?

生1:运用衬托的手法。用英雄衬英雄。用"千古风流人物"及赤壁之战时的"多少豪杰"来衬托周瑜,突出周瑜在词人心中的重要地位。

生2:用美人衬英雄。词中"小乔初嫁了"一句,用美貌的小乔衬托出周瑜的英俊潇洒、才华横溢、春风得意。

师:还有吗?

生:用英雄反衬自己。周瑜"雄姿英发",从容破敌,建功立业,而词人自己却"早生华发",功业无成。在相互的映衬中,作者生出了无限的感慨。

师:你认为周瑜与苏轼的对比反衬体现在哪些方面呢?想到一点讲一点。

生:外貌方面,周瑜英俊儒雅,词人早生华发。

师:你刚才说到"早生华发",我补充一个问题——"故国神游,多情应笑我,早生华发",你认为这句的主语是谁?你能做出合理的判断,并阐明自己的理由吗?(生思考)

生:我认为主语应是周瑜。理由有两个:一是"神游"的意思是身未往游,而精神魂魄往游;词人既已身在赤壁,怎么能说是"神游"呢?二是"故国"的意思是故乡。赤壁是谁的故国呢?当然是周瑜的"故国"才合理。这里应该是词人的想象:如果周瑜心恋故地,神游故国,和自己相遇,应该会笑自己多情善感,事业未就,却过早地生出满头白发。词人壮志未酬的感慨之情油然而生。

师:说得好!掌声响起来!我们继续将周瑜与苏轼两个人进行对比。

生1:职位方面,一个是东吴都督,一个是团练副使。

生2:生活方面,一个是幸福美满,一个是屡遭不幸。

生3:年龄方面,一个34岁,一个47岁。

师:现在找到了四个方面。还有没有?

生:功业方面,一个功成名就,一个功业未就。

师:词人多方面刻画了周瑜豪放的英雄形象,无形之中,也与自己形成鲜明的对比,你认为词人此时表现出了怎样的情感呢?

生:词人表达了对周瑜的敬仰及赞美之情,也表达对自己壮志难酬、功业未就的感慨。

师:我相信大家对这种情感都能够感同身受。这也是词人在三国众多的英雄中选择周瑜的目的吧。对于本词的结尾句"人生如梦,一尊还酹江月",不同的人有不同的看法。有人认为词人此时悲观消极,有人认为这体现了词人豁达豪放的人生态度。你的看法如何呢?小组开展合作探究,然后派代表阐述看法。

(学生前后桌四人或六人一组进行讨论交流,教师来回走动观察)

师(点拨):词人的生活状态,不是被贬官,就是奔波在正在被贬官的路上。他身处逆境,却始终能将自己的生活过得生趣盎然。同学们在反复诵读的基础上,联系词人的人生经历、思想,体悟词人的人生态度,最终形成自己的看法。

生1:我觉得含有消极的成分。"人生如梦"正是抒发了词人个人遭贬失意、壮志难酬的感慨。

生2:尽管词人有"人生如梦"的感叹,但他的人生态度还是比较洒脱的。"一尊还酹江月",作者在饮酒赏月中排解郁闷的情绪,实现了对人生挫折的超脱,用达观来解决理想与现实的矛盾。

生3:我们认为这句体现了词人豁达豪放的人生态度。理由有三个:一是从全词看,气势雄伟,视野阔大,对壮丽河山的赞美,对历史英雄人物的歌颂及怀念,说明词人依然渴望建功立业,具有积极进取的思想;二是虽然词人感叹时光易逝,人生如梦,表达对怀才不遇、功业无成的无限感慨,但这种感叹其实正是词人不甘沉沦、奋发向上的表现;三是词人以酒祭奠江月,说明他希望自己的郁闷随江水而去,从惆怅失意中解脱出来,表达了词人特有的旷达豪放的情怀,一樽酒,不仅祭奠明月,祭奠古人,更是表达对过去的告别,对未来的美好祝愿。

师:刚才这位同学的回答,理由充分,很有说服力,很有水平。掌声在哪里?(全班热烈鼓掌)

生:这也是本词体现豪放的地方。

师:对。谁来简要小结一下本词的"豪放之美"表现在哪些方面?

生:本词的豪放之美体现在三个方面:一是雄奇壮丽的景物描写;二是指挥若定的英雄形象;三是旷达洒脱的词人情感。

[板书:领会豪放之美:赤壁雄奇的江景→雄姿英发的周瑜→旷达洒脱的情感]

师:说得到位,语言非常简洁,很不错。豪放是本词显著的特点,请同学们再次齐读全词,一起沉浸在词境之中,领会豪放之美。

(学生齐读全词)

师:读得有点味道出来了,你们也变得豪放起来了。(学生笑)我来做个总结:词人从临古地(赤壁江景)到思古人(周瑜)、忆其事(火烧赤壁),然后抒己志(壮志难酬),将写景、咏史、抒情相结合,气势磅礴,意境开阔,其对赤壁壮丽景物的描写、对古代英雄周瑜形象的塑造,以及对自我情感的抒发都体现了豪壮的情调与豪放的人生境界,让我们领会到豪放之美。有人说,心有东坡词,人生无难题。人生再多风雨,经过东坡过滤,都会变成一片晴空。所以当我们遇到人生的不顺与失意时,我们不妨也像苏轼一样,保持旷达乐观精神,活得明亮、豁达,不为外在的得失而困惑,但求内心的宁静与坦然。

(下课铃响)

师:今天的课后作业有三项。一是请同学们准备一个关于苏轼的故事,苏轼虽然一生坎坷,命途多舛,颠沛流离,却旷达乐观,留下了许多有趣动人的故事,我们将以"苏轼的故事"为主题,举行一个故事分享会;二是背诵《念奴娇·赤壁怀古》,准备默写;三是预习《永遇乐·京口北固亭怀古》,完成导学案。下课!同学们再见!

生(全体):老师再见!

江山市清湖高级中学 姜建华

【专家点评】

姜老师这堂课教学目标适切,通过查阅资料、审美体验、思考探究等多种学习方式与活动,促使学生丰富知识储备,产生阅读兴趣,感受诗词语言、形象和情感之美,培养阅读鉴赏能力效果明显。这堂课主要有以下四方面的特色。

一是激发学生兴趣。本堂课切入点比较好。姜老师从苏轼对自我的评价及他人对苏轼的评价切入,激起了学生的兴趣。学生不仅对苏轼的成就有了较为全面的了解,而且对苏轼旷达潇洒的人格产生了敬佩之情。

二是建构鉴赏环节。诗歌鉴赏对学生来说,一直是个难点。本堂课通过知人论世、阅读领会、思考探究等环节,让学生掌握诗歌鉴赏的基本环节与方法。这样,学生能够得益于课内,运用于课外，从而提高自身的诗歌鉴赏能力。

　　三是抓住学习重点。《念奴娇·赤壁怀古》是豪放词的代表作，不仅景物描写豪放，人物形象豪放，词人情感也豪放。姜老师以"你认为豪放之美表现在哪些方面"这个问题为线索，贯穿整个课堂，让学生置身词境，阅读分析，领会豪放之美，可谓抓住了"牛鼻子"。学生在阅读鉴赏的过程中，既体会了词人旷达洒脱的情怀，又感受了豪放派词作的风格特点。

　　四是引导学生思考。本堂课，姜老师设置的问题环环相扣，一步一步引导学生去体验、去思考、去探究。整堂课不仅显得自然流畅，而且提高了学生的诗歌鉴赏能力，语文学科核心素养也在学生的思考与表达中得以真正落地。

（温州市第二外国语学校教师、正高级教师　陈智峰）

9. 由显入隐 "考据"生情

——《登泰山记》课堂教学实录

【课文简析】

《登泰山记》编排在统编高中语文教材必修上册第七单元最后一课,从选文看,本单元文章均为写景抒情的散文,旨在让学生通过学习课文,体会作者观察、欣赏和表现自然景物的角度,分析文章情景交融的表现手法,关注作者融于自然景物中的人生思考,提升文学欣赏的品位。从学习任务群看,本单元要求学生以自主阅读、讨论、交流的方式,从语言、构思、形象、情感等角度认识散文的美学价值。

写景抒情散文的名篇《登泰山记》是姚鼐的代表作品。本文语言雅洁,不抒情,少描写,文字内敛含蓄,不似前几篇写景抒情散文那么热烈,情感鲜明。这也导致学生在理解文本时有一些难度,一直以来,很多学生对本文的理解始终停留在"表现泰山雪后初晴的瑰丽景色和日出的雄浑景象"上,笔者以为还是有所缺失。纵观全文,作者简练到极致的文字确实将自己微妙的内心封印得严严实实,以致读者在走入文本的时候总觉得隔着一层迷雾,难窥姚鼐心底的真实。不过,衷于考据的姚鼐还是给我们留下了一些重要的线索。倘若能够以文中的矛盾与反常之处作为突破,我们或许可以一窥别样的《登泰山记》。

综合单元任务和任务群要求,依托在前期课时掌握的鉴赏写景抒情散文的方法,本文的教学重心为在充分利用和深刻认识教材文本的基础上,寻找写景抒情散文"显"与"隐"的情感表达,发现隐藏在文字之下的真实的姚鼐。

【教学目标】

本课时的教学目标如下:

(1)结合文中的散文意象和描写细节,把握其在塑造景物形象时所起的作用,感受作者笔下的泰山之美;

(2)通过考据作者在文中设置的矛盾和反常,发现作者隐藏在文字背后的真实心声,把握本文景与情的显隐关系。

【设计阐释】

"期待视野"是教育学和接受美学领域一个非常重要的概念。读者在进入理解过程之前,基于自身的阅读经验和审美趣味等,产生对文本的预先评价与期盼关乎其学习、理解文本的效果和效率。

为了更好地把握学生的状态,了解学生的阅读期待,确立更加合理的教学起点,我在本校高一年段 485 名同学中做了一个小调查,让学生根据情感内容的原初理解程度对本单元的 5 篇课文进行排序和打分,并简单写下对《登泰山记》的看法。除去无效问卷后结果如下:

表 9-1 第七单元课文情感原初体验调研结果统计

课文	平均分	最喜爱人数	最不喜爱人数
《故都的秋》	92.69	109	65
《荷塘月色》	87.69	69	132
《我与地坛(节选)》	95.78	145	42
《赤壁赋》	93.37	121	53
《登泰山记》	82.86	35	187

从调查结果来看,学生对《登泰山记》一文有着比较明显的轻视和非常深刻的误解。通过对他们写下的阅读感受进行总体分析,我发现学生普遍认为本篇课文以叙述为主,文言知识简单,语言简要明快,情感质朴明晰,读来虽然有趣味,但是与前面的文章相比,还是略显单一,总体不如其余几篇文章富有吸引力。

从学情起点来看,学生之于本文的期待视野极为狭窄,与教材给定的学习任务之间鸿沟明显。在教学过程中,能否提升学生对本文的期待,切实产生了解本文的兴趣,尝试从此岸走向彼岸,是关乎课堂教学成败一个很重要的前提。在文章里,姚鼐将极为深沉的情感深深埋藏在雅洁的文字之中,语言线索十分隐蔽。为了能够引导学生主动发现作者在文中埋下的草蛇灰线,重构初读期待,提升对文本的探索欲望,我将明代《泰山志》中的《岱顶图》印发给学生,让学生根据地图再读课文,标注出姚鼐的登山线路,并提出自己的疑惑。

在重构的基础上,我充分尊重学生初读和再读的阅读体验,以学生为主体,立足本文的真实情境,以文本为依托,根据作者姚鼐的特点,设置贴合本文实际的个性情境——"考据",并结合具体问题设计几个相互关联、层层推进的活动,帮助学生完成对《登泰山记》情感的探究。

在任务推进过程中,转变学生的学习方式,通过支架和抓手的引导,让学生主动发现问题——在发现中阅读,在发现中思考,在发现中交流,在发现中表达——真正做到从学情开始,从期待出发,走向有体验、有深度的彼岸。

【课堂实录】

(说明:《登泰山记》计划上两个课时,本实录为第二课时的教学过程。)

师:泰山是我们中国人的心灵图腾,一说到与泰山有关的诗文,大家会想到——

生(大部分):会当凌绝顶,一览众山小。

师:确实,杜甫的这首《望岳》大家耳熟能详,欢迎度很高,但是今天我们要学习的这篇《登泰山记》仿佛不太乐观啊。从打分和排名来看,最受大家欢迎的是《赤壁赋》和《我与地坛(节选)》,《登泰山记》在两项指标上的表现都很不理想,均分最低,最喜爱的人数最少,我们班只有4个! 同时,咱们班把它排在最后一名的人数也最多。

PPT 出示:

学生预习打分情况。

(生笑)

师:大家都笑了,这样一个结果让我很诧异,也让我此刻给大家展示清代评论家王先谦先生的这句话时非常心虚。我们先来读一读这句话吧。

生(齐读):具此神力,方许作大文。世多有登岳,辄作游记,自浣者读此当为搁笔。

师:什么叫"读此当为搁笔"?

生(部分):读到此文,别的登泰山文都不值一提,除却此文非泰山!

师:那么我就有个问题了,王先谦先生所说,你们信吗?

生(部分):不信。

师:从你们的表情来看,我就觉得可能大家基本都不信。那么,接下来,我们就一起来"考据"一下,看看王先谦先生所说,是否真的夸大其词!

师:在考据之前,我觉得虽然大部分同学不信,但是,还记得吗,有4个人应该是信的。哪4个?

生(笑):最高分的4个同学。

师:确实,我想请你们来说说,本文是哪里打动了你,让你将它位列第一。先给你们1分钟准备一下,其余同学也跟着看看到底本文是不是有神力。

(学生准备约1分钟,教师指定一位学生先开始)

生:我喜欢文章的第一段文字,这里的动词非常有特点,写出了姚鼐心中的那种激动感。

师:能具体阐述一下吗?

生:"乘、历、穿、越"这些动词连成一些短句,把万里的艰难行程浓缩在短短的文字中,非常精练有力,体现出对泰山的强烈神往和登山的无限坚定。

师:从词语入手,你读到了作者的神往,很好!

(学生继续补充)

生:尤其在疫情之下,我都好久没出远门了,这里读得我很心动。(生笑)

师:很好,结合自己的生活体验,有理有据!我相信本文确实打动了你。请坐!其他粉丝还有什么体验呢?

生:我喜欢日落这段文字,连用比喻,用词很简单,但是很传神,将日落时候的群山写得活灵活现,非常有感染力。

师:能再具体说一说吗?

生:"明烛天南"的"烛"字,既是活用,又是比喻,简洁到只剩一个字,但却很形象,让人一下子就能产生画面感。

师:凝练而传神地勾勒出登山所见之景,简到极致却颇具美感。很好,请坐!粉丝们还有吗?

生：日出的文字我很喜欢，山是静的，日是动的，动静结合，描写得很细腻。

师：除了动静呢？你再仔细分析一下。

生：还有颜色，作者把日出的颜色写得非常细，突出了日出之时的迷离、梦幻。

师：很好，从动静和色彩两个方面为我们再现了日出之美。还有粉丝要说吗？

（生沉默）

师：好的，跟之前的调查结果基本一致，确实，好像能打动大家的文字不太多。但在刚才的"溯文"环节，几位同学还是从文本的细节里带我们欣赏了泰山的山川之美。

[板书：细节处显泰山之美]

师：接下来，我们继续"考据"，跟着这张明末的《岱顶图》，看看大家还有哪些比较集中的问题。

PPT 出示：

问题展示：

1.最高峰明明是玉皇顶，作者为何说日观峰最高，他不知道吗？（32 人）

2.作者选择的中谷，是到达日观峰的最理想线路，为何又舍近求远，绕道西谷？（21 人）

3.为何作者偏挑选 12 月这个大冬天登山？（17 人）

4.满山都是景物，作者为何单提碧霞元君祠和皇帝行宫？（12 人）

师：咱们班这 4 个问题被问到十次以上，大部分同学都发现了姚鼐本次登山的一些反常行为。接下来，就请大家按照四人小组选择其中至少 1 个问题，讨论一下，试试从文本的缝隙中发现一些特殊的光芒，辨伪寻真！

（有学生沉思，有学生讨论，约 3 分钟）

师：有答案了是吗？哪位发言人愿意先来分享一下。

生：我们组想回答第一个问题，我们觉得姚鼐是故意的，作为考据派的代表，他不该犯这种低级错误。

师：嗯，很有道理！

生：额，还有，就算姚鼐不知道，作为官员的子颖也一定知道，地方志里已经写得很清楚了。

师：那么你们组觉得姚鼐为什么要故意犯错呢？

生：我们从名字来看，日观峰倾向于自然，玉皇顶象征权力，姚鼐辞官，对权力肯定心灰意冷，所以我们觉得这里姚鼐是刻意回避玉皇顶的。

师：推理有一定的道理，你有文本的证据吗？还没想好啊，请坐，其他同学呢？

（另一同学补充）

生：我觉得倒数第二段可以作为依据，岱祠、皇帝行宫这些地方都带有政治色彩，姚鼐都没去。一般我们去游览，像行宫这样的地方怎么也得去看看，但姚鼐却只去看了碑刻，所以，我觉得从游览的心理出发，姚鼐对玉皇顶的处理是出于对皇权的不满。

师：很有道理，你的发现给了我一些灵感，我给大家一个提示，假如姚鼐的行程不从中谷换到西谷，原路上山，你们有什么发现吗？

（学生观察《岱顶图》，有人动手比画，一学生举手）

生:按照姚鼐最开始的行程,岱祠、碧霞元君祠和皇帝行宫都在沿途。姚鼐换了路线,舍近求远,感觉是故意避开这些地方。

师:嗯,你的眼光非常敏锐。下面,我们来认识一下玉皇顶。

PPT出示:

玉皇顶资料。

师:确实,玉皇顶是一个政治色彩非常浓郁的存在。从对登山线路和最高峰两个反常处的推敲,我们辨出了姚鼐精心设计的"伪",那么这其中的"真"又在哪里呢?我们一起来朗读一下刚才大家提到的这段文字。

(生齐读"亭西有岱祠"一段)

师:从这段文字里,谁能再力证一下我们刚才的推断呢?

生:我觉得在这两句话中,姚鼐的情感是不一样的,前面带有政治色彩的殿宇是一笔带过,而后面的碑刻却观察得很仔细,连一个个时间都仔细研究了。

师:你发现了时间这个点,以此来反推姚鼐的情感,很好,请坐!这一段文字还有没有别的奥秘呢?

生:我感觉第一句是不带情感的客观叙述,而第二句的"僻"和"不及"则带有好像惋惜一样的情感,可能也是姚鼐的一种情感暗示吧。

师:嗯,结合文字细节,说得很有依据,确实,似乎对权力之地,姚鼐一直都在刻意回避。现在咱们还有一个问题没有解决。为何选在12月,刚才哪个小组讨论的是这个问题?

生:我们觉得12月人少,姚鼐对官场不满,在这个时间登泰山就是不想遇到人,不想被打扰。

师:有点意思,我给你一点提示,你看看文中关于时间的注释,再仔细想想这其实是12月的哪一天?

生:好像是过年。

师:确实,是除夕,那为什么选这么一个特别的时间呢?

(生沉默)

(学生讨论,约2分钟)

生:在一个万家团圆的日子登山,尤其是在很重视家与礼的封建王朝,除夕登山应该是一件极其与众不同的事情。这个时间的选择跟路线的选择其实是殊途同归的,别人都去的地方我不去,别人都走的路我不走,姚鼐应该也是彰显自己的与众不同!

师:好像也有道理,不过,我还是想说,这只是我们的猜测,你有文本依据吗?

生:有,最后一段。姚鼐说山上多松树,这里姚鼐以松喻人,松树在夹缝中保持自我,体现出自己的品质。

师:很好。其实,大家发现没有,这一段里,"多"的东西,除了松,还有什么?

生:石头。

师:什么样的石头?

生:不圆的石头,方正、有棱角的石头,感觉也是在说人刚正的品质。

师：很好，读出味道来了。其实，这一段里不圆的、有棱角的又岂止是石头，我把这段文字改一改，大家来读一读。

PPT出示：

山多石而少土。石苍黑色，多平方而少圜。少杂树而多松，生石罅，皆平顶。

师：读完之后，你有什么感受？

生：第二段流畅很多，但显得有些活泼了。

师：那么你对此有什么评价呢？

生：一比较，感觉原文是刻意断句，也让语句不通顺，感觉读的时候像是嘴里有骨头，可能也是要通过这种语言形式来表现自己的骨气吧。

师：说得非常好，多了一些"骨头"，我很喜欢你的这个词语。在这里，语言和情感达成了统一。从对文中这些反常内容的探究，我们发现了姚鼐隐藏在文字背后不与世俗同流合污的卓绝之姿。正如他的孙子姚莹在记录祖父姚鼐编纂《四库全书》时所说：姚鼐与同僚往复辩论，但终究莫能助也！

[板书：反常处彰卓绝之姿]

师：其实，在课前的问卷中，我还收到了一些非常尖锐的评价，比如"多写爬山，单调枯燥，远不如《赤壁赋》情感饱满"。现在我想问的是，大家觉得本文的情感单调吗？

生（小声）：不单调。

师：那么姚鼐为何要这样处理呢？在清朝，大家猜猜，可能会是什么问题？

生（部分）：文字狱？

师：大家很敏锐，我们来看一段文字。

PPT出示：清代南山案相关内容。

师：桐城派的开派大师和代表人物都是如此遭遇，作为同门兼同乡的姚鼐会怎么想呢？我们看一看。

PPT出示：

姚鼐《赠程鱼门序》。

师：姚鼐的文字里充满了对"罪"的恐惧，所以，我想问——姚鼐难道不愿意把情感写得像苏轼那般洋溢吗？不是不愿，实是不敢。他的心中充满想说又不能说的矛盾，这份矛盾的背后，是一份深深的无奈！

[板书：矛盾凸显无奈之痛]

师：所以，考据到此，我想听听大家此刻的心声，当代诗人周八一在作品《姚鼐登泰山》中留下这样一段诗文，我们一起来读一下。

（生齐读）

师：大家发现了吧，这首诗的结尾被我隐去了，我想请同学们结合今天所学和本首诗的意境，为它叙写一个结尾。

（学生补写，约6分钟）

师：好的，各位同学都写得很有感觉，这里老师选择了两个结尾，我们一起来欣赏一下。

（PPT 出示相应内容）

师：我们先来看第一篇，是你写的，要不你来谈谈？

生：我用呵手、抬望的动作来呼应登泰山的行为，承接前面的诗歌内容，然后用"望"由实转虚，通过李贺的典故来强化姚鼐心中深刻的痛苦，最后用一个宏大的雪地和人的描写结尾来强化和定格文章的情感，烘托姚鼐的孤独和痛苦。

师：写得好，讲得也好，你的结尾给我一种《红楼梦》里贾宝玉在天地间独行的那种苍凉！第二篇，谁来点评一下？

生：这一篇也是点出了姚鼐辞官后对官场之厌恶，我觉得总体上写得很好，不过我想改一下，把"繁华看尽"改成"炎凉看尽"！这样更能体现出姚鼐登山那一刻内心的悲凉。

师：你接受吗？（问原作者）

生：接受。

师：好的，我也觉得改过之后，情感更加集中和犀利。

师：最后，我想问一下，你们还觉得本文枯燥吗？

生（大部分）：不觉得。（有学生笑了）

师：那么你觉得本文具有"读此当为搁笔"的神力了吗？其实无论有没有，我相信，你对本文的情感一定发生了变化。所以，同学们阅读文字，不仅要读懂显性的情感表达，对于隐藏至深的情感，那份属于我们中国人的含蓄和深沉，我们也要能够发掘。今天，我们在显与隐之间，攀上了姚鼐心中的那座泰山。

浙江省诸暨市海亮高级中学　姜志超

【专家点评】

姜老师的这堂《登泰山记》立足学生的真实阅读体验，依托课文的真实细节，紧扣单元的学习任务，课堂活泼而具有新意，总体上非常不错。

首先，姜老师从学生的预习体验出发，对学情做了充分的调研，并依据学情对教学任务的完成进行详实的规划。对于本文而言，大部分同学确实觉得文本相对不难，但却无法真正地领略文章深沉的情感。情景交融的文本，像《赤壁赋》《荷塘月色》这一类情感相对显性的文章，学生阅读时可以快速抓住作者的情绪走向，而对于"少描写，不抒情"的《登泰山记》，学生的学情起点到底在哪个位置，对文章到底有怎样的看法确实需要教师做深入的了解，否则，教学也只是浮光掠影，学生对这样含蓄深沉的不一般的情景交融是缺乏认知的。

了解了学生的初读状况之后，姜老师的备课和教学设计也是紧紧承接学生的疑惑和教学任务的落差的。姜老师通过王先谦先生的评论和一张明代的《岱顶图》，让学生发现自己阅读和名家体验之间的落差，由图索文，寻找原因，发现疑惑，将文本阅读转换成文本考据。在充分尊重学生阅读体验的基础上，让学生对文本进行深入推敲，并在推敲的过程中逐渐重构自己的阅读感受，从而渐渐深入文本，理解本文的情景关系。

在教学过程中,姜老师对学生的预习疑惑进行了分类,通过问题间的梯度,一层一层地将学生带进课堂,课堂氛围活泼,学生因为有了《岱顶图》的引导和对自我阅读疑惑的兴趣,在课堂上十分活跃,使整堂课氛围热烈,学生真的在思考、在感受、在提升,课堂效果也十分明显。

(温州市第二外国语学校教师、正高级教师　陈智峰)

10. 妙语退秦师　婉致见波澜

——《烛之武退秦师》课堂教学实录

【课文简析】

本文节选自《左传·僖公三十年》,是《左传》中的名篇之一。晋国和楚国曾大战于城濮,楚国大败,晋国因此完成霸业。在城濮之战中,郑国曾协助楚国攻打晋国,而且晋文公年轻时流亡到郑国,曾受到冷遇。两年后,晋国联合秦国讨伐郑国。本文记叙的就是鲁僖公三十年(前630年)九月在晋、秦联合攻打郑国时发生的一场外交斗争,表现了烛之武机智善辩,善于利用矛盾分化瓦解敌人的外交才能和以国家利益为重,不计个人恩怨的爱国精神。

【教学目标】

本课时的教学目标如下:

(1)梳理和积累常见的文言实虚词、句式等语法知识,建构文言语感;

(2)领略烛之武游说的言语艺术,关注《左传》曲折委婉的叙事特点;

(3)客观评价历史著作中的人物、事件及其体现的思想、观念等,树立科学的历史观,扩大文化视野。

【设计阐释】

统编高中语文教材必修下册第一单元在梳理积累文言字词的学习任务中,列举了实词"道"的四个具体用法,这给师生的"教"与"学"都指明了方向,说明文言语法知识是深入学习传统文化经典的基础,不可偏废。本单元的人文主题是"中华文明之光",属于"思辨性阅读与表达"学习任务群。单元学习目标要求阅读《论语》《孟子》《庄子》中的经典篇章,以及《左传》《史记》的精彩片段,了解中华文化的一些重要理念,领会其中包含的人文精神,深化对传统文化的认识,增强文化自信……阅读史传文,要关注文章叙事曲折有序、写人生动传神的特点,尝试理性评价历史叙述中体现的思想、观念,认识历史人物和历史事件,树立正确的历史观。这说明统编高中语文教材不仅强调训练的学生思维能力,提升学生的思维水平,使其养成思辨性阅读的习惯,还强调传统文化的学习和传承,扩大文化视野,增强文化自信。可以说,读经典史传文,既是对传统文化学习传承的过程,又是一个审美、思辨能力提升的过程。

本课中,烛之武条分缕析、思维缜密的说辞是古代外交言语艺术的表现;烛之武不计前嫌,以国家大局为重,敢冒风险,勇于担当,是古代士人精神的集中体现。但郑国的解危纾困是否仅是烛之武一人的言语之功,秦伯、晋侯、郑伯甚至是佚之狐在整个事件中扮演着怎样的角色,对全局有着怎样的作用等问题仍然值得思考与商榷。

【课堂实录】

(说明:本堂课是第二课时内容,之前已有一节字词句的预习课。)

师:同学们好！今天我们要一起探讨的课文是《烛之武退秦师》。我们先看一下题目。秦师,"师"作何解?

生:军队。

师:中间的那个"退"呢?

生:劝退。

师:因为"退"字后加了宾语,所以它应该是使动用法——烛之武使秦兵退。昨天下午我们预习的时候,班上一名男生提出了一个问题——烛之武三言两语就真的能说退秦师,阻止一场战争吗? 这名同学现在在哪里? 举手跟我们示意一下。

(一男生举手示意)

师:阅读时能发现并提出问题,是一个很好的习惯。今天就让我们带着这个问题走进这篇课文。首先来看一下这篇课文中值得注意的一些字词。请大家在课文中找到这些字,在朗读时请多加注意。

PPT 出示:

贰于楚 èr　　氾南 fàn　　缒而出 zhuì　　共其乏困 gōng　　秦伯说 yuè　　逢孙 páng　　戍之 shù　　不知 zhì

(学生齐声朗读出示的字词)

师:现在我们来朗读这篇课文。

(学生齐读课文)

师:好,在初步熟悉文本之后就进入今天的问题讨论。烛之武是如何退秦师的? 请从课文中找答案。

PPT 出示:

一个大大的"退"字

生:烛之武先说"郑既知亡矣",然后说"若亡郑而有益于君,敢以烦执事""亡郑以陪邻"对秦国而言是没好处的,"若舍郑以为东道主,行李之往来,共其乏困",对秦国是没有害处的。晋国曾经受过秦国恩惠,"许君焦、瑕",他却"朝济而夕设版焉"。"既东封郑,又欲肆其西封",会使秦国减少土地,是对秦有害处的。烛之武是通过以上几点来说服秦伯退兵的。

师:这位同学讲得非常具体,可老师听了后不能心服口服。烛之武的这百十来个字,怎么有这么大的作用让秦军撤退? 我建议呀,咱们通过琢磨文本,来找出其中的必然性。大家讨论讨论,不必面面俱到,择其一点来说就好。大家在讨论的时候,可以适当参考大屏幕上出示的秦晋形势图。

PPT 出示:

秦晋形势图。

（经过几分钟的讨论后，学生开始发言）

生：我觉得他是从一个国家想要获得利益的角度出发的。

师：能结合文本说清楚一点吗？

生："越国以鄙远，君知其难也"，根据地理位置，秦国距郑国很远，而晋国与郑国相邻，即使这次对郑战争后，晋国能分给秦国一些土地，但如果哪天一旦发生矛盾，晋国可以轻松地把属于秦国的郑国土地吞并掉。"若舍郑以为东道主，行李之往来，共其乏困，君亦无所害"，如果秦国退兵，郑国可以提供给秦国永久的好处。

师：我提个问题，你刚说"越国以鄙远"，这个"国"是指哪个国？

生：晋国。

师："远"怎么解释？

生：形容词作名词，指郑国。

师：对的。这位同学说了这场战争给秦国带来的利益是少的，甚至秦国也可能一无所获。从地理位置上看，秦国处在最西面，也图谋向东发展，郑国恰处在东边，如果不把郑国灭掉，郑国承诺将当秦国的供给站。灭郑得不到多少好处，而留郑却可以得到不少利益，秦伯会不会有所动摇呢？好的，那还有吗？

生：烛之武的谈判技巧有一点特别好，"若亡郑而有益于君，敢以烦执事"，他跳出了郑国的利益，设身处地地为秦军着想，给秦伯一种亲切感和亲和力，让秦伯真正去考虑实际情况做出判断。

师：这样能打消秦伯的顾虑，是吧？好的。这里老师提醒大家关注这句话中烛之武对秦伯的称呼，是什么？

生：执事。

师：通过教材中的注释，我们知道这是对对方的一种尊称。另外，我们关注一下，烛之武说谁和谁围郑？

生：秦和晋围郑。

师：你们留意没有，这个事件在左丘明的记录里不是这样的。是哪样的呢？大家找一找。

生：第一节，晋侯、秦伯围郑。

师：为什么烛之武在面对秦伯的时候，把"秦"提到了"晋"的前面？

生：给秦伯一种优越感。因为公、侯、伯、子、男的排位，晋地位高于秦，而烛之武把秦放在前面，能给秦伯一种满足感和优越感。

师：非常好！请坐。这位同学不仅把国家顺序的问题讲清楚了，还向我们提到了春秋时期爵位的等级，依次是公、侯、伯、子、男。

［板书：公、侯、伯、子、男］

师：请大家继续琢磨文本，提出自己的见解。

生：烛之武还把秦晋以前的过节说出来，激发了秦伯的仇恨心理。

师：是什么过节？

生:"且君尝为晋君赐矣,许君焦、瑕,朝济而夕设版焉。"

师:这是一件什么事? 用你自己的话说一说吧。

生:秦国帮助晋君回国,晋侯答应把两座城池让给秦国作为报答,结果晋侯食言还筑起防御工事来对抗秦国。

师:防御的意思,文本是怎么表达的? 哪里说明是马上防御?

生:朝济。

师:"朝济"吗? 请看下教材中的注释,再考虑一下。

生:设版。

师:对了。"设版"就是修筑防御工事的意思。这里作者又用了"朝""夕"二字,极言晋君翻脸之快,反复无常,不守承诺。烛之武是想让秦伯吸取前车之鉴。我们再来挖掘一下,烛之武有什么言辞让秦伯觉得满意开心的吗?

生:赐。"赐"是上级对下级的恩赐,这里把秦君给予晋军的帮助说是"赐",抬高了秦君的地位。

[板书:赐——上予下]

师:很好。按照刚刚我们说的春秋时期爵位的排序,晋侯的地位在秦伯之上,秦伯帮助晋侯本不该用表示上予下的"赐"字,可见烛之武的这个"赐"字很是让秦伯受用啊! 这也是他的语言艺术所在呀。请大家继续发表意见。

生:"阙秦以利晋,唯君图之!"这句话表现了下级使者对秦君应有的尊敬,另外烛之武的语言很有层次感,首先他说明秦晋共同攻打郑,秦所获得的好处是远远少于晋的;如果秦不攻打郑,秦将获得更多的好处。烛之武从正反两个方面来说服秦君撤兵是很有说服力的。

师:说得很好! 老师在这里想指出一句话:"夫晋,何厌之有? 既东封郑,又欲肆其西封。若不阙秦,将焉取之? 阙秦以利晋,唯君图之。"这句话中,烛之武在向秦君暗示什么?

生:向秦君暗示晋的野心。晋在灭郑之后,一定会向西面的秦国扩张,这会给秦带来威胁。通过这一点,烛之武就可以说服秦君不与晋结盟攻打郑国。

师:"夫晋,何厌之有?"这涉及什么特殊句式?

生:宾语前置句。

[板书:何厌之有?]

师:这里"之"的用法是什么?

生:宾语前置的标志。

师:对的,提宾作用。在这个句子之前,还有两个字"夫晋",这一整句话,咱们应该怎么读呢?

[板书:夫晋]

(两名学生示范朗读)

师:你觉得应该读出怎样的语气?

生:要读出对秦的尊敬,对晋的鄙视。

师:目前秦晋仍是联盟,而烛之武是要瓦解他们的联盟,所以在秦伯面前,烛之武要充分证明秦的这个盟友是什么样的。我们来感受一下这个"夫"字,那个晋国,应读出什么语气?

(教师示范朗读背后挑拨的语气)

师:秦伯听了会想,我确实该好好考虑一下和晋结盟是否正确。最后,烛之武还很恳切地希望秦伯考虑自己的话,"唯君图之",这里的"唯"是什么意思?

生:希望

师:"图"呢?

生:考虑。

师:这里烛之武似乎减缓了说理的节奏,用"唯君图之"这四个字,给秦伯考虑的时间。现在,我们可以总结一下,在烛之武的说辞里,有这样几个内容——欲扬先抑,以退为进;阐明利害,动摇秦君;替秦着想,以利相诱;以史为鉴,挑拨秦晋;推测未来,劝秦谨慎。可以说这是一场有利有节、有理有礼的游说。

PPT 出示:

欲扬先抑,以退为进;阐明利害,动摇秦君;替秦着想,以利相诱;以史为鉴,挑拨秦晋;推测未来,劝秦谨慎——有利亦有节,有理亦有礼。

师:至于游说的结果,请大家齐读课文相关语句。

生:"秦伯说,与郑人盟。使杞子、逢孙、杨孙戍之,乃还。"

师:秦兵撤了,烛之武游说成功了,不负众望呀!我还看到了游说结果中,除撤兵之外的另一个成功点,你们有留意到吗?

生:秦伯说。

师:对了,烛之武不仅让秦伯撤兵,而且是让秦伯愉快地撤兵,不得不说,这就是外交家政治智慧、语言艺术的极高体现呀。在《左传》中,这样的例子还是比较多的,弱国的成功外交往往需要使者的大智慧来维持。春秋时期有这么一件事,齐国看到楚国势力壮大,就联合几个诸侯国共同讨伐楚国。楚国在这场战争中处于弱势,就派出了一名使者来面见齐相管仲。楚使者见到管仲的第一句话是:"君处北海,寡人处南海,唯是风马牛不相及也。不虞君之涉吾地也,何故?"

PPT 出示:

君处北海,寡人处南海,唯是风马牛不相及也。不虞君之涉吾地也,何故?

师:"不虞"的意思是没想到;"涉吾地"是说到我的国家来。这句话是想说明什么?

生:你为什么要侵略我们?

师:对,因为楚处于弱势,楚臣只能委婉地把侵略说成是"涉吾地",一旦他直接用了"侵略"这个词,就有加罪责于对方的意思,会激化双方的矛盾,对他后面要陈说的理由造成障碍。这就是使臣的语言艺术。请大家再看看大屏幕上的语段,找找齐国管仲所陈说的攻打理由。

PPT 出示:

尔贡包茅不入,王祭不共,无以缩酒,寡人是征;昭王南征而不复,寡人是问。

生:"尔贡包茅不入,王祭不共,无以缩酒,寡人是征;昭王南征而不复,寡人是问。"

师:很准确。我们来看看这两句话的意思吧。

PPT 出示：

你们应当进贡的包茅没有交纳，周王室的祭祀供不上，没有用来渗滤酒渣的东西，我特来征收贡物；周昭王南巡没有返回，我特来查问这件事。

师：面对这两项指责，楚臣怎样解释的？请大家看着大屏幕，齐读相关语句。

PPT 出示：贡之不入，寡君之罪也，敢不共给？昭王之不复，君其问诸水滨。

生：贡之不入，寡君之罪也，敢不共给？昭王之不复，君其问诸水滨。

师：对。我们再来看看这几句话的意思。

PPT 出示：

贡品没有交纳，是我们国君的过错，我们怎么敢不供给呢？周昭王南巡没有返回，还是请您到水边去问一问吧！

师：看来，楚臣承认了第一个没有交纳贡品的过错，但对于第二个指责昭王在汉水淹死的过错，他说要让管仲到汉水边去问问。这是什么意思？

（生沉默）

师：去汉水边问问，去汉水边问谁？

生：可能是去问汉水边的人吧。

师：哪个人呢？

生：是汉水边住着的人吗？

师：楚臣有没有特指是汉水边的谁呢？

生：没有。

师：那就是可以问任何一个汉水边的人啦，这说明什么？

生：说明昭王淹死的原因是任何一个汉水边的人都知道的。

师：对，这就是楚臣想表达的意思，昭王溺亡一事并非我楚国的责任，这是人尽皆知的，你齐国不要诬陷我们。但弱国不能直接陈述这层意思，只能在此刚柔并济、含蓄委婉地言说。请大家体会外交辞令的这一特点。

师：好，现在再让我们回到课文中。我想问，烛之武的外交语言自然是集智慧、艺术于一体，那么，说退秦师只是烛之武一个人的功劳吗？还有什么因素促成了他的成功呢？

生：我觉得首先是佚之狐向郑伯推荐了烛之武，然后是郑伯以礼相请。

师：好，请坐。

生：老师，我这里有几个疑问。第一，我们现在说不干涉别国内政，可这里烛之武的每一句话都是在干涉秦国的内政，感觉怪怪的。第二，秦军的军事调动肯定需要很多花销，现在一无所获，去去就回，不是跟旅游一样吗？第三，外交一定有利益交换，但是郑国和秦国没有任何利益交换，这么轻易说退秦师是不是太不合常理了？

师：好的，这位同学提出了他的三个疑问，那我们来探讨一下他的三个问题。

［板书：1.烛之武是否在干涉秦的内政？2.秦国为何没捞到任何好处就轻易撤军？3.烛之武轻易说退秦师是否合理？］

（生开始热烈讨论）

生：我觉得，烛之武只是在提建议，最后的决定权在秦伯手中，说不上是在干涉秦国内政。

师：嗯，大家是否赞同这一说法？

（众生表示赞同）

师：好，那对于第二个问题，请说说你们的讨论结果。

生：《左传》是一本史书，烛之武的话是和秦伯单独说的，左丘明在记录的时候可能会有些加工，但秦国撤军应该是事实，我觉得没必要去怀疑秦国撤军的真实性。

师：那现在假设你是秦伯，说说你选择撤军的理由吧。

生：我就想，战争马上要开始了，如果我不帮助晋来攻打郑，太不好意思了；但是一起攻打郑，按烛之武的分析，最后又得不到好处，反而助长晋的实力，所以还是走为上计。

师：你就不考虑这一来一回路途上的无端耗费？

生：可能秦伯考虑过，但还是觉得马上撤军合算。

（众生笑）

师：在烛之武精彩的劝说下，秦伯面临重大抉择，但他并没有简单同意或拒绝对方的建议，而是在"若舍郑以为东道主，行李之往来，共其乏困"等既得利益基础上，更进一步与郑人盟，出乎烛之武的意料，而且"使杞子、逢孙、杨孙戍之，乃还"，实际上秦军虽然撤退了，但留有少量部队在郑国驻军了。一方面从自身利益出发暂时保护郑国，另一方面使郑国先前不可能同意的驻军要求顺利实现，借机为将来的军事行动提前布局，之后的"崤之战"就是印证。所以，秦伯是奔着捞好处的目的来助晋攻郑的，也是在对利害关系做出冷静分析和深谋远虑后选择撤军的。

师：现在只剩下第三个问题了，烛之武轻易说退秦师是否不太合常理？我个人认为，这个问题提得非常好，它可以让我们更加理性地去分析烛之武成功的各种因素。你们认为说退秦师的就只有烛之武一个人吗？

（生疑惑，莫衷一是）

师：老师来提示一下。课文一共分为四个自然段，主体部分肯定是第三自然段，有关烛之武具体说辞的部分，是吧？那么，其他的几个自然段呢？在尚没有纸笔，靠在竹简上刻录来著书立说的年代，每刻一个字都是不容易的，自然没有满篇废话的道理。所以，请大家深入领会一下课文其他几个自然段的用意。现在，我来明确一下任务，第一大组请讨论一下课文第一段的用意，第二大组请讨论一下课文第二段的用意，第三大组请讨论一下课文第四段的用意。现在开始自由讨论。

（生讨论）

师：请第一大组的代表陈说讨论后的意见。

生：第一段陈述的是攻郑的时间、理由和秦晋驻军的地点。我们组认为，在陈述攻郑的理由时说到"以其无礼于晋，且贰于楚也"，说明郑国得罪的是晋和楚，和秦并没有仇怨。可以推测，秦此次来攻郑的目的，可能纯粹是想白拿点好处吧。

师：听了刚刚同学的发言，大家请思考一个问题，秦晋围郑，而烛之武选择去游说秦伯退兵，而非晋侯，是什么原因？

生:从"以其无礼于晋,且贰于楚也"这句话,我们可以看出和郑国有矛盾的是晋国,而秦国和郑国并无明显的矛盾,所以从秦伯那里打开突破口会更容易一些。

师:说得很好。早前郑国的行为已经惹怒了晋国,现在晋来攻郑,郑徒用口舌恐怕很难消解晋的愤怒,所以烛之武选择了去游说秦伯。可以说,这是他游说成功的第一步——选择最有把握游说成功的对象。

生:老师,游说秦伯也不是烛之武的选择,是佚之狐提出来的。在课文第二段中,佚之狐对郑伯提建议说:"国危矣,若使烛之武见秦君,师必退。"

师:看得真仔细,游说秦伯的建议原来是佚之狐提出来的。这里又是一个新发现,你们说说看。

生:说明除了烛之武,佚之狐也很聪明。

生:那佚之狐为什么不自己去游说秦伯呢?

生:可能他怕有危险吧,万一说不好,被秦伯杀了。

(众生笑)

师:是的,虽说两国交兵,不斩来使,但也不能说使者都是百分百安全的,万一说得不好,惹怒了秦伯,就把郑国推向更危险的境地了。现在应该把任务交给第二大组了,该由你们来分析一下第二自然段的作用了。

生:佚之狐建议烛之武去游说,说明佚之狐既善于识人,也善于洞察事件;烛之武善于外交辞令。这两人是郑国大臣的一个缩影,说明郑国的大臣各有不同的才能。

师:是的。还有呢?

生:说明佚之狐很了解烛之武的才能,也不怕烛之武在游说成功之后"红"过自己。

(众生笑)

师:哪个字证明佚之狐很了解烛之武的才能?

生:"师必退"。

师:三个字里选择一个字。

生:"必"。

师:对,一个"必"字表明了佚之狐对烛之武外交能力的绝对信任。也许他也怕日后烛之武会"红"过自己,但面对大敌当前,国将不国的危机,佚之狐还是以大局为重。这说明什么?

生:说明郑国大臣比较团结,以国家利益为重,以自我利益为轻。

师:很好。郑国的高层中,除了大臣,还有国君。那郑国的国君有没有值得我们分析的地方?

生:郑伯也蛮好的。他能听从佚之狐的建议。

师:对,郑伯并没有对佚之狐的建议提出怀疑,这证明郑伯是一个对臣子比较信任的国君。

生:但是他没能重用烛之武。

师:是的,在说退秦师时,烛之武已经七十多岁了,垂垂老矣。他的"出山"需要佚之狐来推荐,可见他并不在郑伯的"人才库"之列。当郑伯向烛之武提出见秦伯的要求后,烛之武是满口答应吗?

生:不是的,他好像一开始不愿意。

师:从哪里看出来的?

生:"臣之壮也,犹不如人;今老矣,无能为也矣。"

师:这句话前还有一个字更明显地说明烛之武不愿意去。

生:"辞"。

师:是的,"辞"的意思是推辞。烛之武的这句话除推辞外,还有什么意思?

生:觉得国君没能在他壮年的时候重用他。

师:这是一种什么情感?

生:埋怨。

师:我们注意一下,烛之武的这句话最后连用了两个语气词——"也"和"矣"。我们知道,语气词是表示说话语气的,一般用一个即可,两个语气词连用有什么作用呢?

生:加强语气。

师:对。对于年轻时没能受到重用,在暮年才被想起派去拯救国之危亡,烛之武是有怨恨的。咱们来试着读一读这种语气,好吗?大家先自己试着读1分钟,我再请同学来读。

(师请3名学生读)

师:我们应该重读的是"壮""不如人""老""无能""也矣",语调缓慢,语带埋怨。

(师范读,生齐读)

师:通过朗读,我们对烛之武的情绪有了切身的体会。他的胆子也真大,敢在国君面前这么任性。郑伯迁怒于他了吗?

生:没有。

师:郑伯有什么表现?

生:他向烛之武道歉。

师:请你把道歉的话,带感情地读出来。

(生读"吾不能早用子,今急而求子,是寡人之过也")

师:除了道歉,郑伯还说,"然郑亡,子亦有不利焉"。这是什么意思?

生:然而郑国灭亡,对您也有不利的地方。

师:郑国灭亡,对烛之武有什么不利的地方?

生:国家灭亡了,烛之武就成为亡国奴了。

师:是的,皮之不存,毛将焉附。这里郑伯是用国家和个人息息相关的利害关系来劝说烛之武接受任务。现在我们知道了吧,第二自然段有什么用意?

生:用来说明郑国国君有宽阔的胸襟,并且君臣上下一心,烛之武也能深明大义,不计个人恩怨。

[板书:郑国君臣一心,团结一致。]

师:概括得真不错。现在我们来看看秦晋联盟如何,好吗?

生:我看他们的联盟很不稳定呀,秦国说翻脸就翻脸了。

(众生笑)

师:从哪里看出来的?

生:本来秦晋联合来攻打郑国,经过烛之武的一番劝说,秦"与郑人盟"了。

师:再看看最后一段的第一句话,"子犯请击之",这里的"之"代指谁?

生1:代指郑国。

生2:我觉得应该是秦国。

师:请说说理由。

生:后面说"因人之力而敝之,不仁;失其所与,不知;以乱易整,不武",这些理由都是和秦有关的,所以子犯想攻打的是秦,而不是郑。

师:是的,晋大将子犯想要攻打违背盟约的秦,所以秦晋联盟至此已经瓦解。在烛之武的劝说下,秦晋从联盟国变成了敌对国,这关系的变化实在是快。相对于郑国临危而君臣一心、共商国是的团结来说,秦晋联盟因利相合而显得不堪一击。

[板书:秦晋以利相合,一盘散沙。]

师:其实,烛之武游说成功和另外一个人也有很大关系,知道他是谁吗?

生:晋侯。

师:对,说说你的理解。

生:晋侯能想到以前秦国曾帮助过晋,能考虑到自己和秦国实力相当,如果打仗未必能有好结果,反而影响国内和平的发展大势,还能考虑到攻打同盟者可能会产生失义的恶劣影响。

师:如果晋侯和子犯一样,支持攻打秦国,那么事态的变化就不是烛之武能控制的了。刚刚提了三个问题的同学提到,外交一定有利益交换,那晋侯的这番分析就是对利益的权衡,同样秦伯撤兵,还派大将保护郑国,也是出于利益的考虑。看来,国与国之间没有真正的盟友,只有利益才是他们考量的唯一要素。因此,晋侯权衡利弊时的理智冷静也是烛之武能解郑国危亡的因素之一。

师:好,现在我们来总结一下烛之武游说成功的客观原因。

(师边总结,边板书)

[板书:秦晋异志,各图私利;郑国同心,以国为先;晋侯理智,隐忍而还。]

师:以上的分析,告诉我们一件事情的成功需要各方面因素的配合,只凭一个人的能力很难做成一件事情。但我们这篇文章定题为"烛之武退秦师",显然,作者是想要突出烛之武这个人。为什么呢?请大家看大屏幕,我们一齐来朗读一下这段话。

PPT出示:

烛之武身上兼存着独善其身般的内敛与怀才不遇般的无奈,但是身处微不足道的地位,并怀拥愤恨与期待的矛盾心境的他,在国家面临危难时却毅然挺身而出。这就是一种心态——才美无须外显;这也是一种信念——虽老意志弥坚;这更是一种精神——有难果敢担当。

(生齐读)

师:烛之武的这种品行,不仅古代推崇,现代同样推崇,这就是古代士人精神的体现。

师:《烛之武退秦师》出自哪部史书?

生:《左传》。

师：《左传》的体例是什么？

生：我国第一部叙事详尽的编年体史书。

师：这个信息从教材中的注解可以了解到。《左传》长于叙事，长于记述辞令，特别是外交辞令。朱自清《经典常谈》中有这样一句话："《左传》所记当时君臣的话，从容委曲，意味深长。只是平心静气地说，紧要关头却不放松一步，真所谓恰到好处。这固然是当时风气如此，但不经《左传》著者的润饰工夫，也绝不会那样在纸上活跃的。"老师希望，大家能通过这篇《烛之武退秦师》，去接触《左传》，去阅读《左传》中的更多篇目，去理解《左传》的价值。下课的铃声已经响起了，渐行渐远的是时间的背影，但愈加芳醇的是文字的清香，希望同学能与好书相伴。谢谢！

浙江省舟山中学　张　颖

【专家点评】

语文课文的教学，教学内容的确立是第一位的，它是决定教学重点、难点，教学目标乃至评价教学有效性的前提。《烛之武退秦师》的教学内容该如何确定？是以"烛之武"这个人物为核心吗？众所周知，先秦历史散文中，《左传》重叙事，《国语》重记言。《左传》不以刻画人物为目的，更不以评判人物性格、品质为目的，因此《烛之武退秦师》的教学内容应确立为以鉴赏叙事手法为中心，而不仅仅是以评论烛之武的形象、言辞为重点。

张老师抓住了这一鉴赏重点，以郑国君臣、秦晋联盟、晋侯子犯等的晤对，引导学生关注《左传》无字处"高深若山海"、波澜曲折的叙事艺术。

在对烛之武语言艺术的分析上，张老师通过细挖文本，抓住秦晋位次先后、"赐""朝""夕"等字，来凸显《左传》有字处"文采若云月"的艺术水准。

教授文言文，张老师同样重视基础文言字词句的积累，并因声求气，通过多种形式的朗读来加深学生对课文内容的理解。比如用朗读揣摩烛之武对早年不受重用的怨恨心理，用朗读来凸显晋国的贪婪与失信，用朗读来展示郑伯作为领导者不回避问题、真诚又不失领导威严的气度。

最后，张老师还客观理性地分析了编者将文章定名为"烛之武退秦师"的原因，有助于学生树立科学的历史观，扩大文化视野。

（温州市第二外国语学校教师、正高级教师　陈智峰）

11. 基于台词动作性的戏剧赏析

——《雷雨(节选)》课堂教学实录

【课文简析】

曹禺的《雷雨》被称为"中国话剧百年第一戏"。它是一部杰出的现实主义悲剧,是 20 世纪 30 年代的优秀话剧之一,在中国文坛上有着深远的影响。课文节选的是全剧的第二幕,共两场戏,主要出场人物有周朴园、鲁侍萍、鲁大海和周萍。这四个人本来是一家人,是夫妻、父子、兄弟的关系,但剧本所展示的却是 30 年后他们之间的复杂关系。前一场写周朴园与鲁侍萍的矛盾冲突,先写他们的不期而遇,通过叙谈揭示了故事的原委;后写他们各自的处境,并进行了激烈的思想交锋。后一场戏主要写周朴园与鲁大海的矛盾冲突,揭露了周朴园作为资本家对罢工工人的血腥镇压,并透露出他从前发财起家的罪恶勾当。

戏剧语言的一个突出特点就是语言的动作性,这是和小说的语言有区别的。所以我们阅读剧本时要特别注意品味个性化和富有动作性的话剧语言,把握尖锐集中的戏剧冲突,了解人物性格是怎样在矛盾冲突的发展、变化中得到展现的。阅读时要反复咀嚼、仔细体味。

教学的重点是通过对富有动作性的人物语言的分析,理解人物丰富复杂的内心活动和思想感情,把握人物的性格特征,从而深刻地理解作品的社会意义。教学难点是通过解读戏剧语言的动作性,体味经典剧本《雷雨》的台词内涵,深入挖掘台词背后的人物心理。

【教学目标】

本课时的教学目标如下:
(1)借助戏剧语言的动作性来深入赏析戏剧《雷雨》;
(2)通过台词把握戏剧人物的性格;
(3)在深入把握戏剧语言和内涵的基础上进行戏剧表演尝试。

【设计阐释】

曹禺的《雷雨》是一部很精彩的话剧。课文节选了两幕。其中"周朴园与鲁侍萍相认""鲁大海与周朴园的冲突"是两段充分展现人物内心世界的重头戏。所以对这篇戏剧的鉴赏可以有多种角度,如可从作品的戏剧冲突入手,体味戏剧是如何通过设置尖锐的矛盾冲突来展开情节、刻画人物、揭示主题的;也可从剧中复杂的人物关系、丰富的人物语言入手来体味主要人物的性格特点,尤其是周朴园和鲁侍萍复杂的性格特点等。这些也是戏剧教学的重点。

除了戏剧冲突和人物,戏剧教学中还有很重要的一点就是戏剧人物语言的三大特点:个性化、丰富的潜台词和动作性。而学生最陌生的就是戏剧语言的动作性。掌握了戏剧语言动作性的欣赏方式,就可以实现戏剧人物语言的深度鉴赏。戏剧语言的动作性是指戏剧语言能够展现戏剧中人物的内心世界,同时可以外化为动作表演,还能推动戏剧情节发展。这是戏剧语言独有的特点,很值得学习和鉴赏。如果学会了从这个维度去鉴赏,那么对戏剧语言的解读就可以比较深入和具体,在这个基础上,学生就可以在真实情境下进行戏剧鉴赏,继而进行比较成熟的表演尝试,达到学以致用的目的。

【课堂实录】

师:各位同学,大家知道每年的 3 月 27 日是什么日子吗?

生(全体):不知道。

师:每年的 3 月 27 日,是国际戏剧协会创立的"世界戏剧日"。自这个节日诞生以来,每年的 3 月底,全世界的戏剧爱好者都会以各种活动来庆祝这个节日。

生:就是明天吗?

师:是的呢。就让我们开启这个戏剧单元的学习,以此来庆祝这个美好的节日吧。同学们,你们知道号称"中国话剧百年第一戏"的经典戏剧是哪一部吗?

生:《雷雨》。

师:对了。你怎么知道的?

生:不是要上这一课嘛,我猜的。

(有学生笑)

师:谁来谈谈自己了解的《雷雨》或者《雷雨》的作者曹禺先生?

[板书1:雷雨 曹禺]

生 1:曹禺写过《北京人》。

生 2:曹禺还写过《原野》呢!

生 3:曹禺被誉为"东方的莎士比亚"呢!

师:还有吗?

生:曹禺被称为"中国的易卜生"。

师:你们讲得都很对,有空可以去看看!同学们文学素养不错,令人高兴。

(PPT 出示曹禺介绍。)

师:同学们看过课文了,谁可以概括一下这是怎样一个故事?

生:30 年后,鲁侍萍来到周朴园家,以及后面发生的一系列纠葛。

师:什么纠葛?

生:就是鲁侍萍和周朴园之间的冲突,以及后面周朴园与自己的儿子鲁大海之间的冲突。

师:没有冲突就没有戏剧。伏尔泰说:"每一场戏必须表现一次争斗。"谢谢你为我们概括了课文节选的这一幕戏的情节和两组比较突出的矛盾冲突。

师:同学们知道小说的人物语言和剧本的人物语言有什么不同吗?

生1:剧本的人物语言是把戏剧人物的语言动作化了,这样有利于舞台表现。

生2:戏剧是要表演的,所以语言要有可以表演的地方。

生3:小说是口述的,天马行空也没关系,因为不受场地限制。而戏剧的人物语言必须在舞台上呈现和表演,且还要推动戏往下发展,否则就会变得很尴尬,演不下去了。

师:的确如此。小说语言,可以有叙述、描写、议论和对白。可是戏剧的语言,只有台词和舞台说明。所以高尔基说:"剧本是最难运用的一种文学形式。"同学们,要深入解读剧本,我们就要学会解读台词。有一个专用名词叫"台词的动作性",动作性是台词的第一属性。《戏剧艺术十五讲》这本书中说道:"所谓动作性,就是指人物的语言要有力地表现其欲望、意志、内心的冲突,并使其内心状态通过语言转化为外部动作,而且要具有一种推动剧情向前发展的张力——往往在第二幕的一句话会引出第三幕的一个大动作。"

师:谁来说一说,什么是台词的动作性?

生:台词的动作性简单讲就是两点,一是台词要具有把内心状态动作化,便于表演的特点;二是台词要有一种向前推进情节的张力。

[板书2:台词的动作性:内心状态—外部动作—推动剧情向前发展]

师:接下来,我们以课文开头的一段台词为例,一起来感受一下这段台词的动作性特点体现在哪里。请两位同学来分角色朗读一下。(学生害羞地读起来,有些地方把握不好,其他同学时不时笑一下)

PPT出示:

周朴园　(点着一支▲烟,看见桌上的雨衣,▲侍萍)这是太太找出来的雨衣吗?

鲁侍萍　(看着他)大概是的。

周朴园　(拿走看看)不对不对,这都是新的。我要我的旧雨衣,你回头跟太太说。

鲁侍萍　嗯。

周朴园　(看她不走)你不知道这间房子底下人不准随便进来吗?

鲁侍萍　(看着他)不知道,老爷。

周朴园　你是新来的下人?

鲁侍萍　不是的,我找我的女儿来的。

周朴园　你的女儿?

鲁侍萍　四凤是我的女儿。

周朴园　那你走错屋子了。

鲁侍萍　哦。——老爷没有事了?

周朴园　窗户谁叫打开的?

鲁侍萍　哦。(很自然地走到窗前,关上窗户;慢慢地走向中门)

周朴园　(看她关好窗门,忽然觉得她很奇怪)你站一站。(侍萍停)你——你贵姓?

鲁侍萍　我姓鲁。

周朴园　姓鲁。你的口音不像北方人。

鲁侍萍　对了,我不是,我是江苏的。

师:读得怎么样?谁来点评一下。

生:勇气可嘉,味道不足。(其他同学笑)

师:你可以说说哪里味道不足吗?

生:周朴园说,"不对不对,这都是新的。我要我的旧雨衣,你回头跟太太说",这里周朴园连说两个"不对",体现了他的不称心,所以朗读时应该表现出不耐烦的语气,最好还带点不耐烦的表情。

师:同学们有没有发现,刚才这位同学讲的就是我们在欣赏台词的时候,要考虑表现这句台词的语气,还可以加入合适的表情和动作。这就是"台词的动作性"的表现。理解了以后,读一读试试。

(生读,还是有点不好意思)

师:谁来点评一下?

生:读得挺好的。(其他同学笑)

师:从台词的动作性的角度,我们其实可以发现很多这样的台词,都是很有咀嚼的意义的。谁发现了?

生:我还是想讲刚才这句。太太找的雨衣不合老爷心意,可见周朴园和繁漪这两人心灵上的疏远。而且要一个"仆人"转告"你回头和太太说",可见这对夫妻不常见面,而且也不够亲密,所以周朴园大概才会更加思念曾经的侍萍。所以我觉得朗读时可以加重"旧"字,"不对不对"不仅可以表达不耐烦,甚至还可以加入一点居高临下的淡淡的厌弃。

(生鼓掌)

师:越来越精彩了。对台词背后表现的人物的内心状态做了细致深入的阐释,有没有想过还可以通过动作来表现这种情感呢?谁可以说一说?

生:周朴园可以站在窗口,头也不回地直接说:"你回头跟太太说。"

师:可以给我们表演一下吗?

(生一边读,一边表演)

(其他同学鼓掌)

师:经过理解和解读,我们终于可以把一句台词从书上搬到舞台上了。人人都可以表演戏剧,大家勇敢地尝试起来。谁可以继续来说说?

生:周朴园(看她不走),说:"你不知道这间房子底下人不准随便进来吗?"前文的舞台说明中的两次"看着他"有点反常,按理下人回答老爷的话是低眉顺眼的,为什么这里鲁侍萍要"看着他"? 我感觉这时鲁侍萍已经认出了周朴园。

师:这样两次"看着他"还有什么作用?

生:这样周朴园才能接戏呀,否则鲁侍萍讲完了,下去了,戏演不下去了。所以这里的这句"大概是的"是可以把情节往下推动的。

生:鲁侍萍说,"哦。——老爷没有事了?"本来她"哦"一下就结束了,她却非要再加一句:"老爷没有事了?"可见真是没话找话,这时候的鲁侍萍多么想和老爷继续沟通下去。这样就又可以推动剧情往下发展了。

师：为什么想继续沟通下去？30年前被抛弃的旧事还不够恨吗？

生：因为前面鲁侍萍听到了老爷提到"旧雨衣"，看到了家具和摆设，内心开始温暖起来，留恋起以前的旧时光来了。我感觉他们可能真的曾经有过一段很纯粹很美好的感情吧。

师：你的感觉很细腻，把它读出来。

生：鲁侍萍说"哦"。然后她很自然地走到窗前，关上窗户，慢慢地走向中门。她本来应该回答"我不知道"。这里她却"哦"了一声去关窗了，这是多么奇怪的动作，竟然知道老爷的意思和习惯。这样的反常难免引发周朴园的猜疑；难道这是熟悉自己的旧人？所以这个"哦"字里面，情感百转千回，同时也引发了下面老爷的奇怪和惊疑。

师：你已经把台词动作性中将情感外化为动作和对情节的推动两个作用了然于心，能熟练鉴赏了。

生：周朴园看她关好窗门，忽然觉得她很奇怪，说了一句"你站一站"。这里用了个词叫"忽然"，为什么用"忽然"？这个时候周朴园没有认出侍萍，偶尔瞟到一眼人物的关窗动作而已，立刻觉得熟悉，可见两人当年是多么浓情蜜意。所以这个背影的动作，这么细节的东西引起了老爷的惊疑，推动下一句"你贵姓？"

师：胆子大一点，继续说。

生："你——你贵姓？"周朴园本可以说"你贵姓？"，这里作者却偏加了个"你"和破折号，体现了主人公周朴园的思疑和片刻停顿。

师：他在思疑什么？

生：他在思疑：眼前这个人到底是谁？怎么知道这么多？当他听到鲁侍萍接着说"我姓鲁"的时候他就放心了。这里很有趣的就是鲁侍萍的回答"姓鲁"。侍萍连姓都改了，这是跟着鲁贵姓了，那个时代社会底层的女性真是可怜，连自己的姓都不能保留。我想，鲁侍萍可能也想忘记这段伤心往事和经历吧。侍萍想，我偏不告诉你，看看你到底现在是怎样一个人了，看看你心里还有没有侍萍。女性的这样一种对曾经真挚感情的试探，在这一句"我姓鲁"中很好地体现了。

师：一种女性的细腻和海底针一样复杂的内心被你解读出来了。你可以读读看吗？（生读）谁来评价一下？

生：过于平静了，我觉得可以激情一点。

师：大家同意他的观点吗？

生：我觉得这是一种压抑的不相认，也是一种不动声色的试探，就算心底波澜起伏，还是应该冷静地读出，否则过于情绪夸张，马上就真相大白了，反倒失去了戏剧步步推进的百转千回，没几句话戏剧就结束了。（其他同学笑）

师：谁还可以分享一下自己看到的台词，以及它是如何体现台词的戏剧性的？

生：周朴园说："姓鲁。你的口音不像北方人。"听到鲁侍萍原来姓鲁，看样子不是故人，那种惊讶猜测的紧张感瞬间又松弛下来。然后鲁侍萍说："对了，我不是，我是江苏的。"她说"我不是"就可以了，为什么还要补一句"我是江苏的"？这就很有意思，因为这样做是为了引出下一句"无锡"。这样这段谈话才能源源不断地谈下去，两位主人公的情感可以在这些对话中细细演绎开来。

师：其他同学选择《雷雨》中周朴园和鲁侍萍重逢这个场景中的片段，说一说还有哪些台词体现了动作性。

生：当老爷说"提起来大家都忘了"的时候，鲁侍萍说："说不定，也许记得的。"这一句"说不定，也许记得的"，其实就是体现了鲁侍萍期待周朴园说一说，她想知道周朴园到底是怎么看待这件事的，她要知道周朴园到底是怎么想的。

生：鲁侍萍说："她是个下等人，不很守本分的。"鲁侍萍故意把自己讲得很低贱，她恨着自己的年轻和无知，恨着周朴园的家里人对自己的伤害。

生：当周朴园说"好，你先下去"的时候，鲁侍萍说："老爷，没有事了？"这时有舞台说明"望着朴园，眼泪要涌出"。这是一句含义万千的句子。当周朴园听说梅侍萍的不幸遭遇时，竟然毫无要帮助她的意思。这时的鲁侍萍内心变得更清晰了，她又恨又怨又悔又委屈，百感交集，但是又不能失态，所以只能压抑着，所有情感全在那一句"老爷，没有事了？"中。

师：你可以为我们表演一下吗？

（生带着淡淡的哭腔念着这一句，其他学生鼓掌）

生：鲁侍萍说："朴园，你找侍萍吗？侍萍在这儿。"这里鲁侍萍称周朴园为"朴园"，亲密的称呼中是感动，是回忆，是被温暖到的内心，是被挂念的原谅，等等。但是周朴园接了一句"你来干什么？"——这句真的是神来之笔。还是"忽然严厉地"说，万千的虚伪均集中在这个"忽然"上。他担心鲁侍萍来敲诈他，所以才会严厉地质问。可见，瞬间资本家的身份和内心暴露了。撕开温情脉脉的面纱，一切不过是一种留在回忆里的美好。周朴园在知晓鲁侍萍的身份时，说了那句"谁指使你来的？"这完全是资本家的思维，他的世界里只有利益及聊以自我欺骗和安慰的年轻时候的美好感情支撑着这异化的灵魂，我想鲁侍萍听到这一句，应该是会绝望的吧。他不仅没有内疚，而且用虚伪和冷酷来极力保护自己的名声与利益。这样的人，真是非常可悲。

师：复旦大学陈思和教授曾经在研读《雷雨》时说过这样一句话："大家发现吗？这时候的鲁妈说了一句非常精彩的话，她说：'你自然想不到，侍萍的相貌有一天也会老得连你都不认识了。'……曹禺真是绝了，怎么能写出这样好的话！"谁可以说说对这句话的理解？

生：侍萍不叫老爷，叫"你"，万千的曾经的亲密，几多青春年华时真挚的情感都在这个"你"里面。可是就是这样，依然遭遇了刚才讲的"谁指使你来的"。这是多么大的反差，在台词的对比中是巨大的反差和张力，这是多么柔情的回忆，又将是多么绝望和失望透顶。

（学生鼓掌）

师：戏剧和小说的不同在于，小说是讲故事，戏剧是演故事。我们请一组同学来表演一下这个片段好吗？

（学生推荐两名同学表演。精彩表演，获得掌声）

师：其他同学呢？要不要挑战一下？学校要选拔学生去参加县里的校园话剧表演大赛，如果你和同桌去参加选拔，限时三分钟，让你们来表演话剧《雷雨》中的一个片段，你们会怎么表演呢？

呈现评价要求：1. 台词的语气、语调、节奏准确；2. 人物的表情和动作到位。

（请一组学生来读，其他同学评价）

学生总结一下表演的方法。

师：表演好戏剧，首先就是要像演员那样读剧本，将剧本的台词还原成舞台上的表演；其次是把自己想象成观众，切身体验剧场的气氛。今天同学们通过学习戏剧语言的动作性，深入体味了戏剧语言在表现人物内心和推动情节上的作用和特点。以后，我们可以借助这样的探讨继续深入理解戏剧，做到能看懂、能表演。别林斯基说："啊，去吧，去看戏吧。如果可能的话，就在剧院里生，就在剧院里死……"直白的语言里蕴含的是对戏剧的热爱。我们不求像戏痴别林斯基一样为戏剧而痴，但是我们真的可以去爱上戏剧。明天是"世界戏剧日"，大家好好享受戏剧吧。今天的作业是，请同学们阅读《窦娥冤（节选）》《哈姆莱特（节选）》，比较关汉卿、莎士比亚和曹禺在台词的动作性这一特点上的异同。

师：下课！同学们再见！

浙江工业大学附属德清高级中学　方香椿

【专家点评】

《雷雨（节选）》这堂课从解析戏剧人物语言入手，创设真实的语言情境，让学生在悟中读、悟中演，实现了对戏剧语言的深度鉴赏。这堂课的亮点主要有三方面。

一是紧扣文体特征。课堂抓住《雷雨（节选）》中戏剧人物语言的个性化、潜台词、动作性三大特征展开剖析，重点突出。特别是注意引导学生品味人物语言的动作性。从理论阐释到文本分析再到实践活动，层层深入，形式丰富，让学生对戏剧语言的特点有了深刻的认识。

二是突出文本细读。师生深入文本，从字词到句段，从人物对话到动作，细细体悟。如通过对"哦""你"等字词的分析，深入挖掘背后的人物心理，进而把握人物性格。在深度解读中，培养了学生语言鉴赏审美能力。

三是重视实践活动。课程标准强调在语言实践中开展学习活动。这堂课开展了分角色朗读、表演等语文活动。这些活动的设计不是"为活动而活动"，而是围绕教学目标有序进行，突破了学生学习中的重难点，提升了学生的综合素养。

（杭州市余杭第二高级中学教师、浙江省特级教师、正高级教师　应　健）

12. 一出好戏：向外发现世界，向内发现自己

——《哈姆莱特（节选）》课堂教学实录

【课文简析】

《哈姆莱特（节选）》是统编高中语文教材必修下册第二单元的第三篇课文，本单元是戏剧单元，单元学习任务要求学生通过阅读鉴赏、编排演出等活动深入理解戏剧作品，把握其悲剧意蕴，激发心中的良知与悲悯情怀。因此，教学设计的重点就在于引导学生通过阅读鉴赏和自主编排演出来感受悲剧感染、净化人心灵的力量。

《哈姆莱特》是莎士比亚最经典的悲剧代表作，课文节选的是第三幕第一场。这场戏不算高潮部分，因为接下来马上就有"戏中戏"、哈姆莱特下决心手刃仇人、听到克劳狄斯忏悔而放弃杀死他等情节上演。但是这场戏却有最经典的"生存还是毁灭"的独白部分，这一独白不仅很好地推动戏剧冲突的爆发，更主要的是它将哈姆莱特从传统的复仇骑士英雄中分离出来，创造出一个具有全人类性的多思、犹豫的知识分子的典型。生存，就是忍受目前的灾难；反抗而死，就是投奔另一些未知的苦难，无论选择什么，都是绝望。这不仅是这场戏的核心，也是整出剧的精髓所在。理解到这一层，可以帮助学生更好地去阅读《哈姆莱特》全剧。除了哈姆莱特的内心独白，节选部分还有国王和哈姆莱特的冲突、奥菲利娅和哈姆莱特的冲突，但是国王始终隐于幕后，学生能直接感受到的是奥菲利娅和哈姆莱特的冲突，又或者说，哈姆莱特借与奥菲利娅的对话向国王、向这个时代正式宣战，所以学生一定要读懂奥菲利娅和哈姆莱特冲突的核心究竟是什么。

【教学目标】

《哈姆莱特（节选）》所在的第二单元为戏剧单元，本单元属于"文学阅读与写作"学习任务群，这就要求学生在学习中根据戏剧这一独特的艺术表现方式，从台词、形象、情节、情感等多个角度欣赏作品，并结合所阅读的作品，了解剧本写作的一般规律，尝试进行台本创作。本单元的人文主题是"良知与悲悯"，在《哈姆莱特（节选）》这出悲剧中，作者展现了悲剧主人公身上"有价值的东西""被毁灭"的过程。"毁灭"所带来的"恐惧与怜悯"，会激发读者内心的良知，从而让读者感受到悲剧净化人心的力量。基于此，特确定教学目标如下：

（1）通过梳理戏剧冲突，初步感受戏剧山雨欲来、暗潮涌动的氛围；

（2）以增加舞台说明、剧本演绎的方式体会哈姆莱特"装疯"背后的无奈和痛苦；

（3）品读"生存还是毁灭"，揣摩"哈姆莱特式忧郁"的真正原因。

【设计阐述】

戏剧剧本和小说、散文等其他文学体裁一样，其中都寄寓剧作家对社会、人生的深沉思考。同时，戏剧剧本是舞台表演的基础，这就决定其表演性远远大于其他体裁的作品。戏剧课堂必然要体现出戏剧的特点，换言之，在戏剧课堂上应该有戏剧表演的指导、设计或者呈现，让学生通过亲身参与去感受戏剧的独特魅力。因此达成本节课教学效果的最佳途径就是"形成台本，排演话剧"。

《哈姆莱特》是莎士比亚最经典的悲剧作品，课文节选的是第三幕第一场。这场戏不算高潮部分，因为接下来马上就有"戏中戏"的上演。但这场戏中却有很多铺垫性的情节及最经典的哈姆莱特的独白部分。而课堂囿于时间所限，不可能全文表演，所以遴选合适部分进行再创作就显得非常重要了。在本节课中，主要选择两个部分，哈姆莱特与奥菲利娅的对白部分和哈姆莱特的独白部分，让学生形成具有个人阅读体验的表演台本。

第一部分表演设计中让学生增加舞台说明。舞台说明对于指导表演有重要意义，学生根据自己对人物关系、人物性格的理解不断丰富和调整舞台说明，这样一来，每位学生几乎都成了编剧和导演，以此更好地指导接下来的表演。同时，通过增加、品味、探讨、交流等方式，引导学生读懂"潜台词"，读懂人物之间的关系，读懂这场冲突的核心。

第二部分表演设计让学生选择一组具有冲突性的词语。因为要表现人物内心几近崩溃、极度痛苦的特点，莎士比亚写作这段独白时，逻辑上较为混乱，使这段话比较难读，抓一对有冲突的词语来进行拟题，可以起到抽丝剥茧、提纲挈领的作用，能够帮助学生更好地读懂这段独白。"生存"与"毁灭"，"光彩"与"灰色"，"顾虑"与"审慎"等词组都可以体现哈姆莱特内心的矛盾与痛苦。

正是基于以上两部分的设计，学生才能真正形成自己的表演台本，从而使得后续的表演不仅有形式，而且有内涵。

【课堂实录】

一、激趣导入

师：同学们，大家有没有看过戏剧？（生摇头）

师：很多时候，我们感觉戏剧的门槛很高，但其实戏剧离我们很近。从表演形式上分，戏剧有哪些？除了话剧、歌剧、舞剧，还有什么？

生 1：音乐剧。

生 2：越剧。

生 3：黄梅戏。

师：对，这些都是传统戏剧，还有木偶戏、皮影戏、课本剧等，这些你们有没有看过或参与过？

（生发出恍然大悟的声音，有学生点头）

师：那么在你心中，一出好戏的标准是什么？

生 1:有跌宕起伏的情节。

生 2:要有投入的表演。

生 3:要有矛盾冲突。

生 4:演员演技要好。

师:刚刚同学们说的,都是一出好戏的标准。今天我们就要来欣赏一出好戏,来自莎士比亚的《哈姆莱特》。

[板书:哈姆莱特]

师:《哈姆莱特》的故事情节其实很简单,但是它却无愧于"一出好戏"的赞誉,为什么它这么受人称赞呢? 就是因为莎士比亚设置了非常经典的戏剧冲突。

二、教学过程

【学习任务一】一出好戏之看戏

师:首先想请同学们自读课文,去理一理戏剧中的冲突。

PPT 出示:

戏剧冲突一般包括:人物与人物的冲突、人与非人(自然、社会等)的冲突、人物内心的冲突。

(生翻阅课文,本环节用时一分半)

师:时间到。请同学们来梳理一下。

生:哈姆莱特与奥菲利娅的冲突,哈姆莱特与国王的冲突。

师:哈姆莱特与国王的冲突是一个怎样的冲突?

生:哈姆莱特想要向国王复仇。

师:在这场戏中,国王做了什么事情?

生:国王在偷偷调查哈姆莱特。

师:国王在试探哈姆莱特,哈姆莱特在做什么?

生:哈姆莱特在装疯。

师:所以这就是一对冲突。还有吗?

生:哈姆莱特的内心冲突。

师:对,同学们可以在书上标注一下。在这样短短的一场戏中,就有三组冲突。梳理冲突,让我们初步领略了戏剧山雨欲来的感染力,而亲身演绎,则能让我们更深入戏剧天地,接下来我们就选择其中的一组冲突来演一演吧。我们选择哈姆莱特和奥菲利娅的冲突。但是有一个问题,莎士比亚的剧本和前面《雷雨(节选)》的剧本有很大的差别。

(生翻书)

师:发现了吗?

(生点头)

生 1:动作。

生 2:神态。

生 3:布景。

师：对，其实就是舞台说明。《雷雨（节选）》中有很详细的舞台说明，但是《哈姆莱特（节选）》中却没有。从某种层面上说，舞台说明越详细，剧本和演出的关系就越密切。舞台说明有很多种，我们可以从多个角度来丰富台本。

PPT出示：

舞台说明的分类及舞台说明的内容。

【学习任务二】一出好戏之品戏

PPT出示：

活动1：根据节选的对白情境进行台本创作，为剧本增加更为详细的舞台说明。

（生同桌合作自读课文，并讨论如何填写合适的舞台说明，这一环节学生较投入，教师巡视、倾听、指导）

师：请同学们将你们讨论的成果与大家分享。

生：课文最后一个空的舞台说明填写"摇头而苦笑"。

师：为什么？

生：可以体现哈姆莱特的无力感。

师：谁带给他这种幻灭感？

生：除了奥菲利娅的所有人，包括国王、波洛涅斯、王后、他的朋友。

生："我很骄傲，有仇必报，富于野心"这里音调应该越来越强。因为这里是一种自我谴责，说到后来他的情绪越来越激动。

师：对，用越来越激动的舞台说明来表现人物的自我谴责、自我怀疑。

生："为什么你要生一群罪人出来呢"前面应用"恳切"。因为哈姆莱特希望奥菲利娅不要沾染世俗的污秽。

师：但你不觉得这句话很奇怪吗？奥菲利娅生了孩子吗？哈姆莱特为什么要这么说？

（生迟疑不答，有其他学生举手回答，教师示意让他回答，并让第一名学生坐下）

生：王后生了孩子，其实这句话哈姆莱特是对他母亲讲的。

师：王后做了什么事情？

生：改嫁。

师：这件事对哈姆莱特产生了什么影响？

生：母亲在父亲尸骨未寒之时改嫁叔父对他造成了很大伤害。

师：所以这里你会填什么舞台说明？

生：愤怒地。

师：同学们认为两位同学填的舞台说明哪个更合适一些？

（学生集体回答后一位）

师：在这里可能强烈一点的情感更合适。（面向第一个学生）供你参考。

（第一名学生笑）

PPT出示：

活动2：根据台本，同桌搭档进行演出。

师:理解了、读懂了,接下来我们用2分钟的时间进行排演。

(生再次同桌之间排演,整体氛围较活跃)

(两名男生展示表演,师作肯定点评,观看的学生时而发出笑声)

师:两位同学演得怎么样?

生(笑):好!

师:之后班级里如果有课本剧表演,这两位同学完全可以担任主角了。

(学生笑)

师:我们透过哈姆莱特的眼睛看到了一个怎样的世界?

生1:黑暗。

生2:野心勃勃。

生3:腐朽。

生4:勾心斗角。

师:充满背叛、欺骗、算计、隔膜……我们看到了哈姆莱特看到的那个世界,所以他才会说:"世界是一所牢狱,丹麦是其中最坏的一间。"他的外部世界崩塌了,他疯疯癫癫的言行正是内心极度不安的表现。

PPT出示:

外部世界轰然崩塌。

【学习任务三】一出好戏之入戏

PPT出示

活动1:班级要编排课本剧《生存还是毁灭》,作为主演哈姆莱特的你,会用哪两个体现矛盾冲突的词来诠释哈姆莱特的独白?

(生自读哈姆莱特的独白部分)

师:请自主圈画或思考一对有冲突性的词语。

(生同桌讨论,师巡视,并重点和其中两名学生进行交流)

师:接下来就到了我们来展示讨论结果的时候了,哪位同学来交流一下?

(课堂安静了一会,然后陆续有学生举手)

生:忍受和反抗。

[板书:忍受　反抗]

师:为什么?

生:"忍受"是指哈姆莱特所要忍受的这个黑暗、充满欺骗、勾心斗角的时代,"反抗"就是要去斗争。

师:去复仇不是很好吗?

生:反抗的结局不是很好。

师:会怎样?

生:会死,会面临未知的恐惧。

师:其实哈姆莱特并不惧怕死亡本身,而是惧怕什么?

生：未知。

师：这位同学讲了一个非常好的词——"未知"。人是有局限性的，是宇宙间渺小的存在。哈姆莱特的心不仅在于个人私仇，更主要的是他关心时代，关心人类命运。下一位。

生：光彩和灰色。

[板书：光彩　灰色]

师：为什么？

生：因为哈姆莱特原本是一个无忧无虑的小王子，他在威登堡读书，对未来有着美好的憧憬和远大的志向，他的生活是充满光彩的。但是他的叔父篡位，他的母亲改嫁仇敌。他肩负着复仇的重任，但是他崇高的理想又不允许他以完成个人私仇的方式来复仇，而他本身优柔寡断的性格又为这一切蒙上了灰色。

师：你讲得真好，真正读懂了哈姆莱特内心的痛苦。

（生全体鼓掌）

师：下一位。

生：顾虑和决心。

[板书：顾虑　决心]

师：怎么说？

生：一方面他想要抓住时机迅速向叔父复仇，但是另一方面他又想要追求一种崇高的复仇方式。这种矛盾让他错失了很多机会。

师：这就是一个完美主义者、理想主义者难以两全的抉择。

师：我们用线把这几个词连起来，这一组词语就是他的内心冲突。

[板书：教师用曲线把几个词连接起来]

他既有凡人的怯懦、逃避、患得患失，又有超越世俗的属于英雄的自省、高尚的理想和抱负，这个人物身上兼具神性和人性，所以四百年来他已经成为符号性的悲剧人物。

PPT出示：

活动2：朗读展示，读出人物激烈的内心冲突。

师：接下来我们就根据之前所理解的，用朗读来展现哈姆莱特的内心冲突。

（生排练，课堂气氛活跃，师巡视并做指导）

（朗读表演阶段有两名男同学举手，第一名学生朗读后教师点评）

师：我们发现刚刚这位同学在朗读时加上了肢体动作，以此来诠释人物激烈的内心活动，非常好！

（第二名学生展示）

师：这位同学的音调时轻时重，完全能够体现人物矛盾纠结甚至疯疯癫癫的状态。通过两位同学的演绎，大家是否对哈姆莱特的悲剧有了更深刻的思考？

（全体学生点头）

师：哈姆莱特为什么悲剧性那么强？前面我们说到他的外部世界崩塌了，其实他的内部世界也岌岌可危。他一直在问"生存还是毁灭"的问题，但这个问题是永远无解的。生存，苟活着,就要面对一大堆污浊的瘴气的集合;毁灭,勇敢地复仇而死,而死后,又将迎接未知的痛苦。所以,无论选择什么,对他而言都是什么?

生1:折磨。

生2:痛苦。

生3:绝望。

生4:挣扎。

师:因此,他想追求的美好的、崇高的精神彼岸根本无舟可渡。

PPT出示:

精神彼岸无舟可渡。

师:内外困境折磨着、锤击着、压迫着他,直至肉体消亡。我们都知道一句话:一千个观众,就有一千个哈姆莱特。一千个哈姆莱特,那么丰富,那么饱满,但是最后都因一个复仇者哈姆莱特而死,怎么能不让人唏嘘感叹。

[板书:一千个 复仇者哈姆莱特]

师(总结):这出经典好戏,向外发现了世界,向内发现了自己,用内外两个世界的冲突让堪称"时流的明镜,人伦的雅范"的哈姆莱特走向毁灭。这时候,你感受到了什么?

生1:哈姆莱特的痛苦。

生2:哈姆莱特对命运的无可奈何,他一个人不可能摆脱内外困境。

师:讲得真好! 还有吗?

生:哈姆莱特的崇高。

师:他的崇高来自何处?

生:他矛盾的内心和他的选择。

师:这种不可解的矛盾带来了这一出最经典的悲剧,这时候悲剧感染、净化人心灵的力量才显现出来,这就是我们所熟知的鲁迅先生对悲剧最经典的诠释"悲剧将人生的有价值的东西毁灭给人看"。

PPT出示:

一出好戏——向外发现世界,向内发现自己。

(生鼓掌)

师(鞠躬):感谢大家,希望这节课能够带给大家一点启发,课后大家可以将《哈姆莱特》全剧找来看看,相信你会更加理解哈姆莱特,下课!

安吉县高级中学　王　惠

【专家点评】

《哈姆莱特》的故事情节家喻户晓,王子复仇的悲壮也代代相传。但是很多时候人们只是了解基本的故事情节,对王子哈姆莱特为什么能复仇却迟迟没有复仇的选择感到困惑,而王老师的这节课，目的就是解开这种困惑。

（1）紧扣文体特点。

无冲突无戏剧，对于戏剧基本知识和核心概念——冲突的教学，老师在课堂一开始就进行了呈现，帮助学生了解戏剧的基本知识，这样可以更有效地开展戏剧教学。

因为戏剧这种文体的特殊性，所以王老师在教学中紧紧抓住了戏剧需要表演，应该被表演的特点。但是我们也会发现，如果没有很好的指导，学生课堂上的表演往往会产生只有热闹的形式，却无法生成对剧本更深层次认知的问题。而在本节课上，王老师巧妙地运用增加舞台说明、关键词勾连等方式指导学生去解读剧本台词背后隐藏的深意，同时学生在课堂上的身份随着课时的推进不断丰富，他们既是编剧、导演，也是演员，还是观众——不同的身份调动起每一位学生参与其中的热情，所以整个课堂的呈现既有沉浸其中的稳重，又有积极参与的热情。

（2）深挖悲剧内蕴。

通过一系列的活动，学生会对哈姆莱特的选择形成新的思考，我们应该以艺术的眼光审视哈姆莱特的独白，而非基于现实的复仇逻辑评价他的行动。通过对内、外两个困境的梳理，学生就会明白，被奥菲利娅称为"时流的明镜"的哈姆莱特，像一面洞察一切的明镜——他向外发现了一个污浊的世界，向内发现了一个绝望的自己，他在思想上无限自由，但是在行动上却只有一条复仇的路可走。当他跳脱出传统英雄骑士的复仇模式时，他的悲剧性已然注定，无论他做出什么选择，都无济于事。哈姆莱特自己说："无论我们怎样辛苦图谋，我们的结果却早已有一种冥冥中的力量把它布置好了。"这就是悲剧的深邃所在。当年轻的肉体、美好的爱情、崇高的理想、高贵的追求、伟大的抱负——毁灭，我们会真正体会到什么叫"悲剧将人生的有价值的东西毁灭给人看"。这也是本单元的教学重点所在。

总体而言，整堂课有设计有深度，师生配合默契，课堂气氛融洽。如果老师能够更多让位于学生，课堂的生成可能会更精彩一些。

（嘉善高级中学教师、正高级教师、浙江省特级教师　孙元菁）

13.抓住关键词 串起整篇文

——《中国建筑的特征》课堂教学实录

【课文简介】

本文是介绍中国建筑特征的学术性论文。主体部分,作者分九块内容介绍:(一)个体建筑讲立体构成,单个的建筑自下而上一般是由台基、主体(房屋)和屋顶三个主要部分构成的。(二)群体建筑讲平面布局,一所房子由一个建筑群落组成,左右呈轴对称,主要房屋朝南,有"户外的空间"。(三)介绍中国建筑的结构方法,即以"木材做立柱和横梁"的框架结构,并解释了中国建筑的力学原理,指出这与现代的结构原则上是一样的。(四)单独说明斗拱的作用,先描述"拱"是"弓形短木",斗是"斗形方木块",它们组合起来称"斗拱"。它不但可"用以减少立柱和横梁交接处的剪力",还具有装饰作用。(五)说明"举折,举架"的作用,即为了形成屋顶的斜坡或曲面。(六)介绍屋顶的装饰作用,指出它是"中国建筑中最主要的特征之一",并在与其他建筑体系的比较中,盛称"翘起如翼"的屋顶是我们民族文化的骄傲。(七)从着色方面介绍中国建筑的特征,指出"在使用颜色上,中国建筑是世界各建筑体系中最大胆的",不但在大建筑物上使用朱红色,而且还大量用彩绘来装饰木架部件。(八)介绍中国建筑的装饰部件,大到结构部件、脊吻、瓦当,小到门窗、门环、角叶,都具有很鲜明的装饰形状或图案。(九)说明中国建筑在用材方面的装饰特点,有色琉璃砖瓦、油漆、木刻、石雕、砖雕等,尽显中国建筑的装饰特征。

作为一篇科学小论文,它的作者梁思成是当代中国著名建筑学家;文章用简洁清晰的语言具体介绍了中国建筑的九大特征及其风格和手法,并提出了民族建筑之间"可译性"问题。

【教学目标】

本课时教学目标如下:

(1)通过学习,厘清作者"论述+说明"的思路,画出课文的思路图;

(2)通过学习,掌握作者阐述概念特征时所用的方法;

(3)学习科学论文的语言特色,借鉴语言学词语来说明建筑特征,在论述文写作中有意识地学习和借鉴;

(4)激发学生对我国古代悠久的建筑艺术的热爱之情,提高对我国建筑艺术的审美能力。

【设计阐释】

本论文专业性较强,于学生而言,十分陌生,因而要想一下子读懂,仿佛抓不住线。我依然采取思维阅读法:让学生整理文本行文思路,有创意地画出思维图;拎出关键词,作为解读全文的线索。这两个任务,作为预习,布置给学生,让他们在不动声色中完成教学预想的第一步。

正式上课时,分三个环节:在解读题目之后,紧紧扣住关键词"词汇"(以活动为主)和"文法"(以探究为主)展开,从内涵了解到外延拓展,图文结合,中外比较,从中一步步引导学生解读中国建筑的具体特征,同时,也将学生的思维在不知不觉中引向深入。

本文的语言准确严密,科学性强,体现出学术论文应有的严谨性。我们在教学时,就要对得起这严谨性,不必让学生面面俱到地了解,只要跟着作者的思路,认识中国建筑文化特色即可。

【教学实录】

(本文为自读课文,单篇教学一堂课完成。)

课前预习:认真阅读全文,完成以下任务。

(1)圈画出每一段的关键句,然后,画一张作者的行文思路图。

(2)梳理出文本中与中国建筑有关的"词汇",然后,按照一定的标准将它们归类。

环节一:题目释义

师:同学们好!今天我们学习第8课《中国建筑的特征》。先请同学们审一下题:你是如何理解这个题目的?(提醒:先说出应抓住哪个关键词,然后分别说出题目中词语的意思。)

生1:中国。

生2:不对,应当是"中国建筑"。

师:大家考虑一下,到底哪个是对的?

生:我认为第二名同学的是对的。因为,在题目中,"中国建筑"成了专有名词。中国建筑,专指中国古代建筑,指出了研究对象。

师:大家是否认可这位同学的观点?

(生一齐点头)

师:我也同意第二位同学的判断。那么,"特征"在此处又是什么意思呢?

生:特征,是指事物作为标志的显著特色,它指出了研究方向。

环节二:理解"词汇"

师:看来,集思才能广益啊!我们这么快就解决了题目的问题。接着,请大家朗读下面的文字片段,按要求找出文中与建筑有关的词语。

PPT出示:

林黛玉扶着婆子的手,进了垂花门,两边是抄手游廊,当中是穿堂,当地放着一个紫檀架子大理石的大插屏。转过插屏,小小的三间厅,厅后就是后面的正房大院。正面五间上房,皆雕梁画栋,两边穿山游廊厢房,挂着各色鹦鹉、画眉等鸟雀。台矶之上,坐着几个穿红着绿的丫头……

生:垂花门　抄手游廊　穿堂　三间厅　正房大院　上房　雕梁画栋　游廊厢房　台矶（其他同学有补充的）

师:下面我们来欣赏与上面这些术语有关的部分图片——活动:欣赏建筑图片,了解部位名称。(图片略)

师:还有不懂的吗? 请举手提问。

师:这些名称与我们课前布置的第二个作业有关——梳理出文本中与中国建筑有关的"词汇",然后,按照一定的标准将它们归类。

生1:我的归类标准是建筑所用的材料:木质的有枋、槛、栏杆……石质的有夹道宫殿……

生2:这种标准不太适合本篇文章吧? 我看文中多数建筑部位是木质的呢。

(师穿插:你用的是什么标准呢?)

生2:我是按建筑种类分的,如宫殿和庙宇里好多部位的称呼有相同的,也有不同的,如厢房、垂花门等适合大型的传统建筑,而脊吻之类一般用于皇宫。

生3:我觉得还是按一般建筑的方位来,如从上到下,如此适用性更广一些。详情请看我的图片(见图一)。

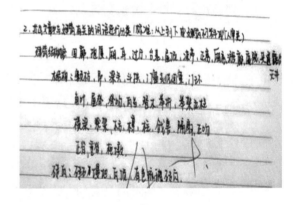

图一　　　　　　　　　　　　　　　　　　图二

师:同学们都按自己的标准对文中的建筑"词汇"进行了分类,表明大家都有自己的思考。其实,中国建筑的基本特征共有九点:第一点介绍单个建筑的三个部分,由下而上,是从立体构成来说的;第二点说明建筑群的对称、朝向,是就平面布局而言的;这二点是中国建筑的总体特征;第三点指出整个体系以木材结构为主要结构方法;随后第四、第五点说明斗拱、举架的作用;这三点是结构性特征;第六到第九点介绍中国建筑屋顶装饰作用、着色装饰部件、建筑材料的装饰性特征等。九大特征的介绍,从整体到局部清晰严谨。

师:不过,这些建筑部位,作者用了从语言学"借"过来的词语,它们是哪些词? 你能理解其在文中的含义吗?

师:这些名词,作者用了一个专用的从语言学借鉴过来的术语来称呼它们,叫"词汇"。你怎么理解"词汇"这一词语在文中的意思?

PPT 出示：

词汇：中国建筑中相对独立的建筑个体。它们遵循中国建筑的文法,组成中国建筑的整体。

师：请同学们观看下如图所示,然后,尝试说出其名称。

瓦当

瓦筒

脊吻

戗兽

玄鉴楼　建于明代

图 13-1　建筑相关名称

部件的装饰作用

图 13-2 正定隆兴寺戒坛殿·清·溜金科栱"三福云"

(生多数不知道)

师逐一解说,特别强调不同建筑中的特殊"词汇"。

环节三:合作探究

师:文中还有一个从语言学借鉴过来的词语,你能找出来,并进行解释吗?

生:是"文法"吗?

(全班笑)

师:你真是个机智的孩子。对,就是"文法"。那么,你能来解释一下这个词语的含义吗?

(生摇摇头)

师:谁能来解释一下呢?请同学们一定要依据文本哦!

生:文法是指中国建筑具有的一定的风格和手法。

师:你说对了一部分,但还未完全说对。谁来补充一下?

生:文法是指中国建筑具有的一定的风格和手法。它为匠师们所遵守,为人民所承认,是中国建筑两三千年沿用并发展下来的惯例法式。

师:嗯。你考虑问题相对周到一些。那么,文法有什么特点?请大家根据课文回答。

生:文法有一定的拘束性,但同时也有极大的运用灵活性,能有多样性的表现。

师:现在同学们基本进入理解这篇科学论文的状态了。我们继续理解一个问题——"词汇"和"文法"这两个建筑用词,来自哪里?

师:先请大家看一个片段。

PPT 出示:

"一个人和一座城的故事。"背景为清华大学校园内的梁思成雕像。

师:这是《一个人和一座城的故事》。

1948 年冬天,解放战争胜利前夕,解放军重兵包围了北平城。一日,清华园的一位学者家里来了位不速之客。来人说,他是受解放军围城部队派遣,来请先生在北京地图上标出著名古迹。后来,这张地图被挂在了毛泽东西柏坡平津战役指挥所的墙壁上,他命令围城部队"不准炮轰这些建筑"。这个做标记的人,就是梁思成。

1950 年 2 月,梁思成与另外一位著名建筑学家陈占祥提出,在旧北平城西侧新建一个中华人民共和国的政治心脏,用一条便捷的东西

图 13-3 梁思成

干道连接新旧二城,如扁担一样担起中国的政治心脏和中国的城市博物馆。

然而,刚刚从封建帝王压迫下解放出来的人们恨不得将封建社会遗留下来的事物都捏得粉碎。最终,他的奔走呼号也没能使北京旧城摆脱被大肆拆除的命运。

梁思成先生守护的,不仅仅是一座城,更是一种悠久而辉煌的建筑艺术,是一份独具魅力的东方文化。

因此,梁思成觉得应该向大众科普建筑学内容,他认为,只有广大民众懂得了建筑的精义,明白了建筑中蕴含的文化内涵,才能保护中国古建筑不被随意破坏,才能保护中华民族的文化精髓。

师:现在,大家知道来源了吗?

生:两者都是从世世代代的劳动人民在长期建筑活动的实践中所累积的经验中提炼出来的,经过千百年的考验而普遍受到承认而遵守的规则和惯例。

师:还有其他借鉴自语言学的词语,你能找出来并向同学们解释吗?

(生自由讨论)

师:大家讨论后有没有得出结论,请大家填写大屏幕上出示的表格。

PPT 出示:

依据课文,填写下表。

表 13-1　词语释义

语言和文学	
词汇	
文法	
文章	
大文章	
小品	

师:懂得了上述词语,我们该怎样理解"各民族建筑之间的'可译性'"? 请同学们认真研读课文中的相关内容后回答。

生:这也是一种比喻,用"语言和文学"来比喻。各民族建筑的功用或主要性能是一致的,有相通性,但表现出来的形式却有很大不同,恰似不同民族的语言,表达同一个意思,语言形式却不相同一样。所谓的可译性,是指各民族建筑在实质上有"同一性质",可以透过其纷繁多样的表现形式解读出来。

师:你能以表格的形式展示吗?

(生上台板演)

表 13-2　各民族建筑的相通性

语言和文学	建筑学
可译性:可以互相翻译。 同一个意思可以用不同的语言形式来表达	各民族建筑的功用或主要性能是一致的。 有相通性,但表现出来的形式有很大不同

师：这位同学的预习工作做得非常到位。最后请同学们欣赏一些中外建筑中不同风格的图片。（如热河普陀拉和文艺复兴建筑、天坛皇穹宇和拉曼特的设计、罗马凯旋门和北京琉璃牌楼、巴黎纪念柱和北京华表等，图略）

师：同学们，与本文有关的两个词语，我们就学习到这。在你们的热情参与下，课堂内容充实，气氛活跃，想必同学们收获也不少。最后还有一个小问题需要解决，就是课前预习"呈现你画的文章的结构思路图"，我们来欣赏几位同学的作品吧！

（教师展示学生习作，由作者上台解说自己的思维路径）

PPT 出示：

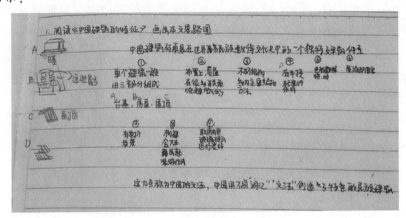

图 13-4

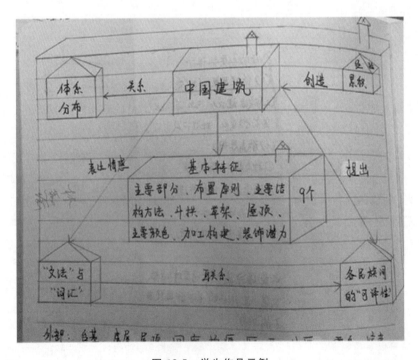

图 13-5　学生作品示例

　　课后作业:搜索你所在地的古代建筑,为拍摄的照片写解说词,然后说说这些建筑的特征在哪里。

绍兴鲁迅高级中学　陈爱娟

【专家点评】

　　这是一篇著名建筑学家关于建筑的科学论文,文章总结了中国建筑的特征、风格和手法,从时间和空间的角度阐述了中国建筑的文化。作为一篇科学论文,行文逻辑严谨,条理清晰,用了一系列的比喻来解释建筑学的专业名词,阅读起来障碍并不大。

　　这个单元属于"实用性阅读与交流"学习任务群,要求学生学习知识性读物的阅读方法,发展科学思维,培养科学精神;把握关键概念和术语,理解主要内容,厘清文章思路;分析作者阐释说明、逻辑推理的方法,体会文章语言严谨准确的特点;还要运用所学知识探究实际问题,形成自己的见解。

　　陈老师的这节课扣住了作品的文体特征和单元学习任务群的要求,引导学生在自读的基础上理解和探究。具体方法体现在以下三方面:

　　(1)运用思维导图,梳理科学小论文的内容。在整堂课中,从预习作业到课堂过程,再到课文小结,教师多次运用思维导图和图表,让学生学习用科学的方法来阅读科学论文,鼓励学生自己思考,自主创作。

　　(2)可视化教学,用图文并茂的方式促进理解。针对本课内容,教材中配了四幅插图帮助学生理解。陈老师在此基础上,加入更具视觉效果的多幅建筑图,并一一解说。可视化解读,一方面让学生更好地理解中国的建筑构成,另一方面又强调了不同建筑中的特殊"词汇",让学生感受到了语言的魅力。

　　(3)合作探究课堂,让自读课文真正读起来。陈老师设计了三个课堂环节,第一是解读题目,第二是理解两个关键词"词汇"和"文法",第三是中外比较。在引导学生自主解读的同时,让学生的思维更加开放,思考也走向深入。

(嘉善高级中学教师、浙江省特级教师、正高级教师　孙元菁)

14.胸中有经纬,腕下有针线

——《说"木叶"》课堂教学实录

【课文简析】

《说"木叶"》选自统编高中语文教材必修下册第三单元,本单元所选取的篇目都是知识性文章,反映了自然科学和人文社会科学多个领域中的探索和发现。阅读此类作品,不仅可以让我们领略不同领域学者们的创新意识、探索精神和科学态度,激发我们对科学探究的兴趣和热情,更重要的是学习借鉴其背后体现出的思维和说理方式,学以致用。我们从小就接触古诗词,更是有很多人三岁识字,五岁诵诗,但很少有人会去想一想古诗词的一些基本特质是什么,这就要涉及文学评论,难免就会变得抽象难懂,枯燥起来。而《说"木叶"》却从一个有趣形象的现象入手,着重分析了中国古典诗歌用"木叶"而不用"树叶",又由"木叶"发展为"落木"的原因,揭示了"木叶"之于"树叶",不过一字之差,但在艺术形象领域却是"一字千金"的规律,从而阐发了古典诗歌语言富有暗示性的特质。这篇文章在文艺评论类文章里可谓别具一格,其中最明显的特点在于以下两点。

(1)文章语言与表达的形象性。《说"木叶"》运用了大量的古诗句来创设出一个形象生动、鲜明可感的古典诗歌意境。粗略数来,文章一共运用了21句不同出处的诗句,从不同角度、不同层面去阐释,进而梳理考证出一定的规律,诗歌语言暗示性的理论也就水到渠成、自然显现了。同时在语言方面,作者娓娓道来,文中不乏"我们""诗人们"这样亲切的称呼,使读者在阅读时有更直接的代入感。

(2)文章叙述与逻辑的严谨性。虽然文章中充满了诗歌的形象与意境,但在说理上依然层次明确,逻辑清晰,从"树叶""木叶""落木",再到"木"字的艺术特征,最后点明诗歌语言的暗示性,条分缕析,清晰易懂,从形象到抽象,从显性到隐性,严密了逻辑,也符合认知的规律。

诗歌语言的"暗示性"其实并不罕见,但古典诗歌浩如烟海,如何将这一类文体中的某一基本特质讲解清楚,林庚先生给了我们很好的示范,首先是对这些理论要有丰富的积累和深入的研究,其次是要把握住说明事理的方法,如何梳理相关概念的联系,如何把握材料与观点的关系。林庚先生胸中有经纬,腕下有针线,给我们呈现出了一篇典范之作。

【教学目标】

本节课的教学目标如下:

(1)了解中国古典诗歌语言富有暗示性的特质,进而提升古典诗歌鉴赏的能力;

（2）通过对文章的整体把握,梳理出文章的说理思路和诗意有趣的写作特色。

【设计阐释】

《说"木叶"》作为一篇文艺评论类文章,有一定的文体特征,结合必修下册第三单元其他说明事理的知识性文章,有必要让学生做一些了解。高中生具备了一定的审美赏析能力,能够运用自己的见识和经验,对文章进行独特的解读。但高中生阅读的文艺评论并不多,加上文艺评论本身抽象难懂,学生可能会产生畏难心理,对课文不感兴趣,读不下去,或者虽能读下去,但只是蜻蜓点水、走马观花而已,难以抓住重点。此时又要着重抓住这篇文章的另一个明显的特征——形象鲜明,所以可以尝试从情境共鸣来引入,让学生在具象的感性中慢慢领悟抽象的理论。所以设计的时候,要抓住形象的诗歌世界与严谨的文体风格两个方面,融合并思,发现其个性与共性之处。当然在课堂上要注意以下几个要点。

一是要在明确的任务指引下去预习课文。文章篇幅不算短,且引用了很多的古典诗词,在初读时有一定的难度,所以首先要给予学生充分的课前阅读或预习时间,并且教师要设计具有引导性的问题和任务,如利用工具书去阅读文中的古诗句,尝试理解其意义与意境;本文是文艺评论类文章,尝试结合文本说一说它的文体特征等,让学生带着问题去读,才能提升阅读的效果。

二是要注意把握文章的主线。抓住"木叶"这一中心,探讨围绕它的现象表现及本质原因,最终归结到诗歌语言的暗示性这一结论,或者也可以说是写作的目的。可以从诗歌意境去感受,但要注意这不是一节诗歌鉴赏课,还是需要回到说理的逻辑和目标上来。

三是课堂的习得和课堂之外的收获应该是延续性的。在一定程度上,对于学生来说,课文是例子,重要的是用好这一例子去理解学习相似的知识,学以致用,利用阅读所得去探究一些具体问题,要关注语文学科的人文性和工具性作用。

【课堂实录】

师:同学们好,开始上课了。我想请一位同学起来给我们背诵一首学过的诗,也算复习检测一下,杜甫的《登高》,谁来?

（生举手,一人起来背诵全诗）

师:嗯,不错,很熟练。你来说一说,诗中的"落木"是什么意思?

生:树叶、落叶。

师:很好,但你们单独读这一个词,不觉得有些奇怪吗?你会不会觉得是天上掉下来的木头?

（部分学生笑,微微点头）

生:哈哈,那倒不至于这样理解。

师:这说明这些年,你们在阅读方面有了一定的基础和能力。这个词放在句子中不难理解,但是单独来看,如果一定要咬文嚼字的话,字意上好像有些说不通。但杜甫是诗圣,这首诗也被誉为"古今七律第一",肯定不会乱写,他为什么要用这个词呢?有没有别的原因?或许林庚先生的《说"木叶"》能给我们一些启示,下面我们一起来学习这篇文章。

[板书:说"木叶"]

师:文章的标题是"说'木叶'",谁来说说,文章写了一个关于"木叶"的什么现象?

生:从古人的诗句看,"木叶"成了诗人们笔下钟爱的形象。

师:钟爱的形象,那是不是什么时候都能用呢?

生:不是,也要看情况。

师:哦,要看情况! 那我们就来看看这个情况。"木叶"指的是什么?

生:课文中有写,按照字面的解释,"木"就是"树","木叶"也就是"树叶"。

师:两者在概念上是一样的,那为什么"木叶"会成为诗人们钟爱的形象呢? 它们在诗歌中给人的感觉如何? 请同学们与同桌一起,从文中找到相关的诗句,自由诵读讨论,体会它们的意境。

[板书:树叶 木叶]

(学生诵读、讨论,教师巡视、指导,约5分钟)

师:刚才大家都有认真地诵读和讨论,现在谁来和大家说说你读出的意境? 可以就其中一句来说,也可以综合着对比来说。

生1:我来说说树叶吧,"后皇嘉树,橘徕服兮""桂树丛生兮山之幽""庭中有奇树,绿叶发华滋"都写出了树干高大、树叶浓密、生机勃勃的感觉。像"桂树丛生"就是繁茂的意思,"奇树绿叶"也有一种茂密饱满的感觉。

生2:还有几句,虽然不是树叶,但文中说了,一般情况下,"遇见'树叶'的时候就都简称之为'叶'"了。"叶密鸟飞碍,风轻花落迟"写鸟儿因为叶子的繁密而飞行受到阻碍;"皎皎云间月,灼灼叶中华"写云间的月亮皎洁明亮,繁密的叶子中花开似锦。这两句诗,都营造出一幅枝叶繁茂、清丽温婉的景象。

师:你们读得很到位,还读到了一个重要的句子,"大概遇见'树叶'的时候就都简称之为'叶'"了,树叶和叶给人的感觉是相通的,古诗文字洗练,所以很多时候会缩写为一个字,它们在这几句诗中给人一种枝繁叶茂、浓荫满地的感觉。

[板书:枝繁叶茂 浓荫满地]

师:那么"木叶"呢?

生1:文章最开头的"袅袅兮秋风,洞庭波兮木叶下",就有一种萧瑟凄凉之感。

生2:读了"洞庭始波,木叶微脱""木叶下,江波连,秋月照浦云歇山""秋风吹木叶,还似洞庭波""亭皋木叶下,陇首秋云飞""九月寒砧催木叶,十年征戍忆辽阳"这几句,我发现木叶好像总是和秋天、秋风联系在一起,秋天本身就有寂寥之意,加上飘落的树叶,更显萧瑟。特别是"九月寒砧催木叶,十年征戍忆辽阳",九月深夜里的捣衣声催落了树上的枯叶,人还在思念着远方的丈夫,凄清孤独。

师:说得很好,秋天有时候也会有一些固定的意境。这些木叶,包括我们上课一开始就提到的"无边落木萧萧下,不尽长江滚滚来",都营造出萧瑟凄凉的意境。

[板书:萧瑟凄凉]

师:刚才我们通过几组不同的诗歌语言领略了不同的意境,在这里,树叶、叶与木叶、落木的不同,关键在于什么?

生：在于"木"这个字。

师：这个"木"字到底有何奥妙，为何同样概念的词却给人如此不同的感受？

生："木"字有暗示性。

师：哦，你好像说到了一个比较专业的词汇，能具体说一说吗？

生：我在课文第 5 自然段看到这句话。（生笑）

师（笑）：这说明你的阅读能力不错，会抓重点。当然这是一个结论，那作者是怎么来论述的呢？大家能说一说吗？

（生你一言我一语）

师：看来都有一点发现，但不是很系统，我请同学们四人一组，结合课文第 3—6 自然段及下表的引导，尝试说清楚作者是怎么体现"木"字的特征的，并梳理作者论述的思路和方法。讨论结束后，请每组派一位同学来和大家分享。

表 14-1　课堂作业

诗句	形象意境	联想与暗示	艺术特征

（小组讨论 6 分钟，并准备发言，教师巡视点拨）

师：我看大家讨论得差不多了，哪一组先来试试？

生：我们小组认为，"木"作为"树"的概念的同时，具有一般"木头""木料""木板"等的影子，会使人更多地想起树干，把"叶"排斥到"木"的疏朗的现象以外去，这样，"木"也就给人以"落叶"之感。而"树"呢，它是具有繁茂的枝叶的，它与"叶"都能给人以密密层层浓荫的联想。这一种观点结合生活实际，很容易就能感受到"木"和"树"的区别。

师：感受到怎样的区别？

生：课文中也有举出典型诗句"高树多悲风，海水扬其波""秋月照层岭，寒风扫高木"，前者"借满树叶子的吹动，表达出像海潮一般深厚的不平，这里叶子越多，感情才越饱满；而后者却是一个叶子越来越少的局面"，表现出一种空阔。再如"午阴嘉树清圆"，如果把"树"改成"木"，那就变成有些光秃的形象，就不能与"午阴"相呼应。这其实也源于"木"字的一个艺术特征，那就是它仿佛本身就含有一个落叶的因素。前面"木叶"成为诗人们笔下钟爱的形象，也是因为要借用它落叶因素带来的萧索之感。

师：嗯，这三句诗的意境同学们可以再想象一下。

生：我们找到"木"字的另一个艺术特征，那就是颜色的暗示性，"木"是黄色的，而"树"给人的感觉是绿色的，黄色显得更加干燥萧瑟一些。而且在读的过程中，我们还感受到了天气的区别。前面一组说到"木"含有落叶的因素，其实这个落叶也是有它独特的一面的，把"袅袅兮秋风，洞庭波兮木叶下""柔条纷冉冉，落叶何翩翩"和"雨中黄叶树，灯下白头人"这三句诗进行对比，就能发现它们的形象是完全不一样的，第一句中落下的绝不是碧绿柔软的叶子，而是飘零、透些微黄的叶子,秋风起,树叶落,我们仿佛听见了离人的叹息,想起了游子的漂泊。第二句中的落叶则是春夏之交饱含着水分的繁密的叶子,风吹叶动,碧绿柔软。第三句中叶子还是静静地长满在树上,在那蒙蒙的雨中,虽然也是黄色的,却没有"木叶"的干燥之感,因此也就缺少飘零之意,而且它的黄色由于雨的湿润,显然变得太黄了,是浓荫绵密、深黄湿润的。所以"木叶"是属于风的而不是属于雨的,属于爽朗的晴空而不属于沉沉的阴天,这是一个典型的清秋的性格。

师:说得很好,你们找到了"木叶"之所以独特的内在原因,而且刚才结合诗歌做了形象的解析,其实不单单是"木叶"和"树叶"的区别,"木叶"和"落木"带给人们的感受相同吗?

生:也不一样,"木叶"还有叶子,"落木"真的就光秃秃了,这就更显得宽舒寥远了,意境也不尽相同了。

师:嗯,其实你用心去体会,就会发现"树叶""木叶""落叶""落木"这四个在概念上相同的词语在形象上是不一样的,这就是一字之差,相去甚远。也就是书中提到的"相去无几"却"一字千金"。

[板书:相去无几 一字千金]

师:当然,不是作者说不同而不同,也不是我说不同而不同,而是要你主动去阅读、想象、思考、探究。中国是一个诗的国度,风雅颂是诗,古乐府是诗;三闾大夫的狂放是诗,诗仙太白的神游是诗;大江东去是诗,把酒临风也是诗。天才的诗人们用他们敏感的心灵给后人留下了许多脍炙人口的诗篇。显然地,读诗不能像是做几何证明题,诗歌的语言有着自己的特点,需要我们用激情和想象去解读,"诗的感觉"才会喷涌而出。有人这样说,欣赏诗歌就是期望通过诗人的启迪以引起共鸣式的感性的燃烧。除了我们刚才领略到的不同,还有人有补充吗?

生:老师我想补充一点。其实我们在读的时候也是占了便宜的。

(生笑)

师:哦? 为什么这么说?

生:那些诗歌的赏析、画面的描绘,其实作者在文中都写得很详细了,我们只需要跟着他去感受就可以,我觉得作者写作的思路和方法很好,他先是举出现象,用例子去分析,然后总结出"木"的艺术特征,水到渠成,使人阅读起来比较轻松。

师:你能思考到这一点,也不枉费作者的一番用心了。

(生笑)

师:的确如此,我们大半节课都在围绕着"木叶"这一意象,文章的标题也是"说'木叶'",那本文仅仅是为了介绍"木叶"的艺术特征吗?

生(齐回答):不是。

师:那你们能说说本文的写作目的是什么吗? 教材上有没有提示?

生1:是说明诗歌语言不能单凭概念,它们的精妙不同于一般的概念。

生2:应该是说诗歌语言的暗示性问题,在文中第5自然段。

师:你们两人说的应该是一个领域的知识,"诗歌语言的暗示性"更概括更明确一些,这已经是一个理论了。回到最初的预习任务,这是一篇什么文体的文章?

生：文艺评论类。

师：是的，评论类文章会涉及一些专业术语，如"诗歌语言的暗示性"就是如此。既然如此，把标题改为《谈谈诗歌语言的暗示性》，你认为如何？

生1：没必要，文章大多数内容都是在讲"木叶"。

生2：换成《谈谈诗歌语言的暗示性》的话，我一看标题就要头痛了，感觉就会读不懂。

（生笑）

生3：如果改掉标题的话，整篇文章的思路就要改变，它可能就要从理论的高度来论述，成为理论性很强的学术论文。而从用"木叶"这个鲜明的形象解说来得出诗歌语言的暗示性，比较有趣味。

师：嗯，我赞成你的观点。把深奥的文学理论附着并渗透于有关"木叶"的诗句中品读赏析，并逐层深入，既体现了作者的科学态度，也契合了读者的阅读心理，标题和思路都是本文的一个亮点。那么你们现在能不能将文章的写作特色再来总结一下？

（生思考）

生1：应该是先列举现象，然后分析问题，最后得出结论。

生2：作者的思路非常清晰明了，层层铺垫深入。

生3：还有一个特色就是觉得文章中诗句很多，作者信手拈来，有诗意有文化，读来形象有趣。

师：文艺评论类文章具有一定的理论知识，如果按照一般的思路来写，可能就会变成艰涩难懂的学术论文，作者一改其道，凭借自身丰富的文化积累和理论功底，列举了大量资料深入分析，探讨背后的本质原因，让读者在趣味阅读中不知不觉就接受了这一理论，举重若轻；去掉这些皮肉，内里的骨架思路也富有逻辑、条理分明，包括我们上课的逻辑，也是遵循了作者的思路。不论是文章内容还是文章结构，抑或是观察事物、分析问题、解决问题的角度和思路，林庚先生都"胸中有经纬，腕下有针线"，值得我们学习。

［板书：胸中有经纬　腕下有针线］

师：这样的大师，我们来认识了解一下。

PPT出示：

林庚知识链接：建安风骨，盛唐气象；少年精神，布衣情怀。

师：这节课讲到这里，我们基本上梳理清楚了文本，也尝试着去阅读了诗歌的语言，希望能给大家在以后的阅读和思考上提供一些借鉴。思考同类文学现象，触类旁通，举一反三，了解中国古典诗歌意象的相对稳定性特点，提高对古典诗歌的理解力和领悟力。诗歌的语言富有暗示性，那些微妙的意味往往寄诸言外。因此，我们在鉴赏诗歌的时候，不仅要品尝言内的意思，而且要品尝言外之意。像这样的意象有很多，今天留给大家的课后作业就是从古诗词中摘选一个具有暗示性的意象，并结合今天所学，也来写一则简短的评论，字数300字。好，下课，同学们再见。

生：老师再见！

浙江省开化中学　　方　　园

【专家点评】

　　方园老师的这节课从总体上来说,较好地完成了预设的学习目标,在教学手段和教学内容上关照了本单元及本课的学习重点,目标清晰,效果实在,虽然整体流程无特别富有新意之处,但贵在落实,贵在学生的收获。有以下三点特别值得思考:

　　一是设计体现出新课标和新教材的教学任务。此类知识性文章的阅读要求:在单元解释的表述中,要把握关键概念和术语,厘清文章思路;分析作者阐释说明、逻辑推理的方法,体会文章语言严谨的特点,还要运用所学方法,探究实际问题,形成自己的见解。方园老师的教学目标设置就围绕着这一文体教学的重点,不扰乱文章原有的思路和逻辑,顺势而为,水到渠成。同时,文中诗句丰富,文学韵味浓厚,且文章本就是探讨诗歌语言的暗示性,所以重点还要学着赏析体会文中所举诗句的意蕴。从内容的探究到方法的探讨,贴合了单元目标的设置。我们在平时设计教案时,要思考自己有没有关注过学习任务群、单元学习任务、单元解读这些整体的方向和要求,有没有把握住正确的大方向,是否符合新课程改革的教学理念并落实到具体教学中。

　　二是中心明确,思路清晰。正如实录中所说,这堂课的逻辑,也正是跟随着作者文章的逻辑。本来实用论述类的文章就含有一定的逻辑,不必要为求新意而打乱,这样反而可能会使学生跳跃着阅读而缺乏整体系统性。此节课围绕"木叶"一个中心意象,从抓现象到析原因再到得结论,由表及里,由浅入深,由具象到抽象,层层递进。对于学生来说,印象应该是非常深刻的,理解也应该是到位的,只要能再举一反三、触类旁通,就能对这类文本的特征有所掌握。任何一堂成功的课,都应该有一个明确的主线和中心,时间宝贵也有限,如果一节课想要面面俱到,最后可能什么都没有切实抓住。上课不能脚踩西瓜皮,内容简单的课,明确一条主线,适当延伸出枝丫;内容复杂的课,在整体设计下安排两到三节各有中心和主线的课,综合起来才能真正把握住重点。

　　三是关注学生的思考和习得。学生是教学的主体,对学习内容要做到主动探究思考。在这堂课的设计中,预习就让学生带着问题去阅读。在上课时,也多次让学生诵读、思考、讨论,充分发挥学生的主体地位,尊重学生的思考,让学生有参与、有收获。最后在学生读出文章的写作特色时,方老师及时帮助学生熟悉和巩固,抓住这篇文章趣味与严谨并行,诗意与逻辑共存的特征,让它既体现出一般文艺评论类文章的特征,又体现出其独特性而显得与众不同,让学生再次加深理解,获得新的知识理论,有一个自然的习得过程。

　　　　　　　　　　　　　　(嘉善高级中学教师、正高级教师、浙江省特级教师　孙元菁)

15.明确对象，陈情说理

——《谏逐客书》课堂教学实录

【课文简析】

《谏逐客书》是李斯写给秦王嬴政的一篇奏疏，是篇较优秀的文章。除此之外，秦代大概再也找不出可称得上文学作品的篇章了，因而这篇文章就更显得地位重要。虽然它创作于秦统一六国之前，却几乎可以看成秦文学最突出的代表。

李斯是楚国人，曾是荀子的弟子，后入秦为客卿，备受秦王嬴政的器重。他写这篇文章的背景十分复杂。秦王政元年（前246年），韩国使水工郑国入秦，劝秦王兴修水利，以消耗秦国力量，使其不得伐韩。此事被发觉后，秦国宗室本来就排斥客卿，于是就利用这件事对秦王进行挑拨，说外来的客卿入秦都是别有用心的，应该把他们都赶跑。到秦王政十年，秦王接受了他们的意见，下令驱逐所有客卿，李斯也在被逐之列。于是他就写了这篇《谏逐客书》，劝谏秦王不要驱逐客卿。文章从秦国统一天下的高度立论，反复阐明驱逐客卿的错误，写得理足辞胜，雄辩滔滔，因此打动了秦王，他收回了逐客的成命，恢复了李斯的官职。

全文由4段组成，第1段是以历史事实说明客卿为秦国做出了很大贡献，为论证逐客的错误提供依据。起句说："臣闻吏议逐客，窃以为过矣。"开门见山，单刀直入，一开始就提出总的论点，显得非常鲜明有力。明明是秦王下了逐客令，却把逐客的过错归之于"吏"，这说明作者措词委婉，十分注意讽谏策略。在讲了客卿对秦国有利之后，照理下文应当转入正题，论证逐客的错误了，可是作者在第2段却笔锋一转，设下许多比喻，用来说明秦王对不是秦国产的物品的喜爱，对人却持另一种态度是不对的。第3段论述驱逐客卿有利于敌国，而不利于秦国。最后一段收束全文，进一步说明逐客关系到秦国的安危。用两句话就总结了前面三段的意思，第一句谈物的那一半照应第2段，以见出"必秦国之所生然后可"这种态度的不对；谈人的一半则照应第1段，以见出"非秦者去，为客者逐"的做法不当。后一句照应第3段，阐明逐客对秦国危害之所在，因在利害关系上立论，抓住了秦王的思想要害，所以极有说服力。这两句还和文章开头提出的总论点"窃以为过矣"相呼应，具有首尾相连、前后贯通之妙。

文章运用铺陈的手法，以大量的排比句、对偶句，增强了文章的气势，而又不显得堆砌、琐碎，相反使文章句式显得整齐，有一种音调和谐的节奏感，文字优美，朗朗上口。作为一篇论说性的文章，中心论点突出，做到了充分地摆事实讲道理，正反多方论证，利害对举，说理透辟，确是一篇不可多得的佳作，这也使李斯在散文发展史上占有一席之地。

【教学目标】

本课时的教学目标为如下:

(1)了解并能运用文章中对比论证、因果论证等论证方法和铺陈的写作手法来表达自己的观点,培养说理论证的严密逻辑与思维能力;

(2)掌握"书"这一文类的实效性、针对性、论断性特征,学会运用比较思维来分析、归纳文本特征与文类特征,体会当时李斯与秦王的"抱负与使命"。(重难点)

【设计阐释】

《谏逐客书》是统编高中语文教材必修下册第五单元第八课的第一篇课文,其后紧接着的是林觉民的《与妻书》。本单元的阅读课文为演说词、公文、一般书信等实用性阅读与交流的文本,其人文主题为"抱负与使命"。《谏逐客书》是李斯写给秦王嬴政的一篇奏章,意在劝阻秦王收回"逐客"的成命。"客"是客卿,指当时在秦国做官的其他诸侯国的人。"书"是古代臣子向帝王呈交的一种公文形式。本文立意高深,始终围绕"跨海内、制诸侯"的宏图展开,开篇立论,随即反复使用正反论证、对比论证、因果论证的论证方法,通过大肆铺陈的手法,利害并举,雄辩有力,事理昭然。

对于"实用性阅读与交流"的三大类教学内容,高一学生已在上学期学习了新闻传媒类的文章,同时在本学期也学习了知识性文章。由此,对于高一学生而言,此单元社会交往类文章的学习既能够增加其对实用类文章的整体感知,又能对其语言表达与逻辑思维的训练起到关键性作用。而此篇文章相对来说有其特殊性,因是一篇文言,且语言典雅、典故较多,学生学习时相对隔阂更大,疏通文意上需费点时间。基于此,本课设计两课时,第一课时以学生自习为主,查阅工具书,结合注释,掌握重点字词句的意思,疏通文意,理清行文结构。

《谏逐客书》的主题是深刻的,结构是完美的,可研习的东西很多,但作为语文课堂教学的对象,不能做到面面俱到,只能有选择地探究研习。因而第二课时教学内容的选择至少可以有以下几种:可以立足单元主题"抱负与使命"切入"李斯与秦王的理想抱负"主题;可以将其作为奏议,当成典范的议论文教学,去探究文章丰富的内容、严谨的结构、有力的论证;当然更可以把"书"的针对性、对象意识作为课堂教学的主体。

第五单元的四篇文章《在〈人民报〉创刊纪念会上的演说》《在马克思墓前的讲话》《谏逐客书》《与妻书》都属于实用性文章,而这些文章之所以完成了其实用性的价值使命,都是"情"与"理"的共振,只不过不同的文章其"情"与"理"所占的比重不一样。从这个角度上看,"情""理"关系是实现人文单元主题"抱负与使命"的教学切入点。于是在教学过程中重新构建了比较阅读文本,将李密《陈情表》与李斯《谏逐客书》进行对照阅读,去感受面对不同的君王(受众),作者在文中所采用的"情""理"的区别。

【课堂实录】

(说明:《谏逐客书》计划上两个课时,本实录为第二课时的教学过程。)

师：同学们，在你短暂的人生当中，有过"至暗时刻"吗？

生：什么是"至暗时刻"？（乱哄哄）

师：哦。看来大家没看过电影哈。好，"至暗时刻"其实就是说你伤心难过的时候，或者是遇到了生命中的难关、坎坷。

生1：中考没考好，发挥失利。

生2：游戏通关失败了。

……

（学生七嘴八舌，打开话匣子了）

师：哦。还有其他的吗？

生：天气这么热，教务处却不允许开空调！（学生哄堂大笑）

师：哦。这的确算得上是"至暗时刻"！那你有没有想什么办法来解决呢？最后是怎么解决的呢？

生：大家闹呗！（教室里更加热闹了）

师：上节课，我和同学们一起疏通了《谏逐客书》全文，相信你们多少对文章写了些什么有所了解了吧？

生（全体）：是的。

师：那可以说是作者李斯一生的"至暗时刻"。

PPT 出示：

当年，

信奉"仓鼠哲学"的李斯怀揣着"秦国梦"，

背井离乡，满怀希望来到秦国。

他为这个国家拼搏奋斗、交赋服役，

步步为营，官至"客卿"——

然而，一纸逐客令，

李斯与所有的异乡人，

却遭到强行驱逐，连辩解的机会也没有，

踏上茫茫的归途，

难道重新做回"厕鼠"……

（全体学生齐读）

师：我们可以用一句歌词来概括李斯的困境。

[板书：李斯——其实不想走]

师：遭遇困境，人生在所难免，这不，五百年后有个叫李密的人也同样面临抉择。

PPT 出示：

旌旗猎猎，鼓角铮鸣；

邓艾灭蜀汉，李密成遗老；

西晋行怀柔,征召汉旧臣。

郎中李密,远近闻名;

太守刺史察举,辞不赴命;

诏书拜授郎中,辞不赴命;

武帝征召其为太子洗马……

昔晋文受册,三辞从命,

是以汉末让表,以三为断,

面对新生霸主,李密……

(指名一学生有感情地朗读)

师:很好,李密又有什么困境呢? 他的诉求与李斯恰恰相反。他们行动的方式差不多,都是给君主写篇文章,动之以情,晓之以理,成功说服君主! 虽然李斯、李密成功了,但纵观中国历史,没能得偿所愿的也不乏其人,试看——

PPT 出示:

表 14-2 文章虽好,还要讨对方喜欢

文 章	特 点	结 果
曹植《求自试表》《陈审举表》	行文凄厉郁苦,读来泫然出涕	泥牛入海,终生不得见用
李白《与韩州朝宗书》	吞吐云电,气势超绝	对牛弹琴,不闻下文
韩愈《论佛骨表》	激昂慷慨,文理斐然	宪宗龙颜大怒,昌黎险些送命

[板书2:李密——其实不想来]

师:如果没有对象意识,话不能说中人心,那很可能要么是泥牛入海,要么适得其反。正如李斯面对的秦王,乃一统天下的第一人,何等心胸,如果换成李密的口吻写这篇文章,会发生什么呢?

PPT 出示:

换一副面目

我李斯是怎样劳苦功高,和大王共同度过多少君臣和睦的甜蜜时光,如今受到宗室陷害,命运是如何不公。

北风那个吹呀,雪花那个飘,

放逐的路上多少辛酸,

同行的外客多么凄惨……

(学生看完,发出不屑的声音)

师:现在大家交流讨论,将《谏逐客书》的文章结构以思维导图的方式呈现出来。

(学生前后桌四人一组讨论交流,教师巡回走动观察、视听,8分钟左右)

师:同学们刚才交流得很热烈,很好。每个小组也顺利地将文章结构的思维导图拟画了出来。(教师用实物投影的方式展示学生根据小组讨论和自己的阅读认识拟画的思维导图,并加

以评点，其他组的学生给予纠正，最后教师展示示范导图）

PPT 出示：

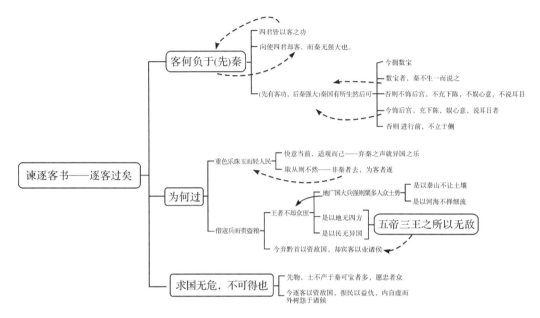

师：同学们阅读这篇文章后，猜猜看后来会有怎样的结局。

生：那还用猜，不然怎么有后来呢！（学生大笑）

师：说得真好！之后秦王干脆就让李斯做相了，连"客卿"的"客"都不要了，直接就没有主客之别了！得到这样的结局，当然是因为这篇文章有很强的说服力，否则……那同学们说说看，文章是如何实现这一点的？

生 1：用事实作为理论的依据，说服秦王不应该"逐客"。秦国发展历史上，截至秦王嬴政，共有 37 位君主，其中最有作为并且使得秦国获得拓展和发展的有 4 位，这 4 位就是李斯在文章中提到的四君，可见李斯对秦国的发展历史非常了解。

生 2：运用对比进行梳理，所重者一国之物，所轻者一国之士。

生 3：运用类比梳理利害，"太山不让土壤，故能成其大；河海不择细流，故能就其深；王者不却众庶，故能明其德"，指出接纳一切民众，才能彰显秦王的德行，指出纳客的意义。

师：很好！同学们已经较全面地总结出文章具有很强说服力的原因，正如林云铭《古文新义》中所说："细玩行文落笔时，胸中必有一段无因见逐不能自平之气，故不禁其拉杂错综，忽而正说，忽而倒说，忽而复说，莫可端倪如此，所以为佳。"如果说《陈情表》是"以情动人"的话，那么本文的特点是——

生（齐声）：以理服人。

[板书：以情动人　以理服人]

师：那李斯为什么要选择这种表达方式呢？

生：因为他所要劝说的对象是秦王嬴政，也就是后来的秦始皇，他乃一代雄主，有一统天下的雄心，是一个很理性的人。

师：太厉害了,这位同学一下就抓住了问题的关键! 作为实用性交际语境写作,《谏逐客书》无疑是典范之作。交际语境理论指出,"交际语境包括角色、读者、目的、体式、语言五个要素",即在特定的会话场域中,我们要通盘考虑"我是谁""对谁说""怎么说""说什么""为什么说"等问题,以达到有效对话、说服对方的目的。而李斯无疑是交际场域的成功操盘手,在与秦王对话的过程中,既考虑了交际双方的处境、身份与地位,又准确拿捏了对方的心理与情感,选择合宜的进谏策略,一步步避其锋芒、消其隐忧、引其精思,发挥了《谏逐客书》的最大实用价值。秦王作为这篇奏疏的第一个读者,读后"乃除逐客之令,复李斯官,卒用其计谋",我们后来人在阅读过程中,也被其深深蕴藏的智慧折服。

［板书：对象意识］

师：同学们对文章内容已经掌握得差不多了,也知道了一些交际的原理。这样吧,我们来实际应用一下看看。

PPT 出示：

延伸拓展

说还是不说？

怎么说？

师：我这儿有个好例子,或许有同学有这样的经历,应该有话想说,不妨一起来看一看。

PPT 出示：

最近,有个新鲜词在家长圈里流行了起来——"鸡娃",什么叫"鸡娃"? 就是给孩子打鸡血,"虎爸""狼妈"们为了孩子能好好读书,不断给孩子安排学习和活动,报各种补习班,生怕自家孩子落人一步。被父母各种紧凑节奏安排的孩子被称为"鸡娃"。

假如你是一个"鸡娃",读了以上材料,你有何感受和思考? 请给家长写一封信,不少于400 字。

师：(一脸坏笑)有没有戳中你的心坎? 我想听听同学们的意见。同学们可以进行学习小组讨论,也可以独自深思。

(学生兴趣很大,投入讨论。课堂气氛活跃)

师：大家讨论得怎样? 有结果吗? 想对爸爸说还是对妈妈说? 用情去打动还是用理去说服? 理由是什么?

生：我想写给老妈,老妈是一个婆婆妈妈的人,讲理根本行不通,动情或许还行。

师：那得想想看如何写得一把鼻涕一把眼泪的,哈哈。

生：我爸妈,油盐不进,想想还是算了!

师：那没有办法了,可能是你没摸准他们的心理。

生：写给老爸吧,他还算能讲讲理的。

师：那你言下之意是"以理服人"啰。

师：刚才同学们都思考了言说对象,并对对象的特点进行了分析,不过课堂上显然没有时间完成 400 字的练习了,那就当成课后作业,大家写好后交上来,我权且充当一下你们的爸爸妈妈,看看有没被你们感动或是说服。

师：下课！同学们再见！

浙江省衢州第二中学　徐成辉

【专家点评】

《谏逐客书》是李斯为了规劝秦王不要逐客而写的一篇奏疏，分析阐明逐客之害，劝谏秦王撤销逐客令，体现了广纳人才、任人唯贤的政治主张。文章有破有立，运用了举例论证、比喻论证、类比论证等多种论证方法，行文有力，气势雄浑。

本单元课文属于"实用性阅读与交流"学习任务群，要求学生能通过文本细读、专题研讨等方式梳理文章内容和结构，把握文章主旨，感受作者思想的光辉和恰当表达的力量，感受作者在态度、语气、叙述策略、表达方式上的个人风格。

徐老师的这节课设计巧妙，充满了智慧，能使学生兴致高昂地投入阅读。

（1）巧用电影和歌词，一语中的来引发兴趣。导入部分徐老师就通过讲述温斯顿·丘吉尔的电影《至暗时刻》来激发学生探究李斯人生状况的兴趣，在讨论环节又巧妙地用了"其实不想走""其实不想来"等歌词及改编歌词来暗指李斯和李密的心意，有趣又有新意，引发学生的阅读兴趣。

（2）巧用课文来比较，探究不同的情绪和表达。李斯想留下来，所有的谏言都是基于这个主观意图下的表达；李密不想留下来，所有的陈情都是为了陈请。徐老师很好地抓住了两篇文章晓之以理、动之以情的精彩表达，将两篇文章放在一起让学生感受，起到了学一篇而懂一类的效果。

（3）巧用论述的方式，学习有逻辑地讲道理。作为一篇论述文，要让学生学习论述的方法，徐老师能将课堂所学，落地到具体的情境问题，让学生现场学现场演练，实现了学教评的一致性，将学习成果可测可评地展示出来。

这是一堂非常精彩、非常有趣的课。

（嘉善高级中学教师、浙江省特级教师、正高级教师　孙元菁）

16. 大处着手，整体解读

——《祝福》课堂教学实录

【课文简析】

鲁迅先生的《祝福》是名篇。小说要表现的是妇女问题，其主题是悲剧性的。那么，造成这个悲剧的真正原因是什么呢？为了充分而深刻地表现这一悲剧，作者把祥林嫂放在了一个特定的背景之下。这个背景就是祥林嫂两次在死了丈夫后来到鲁镇。从作品中我们可以清晰地看到，祥林嫂两次来到鲁镇，其身形、语言、神情、行为都不相同。但不管怎样，她来到鲁镇都是为了得到一点起码的活下去的自由与权力。可是祥林嫂是不幸的，她的生活遭受了许许多多的不幸与苦难，直至最终在祝福的年夜死在了雪地里。鲁迅将旧社会的一个女人的悲惨与苦难可以说是写尽了。其目的是什么呢？当然是为了揭露造成这个悲剧的根源。许寿裳很深刻地说："《祝福》的主题不是惨在狼吃了阿毛，而是惨在礼教吃了祥林嫂。""礼教吃了祥林嫂"就是这篇小说所要表现的祥林嫂般的妇女们的悲剧根源。从小说表现的内容来看，这里的"礼教"应该是多方面的，而"从一而终"的夫权思想是主要的。因此，学习这篇文章首先应该把握的是这一点。理解了这一点，由此延伸，去理解"神权""族权"等封建礼教思想对祥林嫂的迫害与摧残，以及探究祥林嫂的死因也就容易了。

这篇小说在情节结构方面有着明显的特色，主要表现为以下两点。

其一是采用倒叙的手法。小说一开始就把祥林嫂之死呈现在读者面前，这就必然强烈地震撼着读者的心弦，造成一种悬念。同时也预示了小说所要展开的是一幕震动人心的悲剧。

其二是精心选择典型事件。这与小说《药》《故乡》等主要描写生活的一个断面不同，而是从纵的方面来表现祥林嫂大半生的遭遇，正面表现人物性格的变化与发展。然而作者并没有从头到尾、不分主次详略地描写祥林嫂的各种生活，而是选取了几个富有典型意义的生活片段，而这几个典型的生活片段又紧紧环绕着两个对立人物尖锐冲突的主线。作品重点描写了祥林嫂先后到鲁镇及其在鲁家的活动，直接表现鲁四老爷一家怎样从肉体到精神摧残这个不幸的妇女。小说主线分明，中心突出，结构严谨，完满地表达了作品的主题。

【教学目标】

本课时的教学目标如下：

(1)通过对祥林嫂遭遇的分析，进一步领会鲁迅作品对封建礼教批判的深刻性；

(2)在充分阅读的基础上，联系课文内容，探究造成祥林嫂悲剧的原因。

【设计阐释】

鲁迅的《祝福》是一篇情节很具体的小说。对这篇小说的切入点的选定可以有多种，如可从作品的结构形式着手，可以从小说开头结尾描写鲁镇过年的氛围着手，可以从作品中对祥林嫂身世的介绍着手，还可以从作品中对祥林嫂眼睛的四次描写着手。但这些设计都或过小过细，或过具体，都不能真正带动整篇课文的教学。鉴于此，设计这篇课文的切入点时不妨设计得抽象一些，从文章所表现的精神内涵着手，以引导、带动学生从整体上去研习探究这篇小说所表现的深层问题。这样既能落实探究性研习的原则，又不偏离文本，能做到让学生在对文本的整个研习探究过程中，紧扣文本本身去阅读，扎根在文本这块土壤中去思考文本信息，得出自己的独特阅读感受。

《祝福》的主题是深刻的，结构是完美的。这样的作品，可研习的东西很多，但将其作为语文课堂教学的对象，不能做到面面俱到，只能有选择地选取其中一两个方面做探究式研习。

首先应该有充分的时间让学生去感受小说的内容。因为文章较长，不可能在课内让学生去读课文。这就需要在课前给学生充分的预习时间。为了让预习有效果，教师必须精心设计好能统领全文的预习任务，让学生带着任务去预习。

其次，要精心组织好课堂的研习探究活动。对于研习探究活动，一堂课不能设计过多的枝节问题，应该设计一个核心问题，然后围绕核心问题展开研习探究，使研习探究活动既能延伸拓展，又不枝不蔓，这样的研习探究才是有效的。

然后，小组讨论是研习探究的一种好方式，但小组讨论的研习探究不是随意式的松散讨论，其基本的原则必须是在教师设置的核心问题的引导下，按学习的思维逻辑由浅入深地有序讨论，这就是说学习小组的研习讨论必须建立在学生个体积极参与、思考基础上的研习探究，这是积极的合作学习的一种方式。否则，脱离了学生个体积极参与、思考的前提，一切研习探究都会显得无效。

最后，作为语言学习，当然要坚持"语文"这个主体。不管采用怎样的方式去完成教学，都不能抛开"语文"这个主体。因此，教学的过程要始终引导学生去读课文，联系教材，要做到问题有据、答案有据。

【课堂实录】

（说明：《祝福》计划上三个课时，本实录为第一课时的教学过程。）

师：同学们都知道鲁迅。那么，你们读过鲁迅写的小说吗？

生（全体）：读过。

师：哦。那谁来说说你所读过的鲁迅小说的标题？

生：《社戏》《一件小事》《故乡》。

师：这三篇小说都是短篇小说，在初中好像学过——

生（部分）：《社戏》。

师：哦。还有补充的吗？

生 1:我读过《阿 Q 正传》《在酒楼上》。

生 2:我读过《狂人日记》,但读不懂,不知道在写什么。

(有学生笑)

师:哦。《狂人日记》是鲁迅的第一篇白话小说,是比较难读,我初读时也没读懂,读了几遍才有点明白。(学生笑)同学们课外多多少少接触了一些鲁迅的小说,对鲁迅小说的表现风格、主题也有一定的了解。很好。这就为我们今天学鲁迅的小说打下了一个良好的基础。今天我们一起来学习鲁迅的一篇著名小说,也是他的代表作之一——《祝福》。(学生较活跃)同学们看看教材中关于标题的注释,用笔划一下,记住,这篇小说选自鲁迅的小说集《彷徨》。(教师简要地介绍《彷徨》)

[板书:祝福 鲁迅 选自《彷徨》]

师:昨天老师已经布置了预习内容,同学们在昨晚和今天早上自学时已经读过《祝福》全文了吧?

生(全体):读过了。

师:好。今天我们先来看看同学们读得怎么样。先分前后桌四人学习小组交流一下你课外阅读的成果吧。主要交流你对课文基本情节的把握,以及你阅读后存在的一些疑惑。

(学生前后桌四人一组讨论交流,教师巡回走动观察、视听,讨论交流约 8 分钟结束)

师:同学们刚才交流得很热烈,很好。读书就需要交流,交流是读书的一个重要环节。下面我们先来完成一个作业。(教师 PPT 出示相关内容。学生先根据小组讨论结果和自己的阅读认识,完成 PPT 出示填空。如有同学填写错误或不够正确,其他组的同学给予纠正。)

PPT 出示:

这篇小说中正面出场的人物有 _____。

小说所叙述的故事发生的具体时间是 _____、地点是 _____。

祥林嫂生活的环境概括: _____。

小说中表现祥林嫂生活状况的几件大事: _____。

用一句话概括小说所叙述的故事内容: _____。

师:同学们阅读这篇小说后,有哪些问题需要我们大家一起来帮助解决的? 由于时间关系,每个小组提一个,重复的就不提了,好吗?

生(全体):好的! (学生热情高涨,开始交流问题)

生 1:小说中写了祥林嫂的死,她的死好像有许多因素,那么主要因素是什么? 究竟谁是杀死祥林嫂的凶手?

生 2:作者为什么要把祥林嫂的死安排在年夜的雪地里?

生 3:作品是从第一人称的视角去写祥林嫂的,那么祥林嫂的死"我"究竟有没有责任? 如果有,有多大责任?

生 4:我发现一个问题,小说中始终称祥林嫂为"祥林嫂"。但祥林嫂后来不是嫁给贺老六了吗? 为什么还叫她祥林嫂?

师:这个问题提得好! 有价值。同学们还有问题吗?

生：我还有一个问题。小说为什么不用顺叙的手法，要用倒叙的手法呢？

师：这位同学读得很仔细，连倒叙手法都读出来了。很好，读书就要这样，仔细、认真。还有问题吗？（接着又有三名学生提了问题）

师：好！同学们看来是在认真读书了。我很高兴，大家能读出那么多问题，而且这些问题都有深度，值得去思考、探究。读书就要这样，边读边思边探究，只有这样才能真正读进去。我说过，读文学作品是要用生命去读的。所谓用生命去读，就是需要我们在读的过程中融入自己的情感，有自己的想法，有自己的思考，这样才能真正走进作品，走进人物的心灵中去。同学们在做了，很不错，我给大家点赞。（学生笑，气氛热烈）

师：同学们提的这些问题有的我们课内解决，有的我们课外再去探究。好吗？

生（全体）：好！

师：这节课我们重点来讨论一个问题。这个问题刚才已经有同学提到了，老师也有同感。请同学们翻到课本第 102 页。这一页上有一句话单独成段："大家仍然叫她祥林嫂。"同学们看看这句话的前后语境，说说作者是在什么样的语境中向读者交待这个信息的。

（学生认真地读课文）

师：谁来说说这句话出现的前后语境？

生：是在祥林嫂嫁给贺老六以后。

师：对。是在祥林嫂嫁给贺老六以后。同学们想一想，按你们那里的风俗，她再嫁给贺老六后，大家应该怎样称呼她才是合适的？

（有学生说"贺嫂"，也有学生说"老六嫂"）

师：对呀！祥林嫂以前嫁给祥林时，叫她祥林嫂没错，但现在改嫁给贺老六了，人们为什么还叫她祥林嫂呢？作者写这句话时单独成段，显然是有深意的。那么，同学们想一想，"大家仍然叫她祥林嫂"这句话的重音应该在哪里？你们先在心里默读一下。

（生默读）

生 1：我认为重音应在"大家"上。理由是突出大家对祥林嫂称呼的一致性。

生 2：我不同意重音在"大家"上。我认为应在"仍然"上。理由是突出人们对祥林嫂的称呼没有改变这一事实。

师：我赞同第二位同学的意见，重音应该落在"仍然"上。

［板书：祥林嫂　改嫁　仍然　祥林嫂］

师：那么，大家为什么仍然叫她祥林嫂呢？同学们应注意联系课文来思考，可以小组讨论。

（有学生沉思，有学生讨论，约 3 分钟）

师：想好了吗？谁来回答一下？

生 1：我认为是人们习惯了这种称呼，叫顺嘴了。（有学生笑）

生 2：因为贺老六是山里人，祥林嫂是被婆婆抢来卖到山里去而第二次改嫁的。鲁镇的人可能还不知道她改嫁过了，所以还叫祥林嫂。

生 3：我不这样认为，我认为人们"仍然"叫她祥林嫂可能并不是随便叫的。但为什么我还说不清楚。

师：这位同学说"并不是随便叫的"，那么肯定有原因啊！那究竟是什么原因呢？同学们看看课文，从小说情节的本身去找找原因来帮助这位同学回答这个问题。老师提醒你们注意一件事情：思考问题要注意因时因地因人来思考。比如鲁镇有着怎样的社会环境，那里的人们有着怎样的风俗。

（学生看书、思考，然后热烈交流）

生：我认为是社会因素，也就是封建意识。鲁镇是一个比较封闭的小镇，镇上人们的思想比较封建。所以，大家都"仍然"叫她祥林嫂。

师：你说鲁镇比较封闭，人们的思想比较封建，在小说中找到依据了吗？

生：有。比如文中在写鲁镇年夜的景象时说"年年如此，家家如此"，以及鲁四老爷家祭祀时不让祥林嫂碰祭器等都表现了鲁镇的封闭、人们封建礼教意识的浓厚。

师：哦。这位同学说了原因，还找到了依据。还有补充的吗？

生：我认为主要是人们的封建意识。在封建社会中，妇女是没有地位的，何况鲁镇是这样一个比较封闭的小镇。在这个小镇上人们不仅封建意识浓厚，而且还缺乏同情心，如镇上的妇女们听祥林嫂讲阿毛的故事，起先是有点可怜她，后来就厌烦了，甚至有时以此拿她来寻开心，以刺痛她为乐趣。还有她死在雪夜中，作为东家的鲁四老爷还认为她死得不是时候，是"可恶！"

师：几位同学都说到了封建意识。封建意识对妇女自由的压制和心灵的摧残是很严重的。中国有着几千年的封建意识统治的历史，在这几千年的历史中，用来束缚妇女的各种封建条例有许多，如三从四德、三纲五常、从一而终等封建礼教和宗法制度，尤其是"从一而终"，剥夺了多少妇女的幸福权利。所谓从一而终，就是一个女人一生只能嫁给一个男人。即使是今天结婚，明天丈夫死了，不管女人多么年轻，你都得守寡，守着丈夫的牌位凄惨地度过一生。即使改嫁了，人们认可的也只是这个女人的第一个男人。"从一而终"说到底就是夫权，是封建礼教和宗法制度的具体表现。除夫权外，还有政权、神权、族权等几大绳索束缚着妇女。那么，从这个层面联系课文来看，祥林嫂嫁给贺老六后"大家仍然叫她祥林嫂"的原因也就清楚了。是什么原因大家明白了吗？

生（齐声）：夫权。

［板书：夫权］

师：对。谁能具体地对此做一个点评？

（学生讨论，教师指定一名学生回答）

生：祥林嫂的第一个丈夫是祥林，人们叫她祥林嫂，这是合情合理的。但祥林死后，祥林嫂被迫改嫁给了贺老六，按理人们的称呼应改为贺嫂或老六嫂。但鲁镇的人们由于受妇女应从一而终的封建夫权意识的影响，仍然叫她祥林嫂。这说明人们只认可祥林嫂是祥林的妻子，而不认可她是贺老六的妻子。这是夫权思想严重的表现。鲁迅说："大家仍然叫她祥林嫂。"这是当时社会生活的真实表现，也表明了封建礼教对祥林嫂的迫害。

（学生鼓掌）

师：不错，同学们的掌声说明了你的点评不错。我也赞一个！

师：下面我们进一步走进小说。同学们从文章中找出有关"夫权"对祥林嫂迫害的情节事实，以此来印证我们上面所讨论的观点的正确性。同学们比比看，看谁找得多而全，找好后学习小组先交流一下。

（学生先自己找，然后学习小组讨论。教师边巡回察看，边参与学生讨论）

师：找到了吗？

（生有说"差不多了"的，也有说"找到了"的）

师：嗯。好！那我们交流一下。谁先来？为了方便起见，同学们可以自己直接站起来说。注意，交流时可以读一读你从书中找到的内容，也可以概括情节，但必须要做简要的分析说明。

生1：我找到了两处。一是柳妈让祥林嫂去捐门槛。因为柳妈让祥林嫂捐门槛的目的是避免祥林嫂死后在阴间因两个丈夫的抢夺而被阎王爷锯开身体。二是鲁四老爷不让祥林嫂碰祭祀的祭器，是因为祥林嫂是死过丈夫的女人，鲁四老爷认为，让她碰祭器是不干不净的。这两处都与祥林嫂死了的丈夫有关，体现了夫权对妇女的束缚。

生2：我找到三处，其中两处上一位同学已经说了。我补充一点。祥林嫂死了第一个丈夫后来到鲁家打工，后来婆家来人把她抢走了，卖给了山里的贺老六。我觉得这里也是夫权意识的体现。因为祥林嫂嫁人后，婆家便认为她是他们家的人，有权对她这个人进行处理，这是"从一而终"的体现。当然这里可能还有族权的原因。

（学生发言交流，教师认真倾听）

师：这两位学生找得很准，也做了简要的分析。还有吗？

生：我再补充一点。从鲁四老爷对祥林嫂的态度中也可以看出这一点，如小说中两次写到了鲁四老爷皱眉的行动和神情。第一次皱眉是讨厌她是个寡妇，第二次皱眉是嫌她是伤风败俗的有罪女人，"不干不净"，告诫四婶祭祀时不让她沾手。这两处对鲁四老爷的行为和神情的描写，体现了鲁四老爷认为祥林嫂死了丈夫，作为"寡妇"就不应该再嫁，再嫁了那就是伤风败俗的、有罪的。从这里也可以看出"从一而终"的夫权伦理观。

师：嗯。这位同学的分析你们同意吗？

生（全体）：同意。

师：老师也同意他的分析。还有补充的吗？

生：我觉得从鲁镇上那些女人们对祥林嫂的态度中也可以看出"夫权"对妇女的迫害。文中写了祥林嫂第二次到鲁镇后，女人们对她态度的逐渐改变，如"镇上的人们也仍然叫她祥林嫂，但音调和先前不同；也还和她讲话，但笑容却冷冷的"。她常给人讲阿毛的故事，但这早已成为妇女们的渣滓，"只值得烦厌和唾弃"。这里的"不同""冷冷的""烦厌和唾弃"，都是因为女人们知道祥林嫂嫁了第二个丈夫，并且也死了，便认为她不干净、不守节，所以疏远她、鄙视她。这里也有"夫权"的原因。

师：哦。同学们从小说中找到了许多相关情节来说明祥林嫂是深受"夫权"迫害与摧残的，从中也可以看出鲁镇这个小镇深受封建伦理观念的统治和毒害。所以，当祥林嫂第二次回到鲁镇，虽然她已再嫁给贺老六了，但"大家仍然叫她祥林嫂"。由此，我们也应该明白小说中这句话的内在含义了：它深刻地反映了鲁镇的现实——封建礼教笼罩着这个小镇！

师:前面我们讨论了夫权对祥林嫂的迫害,有人说,祥林嫂是死于夫权的迫害。你们是否同意这种看法?为什么?请大家联系小说情节,讨论一下。

(学生同桌间讨论)

师:讨论好了吗?

生(全体):好了。

师:谁来说说?

生1:我同意这种看法。因为小说整个故事情节都是将祥林嫂放在这样一个大背景下写的。这点从前面的讨论中可以看出。

生2:我认为这是主要原因。当然,除此以外,还有神权和族权的迫害因素。比如文中几次写到鲁四老爷不让她碰祭器,这除了她是个寡妇,还有一个原因就是这是祭祖——鲁四老爷认为,她碰了祭器,就是对祖宗的不敬。因此,祥林嫂祭祀的权利被剥夺了,这是对她心灵的摧残。族权的迫害表现在婆婆对她的控制上。所以我认为,造成祥林嫂死亡的原因是多方面的,当然,作为一个妇女来说,夫权的迫害是最主要的。

师:两位同学都联系小说情节做了分析,我觉得分析得比较到位。确实,祥林嫂的死不能单归结于某个方面。封建社会中有许多条绳索套在妇女的脖子上,神权、政权、族权、夫权等都是。这是压在妇女头上的四座大山。这四座大山中的任何一座都可能将一个妇女压死。这篇小说中对此都有表现,但真正直接加速祥林嫂死亡的,我认为是夫权。小说情节始终是将祥林嫂放在"一个嫁过两个男人的女人"的背景下展开的,这从同学们前面的讨论中已经得到验证。老师不再重复了。同学们读过关汉卿的《窦娥冤》吗?在这个戏剧中,关汉卿给我们塑造了一个冤死的妇女形象窦娥。但她的冤死是由于封建政权的迫害,而祥林嫂的死则是受到夫权的迫害。夫权是封建礼教的重要表现,因此我们也可以说,祥林嫂的死,其罪魁祸首是封建礼教和宗法制度。

[板书:封建礼教,夫权]

师:同学们对此还有看法吗?

(教师观察,同学们流露出赞同的神情)

生:老师,对此我表示赞同。但有一个问题我感到有些疑惑。

师:有疑惑?好,请说,看看我和同学们能否帮你解惑。

生:既然是要坚守"从一而终"的礼教,那么为什么祥林嫂的婆婆却要把祥林嫂卖到深山坳里去?这不是自相矛盾吗?

师:这位同学提了一个很有价值的问题。这个问题你们的师姐师兄们也曾提过。看来这是一个共性问题。难道是鲁迅在创作上犯了一个自相矛盾的错误?我想听听同学们的意见。同学们可以学习小组讨论,指定一位同学把意见记录一下。

(学生兴趣很大,投入讨论。课堂气氛活跃)

师:大家讨论得怎样?有结果吗?由于时间关系,我们选三个学习小组汇报好吗?(教师随机指定三个学习小组)

生1:我们组认为,这好像不矛盾。刚才老师提到了族权,我们认为这是族权的表现。婆家认为祥林嫂既然是他们家的媳妇,他们便可以随意处理她,因为在旧社会,妇女是男人的附属品,是没有家庭地位的。这也从另一个方面表现了夫权和族权对妇女统治的强势。

生2:我们组认为,这看起来似乎有点矛盾。但这不是鲁迅创作上的矛盾,而是社会的矛盾,也可以说是文化和伦理上的矛盾冲突。鲁迅只是用小说表现了这种矛盾。

生3:我们组认为不矛盾。一方面按封建礼教,婆家要求她守节,不得自己另嫁;另一方面按宗法制度,族人可以随便处置一个寡妇,所以可以在儿子死了后卖了她赚钱。她的一生没有一点起码的人身自由,这恰好表现了祥林嫂悲惨的一生。

(学生在下面议论,气氛热烈)

师:好,三个小组做了汇报。同学们觉得怎么样? 他们的回答有道理吗? 你们可以课后继续讨论,并把讨论的意见写下来,也可以针对这一问题根据自己的理解写篇小评论。下面老师做一点补充。

刚才三个小组的汇报有一定的道理。他们或多或少谈了自己的看法,很好! 我们可能谈得不是很到位,因为这是一个学术问题,但我们在思考、在探究了,这就很好!

我认为,这位同学存在的疑惑恰是鲁迅创作的高明,他正是艺术化地利用了事实上的矛盾,深刻地揭露了封建礼教和宗法制度的虚伪与残酷。祥林嫂是一个年轻的寡妇。在比自己小十岁的丈夫死后,她不甘受婆婆的虐待,逃到鲁镇做工,她唯一的愿望是摆脱婆婆的虐待,得到一点起码的自由,可是封建礼教和宗法制度是不会放过这个勤劳善良的劳动妇女的。婆婆不仅把她像抓逃犯一样抓了回去,并且把她当作一件赚钱的货物卖到深山野坳里。为此,她的婆婆"到手了八十千",娶进了第二个儿子的媳妇。在这里,封建礼教规定寡妇要"守节",但封建家族又逼着寡妇改嫁。这种自相矛盾正说明了封建伦理和宗法观念的冷酷和虚伪。作者这样写是为了表达自己的满腔悲愤和同情。这位同学,老师这样解答不知能否帮助你解惑?

[板书:冷酷虚伪]

生(提出质疑的学生):明白了。

师:好! 如果不明白或者还有什么问题,我们可以课后再深入讨论。这节课我们就对祥林嫂的遭遇及造成其悲剧的社会原因进行了分析。当然,也可以是其他的原因,只要合理,都可以存在。课后,请同学们再去思考一下,作者是怎样艺术地来表现祥林嫂的遭遇的。

(教师布置课后作业)

师:同学们,大家课后再次深度阅读课文,鉴赏探究鲁迅是怎样艺术地来表现祥林嫂的遭遇的,把自己的鉴赏探究结果用批注的形式,在课文旁对应的位置做好标示,批注不少于4条。下一节课课堂交流。

师:下课! 同学们再见!

安吉县高级中学　郭吉成

【专家点评】

郭老师将研习探究作为这堂课教学的定位,通过课堂讨论(主要是小组讨论)的教学手段和方式来完成本课时的教学任务。定位是正确的,效果是明显的。其成功之处主要体现在以下三方面:

首先在于郭老师对问题设计的正确把握。从整堂课来看,郭老师为这堂课设计的核心问题是"为什么祥林嫂嫁给贺老六后大家仍然叫她祥林嫂?"。这个问题的设计有两个妙处:一是有统揽全局的作用。一堂课问题的设计不应该过多,正确的做法应该是有一个主体的问题,能统领整堂课,能引导学生去思考生发更多的问题。郭老师设计的这个问题就起到了这样的作用。二是切入点有新意。上这篇课文,老师们大都是从开头和结尾鲁镇的"祝福"景象入手,提出作者为什么安排祥林嫂死在年夜的雪地里这一问题;也有的从祥林嫂两次来到鲁镇的变化着手设计问题。而郭老师却抓住文中一句关键的话着手切入,引导学生研习探究造成祥林嫂的悲剧的原因,将立意定在探究"悲剧"的原因上,这就跳出了一般的设计和相关教辅资料上的说法,抓住了文章的"牛鼻子",激发了学生研习探究的兴趣。一个好问题带动了一篇课文的学习,这堂课在这方面提供了一个成功的范例。

其次,关注学生的学习,注重学生的内省体察。文学作品阅读教学旨在促进和帮助学生内省体察,让学生在对文本体验感知的过程中丰富情感,认知作品中的情景内容。研习探究阅读教学是把教学的视点直接指向心灵,关注人,关心人的命运,追求探索人文价值,并带着强烈的情感去拥抱这个价值,它是以情感体验为核心,以生活和对生活的理解为基础,以想象为主要手段,以精神升华为目的的。郭老师的这堂课就充分关注了这一点。整堂课的教学,无论是启发学生思考,还是组织学生研习讨论,始终坚持学生的自我探究、自我感受,而学生的这种自我探究与感受又坚守住了"文本"这个主体。从教学过程中,我们可以看到这一点,学生的所有研习探究都是围绕文本展开的,而随着教学走势的向前发展,学生对造成"祥林嫂的悲剧"的原因的认识也在不断深化。

最后,课堂架构有很强的逻辑性。整堂课以核心问题带动其他问题,并且问题与问题间不断推进,构成一条有序完整的教学逻辑链。从学理上来说,一堂成功的语文课是需要一个有序合理的逻辑来支撑的。没有合理的逻辑链,教学势必是散乱无序的。郭老师的这堂课完成了预习检查、问题导入、研习探究、解疑提升这样四个教学环节。这四个环节是有序的,它不断激发着学生的学习兴趣,推进着学生思维的向前发展,体现了研习探究性学习的原则。

(浙江省台州中学教师、浙江省特级教师、正高级教师　洪方煜)

17.景物描写推情节,细节描写展性格

——《林教头风雪山神庙》课堂教学实录

【课文简介】

八十万禁军教头林冲被刺配后,几经周折分到看守草料场的工作。因大雪压塌住处,无奈来到一个破旧的山神庙暂住一宿。正因此才凑巧听见门外陆谦和富安的谈话,得知自己被他们陷害,而且差点被害死。恼怒中,林冲终于爆发,提枪戳死两人。可以说,正是这次事件,才使得林冲对官场仅存的美好愿景化为泡影,走投无路,不得已只得投靠梁山。

在写作上,本文呈现三大特点:

(1)刻画人物,鲜明生动。

作者把人物放在一定的社会环境之中。这样,不但能写出人物特点、个性特征,而且能写出人物所生活的社会环境。其次,作者把人物放在尖锐的矛盾冲突——以高俅为首的统治者之间的矛盾和自身思想中的矛盾这两种矛盾中,表现人物性格的发展,鲜明地突出了"官逼民反"这一主题。最后,作者通过一些有代表性的动作和语言来表现人物。比如林冲在风雪之夜出门沽酒时,作者生动地描写了他的"挑""盖""戴""拿""拽"等一系列动作,细腻地刻画了林冲谨慎小心、安分守己,唯恐出事的心理状态。

(2)景物和细节描写,细致生动。

在景物描写上,紧扣回目"林教头风雪山神庙"中"风雪"二字。四次对雪的描写,使读者对当时的风大雪紧留下了具体深刻的印象。其他对云、风等景物的描写虽着墨不多,但或直接描写,或侧面烘托,均起到了推动情节层层发展、逐步引向高潮的作用,同时也渲染了气氛,衬托了人物性格。本文细节描写也十分出色。如对林冲第一次走出草料场的一系列动作描写,以及草厅被雪压倒后的一系列动作,心理描写,都说明林冲的精细谨慎、忠于职守,表现了他安分守己的性格。同时也使读者明确意识到草料场起火不是林冲不慎造成的。

本文景物描写和细节描写对展开情节、渲染气氛和表现人物性格都起到了一定的作用。

(3)两处偷听,详略有致。

一处是写在小酒店里,李小二叫妻子前去暗暗偷听。一处是写林冲在山神庙里偷听陆谦等人的谈话。两次偷听,一略一详,都恰到好处。前者是陆谦等人在小酒店密谋策划害人的亏心事,贼人心虚,怕人听到,只能低声窃语。李小二妻子的隔墙之耳,当然不易听清。而且此时如果完全听清了陆谦等人的密谋,下面的故事也就索然寡味了。但要是连半句也听不到,情节也无法曲折起伏地开展下去。只有藏头露尾,似是而非,才会使小二夫妻、林冲乃至读者产生

疑团。这种悬念的设置扣人心弦。而后者,林冲是在风雪之夜的山神庙里偷听,陆谦等三人放火成功,正当得意忘形之时,压根想不到深夜冷落萧条的山神庙里会有人,更想不到会是林冲,所以他们的谈话毫无顾忌。林冲仅隔庙门,当然听得一清二楚。而所听到的内容也使得林冲立即点燃胸中复仇烈火,不顾一切地挺枪杀仇人。略写显得惜墨如金,恰到好处;详写则泼墨如云,恰如其分。

【教学目标】

本课时教学目标如下:

(1)围绕"林冲"是不是英雄的问题学习本文,展开文本的研习,确立英雄的判断标准,从而全面认识林冲这个人物;

(2)在人物形象的认识中,学习本文富有特色的描写(景色描写和细节描写),讨论这些描写对凸显人物性格的作用;

(3)绘制人物性格发展和情节走向思维路径图,并养成画思维图的习惯,以此培养自己阅读文本的思维路径,养成无思维不学习的习惯。

【设计阐释】

此课依然是"批判性思维培养"项目学习实践课。批判性思维的研究比较多,在此文中,主要引导学生正确认识林冲这个人物:他到底是不是英雄? 作为项目化学习的内容之一,本堂课重在通过画思维图——情节梳理思维图、人物性格发展思维图和人物对话层次思维图的形式,来展开对人物形象的认识。

三幅思维图,有对文本的整体把握,有对人物性格发展趋势的把握,更有对细微处的对话层次的挖掘。如此多层面地培养学生的思维,促使他们优化对文本的解读路径,提高文本的解读效率。

【教学实录】

(说明:本课为本文学习的第二课时。)

师:今天这堂课的任务,我们要从"忍 or 反"中选择一个。记得哈姆莱特有一句名言:"To be, or not to be: that is the question."谁来翻译一下这句话?

生:是还是不是,这是一个问题。

师:大家觉得他翻译得如何?

生:活着还是死亡,这是个问题。

师:还有同学需要改正吗?

生:生存还是毁灭,这是一个问题。(我看到过这句话。)

师:为这个诚实的同学点赞! 生存或毁灭确实是一个两难的人生选择。那么,在这之前,林冲会选择什么呢? 大家对林冲有所了解吗? 请根据课前预习,呈现大家给他建的档案。

(一学生依照相应的格式说了,但是说错了职位变迁。一学生则在兵器上犯了一个小错

误——将林冲的兵器顺序颠倒了)

师:老师呈现聚集了大家智慧的档案,我们一起来看看。

PPT 出示:

给林冲建个档案

姓　名:林　冲

相　貌:豹头环眼,燕颔虎须

星宿名:天雄星

梁山座次:6

身　高:约 1.88 米

职位变迁:东京——八十万禁军教头

　　　　沧州——从天王堂到草料场

　　　　梁山——马军五虎将第二

兵　器:先用梨花枪,后改用丈八蛇矛

事　迹:"误入白虎堂""棒打洪教头""风雪山神庙"……

性　格:……

师:"性格"部分,我们等会再讨论。先让思维热一下身:阅读前面章节,说说林冲在哪些事情上"忍",并画出简图。

生1:他的老婆被高俅调戏,他没有发火;他被发配到沧州时,老婆写了休书,他也没说啥。

生2:我补充一点——一路之上,被公差变相折磨,他也不声响。

师:所以,林冲一忍再忍,甚至还忍,是因为什么?懦弱吗?他最后为什么会发怒呢?

PPT 出示:林冲 VS 李逵和武松

李逵为老母,奔波斩四虎;武松为长兄,奋力揭真相;林冲为＿＿＿＿,愤怒＿＿＿＿。

师:请同学们阅读文章,补充填空。

生1:不是懦弱。他是为了家宅安宁。

生2:是懦弱,一个男人,居然保护不了自己的老婆,还算男人吗?

师:你这话说得,带点火药味儿啊!法律上讲说话要有依据,我们还是去文中找依据吧。林冲原想以"忍"为本,后来他却起而杀人了,为什么?

师:第一步,我们先来梳理一下情节,有谁能用四字短语概括每一部分的内容?

生:我是以林冲的行动为线索来分的,概括为刚到沧州、听说阴谋、接管草场、杀死敌人。

师:有需要对这位同学的回答进行修改的吗?

生:最后一个最好改为庙外杀敌,更能体现出对手被杀死的地点。林冲竟然在非常讲究忌杀生的地方杀人,表明他实在是被逼到了极点。

师:你非常有见地!在这些事情的发展过程中,林冲的性格也有了变化。那么,他的性格是怎么变化的呢?你们能先概括出来,再画一张动态图吗?(先请学生回答,再一齐画图)

生1:初到沧州时遇到了旧知小二,虽然有所触动,但他还是软弱忍辱,不思反抗;直到听说阴谋,才激起了怒火,但是,他还是想着得过且过,委曲求全,不想闹事。后来的让其他同

学来说吧！把机会让给别人。（全班笑）

生2：接管了草场，他虽心生疑窦，可还是随遇而安，苟且妥协。直到在庙里亲自听到陆谦他们想要陷害谋杀他的对话，心里的新仇旧恨才完全被激发出来，于是果断反抗，起而杀敌。

师：两位同学的回答，非常切合课文的内容走向，可见，聪明的你们是认真读了课文的。

生3（插话）：这篇课文我们初中在名著阅读中就阅读过，而且，我们也看过电视连续剧《水浒传》。

师：我不由地佩服你们的见识广博。所以，林冲性格发展的诱因是——

生（齐声）：官府的逼迫与陷害。

师：林冲是在什么情况下，彻底反了的呢？我们先来齐读一段文字——

PPT出示：

看到草料场着火，到三个人对话

师：请猜猜哪一句话是陆谦说的，并概括他的话语中包含哪些信息。

（学生分别猜并朗读，教师指导朗读技巧，争取读出人物心理）

生：一个应道："端的亏管营、差拨两位用心。回到京师，禀过太尉，都保你二位做大官。这番张教头没得推故了。"

师：同学们听了这位同学的朗读，觉得有什么可改进之处吗？

生：他没有将"端的"重读，这个词有"真的、确实"之意，表达陆谦对管营、差拨两人的肯定与表扬。后面的话则显示陆谦是这次行动的领头人。

师：你真是一个用心读文的孩子！读到了文章的内核。下面请同学们一齐有感情地朗读这个句子。

师：同学们，请大家先自己读一读这整段对话，再思考：里面包含了哪些信息？人物对话的意图是什么？大家依次说，每人说两个。

生1：有人得意地问此条计策好不好，然后陆谦许诺进官位。然后……（师：请你坐下，把机会让给别人好吗？）

生2：预料结果，打如意算盘，说出他们之所以这样密谋的原因。

生3：讲出放火过程，最后做阴谋得逞后的美梦。

师：以上三位同学说得很准确。只是，我们能不能将他们的答案再压缩一下，变成各三字的短语，如何？谁来说一说呢？

（短暂沉默）

生：我这样概括：问状况—许官位—料结果—道原因—说过程—做美梦。

师：哇，你太有才啦！思维甚是敏捷。各位请看课件中呈现的思维路径图。那么，问题来了，听了这些对话，林冲他又是以怎样的方式"反"的？请同学们找出相关的语句并加以解说。

生：心理描写——"天可怜见林冲！若不是倒了草厅，我准定被这厮们烧死了！"动作、语言描写等——轻轻把石头掇开，挺着花枪，左手拽开庙门，大喝一声："泼贼那里去！"

对手的反应——三个人都急要走时，惊得呆了，正走不动。林冲举手，略察的一枪，先搠倒差拨。陆虞候叫声："饶命！"吓得慌了手脚，走不动。那富安走不到十来步，被林冲赶上，后心只一枪，又搠倒了。翻身回来，陆虞候却才行得三四步，……

……回头看时，差拨正爬将起来要走，林冲按住喝道："你这厮原来也恁的歹，且吃我一刀！"又早把头割下来，挑在枪上。

师：你找得又快又准，而且还分类说了。那么，哪位同学能概括这三个描写背后，林冲的思想活动和对人物性格发展的作用？

生：心理活动表明他的怒火开始萌生，想自己已经退让到如此地步，仇家居然还步步紧逼，践踏了他最后的尊严，真是无路可走了；动作语言表明他开始正式反抗，要以实际行动表明自己也是一个血性男儿……

师：血性男儿这词用得好！

生：对手的反应则表明，他们实际上色厉内荏，真正看到林冲这个教头拿出实际行动时，全被吓尿了！

师："吓尿"，太形象了！只是有点粗俗，我们课堂上，还是用文雅的词比较好。

（生笑着点头）

师：林冲在杀陆虞候时说了两句超出常情的话，它们是——

生："奸贼，你待那里去！"和"泼贼，我自来又和你无甚么冤仇，你如何这等害我？正是'杀人可恕，情理难容'！"

师：这两句话能说明林冲是英雄吗？

生：可以说明。

师：为什么？

生：因为这两句话表明林冲已经忍到无路可走了，除了起而杀人，他当时再也找不到合适的好办法。这么长时间以来的委屈忍让、辛酸苦楚，全部化作了复仇的力量。一旦他雄性的本色复苏，那么，一个顶天立地的男子汉便出现在我们面前。

师：你说得真好！林冲原想以"忍"为本，但后来他却起而杀人了，他应该算得上是个英雄。

PPT出示：

英，草荣而不实者。——《说文》

能过人曰英。——《正字通》

英：草木之精粹者——杰出的人（才、智、德等）［hero］

雄：禽兽之特群者，杰出的人物［heroes］。

尧、舜者，天下之英也。——《荀子·正论》

智过万人者谓之英。——《淮南子·泰族》

德过千人曰英。——《礼记·辨名记》

与三代之英。——《礼记·礼运》。备，天下枭雄。——《资治通鉴》

在百八将中，林冲才是有着正常的生命感觉和生活热望的人，他一忍再忍，直到忍无可忍，不能简单理解为懦弱、逆来顺受，这是一个渴望正常生活的人的正常选择。他最后忍无可忍，不得不杀了仇人，足见社会之邪恶，足见恶人之不可饶恕；但他并不因此就滥杀无辜，他守住了为人的底线。……我认为林冲有血性，也有理性，他冷血，但不嗜血。尊重生命的人，才能称得

上英雄。——特级教师余党绪

师:最后一个问题——你觉得先"忍"后"反"的林冲是个英雄吗?为什么?

生:是个英雄。他"忍"是因为他想好好地活下去;他"反"是因为他实在无路可走了,不得不反了。

师:是啊,下面我们来看看其他人的评价。

PPT 出示:

林冲自然是上上人物,写得只是太狠。看他算得到,熬得住,把得牢,做得彻,都使人怕。这般人在世上,定做得事业来,然琢削元气也不少。

一个没有血性的人是懦弱的,一个没有血性的民族也注定是没有尊严的。林冲三番五次被"打出常轨",他不得不起而反之。——孙绍振

他并不缺少血性,只不过他轻易不出手,不迁怒于人,不滥杀无辜。他行事权衡利弊,考虑全局,兼顾他人,有礼、有理、有节,闪烁着智慧与理性的光芒。

与李逵相比,他没有因为仇恨而失去理智。林冲的忍耐,源于他对美好生活的渴望,他的愤怒,源于内心深处不可侵犯的尊严。——余党绪

师:他——冷静而不浮躁,镇静而不易恼,从容而颇有序,这是一个……

生:这是一个多么有修养的谦谦君子啊!连这样的人都被逼上了绝路,你说这世道……

师:现在,大家能完成刚才的填空了吧?林冲为尊严,愤怒杀恶贼。(学生完成填空)

师:有人这样称颂林冲——仗义是林冲,为人最朴忠。江湖驰誉望,京国显英雄。身世悲浮梗,功名类转蓬。他年若得志,威镇泰山东。

他要变成一杯开水,在坏人喝的时候可以反烫其舌;他要变成一根骨头,在坏人砍的时候还可以反痛其手;他要变成大海,在贪婪的人掠夺时反噬其命……

孟子说过:"有人于此,其待我横逆,则君子必自反也!"这句话的意思是如果有人对我不好,不讲理,那么,作为君子的我,一定要反省是不是自己待人不够礼貌,不够好,别人才这样对待自己的。从这句话可见儒家胸襟之宽广。

他忍,再忍,还忍,最后忍无可忍!他努力想当一个普通人,却不成。他努力想做一个好人,可那个时代却无情地拒绝他,吞噬他,无须再忍便成了他最后的抉择。

师:让我们用两个填空结束这堂课吧!下课后请大家完成课后作业。

PPT 出示:

课后作业:明朝的大思想家李贽曾经这样说陆虞候:"富安可恕,陆谦必不可恕!可恨!可

恨!"你觉得是为什么?

绍兴鲁迅高级中学　陈爱娟

【专家点评】

本课节选自《水浒传》第九回,是林冲命运的转折点,他一味地忍让,终于在草料场被烧之后,忍无可忍,毅然走上了反抗的道路。林冲是小说塑造的典型人物,性格丰富,有发展变化,人物身上既有命运的使然,更有社会的印记。

本单元课文属于"文学阅读与写作"学习任务群,人文主题是"观察与批判",要求学生领会作家对社会现实和人生世相的深刻洞察,拓展视野,体会其对旧世界、丑恶事物的批判意识;学会观察社会生活,思考人生问题,增强对社会的认识,提升审美情趣和审美品位。

陈老师的这节课能围绕文学阅读的要求,精心设计,使学生学有所得。

(1)设置核心问题,围绕人物开展活动。陈老师为本堂课设计了一个核心问题——"林冲是不是英雄?"这个问题既有趣,又将小说阅读的几个核心要素——情节——人物——矛盾冲突——主旨等巧妙结合在一起。学生探究一个问题,却能获得许多文本学习的收获,可谓一举多得。

(2)多角度看人物,掌握塑造人物的方法。陈老师将对人物性格的探究,置于人物与社会环境共生、互动的关系中去认识,让学生在文本探究的过程中认识人物性格的发展和变化,这是非常好的研读小说、认识小说人物的方法。

(3)从文章到文学,引入名家评论提升阅读素养。整节课中,陈老师对"英"字的解读,引入了《说文》《正字通》《荀子·正论》《淮南子·泰族》《礼记·辨名记》《礼记·礼运》《资治通鉴》等多部典籍的注释,在评价林冲时,又引入了余党绪、孙绍振等名家的看法。由文章走向文学、文化,提升了学生的语文品质。

(嘉善高级中学教师、浙江省特级教师、正高级教师　孙元菁)

18. 在情景中理解，在任务中感知

——《变形记(节选)》课堂教学实录

【课文简析】

《变形记》是奥地利作家卡夫卡的代表作,小说内容可以划分为三个部分,第一部分从格里高尔变成甲虫到他的家人接受这一变故;第二部分是他的家人寻求改变的过程;第三部分是格里高尔死后,他家庭的状况。课文节选自第一部分,描写了格里高尔这个小职员为了养家糊口,终日奔波在外,被公司看作安分守己、稳当可靠的雇员,他渴望有一天能摆脱这种苦役,但没等到时来运转,他就变成了一只大甲虫。在人变甲虫的过程中,让人看到格里高尔行动艰难、内心痛苦及家人对他态度的变化,由此可以感受到格里高尔在这个家庭中所扮演的角色。

《变形记》给人最大的印象是"荒诞"。阅读卡夫卡的《变形记》,对读者是一种挑战,因为作品很难用传统的阅读方法去解读。在传统的小说中,最讲究人物形象的塑造、性格的刻画。可在《变形记》中,我们并没有看到有哪些令人难忘的个性留下来,也没有传统的小说中起伏跌宕的情节。在小说的开头,作者没交代任何原因,简直是祸从天降:"一天清晨,格里高尔·萨姆沙从不安的睡梦中醒来时,发现自己在床上变成了一只大得吓人的甲壳虫。"故事是在一个荒诞的情境中展开的。由于格里高尔的突变,引起了家人对他的强烈反应。格里高尔变成甲虫之后,他惊异地发现:公司协理逃跑,母亲晕倒。父亲一心只想着格里高尔能快快进屋去,他被父亲推倒在房内,跌得"鲜血淋漓"。他孤独的心多么需要交流与慰藉,哪怕他成了一只甲虫,也渴望得到他人的关怀和爱心。可当他走出房门时,却被父亲用苹果轰炸。妹妹也逐渐由最初的同情变成厌恶而憎恨,反复提出要摆脱这个"负担"。再没有比这种"本是同根生,相煎何太急"更悲惨的情形了。

小说的主题是异化下的困境。小说主人公格里高尔,一只丑陋而笨拙的甲虫。以甲虫形象展示主人公形象,具有强烈的象征意义,它象征着现代社会中被工作、生活所挤压,物化为"非人"的现代人普遍的生存状态。当我们突然无法动弹,在完全无能为力,丧失了人的一切自主性的情况下,我们应该怎么办?卡夫卡的小说带出了我们深深的疑问。显然,在如此荒诞的突变中,卡夫卡敏锐地觉察到现实生活中某些带有本质性的意蕴:借一个小职员一觉醒来变成甲虫的荒诞故事,表现出现代人无法掌握自己命运乃至被异化的荒诞现实,揭示了现代人生活的困顿和凄凉。

王小波说:"我正等待着有一天,自己能够打开一本书不再期待它有趣,只期待自己能受到教育。"《变形记》就是一本这样的好书。读它,有一种"思维的乐趣",有一种睿智的感觉,思想上的所得显然多于心灵的收获。

【教学目标】

本课时的教学目标如下：

(1)在充分阅读的基础上,通过对三幅封面设计的比较,梳理小说的故事情节；

(2)通过小组讨论,深刻认识家人对主人公变异后的态度变化及其背后的原因；

(3)理解小说荒诞背后的真实:现代人生活的困顿和凄凉。

【设计阐释】

卡夫卡的《变形记》是一个现代寓言,含有极多的信息。《变形记》是探究存在之谜的,作品所关注的重点是"不可视的内心生活"。这样的作品,可研习的东西很多,如小说的主题探讨、小说的人物分析、小说的表现手法等,但将其作为语文课堂教学的对象,不能做到面面俱到,只能有选择地选取其中的一两个方面作探究式研习。同样,小说解读的切入点也很多,比如可以从荒诞的情节入手,可以从残酷冷漠的社会环境入手,还可以从主人公的处境入手。但这些设计都离学生的认知有一定的距离,对学生阅读体验而言有陌生感。鉴于此,本课设计时创设了一个具体的情景:以"世界读书日"为话题引入,让学生推荐世界名著,为名著选择设计封面、写推荐语,从而将课文与学生生活紧密结合起来,引导学生了解熟悉故事情节,进入文本内容,深入人物内心。

首先应该有充分的时间让学生去感受小说的内容。因为文章较长,不可能在课堂让学生去读课文。这就需要在课前给学生充分的预习时间。为了让预习有效果,设计了"作为读者,请你结合文本的内容,选择你认为最佳的封面设计,用一句话概括画面的内容,并作简要说明"的预习任务,让学生带着任务去预习。

其次,精心组织好课堂的研习探究活动。对于研习探究活动,一堂课不能设计过多的枝节问题,应该设计一个核心问题。本课讨论的核心问题是"小说中有哪些'变形',说说你对小说中'变形'的认识"。围绕核心问题展开研习探究,使研习探究活动既能延伸拓展,又不枝不蔓。小组讨论是在教师设置的核心问题的引导下,按学习的思维逻辑由浅入深地有序讨论,在学生积极参与、思考基础上的研习探究。

三是作为语言学习,当然要坚持"语文"这个主体。不管采用怎样的方式去完成教学,都不能抛开"语文"这个主体。因此,教学的过程始终引导学生围绕课文,联系教材,做到问题有据、答案有据。在讨论的基础上,引导学生去品读文中精彩的语段,感受人物的情感、性格。最后请学生从艺术风格的角度给卡夫卡的小说写一段推荐语,拓展学生的语言表达能力。

【课堂实录】

师:为迎接"世界读书日"的到来,学校浅草文学社组织开展"走进经典"读书活动。本期推荐书目是卡夫卡的《变形记》。

[板书:变形记]

师:世界读书日是哪一天?

生:4月23日,今天。

师:作为读者,请结合文本内容,选择你认为最佳的封面设计,用一句话概括画面的内容,并作简要说明。(PPT出示任务一及三幅封面图)

我认为最佳封面设计是_____,因为_____。(PPT出示学生预习作业1,请选中的学生自己来读)

生:我认为最佳封面设计是封面三。因为画面中心半人半虫影射了人"变形"成虫这一主题,表现出小说运用了极度夸张甚至怪诞离奇的表现手法,描绘扭曲的人性,揭示"人的异化"的现象,同时具有象征作用;画面中人与虫的"结合体"是残破的,略显惊悚,设置了悬念,吸引读者阅读兴趣,抓住了人的好奇心,也突出了扭曲的人性是残破的,暗示"半人"的这位主人公的悲惨命运;画面的背景是主人公的头像。

师:这位同学分析得比较全面,也比较到位。下面再请一位同学来说说你的选择并说明理由。(PPT出示同学作业2,请选中的学生自己来读)

生:我认为最佳封面设计是封面二,因为该画面描绘了一只巨大的甲虫(格里高尔)躺在床上。该画面的内容符合文章内容,表现了格里高尔变成甲虫后不断挣扎的样子。躺在床上的巨型甲虫的封面设计,看起来十分离奇,有利于增强读者阅读兴趣。

师:该同学从画面构图,以及它的作用(吸引读者兴趣)的角度来解读。有没有同学选择封面一的?(学生反应不多,没有人举手)

师:这是哪位同学的?请说说你选择的理由。(PPT出示同学作业3,这是少数选择封面一的几名同学之一,请选中的学生自己来读)

生:我认为最佳封面设计是封面一,因为该画面描绘的是家人及协理在看见格里高尔变成甲虫后的表现,他们极度惊恐,想将格里高尔赶回房间中。格里高尔在变形前,对全家人尽心尽力,对他们充满无限爱意,他深知自己肩上的重任;而在他变成甲虫后,他的家人避之不及,他最疼爱的妹妹将他赶出家门,所表现的是西方资本主义社会环境压迫下异化的人性,引发悬念,揭示主题。

师:这位同学说该封面表现了家人对格里高尔变形之后的态度。同学们觉得有无道理?

生(多名学生):有道理。

师:通过三位同学对三个封面的描述,我们初步了解了小说的情节及内容。

师:小说的题目叫"变形记",请结合小说内容,与同学讨论探究一下,说说你对小说中的"变形"的认识。(PPT出示任务二)

(学生按学习小组讨论、记录,准备发言,大约5分钟)

师:有哪些小组觉得自己已经归纳好了?请派代表来发言。

生:课文中的"变形"有三种含义,一是格里高尔身体形态发生转变,二是家人对他的态度变形,三是整个社会心理的变形。

师:其他小组跟这个组讲的有不同的地方吗?有的话请补充。

生:家人态度的改变,一是由于格里高尔角色改变,二是因为格里高尔在家里不再是顶梁柱，反而成了累赘。

师：这说明了什么？

生：说明了社会价值观的问题。

师：什么样的社会价值观？

生：资本主义社会金钱至上的价值观。

师：还有补充的吗？

生：除了家人对他态度的转变、同事朋友对他态度的转变，还有他对自己态度的转变。一开始他对自己充满希望，对生活充满信心；后来他改变了，变得绝望。

师：这在课文哪些地方有体现？我们一起来找找看。一开始对生活踌躇满志，在课文中哪里有所体现？

生："恰好对面墙上挂着一幅格里高尔服兵役时照的相片，少尉的装束，手按在剑上，微笑着，无忧无虑，一副要人家一看到他那风度和制服就肃然起敬的样子。"从中感知了格里高尔内心的希望。

师：这样一个年轻有朝气的人，后来怎么变成另外一种情形了？是怎样的情形？从课文哪里可以体现出来？

生：惊慌忧郁，却不忘工作。家人发现后惊慌、愤怒，把他赶回卧室。

师：利用手头资料来更加深入地理解课文，很好。

师：格里高尔变形之后的心理在文中有很多，文章这么长，信息量这么大，我们应该怎么读？如何才能快速地找到信息呢？我们应该找关键句、关键词。比如第123页，最后一段。我们把这段读读看，看看他是怎样的心理。

[板书：人物心理]

（学生齐读："天啊，"他想，"我选了个多么艰辛的职业啊！成天都在奔波。在外面出差为业务操的心比坐在自己的店里做生意大多了。……这一切都见鬼去吧！"）

生：内心充满了厌恶、抱怨、反抗。

师：找的关键句可以是每段的第一句话。

师：生活的辛苦导致发出了内心的抱怨，内心很纠结、很犹豫，这就是内心的一种变形。

[板书：变形]（细读感知家人态度的变形）

师：家里有哪些人？

生：父母和妹妹。

师：家人态度有哪些变化？他们集中的反应主要体现在哪里？

生：第124和130页。

师：家人看到他变成甲虫之后，各有何反应？

[板书：人变甲虫]

生："母亲——她起床后还没来得及梳洗……以致他壮实的胸脯颤动不已。"

师：态度变化明显，后来还加剧。

[板书：家人态度]

师：这些变形，包括同学们提到的其他人的变形背后的原因是什么？格里高尔变成甲虫是一个突发的事情，一个荒诞的事情，但是我们读到格里高尔家人的反应和他自己内心的反应，我们又觉得很现实。这是为什么？

生：格里高尔一直承担生活重压，内心一直比较厌恶这些现实的生活。这些生活却又是一个时代青年人真实的生活。

师：格里高尔回忆生活压力的时候，这些都非常现实。还有没有其他的？

生：父母和妹妹对他的关怀都是建立在金钱的基础上的，在他能为他们赚钱时，还有一定的感情，但是当他变成甲虫之后，就似乎成了家里的累赘，家人认为他还不如死去。

师：家人对他的态度，我们似乎也能理解。家人为何成为家人，家人应该是靠亲情来维系的，但是他的外形变了之后，家人的态度就变了。这还是一种正常的情况吗？这是一种变异。

生：不正常。

［板书：变异］

师：是的，这是社会的变异，这不是人与人之间正常的关系了。这也不是靠亲情、友情、爱情来维系的社会。这就是整个社会的异化，人与人之间只存在赤裸裸的金钱关系。

［板书：社会环境］

（PPT出示封面插图及卡夫卡的一段话）

师：卡夫卡于初版付梓之际，给出版社写了这样一封信："别画那个甲虫，千万别画那个！假如允许我对插图提建议，我会选择诸如这样的画面：父母和商务代理人站在关闭的门前，或者更好的是，父母和妹妹在灯光明亮的房间里，而通向一片黑暗的旁边的那个房间的门敞开着。"

【任务三】理解虚构荒诞背后的真实。

（PPT出示吴晓东《从卡夫卡到昆德拉》中的一句话）

师："他的小说与我们经历的世界都不太像，但又太像了。"我们如何理解这里的"不太像"和"又太像"？

生：折射某种社会现象。

师：人变甲虫是荒诞的，但是人物经历和生活态度都跟真实生活很像。如果用甲虫来做一个象征，那就是甲虫厚厚的外壳象征着人们背负着重重的负担。

师：卡夫卡笔下的世界，尽管是虚幻的、荒诞的，却反映了生活的真实。

［板书：荒诞、真实］

（PPT出示小说主题）

师：小说主题就自然出来了——异化下的困境：借一个小职员一觉醒来变成甲虫的荒诞故事，表现出现代人无法掌握自己命运乃至被异化的荒诞现实，揭示了现代人生活的困顿和凄凉。

［板书：异化］

师：现代人有哪些困顿？你能说说你的理解吗？

生：充满竞争，压力大。

师：具体说说有哪些压力。

生1：工作压力。

生2：学习压力。

生3：生活压力。

师：在激烈的竞争中，如何权衡学习、家庭和事业中的焦虑、恐慌，是我们每个人要面对的现实问题。

（PPT出示总结）

师：活人变甲虫，荒诞离奇，描出生活百态；手足成陌路，真实现实，绘尽世态炎凉。"满纸荒唐言，一把辛酸泪；都云作者痴，谁解其中味。"

（教师布置课后作业）

师：课外请阅读《变形记》全文及卡夫卡的其他作品，探究荒诞主义小说的人物和主题，并写下自己的阅读体会。

师：感谢同学们的积极配合，下课！再见！

仙居县城峰中学　华伟臣

【专家点评】

这是一次聚焦新课标、新教材、新课堂理念的优秀课例。

新课标设计指向语文学科素养的学习任务，旨在引领教学方式的改进。具体而言，需落实如下几个关键词。

关键词一：真实情境。这里的真实主要是贴近学生的真实。华老师以上课当天恰好是世界读书日为话题引入，让学生推荐世界名著，为名著设计封面，写推荐语，切入当前生活，一下子将学生与生活紧密结合起来，使师生的课堂从一开始就进入一种和谐境界，没有丝毫的违和感。

关键词二：任务意识。这是新课标区别于传统教学的最显著特征，以任务驱动学生开展各种学习，并以此组织各项活动，学生的学习效能得到最为充分的关注。设置任务时，要注重不同任务之间的有机联系。华老师的《变形记》以开展"走进经典"阅读作为课堂情境，设置了三个任务：任务一是选择最喜欢的封面设计，引导学生从不同角度初步解读文本，理解文章内容。任务二是探究讨论对变形的认识，促使学生再次深入文本，从格里高尔变成虫的形变，到家人对其态度的转变，再上升到人性之变，感受卡夫卡写作本文的用意。任务三是以吴晓东的评论为切入点，让学生探讨荒诞背后的真实，将学生思维由文本进一步生发开来，转向对人性、社会的思考，最后提炼出小说主题。三个任务逐层深入，逐步深化了学生思维。

关键词三：探究意识。无论是创设真实情境，还是设置任务，最终目的都是让学生真正参与课堂活动，改变原先"满堂灌"或"满堂问"的状况，让学生学会合作，深入探究，进行深度学习，并进入更高阶的学习——个性化阅读、批判性阅读。在这样的学习中，语文不再是肤浅地谈阅读感受,更在于思维的提升。华老师的课堂,从生活到文本,从思想内容到艺术表达,从文本回到生活,设问角度新颖,学生合作探究能够深入文本,细读文本,读出了自己的"变形记"与"卡夫卡"。

在具体实施中,华老师的设计还有诸多可圈可点之处。这里列举两点:

一是学习前置。学习前置的最好形式是编写导学案,让学生有熟悉课文的路径,并让学生记下简单的阅读体验,将阅读、思考、表达结合起来,能很好地调动学生的多方面思维。华老师让学生结合课文内容,从三个封面中选一个并说明理由,给名著写推荐语,让学生细细通读了课文相关内容。因学生的充分准备,整个课堂如行云流水,开合自如。

二是拉近学生距离。理想的课堂,老师是指导员、陪练员,引领学生向既定的路径行进,师生之间不应有"隔",课堂在一个宽松自如的氛围中完成相关任务。这需要施教者掌握一定的技巧。华老师在这方面的做法颇为独特,细节中满溢对学生的尊重。

综观华老师的教学,对新课标理念领会透彻,教学设计新颖灵动,教学环节开合有度,课堂上师生关系融洽,的确是一节不可多得的好课。

（浙江省台州中学教师、浙江省特级教师、正高级教师　洪方煜）

19. "真"入演讲　"情"许家国

——《中国人民站起来了》课堂教学实录

【课文简析】

《中国人民站起来了》是毛泽东同志1949年9月21日在中国人民政治协商会议第一届全体会议上发表的著名讲话。本文站在中华民族改天换地的历史节点,以此次政治协商会议为引线,紧紧围绕"占人类总数四分之一的中国人从此站立起来了"这一中心,回望过去,立足当下,展望未来,以无比高昂的姿态向全世界宣告"中国人民站起来了"的伟大消息,语言生动,结构严密,浑然一体。讲话中透着极强的理性,又有突出的情感表达,不仅通俗易懂,还具有宏大的气魄和振奋的力量,极具感染力。

从单元学习任务看,学生通过本文的学习,要能结合历史背景理解作品,感受作品中洋溢的热情,获得崇高的体验;把握开幕词的风格和特点,欣赏其富有时代特征的语言表达艺术。相较于高一所学的同类型文章,本文所处的场合更加庄重,所处的历史时刻更加重要,因此文章在语言和内容上与必修所学的《反对党八股》《在〈人民报〉创刊纪念会上的演说》等课文相比,有着很大的区别。文章不煽情、不取巧,但感情充沛,令人难忘。教学时,需要引导学生从历史的层面走进本文,进一步理解本文作为一篇开幕词所具有的独特风格。

【教学目标】

本课时的教学目标为如下:

(1)围绕"中国人民站起来了"这一核心,梳理本文的演讲思路,从内容、结构、情感等角度把握演讲词的文体特征;

(2)结合具体演讲内容,把握"站起来"的伟大意义和核心内涵,体会这其中蕴含的强烈自豪感,感受时代青年在"站起来"中的历史责任。

【设计阐释】

《中国人民站起来了》是统编高中语文教材选择性必修上册的开篇。限于文体的差异,本文相较于文学类文本,对学生的吸引力相对较弱,虽然高二的学生有了高一一年实用类文本和演讲词的学习,对这一文体已经有了初步的认知,但由于特定的时代背景和本文使用的场合,学生与文章之间存在一定的隔阂。在教学过程中,如若处理不当,课堂很容易陷入沉闷,学生们学习本文的积极性也会大打折扣,这样学生不仅难以感受中国人民革命文化的丰厚内涵和建设国家的万丈豪情,甚至还会产生应付敷衍的情绪,实在与"立德树人"的目标相悖。

"设置情境时,能否不要用'假如',而多用'真如'呢?""情境搭建了学生日常与学校课程之间的桥梁,赋予学生学习活动以意义,使得学习和生活的互动成为可能。"在新课标"真实情境"课堂教学改革的探索中,很多专家学者针对"课堂教学情境"提出了这样的思考,我认为具有启发性。面对《中国人民站起来了》这篇课文,受生活经历所限,今天物质条件相对优越的青少年是很难感受到在那个特定时间节点上的中国人内心的激动和喜悦的。课堂如果始终从"假如"入手,很难搭建有效的历史与今天的桥梁,让学生真正走进文本,理解历史精神;也很难让学生感受毛主席在演讲中展现出的独具特色的语言功力和革命家的睿智眼光。

鉴于此,我尝试通过班上学生在红色研学时提出的一个真实问题,通过一个家庭几代人的经历的全真情境来贯穿这场略显抽象的演讲,用"真如"让学生切实感受中国人民这一"站"需要的力量和未来的走向,帮助学生真正理解这一刻在中华民族历史上的重大意义。

【课堂实录】

师:去年咱们班去嘉兴研学参观"历史伟业百年风华"——庆祝中国共产党成立100周年书画展(嘉兴展)时,班上有人就一幅展品向导游提问的事情,大家还记得吗?

生(齐声):记得。

师:当时是谁提的问题啊?

(一学生举手,教师提问)

师:你再来说说看,当时你提了什么问题?

生:我当时看到一张毛主席和一位老人的照片。

PPT出示:

研学所见照片。

生:对,就是这张,我问的是右边的这位大叔是谁,他为什么可以在展厅里和毛主席同框。

师:现在你能回答这个问题了吗?

生(笑):我只知道他叫库尔班,但不知道为什么。

师:还不能呀,确实,当时我们也没有好好地来解决这个问题。今天,我们就通过《中国人民站起来了》这篇课文,再次了解这个老人,感受一个民族成长的史诗!

师:中国人民站起来了,那么,在站起来之前呢?请看库尔班——

PPT出示:

库尔班简介

新疆戈壁滩上的一位野人;

5岁时,由于地主的虐待,父母、兄长、姐姐相继去世,成为孤儿;

没有房屋和土地,在地主家羊圈里生活了十几年;

被压榨十几年之后,又被地主转卖,在芦苇滩和戈壁荒漠做了十年苦力;

后逃亡戈壁,与妻子走失,开始了茫茫戈壁荒沟17年的野人生活。

师：面对逃亡的库尔班，请大家快速阅读课文，从文中选择一句话对他说，并说明理由。

（学生速读课文）

师：哪位同学先来对库尔班大叔讲讲？

生：我选的是第4自然段"和帝国主义的走狗蒋介石国民党及其帮凶一道……以残酷的战争反对人民"这句话，因为这句话正是库尔班当时生存状态的写照。

师：确实，库尔班的遭遇是那个时代广大人民深重苦难的缩影，也正是毛主席所说的，残酷的战争反对着人民。但是我还想问的是，我们选一句话送给他的目的是什么？

生：哦，不对，这个时候他正在逃亡，应该对他进行劝导或者鼓励。

师：那么你想换一句吗？

生：还没找到。

（一学生举手，教师邀请）

生：我选的是"和帝国主义的走狗蒋介石国民党及其帮凶们决无妥协的余地，或者是推翻这些敌人，或者是被这些敌人所屠杀和压迫，二者必居其一，其他的道路是没有的"。

师：为什么选这句？

生：我觉得这句话代表了当时中国人民应有的态度，面对压迫，我们要想获得新生，必须反抗。

师：那这句话能达到你刚才所说的"劝导""鼓励"的效果吗？

生：有的，这里用"决无""必""没有"这样斩钉截铁的字词，写出了中国人民在那段岁月中只能通过斗争争取幸福的历史命运。

师：哦，你通过文字进行解读，所以，你想送这句话给库尔班，是希望他能够勇敢站出来，是希望千千万万的中国人站出来，用自己的力量争取自己的幸福，说得非常好，请坐！

师：百年屈辱史，水深火热的中国，让每一个人民都蒙受了巨大的灾难。"或者是推翻这些敌人，或者是被这些敌人所屠杀和压迫"，面对民族的危亡，人们面前只有这样两种选择。可是，为什么库尔班却做出的是第三种选择？

生：因为他远在荒漠，只有一个人。他逃向戈壁，也是一种无奈，应该说是亿万中国人民面对压迫和苦难的具体表现。

师：确实，你想号召库尔班去斗争，其实斗争又谈何容易呢。我们来看——

PPT出示：

抗日战争、解放战争的具体数据和视频。

师：所以，就像国歌中所唱的那样，3500万人，血肉的长城毫不夸张！

师：诶，小王同学，我看你一直盯着我，你是不是有什么想法要跟我交流？

生：刚才看到的数据，让我产生了一些触动，文章开头这句话：全国人民所渴望的政治协商会议现在开幕了。

师：嗯，你想表达什么？

生：本来我觉得这只是一句开场的客套话，但是，看了刚才的数据和视频，我觉得是真的"渴望"。嗯，毛主席的渴望都能让如今的我有一些触动，那么当年一定讲到了那些听的人的心坎里。

师：很好，百年屈辱史，给这个民族的几代人带来了深重的灾难。终于，我们迎来了解放和自由，这一份渴望确实是无与伦比的，非常好！你的回答已经触及这篇演讲稿一个非常实质的问题——切入点。一篇演讲稿，要能上来便将听众吸引，一个好的切入点必不可少。

[板书：回顾历史　切入点]

（一学生举手）

师：诶，你想补充是吗？来吧！

生：我发现在用"渴望"切入之后，毛主席又连用了一个"大团结"和两个"战胜了"，这样可以强化听众心中的这份感受。

师：非常好，这让演讲的切入更加稳健，你的理解很透彻！

师：中国人民站起来了，为了这一"站"，我们经历了艰苦卓绝的斗争，终于推翻了屠杀和压迫。那么，和历史上那么多盛世王朝相比，这一次站起来有何不同？请看库尔班——

PPT 出示：

库尔班简介

分到了房子和 14 亩土地；

"第一次种上了自己的土地，激动得睡不着觉"；

精心耕作，喜获丰收，被评为生产模范。

师：2002 年，新疆于田建立了"库尔班纪念室"。右边"库尔班和家人囤肥"的照片解说中有一句选自本文，表达了对他们劳动的歌颂，请尝试找一找。

（学生再次速读课文）

生：我猜是"以勇敢而勤劳的姿态工作着，创造自己的文明和幸福"。

师：为什么呢？

生：这句话跟库尔班自己所说的"自己的土地"那句话有相似点。"自己的"意味着人民当家作主。

师：非常好，你看，你找的句子是正确的，你的回答也非常有想法。下面，我们把小张同学刚才找的这个句子所在的段落拎出来，我们一起来读一读！

PPT 出示：

诸位代表先生们，我们有一个共同的感觉……我们的朋友遍于全世界。

（生齐读）

师：大家读完之后，有什么感觉？

生（七嘴八舌）：自豪感、很激动……

师：你从哪里读出了自豪感？

生：连用了很多个"我们"，不断地强调此刻身份的变化，把当时每一个中国人心中的喜悦表达得十分强烈。

师：你这里有个词用得很好，"每一个中国人"，这份喜悦不仅属于演讲者毛主席，更属于每一位在场听众，在不断强调着"我们"的过程中，演讲者和听众——

生:达到了情感的共鸣!

师:诶,很好,这也是演讲稿第二个非常重要的特点:要时刻注意与听众共情,要让听众与演讲者在情感上始终保持一致。

[板书:立足当下　共情点]

师:既然已经站起来,开始创造属于自己的幸福和文明了,那么必然还有一个问题——这一站能站多久? 毛主席在演讲中有没有回答这个问题?

生:有的,在演讲的最后部分。

师:我们来自由地读一读。

(生朗读)

师:读完了是吗? 有什么发现?

生:毛主席展望未来,从政治、经济、文化、军事各个方面为新生的中国做出了规划,对未来中国充满了强大信心。

师:那么未来的强大取决于什么呢? 再看库尔班——

PPT出示:

库尔班简介

库尔班的孙女成为克拉玛依油田的化工技术工人,投身祖国的工业建设;

库尔班的重孙女成为"辽宁舰"女士官,驻守祖国辽阔的海疆。

生:我觉得这一站能站多久,答案在每一个刚才的"我们"身上,就像"少年强则国强"一样,这是我们的责任。

师:说得非常好! 从库尔班家人的故事里,有祖国之于每一个普通人的责任和使命。我们的民族如何永远屹立在世界民族之林? 答案也在咱们身上!

师:此刻,如果回到研学的那一天,当同学提出为何会在书画展上看到这张照片时,你会如何回答? 相信你们心里应该有一个答案了。这里,我给大家写了回答的示范,我们一起来看看。

PPT出示:

这个问题问得好! 这张照片中和毛主席亲切握手的老人叫库尔班,他是新疆的一名普通农民。在战争年代,他因饱受地主折磨而家破人亡,最后逃到大沙漠里,逃亡17年,成了戈壁滩上的一个野人,中华人民共和国成立后被从戈壁滩解救出来,便坚持要见毛主席表达谢意。他多次骑着他的小毛驴打算出发去北京,但每次都在路上被劝回来。后来,他因为种田种地特别积极,被评为劳动模范,获得去北京学习的机会,被毛主席接见过两次,也就有了大家看到的这张照片。

再后来,库尔班的子女后人也纷纷进厂、参军,在油田、矿井认真工作,他的重孙女还成为"辽宁舰"上的一名女战士。说到这我们发现,库尔班老人的身上,折射出的就是一个普通中国人建设祖国的热情,也是每一个伴随中国走向复兴的老百姓的质朴光芒,所以,我觉得把他放在这个展览上,也确实是我们复兴之路从家到国的一个缩影。

(生自主阅读)

师：大家认为这个回答可以解决你们之前的疑问吗？

生（齐声）：可以。

师：既然可以的话，那么我想问大家一个问题：同样是描述一个民族从过去到未来的复兴历程，解说稿和演讲词有哪些差异？大家小组讨论一下。

（学生小组讨论，约 3 分钟）

师（对着某个小组）：我看刚才你们小组说得特别激烈，要不你们先来分享一下你们的发现。

生：我们觉得解说词叙述性更强，前面对人物有较长的铺垫，而演讲稿更注重直接用"最渴望"这个词切入主题，直击全国人民心灵的最深处，将听众的情绪调动上来，体现出很强的控场感。

师：很好，尤其是你最后这个总结，非常有高度！如果说解说词是娓娓道来的话，演讲稿则是先声夺人，在那个场合，一下就把人抓住。你从内容的差异性上进行了比较，其实，也是进一步阐述了刚才提到的演讲稿的切入和共情问题。很好！

师对着某名学生：我看你刚对我笑了一下，你们组有发现是吗？

生：在语言上，解说词非常口语化，是日常的交流，而这篇演讲稿的语言非常庄重，全文不煽情，但是因为有很好的切入点和共情点，所以依然情感充沛。

师：说得非常有道理！你们发现了这篇演讲稿的语言特点：庄重朴实。

师：哦，你们还想说？

生：是的。我觉得同样是演讲稿，高一所学的《反对党八股》妙趣横生，很接地气，各种生活化比喻非常形象生动，但是这篇文章却完全不同，因为本文是在中国人民政治协商会议第一次全体会议上的讲话，所以比较庄重。

师：非常好，你们注意到了演讲的场合与站位的问题。一篇演讲稿，在什么场合讲，对谁讲，也会影响演讲的表达。非常棒的发现！

［板书：场合和站位］

师：你们组也受到启发，想要说一说是吗？来吧！

生：我觉得解说词用一个具体事例让我们感受到祖国人民站起来的变化，是就事论事的。演讲稿中有很多对未来的展望和畅想，在新中国成立初期，这样的畅想对于当时的中国人而言，一定是非常振奋并对未来充满期待的。

师：能说得具体一些吗？

生：我觉得就是演讲稿如果想要给听众长久的震撼和力量，除了有好的切入和不断的共情，还需要给听众以振奋的力量，这个力量应该是在演讲之后发出的。

师：确实，你触及了演讲的另一个要求。演讲需要升华，一个好的升华点可以让演讲绕梁三日，给听众不竭的奋斗力量！

［板书：展望未来　升华点］

师：今天，我们通过库尔班一家四代人的故事，回顾了一个普通中国人民"站起来"的历程，这里，包含了全国人民的共同奋斗，也凝聚了每一个普通人民的艰苦付出。库尔班一家人的故事结束了吗? 2017年,习近平总书记给库尔班大叔的后人回了一封信,我们一起来读一读。

PPT出示:

托乎提汗:

你好! 看了你的孙女如克亚本的来信,得知你年近90身板还很硬朗,得知你们一大家100多人都过上了幸福生活,我非常高兴。

咱们新疆好地方,民族团结一家亲。库尔班·吐鲁木是新疆各族人民的优秀代表,我小时候就听说过他爱党爱国的故事,让人十分感动。多年来,你一直坚持你父亲爱党爱国的情怀,给后辈和乡亲们树立了榜样。希望你们全家继续像库尔班大叔那样,同乡亲们一道,做热爱党、热爱祖国、热爱中华民族大家庭的模范,促进各族群众像石榴籽一样紧紧抱在一起,在党的领导下共同创造更加美好的明天。

祝你健康长寿、阖家幸福,也请代问家人和乡亲们好!

习近平

2017年1月11日

师:共同创造更加美好的明天,这是站起来的中国人心中最大的期盼,也是每一代中国人肩头的使命,站起来、富起来、强起来——我辈少年,与国无疆!

浙江省诸暨市海亮高级中学 姜志超

【专家点评】

本单元的课文属于“中国革命传统作品研习”任务群,要求学生能深入体会革命志士及广大群众为民族解放事业英勇奋斗、百折不挠的革命精神和革命人格,形成正确的世界观、人生观和价值观。

姜老师的这堂课非常具有创新性。对于一篇距离今天生活有一定时空距离的会议讲话稿,要想让学生具有学习的兴趣是有一定难度的,尤其在新课标的背景下,用相应的学习任务来主导课文学习,更具有一定挑战性。姜老师的这堂课,有此下几个特点。

(1)情境的真实性。从整堂课的教学过程看,我们发现,姜老师通过引入学生研学时的真实问题来设计情境,用一个家庭几代人的故事来贯穿课文,用学生的阅读来解决学生学习生活中产生的疑问,将一篇抽象的演讲稿变得具体可感,一下子拉近了学生与文本的距离,激发了学生探究文本的主动性。

(2)故事的关联性。姜老师很好地抓住了库尔班一家人在不同阶段的几个故事,将其与毛主席“站起来”的主题做了很好的贴合,让家庭的故事和民族的史诗很好地融合在一起,让学生能够更加清晰深刻地理解文本。同时,在整堂课的结尾,姜老师将课文和解说词进行合流,让学生在对比中进一步理解演讲词尤其是开幕演讲词的特点,将文体知识和课文内容进行了更深一步的探讨,很好地对接了单元的学习任务,整堂课前后呼应,非常有新意。

（3）课堂的成效性。从课堂效果看,由于引进了一条新的故事线索,学生解读文本的热情很高,课堂氛围也十分热烈,一个基于学生的真实情境确实为本堂课带来了不一样学习氛围!学生愿意学,在学的过程中提升了思维能力和审美鉴赏能力。

（嘉善高级中学教师、浙江省特级教师、正高级教师　孙元菁）

20. 听弦歌新声　悟君子之道

——《〈论语〉十二章》课堂教学实录

【课文简析】

　　《〈论语〉十二章》选自《论语》,是统编高中语文教材选择性必修上册第二单元的第一篇课文。《论语》是记录春秋时期的思想家、教育家孔子及其弟子言行的语录体文集,是儒家的重要经典之一,是中华民族优秀的文化遗产,对我国几千年的封建政治、思想、文化产生了巨大影响。全书共二十篇,四百九十二章,课文从《学而》《里仁》等九篇中选择了十二章,主要围绕君子、仁、礼、道、《诗》等核心概念,讨论了君子人格和修身养性等问题,照应了单元前言的学习要求,即"学习先秦诸子散文,以加深对传统文化之根的理解""领会先秦诸子对社会人生的洞察,思考其思想学说对立德树人、修身养性的现实意义"。在"文化自信"的新时代语境中,作为高中生要先了解《论语》,才能了解几千年来中华民族的传统人格和君子文化,了解自己血脉深处的儒家基因,如此方能培育起真正的现代价值观并建构起真正的文化自信。

　　其实,高中生对《论语》和孔子并不陌生,初中学习的课文《〈论语〉十二章》,主要集中于学习等方面,内容较为浅显;高一学习的课文《子路、曾晳、冉有、公西华侍坐》,阐述了孔子"天下大同""礼乐天下"的梦想。在学习本文前,学生对《论语》中仁、义、礼、智、信等核心思想已经有了一定的了解,但随着阅历的增加、阅读水平的提升,学生对《论语》的认知也应更有力度、深度、广度。

【教学目标】

　　本课时教学目标如下:

　　(1)通过思维导图疏通文本十二章句的内容,初步了解儒家的"君子之道";

　　(2)通过合作探究,进一步把握文本中儒家"君子之道"的重要概念;

　　(3)通过回望历史的君子文化,结合现实,探究新时代君子人格的建构。

【设计阐述】

　　学生从小学习《论语》,对《论语》和儒家的核心思想都有了一定的认知,教材中的注释也对学生理解文本起了很大的作用,对文言文翻译并不存在大的难度。因此对于经典文本的教学,应该基于基础知识的梳理,通过任务活动激发学生的探究兴趣,在比较探究中生成更为理性的思维品质,在文本、历史、世界、当下等不同视域中进行解读,从而建构对君子文化更深层次的自信。

(1)基于思维导图的文本梳理。《〈论语〉十二章》的十二个章句来自九个不同的篇章,彼此之间看似缺乏有机的联系,但是将其选为教材文本必然有其规律或内在联系,学生通过绘制思维导图,将零散的章句分类、归纳、整合,在梳理中走进每一章句内蕴的思想。

(2)合作探究。对于一些核心观点,让学生通过合作探究,生成自己的解读,会比教师直接解释灌输更好。

(3)基于真实情境的比较探究。结合历史、世界、现实的不同情境,对"君子"进行比较探究,从而了解不同视域下真实的君子文化,增强学生的理性思维和文化自信。

【课堂实录】

师:上课,同学们好。今天,我们要举办一场"我读《论语》"的文化沙龙,相信大家对《论语》并不陌生,知道其中的很多经典名言,比如说——

生1:"学而时习之,不亦说乎?有朋自远方来,不亦乐乎?人不知而不愠,不亦君子乎?"

生2:"温故而知新,可以为师矣。"

生3:"三人行,必有我师焉。"

生4:"学而不思则罔,思而不学则殆。"

师:是的,《论语》从小就陪伴着我们,可以说我们每个人都是读着《论语》长大的,相信大家对《论语》都有自己独到的理解。今天的文化沙龙,我们请来两位思想大咖。让我们先一起来聆听他们对《论语》、对孔子的看法。

PPT出示:

聆听:大师眼中的孔子及其思想

法国伏尔泰:
东方找到一位智者。我全神贯注地读孔子的这些著作,我从中吸取了精华,孔子的书中全部是最纯洁的道德,在这个地球上最幸福的、最值得尊敬的时代,就是人们遵从孔子法规的时代,在道德上欧洲人应当成为中国人的徒弟。

德国黑格尔:
我们看到孔子和他的弟子们的谈话,里面所讲的是一种常识道德,这种常识道德我们在其他民族里也能找得到。孔子是一个实际的世间智者,在他那里只有一些善良的、老练的、道德上的训诫,除此我们不能获得任何特殊意义上的东西。他在《论语》里讲的那些道理,其他民族也有,而且可能更好。

(请两名同学分别朗读,其他同学思考)

师:谢谢两位"大师"为我们带来思想的声音,两位大师对孔子思想的态度截然不同。沙龙的本质是对话中思想的碰撞,如果现在你要跟他们对话,你将怎样回复?要注意,理性的对话不因赞美而一味认同,不因否定而盲目批判,真正的认同和批判都要基于对对象真实而深刻的探究,否则,就是泼妇骂街,无理取闹了。要完成这个大任务,首先要完成第一个小任务——认知要探究的对象。今天我们以《〈论语〉十二章》为认知和讨论的对象,也可以结合我们以前学过的内容,为我们的观点寻求有利的证据。

[板书:《论语》十二章]

PPT 出示：

活动一：叩问经典　我读《论语》

小组合作，为本文取一个标题，并以此作为中心话题绘制思维导图，梳理十二章的内容。

师：本课的十二章句来自九个不同的篇章。《论语》凡二十篇，其篇名通常取开篇前两个字，篇名与其中的各个章句间没有明显的有机联系。但是，教材编委从四百九十二章中为我们精心选择了十二章，想必是有其核心主题的。课前的导学案预习任务中，我们每个同学都已经绘制了思维导图，现在请每个小组的同学合作交流，在碰撞、探究中调整、创新，一起为本文取一个合适的标题，并以此作为中心话题绘制思维导图，梳理十二章的内容，尽量涵盖每章的内容。

（各小组开展合作探究，并绘制思维导图，教师巡视并观察学生的讨论情况和思维导图进展）

师：谈论的声音渐渐弱了，现在让我们把时间交给全班同学。请大家放下手中的笔，注意力集中到分享的同学身上，哪个组愿意第一个将成果分享给大家呢？一组的同学在介绍的时候，其他同学认真思考，选出你认为最佳的设计方案，如有疑问，写在纸条上交给我，后面一起解决。

生：我们组先来吧。（学生的思维导图通过多媒体展示）

PPT 出示：

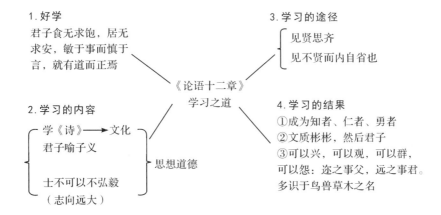

生：我们组读出这十二章的中心是"学习之道"，主要是关于"学习"的方法、目的、内容，这非常贴合我们高中学生的现实需要。具体包括以下内容：（1）好学的定义，课文在第一章就选择了《学而》，什么是"好学"，孔子说不要在乎美味的食物、安逸的居处，要多做事少说废话（学生大笑），向有道的人学习；（2）学习的内容，包括文化课比如《诗》，思想道德课比如"道""仁""义"等；（3）学习的途径，吾往也，吾止也，强调最重要的途径是自己，另外还可以向他人学习，要向"有道"的人、"贤者"看齐，遇到"不贤"的，就"内自省"，所以在孔子看来，所有人都是自己学习的对象，真正体现了孔子说的"三人行，则必有我师"；（4）学习的结果，是成为文质彬彬的君子，可以事父事君。

师：是不是少说了一个章句？

生（齐声）："己所不欲，勿施于人。"

师：我们顺着这位同学的思路，帮他们组归纳一下，这一则应该属于"学习"的哪个范畴？

生：这一则说的是与人交往，应该放在学习的内容里。

师：没有一个人的生活是一座孤岛，对于我们学生乃至整个人类而言，"己所不欲，勿施于人"确实是一条非常重要的处世法则。孔子称此为"恕"道。

师：第一组的同学听到的是，孔子作为教育家关心年轻子弟学习，告诉我们非常宝贵的学习之道，很贴合我们当下的学习情境。谢谢第一组同学的分享，你们很勇敢，思路也很清晰。还有哪个组的同学要为大家分享？

PPT 出示：

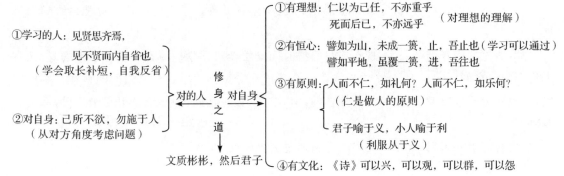

生：我们组认为十二章句的核心是"修身之道"，分别从自身的内在修炼、与他人相处的外在修炼、修炼的结果或者好处三个角度来讲述。①自己的修身之道包括有理想，"仁以为己任""任重而道远"；有恒心，孔子以"为山""平地"来比喻说明一切在于自己的坚持或放弃；有原则，以"仁""义"为原则，不以"利"为重，这几个是内在的精神；有文化，要学《诗》，因为可以加强内在文化的修炼，不然就成为"绣花枕头烂稻草"了。（学生大笑）②待人接物的修炼，主要包括要做什么和不能做什么，要做的事如"见贤思齐，见不贤则内自省"，不要做的事如"己所不欲，勿施于人"。③修炼的结果，是成为一个君子，孔子说，"文质彬彬，然后君子"。

师：这一组同学认为文本的主题是修身之道。他们用不同的颜色的笔绘制了思维导图，非常清晰，"修身"确实是儒家非常重要的一个概念，儒家甚至认为修身是一切的开始，哪一句话能够证明这一点？

生：修身齐家治国平天下。

师：这句话的出处是哪里？

生：《大学之道》。

师：《大学之道》，来自儒家经典《礼记》，"自天子以至于庶人，壹是皆以修身为本"，修身是儒家终身的必修课。其他组的同学还有什么设计要分享吗？

PPT 出示：

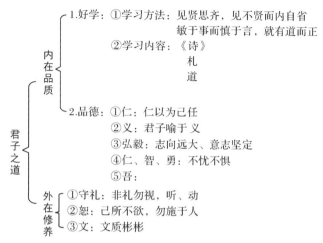

生：感谢前面两组同学为我们做了很好的铺垫,他们已经说了,学习的结果是做个君子,修身的结果是做一个君子,所以说无论是学习之道还是修身之道,终极目标是成为君子,所以由结果倒推,不难得出,这十二章是讲君子之道,孔子是想告诉我们如何做一个君子。围绕该主题我们设计了这样的思维导图:首先,君子要有文化知识,要好学,要学《诗》,要会学,像有道者、贤者学习,才能成为"知者";第二,要有美好品德,包括"仁""义""弘毅",要有志向、有坚强的意志,要有恒心才能"为山""平地",无论说话做事都要坚守"礼",非"礼"的事不做,才能成为"仁者";第三,君子待人接物要大方,对待他人要"恕","己所不欲,勿施于人"。另外,老师您刚才也说了,按照《论语》编纂的惯例,是取该章节前面除"子曰"外的两个字来做标题,所以我们组认为"君子"是教材编委特意放在第一章节的,是当仁不让的标题。

（学生鼓掌）

师：这一组颇有秦吞六国的气势,将大家的观点全部收入囊中,从结论倒推本课的主题,运用了逆向思维,很棒。思维导图旁边画了一个小插图,是——

生：是兰花,君子兰。和我们的主题"君子"很配。

师：兰花有"花中君子"的美誉,相传孔子有一首《猗兰操》,表达了自己如兰花般高尚的君子品格,韩愈对它进行了补录,有"兰之猗猗,扬扬其香""君子之伤,君子之守"等名句。

师：还有同学要分享吗?

……（静悄悄）

师：想必大家君子所见略同,那让我们用热烈的掌声感谢三组同学为我们带来的很棒的创意分享。

（学生集体鼓掌）

师：如果三组设计中,一定要选出一个,大家觉得是哪个?

生（齐声）：第三个。

师：那我们就以"君子之道"为这十二章来重新命名。如果说第一、二组都强调学习的目的是什么,那么以此类推,孔子强调培养君子之道的目的又是什么呢?大家可以联系学过的文章想一想。

生 1:"仁以为己任",实行仁道。

生 2:在礼崩乐坏的时代实现天下大同、礼乐天下。

[板书:君子之道 仁]

师:诚如思想家辜鸿铭所说,孔子的全部哲学体系和道德教诲可以归纳为一句话,就是"君子之道"。这个观点和同学们的观点是不谋而合的。作为毕生以天下为己任、以天下为公的政治家,孔子希望的人才培养是从国家社稷角度出发的,心怀家国、坚持仁义、意志坚定、有高尚道德、有才学的人,这样的人才能匡正礼乐天下。从教育的现实来讲,高中生不仅要关注学习、关心当下,更要关注未来、关注在这个"可为"的新时代中,自己应该成为怎样"有为"的中国青年。

师:同学们经过思维导图的梳理,基本上已经确定十二章的核心概念,还有几个问题问的频率比较多(根据学生小纸条上提出的问题归纳),需要集体讨论一下:①"文"和"质"是什么?注释没看明白,一定要"文质彬彬"才能是君子吗?②"君子喻于义",对君子而言是道德绑架吗?③吾进、吾止是讲坚持有恒心吗?针对以上问题,我们同桌之间一起合作讨论如何解答。

(同桌之间讨论,教师巡视观察)

师:好,经过讨论我们都有了自己的答案,谁先来?任选一题解答就行。

生:我们回答第三题,原文是"譬如为山,未成一篑,止,吾止也。譬如平地,虽覆一篑,进,吾往也"。为山差一点点就成功了,是因为"我"要停止的,平地任务很难,是因为"我"要继续的,所以这句话不是讲有恒心,而是强调"我"的决定作用。

师:两千多年后的今天,我们发出一句"我命由我,不由天"。其实,在两千多年前,孔子就提出了"我"的概念,强调个人的主观能动性,这是非常先进的。做任何事情,成败由我,进退由我,而不是其他的任何因素。其实夫子也不止一次表达了"由我"的概念,我们一起找找看?

[板书:由我]

生:"为仁由己,而由人乎哉?"

师:我们一起读一下这一章节。

(生齐读)

师:这个章节里,含了几层意思?

生:"克己复礼",约束自己,恢复"礼"就是"仁"。

师:所以"仁"和"礼"的关系是什么?

生:仁是礼的目的,礼是仁的前提和途径。

生:"为仁由己,而由人乎哉",强调为仁是自己的选择,不是别人强加的。

师:由己,强调个体在实现仁道上"舍我其谁"的使命感、主动担当的责任意识。还有呢?

生:要遵守礼,一言一行、一举一动都要符合礼的规范。

师:儒家的"礼"是一种仪式也是一种制度,就像今天的律法规则、公序良俗,是每个人要遵守的,孔子说,"从心所欲,而不逾矩",也就是不逾礼。还有两个问题,谁来回答一下?

[板书:礼]

生1：我们认为"君子喻于义"不是孔子对君子的道德绑架，教材中的注释说，"喻"是"知晓、明白"的意思，所以"君子喻于义"，是说君子心里装着"义"，但并没有说不能取利。

生2：对，我们也这么认为，现代很多人认为君子应该两袖清风，甚至无私奉献到分文不取，这是世俗对君子的道德绑架，如果做君子就不能取利，那么，那些伟大的有意义的但收入甚微的工作谁来做呢？如果都没有人做，那这个国家还怎么发展呢？孔子说："君子爱财，取之有道。"君子是可以爱财的，只是要符合道义。

师：这句话不是孔子说的，它来自《增广贤文》。

（生集体大笑）

师：但确实体现了儒家的思想。孔子说自己"少也贱，故多能鄙事"，孔子年轻时生活艰难，做过委吏（管理粮仓）与乘田（管理牲畜），所以在他看来，利当然可取，只是要合乎道义。只是，在义利矛盾的时候，小人选择的是利，而君子看重的是义，如果不符合道义，即便是泼天的富贵也毫不动心。这种安贫乐道、固穷守义的君子品格在颜渊身上体现得淋漓尽致，初中学过的相关句子还记得吗？

生1："贤哉，回也！一箪食，一瓢饮，在陋巷，人不堪其忧，回也不改其乐。贤哉，回也！"

生2："饭疏食，饮水，曲肱而枕之，乐亦在其中矣。不义而富且贵，于我如浮云。"

师：在未来的生活中，无论从事哪一个行当，希望我们每个人面对现实的义利取舍时，都有自己的君子之守。

［板书：义］

师：最后一个问题，"文质彬彬，然后君子"是什么意思？

生1：按照教材中的注释，"质"是"质朴、朴实"，"文"是"华美、文采"，"质胜文则野，文胜质则史，文质彬彬，然后君子"，一个君子既要有内心质朴的精神，又要有华美的外在文采，两者同样重要，君子要文质兼备。

生2：华美除讲文采之外，还指什么呢？肯定不是说一个人要长得好看或者穿得好看，孔子没有那么浅薄吧。刚才讲到颜渊那么穷，可是孔子说他是君子，所以我俩认为华美是外在可见的落落大方、谦谦有礼。文中不是还有一句"己所不欲，勿施于人"吗，所以你看孔子待人处事多么贴心，多么宽容，所以"文"应该是外在可见的美好行为。

（学生鼓掌）

师：很有力的推断啊，确实，"文质彬彬，然后君子"，讲的就是一个人既要有内在高尚的品质，又要有外在美好的处世方式，孔子认为君子应该内外兼修、中庸和谐。孔子当年周游列国，零零若丧家之狗，真君子是无论环境如何变化，内心都有丰盈的学问、高尚的品质、以天下为己任的担当，处世方式雍容大度。我们今天崇拜李小文院士、北大韦神，不正是被这种内在的品德才华、外在的从容自信气质所吸引吗？

［板书：恕　文质彬彬］

师：谢谢提问和回答的同学，你们让我们对"君子之道"有了更深的了解。《论语》全书不到16 000字，"君子"一词出现了107次，"君"是什么？（教师黑板上画甲骨文 ）这是甲骨文的"君"字，大家一起来推断它的含义。（教师和学生一起从上往下解"君"字）上面 是甲骨文中常见的"手"的形状,表示"执""拿着"的意思,拿着的东西是 ᛟ,是象征了权力的杖,下面 ᗡ 是一个大"口",表示大声发号施令。

PPT出示:

活动二:叩问经典 我读"君子"

"皇天眷命,奄有四海,为天下君。"(《尚书》)

"君,尊也。从尹发号,故从口。"(《说文解字》)

孔子的根本影响——如果不是贡献的话——就是"君子"话语性质的改变,使得此后的中国文人把君子人格理想看成最重要的价值。(清华大学陈来教授)

师:《尚书》说:"皇天眷命,奄有四海,为天下君。"《说文解字》说:"君,尊也。从尹发号,故从口。"从词源学的意义上看,"君"或者"君子"在西周和春秋前期,主要是有权力、有地位的统治者和贵族男子的统称。历史演进到春秋战国时代,因为孔子的推动,"君子"由原来主要指称"有位者",衍变为"有德者"。清华大学陈来教授说:"孔子的根本影响就是'君子'话语性质的改变,使得此后的中国文人把君子人格理想看成最重要的价值。"两千多年来,中国文人始终以"君子人格"为自己立身处世的标准。你认为我国历史上哪些人可以被称为"君子"?请用一两句话简要阐述理由。

PPT出示:

活动三:回溯历史 我说"君子"

1.你认为我国历史上哪些人可以被称为"君子"?请用一两句话简要阐述理由。

(格式:我认为_____是君子,因为_____。)

生1:我认为范仲淹是君子,因为他"先天下之忧而忧,后天下之乐而乐",无论是"居庙堂之高",还是"处江湖之远",无时无刻不在关心着江山社稷。

生2:我认为苏武是君子,因为他出使匈奴,被放北海,面对敌人的威逼利诱、面对艰难的生存环境,始终不弃自己对国家的"义",尤其和那些降臣相比,他就是顶天立地的真君子。

生3:我认为谭嗣同是君子,因为虽然孔子说"朝闻道,夕死可矣",但是真正能做到人很少,谭嗣同为了民族"去留肝胆两昆仑",为道而死,为国而死。

生4:我认为苏轼是君子,因为他虽然没有为国家献出生命,但是他好学、多才多艺,面对贬谪的困境,积极乐观,用坚强的意志造福百姓,是个君子。

师:同学们列举的这些历史上的君子都是中华民族的精神脊梁,传统社会中的君子绝不是单纯地为了自己人格的完美,而是为了家国天下,以天下兴亡为己任,正心笃行。君子文化不仅直接体现为中国人人格的追求,数千年来也一直以托物言志的方式浸润和渗透中国人的日常生活,比如说——

PPT出示:

2.君子文化以托物言志的方式浸润和渗透中国人日常生活的例子有哪些?

生1:中国人喜欢玉,因为君子温润如玉。

生2:松树,长在悬崖峭壁,有坚强的意志,象征着君子的"弘毅"。

师:确实,孔子很喜欢松树,赞道:"岁寒,然后知松柏之后凋也。"

生:花中有四君子,梅、兰、竹、菊。

师:《孔子家语》云:"芝兰生于深林,不以无人而不芳;君子修道立德,不为穷困而改节。"在我国漫长的历史生活中,人与物都浸润着对君子之道的向往与喜爱。君子是孔子建构的理想精神人格,是封建社会衡量人道德的唯一标准。但是穿越时空,世殊时异,在这个多元的新时代,我们还需要建构君子人格吗?

PPT出示:

活动四:立足当下 我思"君子"

结合当下生活的真实情境,谈谈你对君子的理解。

生1:今天,我们当然需要君子,远的不说,我们课文中学到的袁隆平、屠呦呦、钟扬,每一个人不仅成了更好的自己,更是为这个民族乃至整个人类都贡献了力量,这就是孔子说的"仁以为己任"。

生2:我们生活在和平的年代,没有礼乐崩坏,但也有危险时刻,当地震、疫情等突然降临的时候,那些不顾个人安危,冲在最前面的人是君子,他们守护着这个时代的和平,为我们负重前行。

生3:前面两位讲的都是大仁大义,但我认为,我们时代的君子文化是每个人的必修课,有文化、好学、守纪、意志坚定、与人和睦相处,这些难道不是每一个人应该具备的公民素养吗?君子之道,是我们每个人的成长之道。

生5:我认同他的观点,因为成为时代楷模的人毕竟少,危机时刻也少,对于我们平凡的绝大多数人而言,君子之道——有梦想、有责任感、遵守律法和公序良俗,是每个公民的生存之道。

师:立足现实,我们不难发现,君子之道不仅是楷模和英雄的品质,也是每个人成就自己的必由之路。

PPT出示:

中国学生发展核心素养

"未来社会人才所需要具备的能力,无论世界各国如何描述,宗旨都指向一个目标——全人教育。"

——林崇德

师:这是我国历经三年时间,在国际学生核心素养比较研究、传统文化分析等基础上,最终形成的"中国学生发展核心素养",我们教育的目标就是把每一个学生培养成全面发展的人,那么"全面发展的人"要具备哪些素养呢?我们一起仔细观察,除科学精神和实践创新外,强调自主发展、文化基础、社会参与、学会学习、健康生活、责任担当、人文底蕴,这些是不是与孔子的君子之道有着穿越时空的默契,这难道不正是新时代对新青年走君子之道的要求吗?

师:我们已经探究了典籍里的君子之道,回溯了历史中的真君子,也思考了当下对君子的需求,现在,我们再回到这个"我读《论语》"的文化沙龙现场,你会如何回复两位思想大咖呢?

(PPT再次出示两位思想家对孔子及其思想的评论)

生:我想对伏尔泰先生说:"谢谢您用'最纯洁的道德'来形容孔子的思想,孔子的理想只有'天下',没有个人'利'的杂糅,所以'纯洁',所以能锻炼最美好的君子人格,这种美好的君子品格不仅是中华民族生生不息的密码,更是全人类精神上的永恒共同追求。"

生:我想对黑格尔说:"因为'其他民族也能找到',所以才能看出孔子思想的普世价值,是人类共同的追求。因为'实际',所以实用,能为中华民族甚至全人类所用,能为大家解决现实的问题,这才是人类的生活,真诚真实。否则,只作为个别智者的探究对象,扮演着空中楼阁的角色,那么对人类的意义又将有多少呢?"

PPT出示:

德国哲学家雅斯贝尔斯:"以公元前500年为中心——从公元前800年至公元前200年——人类的精神基础同时或独立地在中国、印度、波斯、巴勒斯坦和希腊开始奠定,而且直到今天人类依然附着在这种基础上。"

法国思想家伏尔泰:"东方找到一位智者。我全神贯注地读孔子的这些著作,我从中吸取了精华,孔子的书中全部是最纯洁的道德,在这个地球上最幸福的、最值得尊敬的时代,就是人们遵从孔子法规的时代,在道德上欧洲人应当成为中国人的徒弟。"

孔子　摩西　梭伦

(生齐读PPT出示内容)

师:当雅斯贝尔斯认为今天人类依旧附着在孔子时期的精神基础上,当伏尔泰在书房挂着孔子像日夜膜拜,当美国当代最高法庭门楣的三位圣人中矗立着孔子时,我们有理由相信,在更广阔的人类世界的视域中,我们对孔子的崇拜并不是一厢情愿的自吹自擂。在今天,我们用君子之道来建构人生,并不落后,反而很时尚,因为它是人类精神的永恒追求。

师:今天我们从课文出发探究孔子的君子之道,在历史和现实、东方和西方的双重比较中探究君子之道。如果有人问:"有一书而可以终身读之者乎?"也许中国人的答案是——

生(齐声):"《论语》!"

师:如果有人问:"有一种人格而可以终身追求乎?"不妨说生(齐声):"君子!"

师:课后作业,学校要出本《君子之风》的书,请你选择《〈论语〉十二章》中的一章作为本书腰封上的内容,并写推荐理由。

师:下课,同学们再见!

杭州市余杭中学　侯小娟

【专家点评】

本篇课文属于"中华传统文化经典研习"学习任务群,要求学生通过阅读中华传统经典作品,积累文言阅读经验,培养民族审美趣味,增进对中华优秀传统文化的理解,更好地继承和弘扬中华优秀传统文化。

本课的设计非常符合单元人文主题"百家争鸣",将儒家思想中的核心概念抛出来,引导学生去做深入的理解。

(1)在情境任务中推动文本的解读,在活动中发挥学生的主观能动性。对于绝大多数的高中学生而言,《论语》和儒家思想并不属于陌生的范畴,都知道一些,但又都浅尝辄止。侯老师的课堂教学中,体现了新课程改革的精神,在建构学生的语文核心素养的同时,让传统典籍的课堂教学在情境任务中既生动活泼又深刻深入。

(2)寻找章节间的内在联系,培养学生思辨能力。如何落实这些任务是传统文化经典在语文课堂教学上面临的难题。侯小娟老师在《〈论语〉十二章》中对此做了一些有意义的探索:通过思维导图梳理没有明显联系的章节,既锻炼学生合作探究的能力,又能培养整合、反思的思维品质;既能立足于文本引导学生探究君子的核心概念,又能为学生拓宽视野,通过历史的、现实的、世界的等不同视域情境的君子讨论,让学生对中华民族的君子文化有更现实、更广阔的意义建构,对新时代"新君子"价值建构有更真实的认同。

这是一堂有深度的课,也是一堂勇于创新探索的课。

（嘉善高级中学教师、浙江省特级教师、正高级教师　孙元菁）

21.梳理"成长"履历,探寻"成长"奥秘

——《大卫·科波菲尔(节选)》课堂教学实录

【课文简析】

英国狄更斯的《大卫·科波菲尔》是享誉世界的文学名著,是狄更斯在自己创作的众多小说中最喜欢的一部。课文节选部分以"成长"为主题线索,表现主人公大卫·科波菲尔被继父遗弃后"独自谋生"的经历。作者把故事置于19世纪中叶英国工业革命时期社会急剧变革的背景下,用童年大卫·科波菲尔第一人称的有限视角叙述了在谋得斯通—格林比货行做童工并租住在米考伯先生家时的所见所闻。小说展示了大卫·科波菲尔童年时初到斯通—格林比货行时弱小、无助、怯懦、痛苦、绝望,到成年成为作家后通晓世情、心怀悲悯、批判现实、弘扬人道、坚持进取、独立自强的历程,呈现了大卫·科波菲尔遇见的货行中的童工、租住地的房东、济贫院的孤儿、监狱里的牢犯等人物及他们的处境,尤其是米考伯夫妇"债多不愁、乐天知命"的性格,还揭示了当时资本经济繁荣背后的社会弊病:贫富分化严重、童工现象普遍、社会保障不足等。

这篇小说在艺术手法上有两个明显的特色。

一是采用两种视角切换叙述的手法。小说开头是全知视角,写成年大卫·科波菲尔惊讶于童年时被遗弃做童工竟没人说句话的遭遇,引出对童年经历的回忆;中间是有限视角,写童年大卫·科波菲尔叙述独自谋生时的所见所闻;结尾又是全知视角,写成年大卫·科波菲尔感慨童年经历对成年后成长为作家的影响和意义。

二是采用两种风格融合表现的手法。小说带有"自传"性质,大卫·科波菲尔的经历与作者狄更斯的经历有相似之处,米考伯夫妇有狄更斯父母的影子,小说描写的场景也都真切反映19世纪中叶英国工业革命时社会急剧变化时的面貌,这是现实主义笔法。但小说在很多描写中运用了想象和夸张,如米考伯夫妇被逼债的窘迫、霍普金斯船长一家在牢房的苟且、童年大卫·科波菲尔在货行见到的环境的恶劣……这是浪漫主义手法的融入,是基于现实的艺术化加工。这两种手法的融合,更好地表现了作家对社会底层的悲悯与仁厚,对社会现实的揭示与批判,还使小说带有戏谑幽默的语言特色。

【教学目标】

本课时的教学目标如下:

(1)通过细读课文,梳理出大卫·科波菲尔成长的履历;

(2)通过研读课文，探究出大卫·科波菲尔成长的心迹。

【设计阐释】

根据狄更斯《大卫·科波菲尔（节选）》课前的"单元要求"和课后的"学习提示"，这篇小说规定性的学习任务有四个。

第一，扣住"成长"线索，梳理大卫经历的事、遇到的人，思考这些人和事对其成长的影响。

第二，把握作品中栩栩如生的典型的人物形象的特征，加以赏析。

第三，感受小说的叙事视角，体会不同叙事视角带来的独特的艺术效果。

第四，领略小说展现的 19 世纪英国的社会面貌，理解作者的情感态度。

根据新课程新教材理念，课文的教学设计，要考虑课文在单元、教材乃至课程中的地位和作用，要体现课文独特的教育教学价值，要体现课程目标。而《大卫·科波菲尔（节选）》这篇课文，叙事线索清晰但主题线索深隐，"成长"线索的探究有其独特的教育教学价值。鉴于此，设计这篇课文的切入点时，应该抓住"成长"主题。

第一步："成长履历的梳理"——浏览文本，梳理主人公独自谋生的踪迹。

第二步："成长环境的感受"——细读文本，体会主人公对环境的感触。

第三步："成长心迹的探寻"——研读文本，探寻主人公对人情的感知。

第四步："成长启迪的表达"——对话文本，表达主人公对成长的感悟。

抓住"成长"主题为教学切入点，一方面可以完成教材规定的四个学习任务：从梳理成长履历到探寻成长心迹，其间领略环境，把握人物，感受视角切换的效果；另一方面，还可以体现"以教材为本"的原则，依据文本，扎根文本，敬重世界名著文本。整堂课，通过浏览、细读、研习、对话，一定会给学生带来新的发现、新的收获，进而促进学生的精神成长。

要顺利达成预期的教学目标，施教还需要以下辅助。

首先，设计好学习任务单，预先布置学生完成。课文比较长，学生要细读再研习，要梳理再探究，都需要足够的时间。为了能在有限的课堂时间里切实给予学生帮助，教师须在课前发下学习任务单，布置学生在课前预习课文时完成。

其次，要周密准备好深度研习内容的教学指导。这堂课将"'成长'主题的探究"作为项目化学习的任务。履历的梳理、心迹的探寻、环境的冲击、人物的影响，都需要老师在把握学生思考、表达等情况的基础上，做好随机指导的准备，让学生在课堂有所获得。

最后，要精巧设计好课后"与文本对话"微写作的话题。"与文本对话"是深化阅读的一种好方式，但写作毕竟是需要大脑进行精加工来深度思考的辛苦事，如果老师能设计出学生喜闻乐写的话题，学生以写为"乐"，那就能顺利达到表达与交流的语用目的；如果课堂研读之后，学生没有用文字固化深入探究的结果，时间一长，课堂研习探究的收获就会大打折扣。

【课堂实录】

师：今天，我们学习第三单元第一课《大卫·科波菲尔（节选）》，也就是小说第十一章——"独自谋生"。

PPT 出示：

大卫·科波菲尔（节选）

师：小说作者是 19 世纪批判现实主义作家查尔斯·狄更斯，他是与伟大的戏剧大师莎士比亚齐名的英国大文豪。他的小说享誉世界，是英国中学生的必读书。同学们能说出狄更斯的其他小说吗？

生：《匹克威克外传》《雾都孤儿》《老古玩店》《艰难时世》《双城记》。

师：你读过吗？

生：没有。

师：哦，我希望我们今天就此开启学习世界文学名著的奇异旅程，体察小说展现的千姿百态的社会生活，感受人类文化的丰富多彩。请大家翻到教材第 55 页，看课前的"单元要求"。然后再翻到第 66 页，默读课后的"学习提示"，画出提示要点。

（学生默读相关内容，画出要点）

师：谁先来说说提示的要点？

生：这篇小说，有"自传"的味道，很多地方有现实的影子。大卫以第一视角叙述了周围的人和环境，表达了作者对人世间善良、宽厚、仁爱等美德的赞美，然后也含蓄地对当时的社会进行了批判。同时，这些内容全面地概括了小说的主题，以及小说的阅读方式和不少需要把握的内容。

师：能尽量简要地说说提示的要点吗？编者给我们的学习提示是——

生：这篇小说有"自传"性质，米考伯夫妇有狄更斯父母的影子。

师：哦，这是知识性提示，还有学习任务的提示吗？

生 1：要紧扣"成长"线索，找到大卫经历的事、遇到的人，找出这些事和人与大卫"成长"的关系。

生 2：要把握小说中的人物形象，找到外貌、语言、动作等描写，感受人物形象的特点，感受作者塑造手法的精湛。

生 3：还有，要我们注意大卫的叙事视角，领略 19 世纪英国的社会面貌……

师：对，概括地说，学习任务有四个：①理出成长经历，探究对成长的影响；②把握小说人物形象；③注意小说叙述的视角；④领略社会面貌。这是教材规定的学习任务，也是这节课的学习任务。

师：现在，我们先来完成第一个学习任务："成长履历的梳理"——浏览文本，梳理主人公独自谋生的踪迹。

PPT 出示：

学习任务一："成长履历的梳理"——浏览文本，梳理主人公独自谋生的踪迹。

师："提示"告诉我们，大卫的成长经历，就是狄更斯的成长经历。但是，怎样算"成长"？怎样才会"成长"？我们是不是有些混沌迷茫？我们梳理大卫独自谋生的经历，或者说"履历"，来探究其与大卫成长的关系，或许对"成长"就会有一个崭新的认识。

师：根据预习要求，大家读过课文了吧？教材中的注释和课后的"单元研习任务"看了吗？

学习任务单是否也初步完成了？我们选一位男生、一位女生作为代表，到黑板的左右两边，列出大卫独自谋生的履历，文字可以简省些，还可以添加横向或纵向的线条进行辅助。大家推荐一位男生、一位女生吧。

（男女生各自带上教材和"学习任务单"到黑板前列履历，列完回到座位上）

师：我们先看这位女生的梳理："父亲去世，母亲改嫁，遭受虐待"，这个是注释中来的啊！——"做童工，住在米考伯先生家，与米考伯太太成为知己，帮助米考伯太太变卖银质餐具"，后半句改成"代卖餐具"是不是更简洁？——"米考伯先生入狱，米考伯先生入狱后一个星期……"是"入狱后"吧？具体时间不用写。——"米考伯太太决定入狱生活"，"决定"两字删掉就好，人物的想法不用写。——"我另租了阁楼，在监狱附近"，位置不用写！

再看这位男生的——"以大卫为主线"，这是要求，不是履历吧？——"遭到遗弃之后进入斯通—格林比货行，成了一名童工，内心很痛苦"，这句怎么改能简洁些呢？

生：直接写"进货行，做童工"。

师：对的。文字简洁，图表才会一目了然。"被昆宁先生正式雇用，去住在米考伯夫妇家中解决住宿问题"，这句能不能简洁一点？

生：改为"住米考伯夫妇家"就可以了。

师：对的。这位男生梳理得基本完整，语言再准确简洁些会更好。

PPT出示：

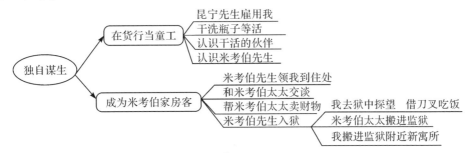

师：参考上述梳理，大家能不能用两字或者三字、四字完善履历的概括？例如：两字可用受雇、干活、结伴等；三字可用受雇佣、洗瓶子、识同伴等；四字可用惨遭遗弃、初当童工、租房成客等。

（学生修改履历）

PPT出示：

二字：受雇、干活、结伴、识友；相处、交心、代卖；探监、借物、另租。

三字：受雇佣、洗瓶子、识同伴、获挚友、去新居、听倾诉、卖餐具、探监狱、搬住所。

四字：惨遭遗弃、哭当童工、租房成客、平等交心、代卖餐具、探访狱友、另租住所。

师：经历怎样促进成长？接下来，我们探讨大卫的经历对他成长的影响。我们来看第二个学习任务。

PPT出示：

学习任务二："成长环境的感受"——细读文本，体会主人公对环境的感触。

师：事情往往在某个特定场景发生。场景常常触动当事人心灵。场景就是环境，有自然环境、人文环境，有工作环境、家庭环境、社会环境……请大家细读课文，找出场景，体味大卫心灵受到的触动。

（学生阅读课文，做批注。同桌间、前后桌间有讨论）

生：我说说货行环境。第 56 页第 2 段，大卫初到货行，看到地板楼梯都是烂的，老鼠到处跑，还"吱吱"叫，具体句子我就不读了，太恐怖了！大卫是少爷啊，从小受爸妈的宠爱，哪里会走烂楼梯，见大老鼠？还要与两个童工为伍，洗瓶子，大卫绝望透了！但后来，大卫一直在货行，米考伯一家坐牢了，他还在货行。

师：嗯，能够前后文联系起来理解，不错。但没留意第 56 页"注释①"，大卫出生前他爸爸就已经去世了哦。对货行环境，大卫从痛苦绝望，到忍受坚持，是他从脆弱稚嫩，到坚定自强的成长标志。货行环境，还印证了马克思《资本论》里一句话："当资本来到人间，每一个毛孔都滴着肮脏的血。"这也体现了狄更斯对童工的人道关怀，对资本社会的批判。

生：我讲讲租住环境。第 59 页第 24、25 自然段，描写的是米考伯：住宅破破烂烂，房间里全都空空的，一件家具也没有；第 64 页，描写的是大卫自己租的阁楼：在监狱大墙外不远，很清静，下面是贮木场，"已经是个天堂了"。米考伯家阁楼是继父租的，大卫很嫌弃。监狱旁的阁楼，方便去看米考伯一家，估计也没人租，所以"清静"，且好于牢房，所以"胜过天堂"，他不挑剔了。

师：对。两次做租客，经历不同，参照物不同，心态自然不同。第一次还不了解世情，他的世界只有做少爷时的家，所以不满；第二次已见识过牢中场景，比照的是狱中囚犯所待的环境，所以庆幸。尽管"依旧孑然一身"，但懂得了"一切都靠自己"！

生：我讲讲监狱环境，第 63 页第 48 自然段，描写的就是霍普金斯船长一家住的牢房。邋遢的女人，面无血色的女孩，蓬乱的头发，褴褛的衣服，络腮胡子，折起来的床，放盘碟锅罐的板……穷得不能再穷，地方小得不能再小，一家人竟这样苟活着！这也体现了狄更斯的仁爱和批判吧？

师：是的。我们小结一下：大卫"去货行当童工""去租屋当房客""探狱友借餐具"这些刻骨铭心的经历，工作地、租住地、牢房地这些触目惊心的遭遇，大大拓展了少爷大卫的眼界，让他全面了解了社会，感知了人世的艰辛、社会的苦难，心智成熟起来了。

师：接下来，我们梳理大卫遇到的人，探究这些人对大卫成长的影响。我们来看第三个学习任务。

PPT 出示：

学习任务三："成长心迹的探寻"——研读文本，探寻主人公对人情的感知。

师：请大家快速找出大卫在独自谋生时遇到的人。

生：昆宁先生、米克·沃克、粉白·土豆、米考伯夫妇、米考伯家的仆人、霍普金斯船长一家。

师：阅历丰富了，世情了解了，这个人自然就成长了。下面请大家选择一个人，从文中找出相关描写，分析他对大卫成长的影响。

（学生阅读课文,圈点勾画）

生:我来说说米考伯夫妇。夫妇俩都爱面子,很会装。初次见面时,米考伯先生说话像贵族,穿着破旧,却要戴假领;米考伯太太则时时把娘家挂嘴上;他们待人真诚善良,对"我"丝毫不见外,给仆人找住处;他俩都不会赚钱,也不负责任,欠钱不还,得过且过,喜欢享受;被抓去监狱了,米考伯先生还玩九柱戏;家产被没收了,米考伯太太还炸牛排吃。

师:我补充一下,米考伯夫妇是狄更斯笔下最出彩的人物之一,他们"债多不愁,乐天知命"的性格已经成了文学中的典型,被称作"米考伯主义"。他俩至少让大卫懂了两点:一是消费要有节制,要量入为出;二是要独立自强,"一切靠自己"。

生:我讲讲米考伯家的仆人。他是济贫院的孤儿。大卫会给他讲自己想象的故事。他让大卫开始创作了。

师:济贫院,是政府接济贫民的地方,是社会保障民众利益的一个机构。理应得到社会救助的孤儿,为何却要自食其力才能谋生?还有货行里的两个童工,米克·沃克和粉白·土豆,他们的父亲都兼职做好几份工作,但还养不了家。可见,19世纪中叶英国维多利亚时期,资本主义刚刚兴起,社会急剧转型,贫富分化严重,童工现象普遍,底层人民生活艰难,政府还没有制定相应法律来保护未成年人的权益,社会保障跟不上。这里体现了狄更斯人道主义的悲悯和对社会现实的批判。

生:还有霍普金斯船长……

师:霍普金斯船长一家作为囚犯,在狱中的日子更难。基于场景分析时提过,这里就不重复了。

师:童工、房东、孤儿、囚犯,都让大卫见识了世面,了解了世情,促进了成长。我们来读读课文首尾段。首尾一比照,除了让我们发现课文结构圆合,首尾照应,突出"成长"主题,还让我们对"成长"有了具体感知。我们齐读首尾段。

（学生齐读首尾段）

师:首尾段的"我"是不是同一时段的"我"?这两段传递给我们哪些信息?哪位先讲一讲?

生:首段第一句中的"我"是成人大卫,第二句前半句中的"我"是童年大卫,后半句中的"我"是成年大卫。第三句中童年大卫是第三人称"他"了,而"我"是成年大卫。第四句中的"我"都是童年大卫。首段引出回忆,开启正文部分写自己遭到遗弃后变成童工的经历。

师:交代得很清楚。狄更斯在首段写自己的成长了吗?

生:好像没有。

师:首段里,成年大卫已经了解世情了,而童年大卫是幼小、可怜、无助、脆弱的,希望能有人为他说一句话,是还没成长的样子。

生1:成年大卫评价童年大卫是"极有才华、观察力强、聪明热情、敏感机灵的孩子",说明童年时大卫就有作家的潜力了。

生2:尾段中说童年大卫"富有想象力","富有想象力"也是成为作家的一个条件。

师:成为作家是需要很多条件的。"富有想象力""有观察力""聪明热情、敏感机灵"是必要的,但还不是最关键的。哪位讲讲尾段?

生:尾段第一句中的"我"是童年大卫,后面三句中的"我"是成年大卫,是已经成了作家的大卫。末句中的"我"是成年大卫,童年大卫以第三人称"孩子"称呼。

师:末段四句话传递了哪些信息? 有"成长"的提示吗?

生1:"去偏僻街上转悠",实际上是去想象、构思小说,"石头都让我的脚踩坏了"是说大卫反复写作,把写作之路上的困难障碍都排除了。这街道,是大卫的写作之路、人生奋斗之路、成长之路。

生2:"时间流逝了"是说"大卫长大了",霍普金斯船长的朗读给"我"埋下了文学的种子,痛苦的童年生活和曾经遇到的人,大卫都写进小说了,悲惨经历让大卫创造出了自己的想象世界。

师:在首段,童年大卫委屈、想求助人;在尾段,成年大卫成了作家,童年的一切都化成了成就。前后一联系,"成长"的痕迹就非常鲜明,童年经历对成长的意义也非常显豁了。

师:课文中第一人称童年视角,是有限视角,又叫凡人视角,显得真实、自然、亲切,叙事有现场感。第一人称成年视角,是全知视角,又叫上帝视角,能全方位展示现实,显得很客观。课文中视角的切换,既可以表现童年大卫的委屈、弱小、无助、痛苦,甚至绝望,还可以表现成年大卫的理性、客观、对世事的明了。大家能不能体会得到?

生(齐声):嗯。

师:狄更斯是个现实主义作家。课文里蕴含着对当时社会的批判。大家说说,狄更斯的批判,是尖锐的,还是温和的? 为什么?

生1:温和的。教材57页米克·沃克讲父亲参加过市长就职的仪仗队,注释里说这里含有调侃的意思,"沃克"是"步行者"的意思。作者"调侃"米克·沃克,还有市长。这里调侃就是温和的批判。

生2:我也认为是温和的。作者批判社会问题,譬如童工问题、孤儿问题,都是客观描述,没有直接批判。只是描述中有夸张和想象,体现了作者的情感态度。

师:补充下,狄更斯做过新闻工作,新闻要用事实说话。这篇小说只叙述经历,描述场景和人物,批判是深隐的。大家看看课文中的叙述和描写是写实的,还是有想象和夸张?

生:有写实,也有想象和夸张。譬如被捕的当天晚上,米考伯先生就想"有朝一日,时来运转",这就是夸张。斯通—格林比货行、牢房里囚犯的生活,也有想象和夸张。

师:是的。想象和夸张,是浪漫主义的手法。这些手法会不会削弱现实主义的批判力度?

生:不会。

师:对的。想象和夸张,是写实基础上的艺术加工,能够淋漓尽致地表现作家的情感和思想。浪漫主义和现实主义的融合,使揭示现实更充分全面,批判现实更温和含蓄。总之,这篇小说除了"两种视角随意切换"的艺术特色,还有"两种风格融合表达"的艺术特色。

现在,老师要布置第四个学习任务作为课后作业。

PPT出示:

学习任务四:"成长启迪的表达"——对话文本,表达主人公对成长的感悟。

从童年的悲苦到长大的成就,这过程是大卫·科波菲尔一天一天熬过来的。在课文的字里行间,我们其实已经聆听到大卫对自己成长的太多感慨与思考,让我们化身大卫·科波菲尔,把大卫对自己"成长"的思考与感悟,课后用文字记录下来。一句话两句话可以,一段话一篇文章也可以。譬如"经历决定成长",譬如"坎坷是成长的基石;奋进是成长的前奏"。大家课后完成,明天上交。

师:最后,送一组狄更斯的名言给大家,这是智者的馈赠,也是人类的财富。

PPT出示:

狄更斯名言

师:下课! 同学们再见!

浙江省越州中学　阮　玲

【专家点评】

阮玲老师的这堂课,定位在"成长"主题线索的梳理与探究上,让学生从文本语言进入,定位准确,效果良好。从新课程新课堂的要求看,这堂课的成功之处有三点。

第一,单元目标结构化。教材每一单元都有一个单元目标,每一篇课文都有单元下的子目标。这堂课一开始,通过让学生自己阅读课前的"单元目标"、课后的"学习提示"等学习内容来明确学习目标。这样的教学目标定位是非常准确的,是不脱离教材设计的单元目标的,每篇课文的教学目标如果都紧扣单元目标,教学就不会偏离方向。

第二,教学内容结构化。一堂课的教学内容要前后承接,依次连贯,有序呈现,有效统一。这样的安排才能体现教学内容的结构化。阮玲老师在设计学习任务的时候,已经注意到了这一点:从"成长履历的梳理"到"成长环境的感受"到"成长心迹的探寻",再到"成长启迪的表达"。这四个学习任务已经很好地把"成长"主题探究内容做了安排,由浅入深,读写结合,环环相扣,可惜写作放在课后了。

第三,教学方法结构化。首先,梳理和探究信息是我们新课程标准中非常重要的语文学习三大途径之一。我们语文学习的三大途径就是梳理与探究、阅读与鉴赏、表达与交流。梳理到探究都从语言进入,是我们语言学习的"本",在语言中把我们懂了的内涵读出来,是最关键的。阮玲老师非常注重语言,让学生去梳理履历,梳理人物,探究成长的心迹,这一方法指导是正确的。其次,阮玲老师注重让学生利用注释去学习。阮玲老师有三处提到注释:"这个是注释中来的啊",当学生不理解时说"你去看看注释啊"……我们平时可能不太关注注释,但是注释非常重要。结合注释阅读,实际上也是培养学生利用注释文字进行整合性阅读,这种整合性阅读非常重要。而且阮玲老师整个过程都让学生自己进入,老师给适当的点拨,这个我觉得非常重要,能给我们启示。

(安吉高级中学教师、浙江省特级教师、浙江省首批正高级教师　郭吉成)

22. 涵养理性思维，明辨逻辑谬误

——"发现潜藏的逻辑谬误"课堂教学实录

【课文简析】

逻辑，无论是在思维活动，还是在社会生活中，都具有不可替代的意义。

一般说来，人们把思维分为感性思维与理性思维两种形式。感性思维包括联想、想象、情感、灵感、直觉等；理性思维则包括概念与定义、判断与论证、因果考辨与推理等，强调思维的逻辑性、思辨性与批判性。

平时我们经常说要讲逻辑，所谓的讲逻辑其实就是揭示和阐释事物内在的因果关联，或者辨析和判断事物的是非得失。

人们做任何事，都要为自己找到理由。对理由的执着是人的本能。在古希腊悲剧《俄狄浦斯王》里，生存都是需要理由的，俄狄浦斯反复追问的，就是"我是谁，我从哪里来，我到哪里去"的答案及其理由。

然而在思维过程中，有很多逻辑陷阱妨碍着我们进行正确的思考。这些陷阱就是人们常说的"逻辑谬误"，而了解一些常见的逻辑陷阱，能帮助我们开启大脑的"纠错意识"。大脑一旦打开主动纠错意识，就会帮助发现自己和他人思维中的逻辑缺陷，做出好的判断。

在信息社会，运用逻辑思维理性地甄别和筛选信息、审慎地接受和表达观点也极为重要。当下互联网已经成为逻辑混乱的"重灾区"，手机阅读的"碎片化"和网络表达的"情绪化"正在深刻地影响着人们的思维方式、行为模式，甚至心智的发展。不少人在转发破绽百出的谣言，遇到矛盾和分歧也不知道用说理的方式来解决，拨正这些乱象，不可没有逻辑。

【教学目标】

互联网时代，人们获取信息更加方便，但遭遇的谬误也更多。如果不具备识别谬误的能力，就有可能成为谬误的受害者甚至传播者。"发现潜藏的逻辑谬误"，正是甄别信息与辨析谬误的武器之一。

本课时的教学目标如下：

（1）在具体的语境中归纳逻辑的基本规律；

（2）梳理常见的逻辑谬误类型，学会识别和反击谬误；

（3）运用相关规则对生活中的逻辑谬误进行反击，养成"审问""慎思""明辨"的理性态度和信息传播观念。

【设计阐释】

在教授逻辑谬误相关逻辑知识的时候，必然会涉及一些逻辑学上的专业术语和概念，这些概念对于学生来说是陌生的，很可能就会让他们望而生畏。为了打消学生的畏难情绪，引起学生对逻辑规律的兴趣。本节课借助课文中的例子及生活中的见闻，从学生熟悉的事物和情境入手，目的是让学生不害怕逻辑术语，而是觉得逻辑很有趣，很实用。本节课是第四单元的起始课，通过实例的分析和规律的归纳，聚焦于偷换概念和隐藏前提假设这两种逻辑谬误的辨析，也为后面进一步深入学习"运用有效的推理形式"和"采用合理的论证方法"奠定了好的基础。

这节课，不仅仅是让学生了解基本逻辑的规律，更是让逻辑更好地为学习语文而服务。首先，要认识逻辑规律，滋养理性精神。在课堂中，学生讨论的热情很高，也有很大可能猜对某些案例的答案，但却未必清楚其背后的逻辑。与其直接告诉学生，不如让学生在分析思考的过程中层层深入，自己总结梳理出逻辑规律。在了解基本逻辑规律的基础上，学生在真实的文本语境和生活情境中进一步强化和落实，在探究中发现和总结。因为课堂要关注学生的学，老师是设计者、引路人，最终的效果达成，还是要落在学生自己的体验和收获中。

其次，要学会应对和反击逻辑谬误，构建正向积极的思维导向。这部分活动的目的是通过真实的案例，激活学生的生活体验和生命体验。学生在平时的生活中，经常会有一些负面的言论和倾向，例如：认为"平时题做得越多，考得越差"，从而得出不做题不复习更好的荒谬结论；觉得"周末打游戏的人考得好"，从而把爱打游戏和考试成绩好扯在一起。这样有明显逻辑谬误的言论对学生的发展有不利的影响。语文教学的目的，不仅在于传授某些语文知识，更在于引导学生建立正确的人生观和价值观，让所学的知识为生命服务，为社会服务。

最后，要将所学所得，在生活中加以运用与实践。逻辑规律是偏理论化的，但逻辑规律的呈现可以是生活化的。有的材料不止包含一种逻辑谬误，将更为复杂的日常生活作为考察情境，能帮助学生提升思维质量，对学习成果进行评价时，学生只要能发现问题的实质，即为有学习成效，而不追求名称术语的准确。

【课堂实录】

（说明："发现潜藏的逻辑谬误"计划上三个课时，本实录为第一课时的教学过程。）

师：同学们，在交流或是写作中，总会多多少少存在言之不成理的情况，这其中就可能有逻辑谬误的因素。这节课我们将一起认识逻辑规律，初步辨识逻辑谬误。

［板书：发现潜藏的逻辑谬误］

师：我们先一起来看看逻辑谬误这四个字的含义。粗看四个字，同学们有没有疑惑，为什么不是逻辑错误，而是逻辑谬误呢？

生：谬误比较书面，错误是口语化的表达，我觉得是差不多的。

师：这位同学是从语体色彩方面考虑的，如果从哲学领域来看，它们还是有很大区别的。

［板书：谬误，特指具有一定迷惑性的逻辑错误。］

师：谬误有欺骗，易于误导之意，也指错误的见解、观念和推理中的错误。谬误往往与真理相对，错误却是和正确相对。在逻辑学中，逻辑谬误特指的是那些具有迷惑性的逻辑错误，一般来说是违反了思维和表达的基本规范，造成了逻辑的种种问题的错误。我这么说可能有点抽象，那么我们一起通过一个智斗恶魔的逻辑小故事，直观地体会什么是逻辑谬误。

师：请一位同学帮我们读下这个故事。

PPT 出示：

恶魔阻拦了一个赶路的男孩，并扬言要吸取男孩的灵魂，这时，男孩对恶魔说："我说一件关于你的事，如果对了，你就满足我一个愿望，可以吗？"恶魔答应了，并心想：反正不管他说什么，我都说是错的。但是男孩说完这句话后，恶魔绞尽脑汁也想不出拒绝的方法，只好满足了男孩提出的愿望。

（学生朗读故事）

师：好的，谢谢你，那么请同学们思考一下男孩到底说了什么话，让恶魔无法否认。

（学生思考片刻）

生 1：我觉得只要小男孩说一些既定的事实就可以了，比如说，地球是圆的。

生 2：那恶魔只要否认地球是圆的就好了呀。我觉得不管男孩说的是不是事实，恶魔都会否认的，而且这个故事是要求男孩说一件关于恶魔的事情，而不是其他的事情。我觉得，既然恶魔心里想的是无论对方说什么都会否认，那么只要反着说就可以了，比如"你是永远不会满足我的愿望的"。

师：非常好，这位同学非常仔细地听了刚才的这个故事，关注到了里面的限制条件，那就是男孩说的这个事情必须是关于恶魔的事情。而且，他还抓住了已知信息推测出了恶魔的想法，说出了"你是永远不会满足我的愿望的"这句话。那后面这位同学，如果你是恶魔，你否认的话会怎么样？

生：如果我说男孩说的话是错的话，那么我就需要满足他的愿望，这不是我想要的结果。如果说我不否认，那说明他说的话是对的，那我就要满足他的愿望。所以我不管承认也好，否认也好，都要无奈地满足男孩的愿望。

师：很好，你把恶魔心中的两难处境展露得非常清晰，也就是说，无论恶魔如何应对，都会得出必须要满足男孩愿望这样一个结果，对吗？

生：是的。

师：好的，这个逻辑小故事里男孩正是说了一句"你不会满足我的愿望"。虽然它只是一个小故事，但里面涵盖了我们要避免的几种逻辑谬误。我们一起来梳理一下。这个故事其实包含了三大基本的逻辑规律——排中律、不矛盾律、同一律。我们试着推理一下：恶魔要么满足，要么不满足。如果不满足，则男孩说的就是事实，那么按约定——

生（齐声）：恶魔就得满足他的愿望。

师：也就是说不满足男孩的愿望会导致矛盾。那么恶魔满足男孩的愿望会不会推出矛盾呢？不会。满足与不满足必居其一，而否认男孩的说法会导致矛盾，恶魔就只有满足他的愿望了。要么满足愿望，要么拒绝，二者必居其一，这其实是逻辑的基本规律——排中律。恶魔如果拒绝满足男孩的愿望,那就必须满足男孩的愿望,这就自相矛盾了。任何一种观点都不能和自身的否定并存,这是逻辑的另一条基本规律——不矛盾律。恶魔满足的一定就是男孩想要实现的愿望,这体现了逻辑的另一条规律——同一律。

师:那接下来我们再通过一组练习来巩固一下刚才所概括出来的几个逻辑谬误类型。请先和同桌讨论交流,再派代表发言。

PPT 出示:

例1:李白的作品不是一天能读完的,《梦游天姥吟留别》是李白的作品,所以,《梦游天姥吟留别》不是一天能读完的。

例2:庄子曰:"请循其本。子曰'汝安知鱼乐'云者,既已知吾知之而问我。我知之濠上也。"(《庄子与惠子游于濠梁之上》)

(学生讨论交流)

师:请你说说,你发现了怎样的逻辑谬误。

生:在例1中,我觉得前半句话肯定是对的,李白的作品不是一天能读完的,因为李白的作品很多。后半句一定是错的,《梦游天姥吟留别》一天是肯定能读完的。《梦游天姥吟留别》也确实是李白的作品。但是代入到前半句,好像矛盾了,同样是李白的作品,既读得完又读不完。我觉得违反了排中律的要求。

师:好,你觉得违反了排中律,还有没有其他看法?

生:我觉得这句话里第一个"作品"是李白"所有"作品的总称,而第二个"作品"是某一个作品的特指,虽然都叫"作品",字面上一样,其实不是同一个概念,犯了"偷换概念"的错误,违反了同一律。

师:一位同学说违反了排中律,另一位同学说违反了同一律。还有吗?

生:我觉得没有违反排中律,李白的作品不是一天能读完的,所以《梦游天姥吟留别》不是一天能读完的,不存在矛盾。

师:对于同学的不同看法,你再说说。(询问回答"违反排中律"的学生)

生:我好像看明白了,是我把两个概念搞混了。

师:刚才这位同学提到"偷换概念",偷换概念就是违反同一律的通俗说法。所谓偷换概念,就是在思维过程中,用一个概念去替换另一个概念,由此而产生的前后不一致、矛盾的逻辑谬误。

师:那么,为什么概念可以被偷换?

生:我觉得,同一个词,虽然字面上一样,但其实表达的具体意义是不同的,当我们没有注意这个词意义上的变化时,就容易引发偷换概念。

师:非常好,也就是同一个词在前后不同语境中,概念的内涵、外延发生了变化,只是被我们忽视了。概念都有内涵和外延,所谓内涵指的是反映在概念中对象的本质属性,所谓外延指的是反映在概念中对象的范围。

[板书:内涵　外延]

师:好,请你来说。

生:我们讨论发现,在例2中,"安"字在问句中有两种含义,一种解释为"怎么",另一种表示"在哪里"。庄子和惠子一开始是围绕"人能不能知道鱼的快乐和怎么能知道鱼是快乐的"这一话题进行的,"安"解释为怎么。但到最后,庄子突然偷换概念,将"安"解释为哪里,变成了"你刚才问我在哪里知道鱼是快乐,我是在濠上知道这件事的",有点强行狡辩的味道。庄子通过对"安"这个字的含义进行转换,造成了概念的偷换。

师:很好,通过这两个例子,我想大家已经知道了偷换概念这类逻辑谬误,容易发生在概念的内涵、外延有所关联,存在相似性或相关性的时候,那么只要比对前后概念的内涵和外延,就可以识破这一逻辑谬误。

[板书:相似性 相关性]

师:好,一般情况下呢,我们都是要避免犯偷换概念的逻辑谬误。但是有时候,明知故犯,却能更好地达到某种特定的效果,我们来看下面这个例子,请先和同学分析其中的逻辑问题,再一起总结什么情况下故意犯了逻辑谬误,反而效果更佳。

PPT出示:

一个德军军官指着毕加索描绘西班牙城市格尔尼卡遭德军轰炸后惨状的画作《格尔尼卡》,问毕加索:"这是您的杰作吗?"毕加索回答:"不,这是你们的杰作。"

(讨论交流约2分钟结束)

师:请这组同学说说。

生:这个例子中,毕加索转移对方发起的话题,违反了同一律。

师:既然存在逻辑谬误,为什么称得上是语言艺术?

生1:我觉得当时的毕加索其实知道对方所说的"杰作"是指绘画作品本身,却故意把它换成作品所反映的事件,我觉得转换得很机智,同时又很有力量。

生2:我们组认为,毕加索想借这个机会表达自己对德国发动战争轰炸自己祖国意大利的愤怒和讽刺,还有他对战争的厌恶。如果德国人水平差听不出弦外之音,那就证明了他们的无知;如果他们听出来了,应该感到羞愧。

生3:我们觉得这样的表达虽然存在逻辑谬误,但是这是一种以正义作后盾、以机智为手段、以谴责为目的的语言艺术,在彼时彼刻,非常恰当。

师:非常好,其实在外交场合,经常会有这样的例子,大家有兴趣回去可以搜索一下,当年新中国刚刚成立,西方记者问周恩来总理中国人民银行有多少资金时,周总理是如何在不透露国家机密的前提下,巧妙地回应的。

师:刚才我们重点就偷换概念,也就是违反同一律的逻辑谬误进行了辨析。接下来,我们研究另一类逻辑谬误。

PPT出示:

①高二选考分科后,你的作业是否会继续像你在高一的时候一样多呢?

②你现在已经不会上课一直打瞌睡了吧?

③你是否已经停止不文明行为了?

师:请听好要求,四人一组,一个人朗读展示的问题,其余三人逐个回答。请思考你们的回答是否符合实际情况。如果不符合实际，你会如何回应？

（学生前后桌四人一组操练，教师巡回走动观察、视听，讨论交流约 3 分钟结束）

师：请第一组来分享下。你们发现这里面隐藏的逻辑问题是什么？

生：我们是一个寝室的，都准备考三位一体，高一的各个学科都想要拿 A，作业是比较多的，高二分科后，对作业的质量要求高了，虽然少了几个学科，但作业在时间和量上其实同高一差不多。所以，我的答案是一样多。我觉得没有什么问题，只是根据实际情况回答，没发现逻辑问题。

师：其他组有什么不同看法？

生：我在高一的时候就非常清楚自己高二要选考的科目，高一的时候会着重做一些跟自己以后选考的科目相关的作业，而不选考的科目只要过学考就可以了，所以高一时在作业上花的时间不多，每科大概 10 分钟，现在高二了，结束了三门学考内容，那些本来求过的科目的作业就不用做了，因为当时也没怎么花时间，作业时间也是差不多。

（学生小声笑）

师：听了这两个小组的发言，你们组有什么发现？

生 1：我觉得这里只是根据实际情况回答的，答案因人而异，没有发现什么问题。

生 2：我觉得第二位同学如果回答不是的话，那样和实际情况不符合，因为他高一时就没有花多少时间。我觉得提问中的"继续像你在高一的时候一样多"有陷阱，好像假定了高一的时候作业很多。

师：很好，你总结得很好。再看看其他两个例子有没有什么相同点。

生 1：我觉得第二个问题，好像隐藏了一个假设，就是默认对方以前上课一直会打瞌睡。对方的回答无论肯定还是否定，都意味着承认这个事先假设。而这个假设很可能并不存在。

生 2：我觉得第三个问题，好像隐藏了一个假设，就是你以前是不文明的，现在变文明了。

生 3：我觉得这三个问题，有一个共同点，如果简单地回答是或不是，就要先默认存在某种行为，然后在这个行为成立的前提下，再去回答问题。

师：总结得非常好，这三个问题其实都属于隐藏前提假设造成的"假二择一"的谬误类型，这是一个复杂问句的陷阱，属于不当预设。当说话人设置这个陷阱的时候，他其实已经预设了一个命题，上面的三个例子，不论回答是还是不是，这个回答者就已经默认了这个命题的存在。那要如何回答这类问题呢？

生 1：我觉得不能简单地回答是或者不是，要先说"其实你说的情况，并没有发生在我身上"。

生 2：我想到之前有些别有用心的外国记者也会采用这样一种隐藏前提的方式来采访普通民众，比如"你们国家是不是还像以前一样乱？"这时候如果我们不能看到其中的逻辑陷阱，就容易被利用。

师：能联系自己的生活实际，由此及彼，非常好。那如果采访到的是你，你会怎么回应？

生：我会说，你的提问中提到的我们国家乱并不是一个事实，你在给我们挖陷阱，用有色眼镜来看我们。

师:非常有力的回应! 很好。同学们,通过刚才大家的交流和归纳,我们不仅学会了在具体的情境下辨识逻辑谬误,也学会了如何正确予以回应。

师:其实在生活中,我们也常常遇到这样的情况,有人说话总爱给人扣帽子,有人特别会"抬杠";有些话从不喜欢的人口中说出来,你总不屑一顾,而同样的话从"自己人"口中说出来,却让你觉得无比正确;有些文章充斥着情绪化表达,却有很多的点击量,而有的文章理性、客观,却无人问津……这些现象在我们的阅读和生活中很常见,为什么"不讲道理的人总自觉有理"? 请和小组的同学辨析下列俗语、广告语、日常对话,进一步思考如何避免落入潜藏的逻辑陷阱,讨论结束后派一位代表在全班交流发言。

PPT 出示:

①种瓜得瓜,种豆得豆;

②四季循环,昼夜更替;

③周末打游戏的人学习都特别好;

④今年过节不收礼,收礼只收脑白金;

⑤可怜之人必有可恨之处,可恨之人必有可怜之处;

⑥(母女对话)"同学叫我现在出去玩会儿滑轮,我能去吗?""不可以,你得把作业完成才能下去玩。""我就知道你不会让我下去! 你每天都在限制我的自由! 你不觉得这样很过分吗!"

生:我们组认为,"种瓜得瓜,种豆得豆"没有逻辑谬误,体现的是事物之间的因果联系。

师:对的,确实是因果联系。

生:我们组认为,"四季循环,昼夜更替"中的"循环""更替"反映了事物运动过程的必然联系,但不是因果联系。

师:好的,下一组。

生:"周末打游戏的人学习都特别好"一句中,其实打游戏和学习好并没有必然联系,如果你没有自控力,就会被游戏吞噬,如果自控力好,劳逸结合也并不会严重影响学习,我觉得这是强加因果。

师:这组同学分析得非常好,还把自己的经验作为分析的依据,分析得很全面。

生:我们组认为"今年过节不收礼,收礼只收脑白金"这个广告词不合逻辑,前半句表达的是今年任何礼都不要收,那必然也包括脑白金,因此,这两句话是不能同真、不能同假的矛盾关系,同时肯定二者,就违反了同一律,必然造成逻辑谬误!

师:这个洗脑的广告,当年非常令人反感,判断正确,确实违反了同一律。

生:我们觉得"可怜之人必有可恨之处,可恨之人必有可怜之处"这句话貌似得到很多人的首肯而被奉为规律,其实是偏激之语,犯了以偏概全的错误。本来应该是"有些人"如此,但在表达时,把"有些人"省略,又用"必"这个字加以强调,这样就把某些人的想法说成了所有人的想法。

师:你对今天所学的偷换概念掌握得很好,活学活用,分析到位。

生:这个母女对话犯了偷换概念的错误。妈妈的观点是"写完作业就可以去玩",并没有限制女儿的自由,可女儿直接上纲上线到"你在限制我的自由"。

师:好的,感谢同学们的分享。通过刚才的分享,我发现同学们表达得都很充分,思考很有成果。这节课我们通过对逻辑谬误的辨析,发现了问题,解释了矛盾,学会了如何应对学习中、生活中的逻辑谬误。请同学们课下完成作业任务单上的作业,下课。

（下发作业任务单）

作业任务单内容:

1.请寻找经典文学作品中一处刻意为之的逻辑谬误,抄录下来,并分析其艺术效果;

2."不要被别人的思维局限,不要用自己的思维局限别人。"在生活中,你有没有发现自己思想上的局限和偏见呢? 请把它们写下来。

温州市第八高级中学　谢　虎

【专家点评】

谢老师的这堂课,重视学生的学,关注学生的悟,帮助学生辨析在语文学习的真实情境中遇到的逻辑谬误。以学生体验学习为本,在体验交流中,可以看到学生掌握了基本的逻辑知识与推理技能。

一是立足情境,以学生活动为主,教师负责引导与示范。教师给定具体明确的讨论任务,学生首先进行个体活动,独立思考探究,形成初步想法,再带着自己的看法进入小组,进行讨论交流。最后,学生带着讨论得到的智慧成果对自己原有的结论进行反思修订,最终落实到学生个体的显性成果。

二是打通语文学习和学生的生活世界。通过"问题—独立思考—交流—总结—反思"的学习模式开展合作探究、研讨交流活动,使学生以各种形式相互协作,展示、交流学习体会与成果。这样的学习过程同时强调教师的主导地位与学生的主体地位,并高效地指向学习生成。

三是以学习素材为载体,使学生掌握探究学习的方法。围绕本节课的核心任务,任务环环相扣,激发问题意识,引导学生体验发现问题、解决问题的过程。关注学生对知识的迁移与运用。学生以思辨、归纳的形式,结构化自己的知识体系,并把学到的逻辑技能应用到实践和学习中。这样的学习经历能够让学生把技能转化为稳定输出的能力。

（安吉高级中学教师、浙江省特级教师、浙江省首批正高级教师　郭吉成）

23.心存怜悯,让天然美德温暖世界

——《怜悯是人的天性》课堂教学实录

【课文简析】

《怜悯是人的天性》是一篇比较抽象的哲理性强的经典理论文章,节选自18世纪法国著名思想家、哲学家、教育家卢梭的重要论著《论人与人之间不平等的起因和基础》。在精神道德层面上,卢梭从最纯粹的心灵出发,认为怜悯心是先于人类理性的原驱动力,是人的心灵最真实、最朴实的活动,是一种天然的对其他生命遭受痛苦产生的同情之心。

文中,卢梭批评了霍布斯"人天生是恶人"的观点。在此基础上,卢梭用事实指出,善是人的本性,怜悯心作为一种善,是人类最普通和最有用的一种美德。人类慷慨、仁慈和人道等种种社会美德全都是从这个品质中派生出来的。怜悯心的产生是纯粹的天性运动,是先于思维的心灵的运动。怜悯心对于人类生活,对于调节人与人的关系具有重要意义。卢梭把怜悯心视为先于理性思考而存在的一种纯自然的人类天性和情感,体现了民主、平等、博爱的人文主义思想。

本文的主体部分以批驳为主,先破后立,边破边立,逻辑严密,环环相扣,具有浓厚的思辨色彩,以第2自然段和第4自然段最为典型。在论证方法上,文章综合运用举例论证、对比论证、类比论证等多种论证方法。文章蕴含着理性的探索精神和深刻的人生智慧,体现出深挚的人文关怀,富有理趣。

【教学目标】

本课时的教学目标如下:

(1)细读课文,以列提纲的方式梳理论述思路,体会逻辑思维的严密性;

(2)阅读时,理解"自然状态的人""怜悯心""自爱心"等关键概念,找出文中自己认为难理解的句子并分析其含义;

(3)在活动探究的过程中,领会文章的思想内涵,探究"怜悯心"的人文价值。

【设计阐释】

本文段落长,长句多,关联词语多,逻辑严密,思想性强,给阅读理解带来一定难度。为有效达成教学目标,本堂课主要设计三个环节。

第一个环节,弄清关键概念。如"自然状态的人""怜悯心""自爱心"等。从概念解读入手,引导学生深入文本,搜集文中有关语句、信息,然后进行提取、归纳,从而达到理解文本,准确把握作者观点的目的。

第二个环节,梳理论述思路。要求学生勾画出关联词语,理解句子之间的关系,仔细梳理作品的论述思路,以列提纲的方式归纳全文的结构层次,学习批驳、类比、例证、对比等科学思维方法,体会论述逻辑的严密性。

第三个环节,深入理解文意。通过小组合作讨论探究的方式,分析理解难懂的句子,了解作者的立场与历史背景,整体把握和领会文章的思想内涵及意义。

【课堂实录】

师:我们生活在经济日渐发达的幸福年代,不愁吃不愁穿,享受着小康社会的美好生活,正在意气风发向着更好的未来迈进。我想问同学们:岁月静好,我们还需要怜悯心吗?(学生思考一会儿,积极发言)

生1:需要啊。幸福的家庭家家相似,不幸的家庭各有各的不幸。生活中,还是会有很多人遭遇不幸,比如个人成长或事业发展受挫,家人发生意外事故,自己生了大病,等等。对这些不幸的人,我们不仅要怜悯他们,还要力所能及地帮助他们。

生2:肯定需要。怜悯心应该是人的一种本性。生活虽然衣食无忧,但依然是复杂的、不平静的,每天都会发生大大小小的不幸事件。我们面对那些不幸的人,都会产生怜悯心。

生3:生态环境保护也需要怜悯心。怜悯心不仅仅体现在人与人之间,还体现在人与自然万物之间。心存怜悯,才不会肆意破坏大自然、屠杀野生保护动物,才能实现人与自然和谐共生。

生4:人类永远需要怜悯心。如果人类丧失了怜悯心,估计距离灭绝的日子也不远了。

师:你们都说得很好。古人说,人生不如意事十之八九。现代人说,意外与明天不知道哪个先来。世界还不太平,全球环境形势依然严峻,局部地区的战火还没停息,生活中的磕磕碰碰在所难免……每个人都可能邂逅不幸。面对他人的不幸,怜悯心会促使人们伸出援手,给予别人温暖,我们的社会因此更加和谐美好。法国著名思想家、哲学家、教育家卢梭认为,"怜悯是人的天性",你们认同这个观点吗?

生(齐声):认同。

[板书:怜悯是人的天性　卢梭]

师:作者是如何阐明这个观点的呢?请同学们拿出昨日发给你们的导学案,我们先来明确第一个任务:文中"自然状态的人""怜悯心""自爱心"等关键概念的内涵是什么?请大家畅所欲言。

[板书:任务1　理解关键概念内涵]

生:"自然状态的人"是一种不能被看作好人,也不能被看作恶人,无邪恶之心,也无为善美德的人。

师:下文的"野蛮人"属于这一类人吗?

生:是的。

师:好的。请下一位同学发言。

生:"怜悯心"是人类唯一具有的天然、最普遍和最有用的美德,是柔弱和最容易遭受苦难折磨的人最应具备的禀性,也是使我们设身处地为受苦的人着想的一种自然的感情。

师:这位同学比较全面地从文中找出了揭示"怜悯心"内涵的句子,并进行了适当的归纳与概括,非常不错!

生:"自爱心"是人只关心自己生存的一种情感。在自然社会中,每个人都自由地追求着各自的利益,每个人对同一事物都拥有平等的权利,每个人都竭力保护着自己的利益和生命。

师:对刚才讲的三个关键概念的理解,大家有困难吗?

生(齐声):没有。

师:非常好。本文长句多,关联词语多,否定句多,给大家理解文意带来一定的困难。每个同学从文中找出自己认为难理解的一句话,在小组内进行探讨。如果经小组讨论后还不理解的,在课堂上提出来共同探讨,以加深理解。

(学生讨论,氛围较好。3分钟后,学生发言)

生:"从总的方面来衡量,让我们评判一下:是处在既不担心别人对自己作恶,也不希望别人对自己为善的境地更幸福,还是处于全面依附的地位,全盘接受那些对他们不负有任何义务的人的指挥更幸福"这句话的含义是什么?

师:哪位同学能"接招"?(生笑)

生:这句话的意思是说,在自然状态中,人们和谐相处,并在与自然的相互关系中形成了良好纯朴的品性。而文明的发展摧毁了这些原始的品性,使得人与人之间产生了依赖和指挥与被指挥的关系。

师:这样的解释似乎还不够通俗易懂,能够再解释一下吗?

生(沉默了一会儿):这句话是问人处在自然状态下幸福,还是处在依附别人、被别人控制的社会状态下幸福。作者以此引出人们对自然状态的思考。

师:这样的解得简单明了些。作者对人的自然状态的说明,目的是为下文的批驳做铺垫。问与答继续进行。

生1:如何理解"它能让每一个人都不可能对它温柔的声音充耳不闻"这句话的含义?

生2:这句话写出了怜悯心对人们潜移默化的影响。以"温柔的声音"来指代怜悯心对人们产生影响的美好方式,如春风化雨,润物无声。

师:你对这个解释满意吗?

生(点点头):满意。

师:满意就好。请其他同学继续。

生1:"你们愿意人怎样待你们,你们也要怎样待人""在谋求你的利益时,要尽可能不损害他人",这两句话分别强调了什么?

生2:第一句话强调的是,人们怎么对待我,我就怎样对待别人。这是自爱心的体现,体现的是人们的自私心。第二句话强调的是,在谋求自己的利益时,不要损害他人的利益。这是怜悯心的体现,是人善良的天性。

师：我也赞同你的解释。还有问题吗？

生1："哲学使人孤独，使他在看见一个受难的人时，竟暗自在心中说：你想死就死吧，只要我平安无事就行了"，这句话作者想表明什么？

生2：这句话表明，哲学是理智的产物，而人们在理智的驱使下，往往会变得自私、冷漠。

师：刚才你们的问与答都很精彩，表现出了比较强的问题意识与理解能力。研读经典理论文章，要从整体上把握文意，除了弄明白难懂的句子，还要厘清论述思路，全面领会作者的思想观点。下面请同学们用列提纲的方式，利用多媒体将本文的论述思路展示出来。

PPT出示：

一、（第1自然段）：作者对自然状态中人的特点做了说明，并由此引导人们思考自然状态的人与社会状态的人（文明人）哪个更幸福。

二、（第2—4自然段）：作者批驳霍布斯的错误观点，然后从正面提出怜悯心出于天性的观点，指出种种美德由怜悯心派生，进一步论证怜悯心的自然性。

三、（第5自然段）：指出怜悯心对人类社会的作用。

师：从这位同学的论述思路中，我们可以发现本文的主体部分以批驳为主，先破后立，逻辑严密。接下来我们解决导学案中的第二个任务：请大家认真阅读第2自然段，具体分析作者是如何一步一步对霍布斯的观点进行批驳的。

［板书：任务2　梳理论述思路］

生：我认为作者用七个步骤对霍布斯的观点进行了批驳：第一步，批驳霍布斯"人天生是恶人"的观点；第二步，指出霍布斯解释的着眼点是错误的；第三步，揭示霍布斯观点的错误本质——将因欲望而产生的需要与野蛮人为保护自己的生存而产生的需要混为一谈；第四步，用类比、追问法指明霍布斯观点的错误性；第五步，直接点明霍布斯没有看到问题的本质；第六步，指出霍布斯忽略了一个事实；第七步，提出自己的观点"怜悯心是我们这样柔弱和最容易遭受苦难折磨的人最应具备的禀性""人类在开始运用头脑思考以前就有怜悯心了"，即怜悯是人的天性。（学生鼓掌）

师：你能把作者批驳的步骤说得这么清楚到位，很不简单。在第2自然段，作者的批驳很有针对性，先破后立，逻辑严密，具有浓厚的思辨色彩。你觉得逻辑严密体现在哪里呢？

生：逻辑严密体现在内容上，作者一步一步、有条有理地进行批驳，环环相扣，无懈可击。

师：还有补充的吗？

生：逻辑严密还体现在关联词语的运用上，作者使用了大量的关联词，使句子之间形成缜密的逻辑关系，增强了批驳的力度。

师：嗯，你的这个发现很有价值。论述文中，恰当使用关联词语，可以使逻辑更严密。我们写驳论文，可以学习借鉴作者这种有针对性、有步骤、有逻辑的批驳方式。作者通过批驳得出"怜悯心是人的天性"这一结论后，又是如何从正面阐述这个观点的呢？请大家从文中找出依据，各个学习小组内部交流后，推荐一名代表发言。

（学生展开讨论，5分钟后，陆续发言）

生1：第2自然段，作者指出"人天生就有一种不愿意看见自己同类受苦的厌恶心理，使他不至于过于为了谋求自己的幸福而损害他人",说明人天生就有怜悯心。

生2:还是第2自然段,作者认为"怜悯心是我们这样柔弱和最容易遭受苦难折磨的人最应具备的禀性","人类在开始运用头脑思考以前就有怜悯心了",分别用"甚至动物有时候也有明显的怜悯之心"和《蜜蜂的寓言》的作者描述的一个事例来类比和举例论证"怜悯是人的天性"的观点。

生3:第3自然段,作者以苏拉和亚历山大的例子阐明怜悯心的产生是"纯粹的天性运动,是先于思维的心灵运动",进一步论证怜悯心出于自然天性的观点。

生4:第4自然段,作者认为"人类的种种社会美德"是从怜悯心派生出来的,并且通过"自然状态"的野蛮人与"理智状态"的哲学家的对比,指出前者的怜悯心更真切强烈——把打斗双方拉开的"往往是市井小民和菜市场的妇女",而不是"哲学家",也就强调了"怜悯心"的存在本身便是源于自然的天性。

生5:第5自然段,作者再次强调,"怜悯心是一种自然的感情",指出了它的作用——"缓和每一个人只知道顾自己的自爱心""有助于整个人类的互相保存"。

师:刚才五位同学的回答都很精彩,思维敏捷,有理有据,不仅概括了文段的主要内容,让我们接受了作者提出的"怜悯心是人的天性"这一观点,也让我们真切感受到作者令人信服的论述力量。这说明同学们对课文内容的阅读认真仔细,对作者的论述有深入的理解与思考。怜悯心是人性的体现。你能结合课文的内容,联系自己的生活经验,谈谈对人性的理解与体会吗?

(学生踊跃发言,课堂气氛活跃)

生1:人之初,性本善。没有怜悯心的人,我觉得是不可想象的。

生2:在日常生活中,与人为善是做人的基本准则。

生3:怜悯心能给不幸的人们带来温暖与希望。

生4:怜悯心对每个人来说,都非常重要。正如文中作者所说,怜悯心"有助于整个人类的互相保存"。"今日我等若冷眼旁观,他日祸临己身,则无人为我摇旗呐喊;今日不为他们鸣不平,明日何人为我诉不公?"这句话说的就是这个道理。

生5:怜悯心有助于除暴安良,建设和谐社会。"唐山打人事件"之所以让全国人民义愤填膺,连续多天登上各种媒体热搜,就是因为善良的人们看到视频上几个膘肥体壮的男子暴打弱女子的场面后,激起了强烈的怜悯心,遂纷纷在网络上对凶徒口诛笔伐,强烈谴责凶徒的暴行,呼吁政府严惩凶徒,铲除黑恶势力。正是由于人们有怜悯心,才形成了善良者对被害者关心与同情的强大呼声,使得施暴者无处可逃。

(全班响起热烈掌声,部分学生表现出激动情绪,有几个学生叫"好")

师:同学们发言的气氛非常好,思维活跃,敢于表达自己的思想,老师给你们一个大大的赞。(学生笑)你们对怜悯心的理解与体会比较深刻,强调了怜悯心的现实意义,尤其最后一位同学能联系社会热点来谈体会,马上就学以致用,这是一个好习惯。高考语文专家认为,"近几年高考作文考题的一大趋势,是紧密联系时政热点与现实生活,且结合得越来越巧妙","学生关注国家与时代发展的动态,就会有更多发挥空间"。希望你们平时就坚持关心时政,从"小我"的世界中走出来,具备家国情怀、国际视野与时代精神,成为一个有责任担当、有格局的好青年。腹有格局气自华。有格局的人写出来的文章将会呈现出大气磅礴、境界高远的特点。

师:刚才大家讲了怜悯心的现实意义,接下来我们一起讨论探究本课导学案中最后一个任务:两千多年前,我国战国时期哲学家、思想家孟子就提出了"性善论"观点。你能说说孟子与卢梭观点的异同吗?每个学习小组推荐一名代表说一说,知道一点说一点。

[板书:任务3 比较异同]

生1:孟子和卢梭都强调怜悯之心是天生的,具有普遍性。孟子认为,"恻隐之心,人皆有之",人的善性是与生俱来的,是先天的。卢梭也认为"人天生就具有怜悯心",怜悯心是"人类唯一具有的天然的美德"。

生2:两人都强调怜悯之心的重要意义。孟子认为人性有四端,恻隐之心重仁,羞恶之心重义,辞让之心重礼,是非之心重智。"无恻隐之心,非人也",孟子将怜悯心视为人性的重要端及人的本质特征。卢梭也认为怜悯心是"我们这样柔弱和最容易遭受苦难折磨的人最应具备的禀性,是最普遍的和最有用的美德","这种天然的怜悯心的力量,即使是最败坏的风俗也是难以摧毁的"。

师:刚才两位同学从怜悯心的来源与意义两个角度讲出了他们观点的相同之处。那不同之处体现在哪里呢?

(学生沉默,面露难色)

师:这个问题我来简要说一说。他们观点的不同之处主要体现在政治方面。孟子将恻隐之心作为善端,主张从"不忍人之心"出发,推行"仁政"。卢梭认为政治体制必然建立在对自然情感优越性的克服之上,需要的不是天然的怜悯心,而是爱国心。我们通过比较东西方两位哲人观点的异同,进一步体会到了怜悯心的特点与意义。只有深入文本,方能领会要义。在大家的共同努力下,我们比较顺利地完成了本课的三个学习任务,有谁能总结一下本课的主要内容?你们推荐一个人选。

生(齐声):语文课代表!(大家笑)

师:好。语文课代表就当仁不让,露一手吧。

生(面带微笑,从容表达):本文作者先对自然状态的人做了说明,在批驳霍布斯"人天生是恶人"观点的基础上,通过类比论证、事实论证、对比论证等论述方法指出,怜悯心是人的天性,它作为一种善,是人类最普遍的和最有用的一种美德。怜悯心对于人类生活、对于调节人与人的关系、对于整个人类的互相保存具有重要意义。

(全班响起掌声)

师:语文课代表果然名不虚传,用简明扼要的语言对本文做了总结,强调了怜悯心的意义。这应该是学有所获的表现吧。深入其中,方知其义。最后,我再强调两点:一、人天生就具有怜悯心。二、如果我们每个人心存怜悯,这个天然美德就会温暖整个世界。

(教师布置课后作业)

师:接下来我们将学习西方另外一位哲学家柏拉图的文章《人应当坚持正义》,请同学们及时完成导学案上的几个学习任务，明天在课堂上交流展示。

师：下课！同学们再见！

江山市清湖高级中学　姜建华

【专家点评】

《怜悯是人的天性》这篇课文句子长，逻辑性强，初读时感觉艰深晦涩，文意不是很好理解。如果不花些时间仔细阅读琢磨，是难以理解作者的观点的。纵观姜老师这堂课，我认为有三个方面可圈可点。

一是发挥导学案的作用。姜老师以导学案的方式，设计了三个主要情境任务，让学生在课前阅读课文时去思考探究。这三个任务都是围绕作者"怜悯是人的天性"这一中心观点设计的，不仅贯穿全文，也贯穿整个课堂。因此，整堂课就显得条理清晰，从容不迫。导学案提前让学生带着任务去阅读思考，既抓住了课文的学习重点，加深了对课文的理解，又提高了课堂效率与学习效果。

二是紧扣文本内容。不管是分析作者如何一步一步对霍布斯的观点进行批驳，还是分析作者如何正面阐述观点，都要求学生依据文本，从文中找出关键内容来回答。找的过程，就是促使学生深入文本，去圈点勾画，去思考理解文意的过程。答案从文中找，应该是阅读理解的要义。

三是联系现实生活。本堂课较好地体现了生活即语文的理念。开头导入环节对当下社会需不需要怜悯心的讨论，以及课中对人性的理解与体会所进行的交流，提到了轰动全国的唐山打人热点事件——这些联系现实生活及社会热点的话题与情境任务，不仅拓展了教学内容，也非常接地气，能够让学生畅所欲言，自然而然地融入了核心价值观教育，对学生有很好的提示教育作用，使得立德树人在课堂里真实发生，有利于引导学生关注现实生活，有利于提高学生的思想境界，有利于帮助学生实现精神的成长。

（嘉善高级中学教师、浙江省特级教师、正高级教师　孙元菁）

24.清新诗意的叙述　朴实深沉的情感

——《荷花淀》课堂教学实录

【课文简析】

　　《荷花淀》是统编高中语文教材选择性必修中册第二单元的一篇课文。这一单元对应"中国革命传统作品研习"任务群。通过本单元的学习,能够深刻认识革命历程,理解革命文化的精神内涵,激发奋发向上的精神力量。

　　《荷花淀》是一部以抗日战争为背景的抗战小说,但是文中却没有跌宕起伏的情节,没有惊心动魄的战争画面,也没有交织着生与死搏斗的血腥场面。作者用充满诗意的语言淋漓尽致地呈现了白洋淀醉人的风景,以及白洋淀地区普通百姓面对强敌勇敢无畏的精神和深沉的爱国情怀。

　　用诗化的方式来叙写战争是本文的典型特征。在本文里,没有硝烟弥漫、血流成河等战争小说中常出现的画面,战争的惨烈被孙犁笔下的诗化世界所代替。在《荷花淀》中,首先映入眼帘的是由皓月、湖水、芦苇、薄雾、荷花等组成的极具地方特色的美丽景致,以及这片土地滋养出的朴实而美丽的劳动成果。"月夜编席"这一场景温馨而雅致,带给人无限遐想,让人对美好生活充满憧憬。但是醉人的环境下暗含着水生嫂深夜等丈夫回家的急切心情,宁静的氛围暗示着紧张,战争的残酷就这样藏于诗情画意之中。

　　文中对人物的刻画也是注重用质朴而含蓄的语言来呈现人物内心世界的微妙变化。如"夫妻话别"这一场景,"你总是很积极的"寥寥数字却道尽了一个普通劳动妇女的无奈、不舍,但面对民族大义又那么的义无反顾,给予丈夫无尽的支持。"你有什么话,嘱咐嘱咐我吧",这可能是一场生死诀别,没有哭泣,没有英雄临行前的壮烈,有的只是一句看似再平常不过的家常话,然而一位白洋淀妇女深明大义的朴素,深沉的家国情怀都融于这句看似简单的家常话之中。

【教学目标】

　　本课时的教学目标如下:

　　(1)仔细阅读小说,学习本小说表现人物性格和感情的方法;

　　(2)在阅读中,领略小说的写作风格,对"诗化"小说有一定的理解;

　　(3)通过分析探究,感受革命者的担当和家国情怀。

【设计阐释】

相较于一般的抗战小说,《荷花淀》无疑是极具特色的,最大的特点就是语言清新,通过诗化的方式来处理战争题材。所以,领略其清新优美的语言,感受人情之美及极富有诗意的艺术风格是鉴赏本文的重点。当然,如果仅仅停留在感受景美、人美这一层次是不够的,毕竟作为描写战争的小说,美好的外衣依然不能掩盖战争的残酷,而对这一现象有清醒的认识,才能读懂文中对和平的向往,也才能激发学生对今日和平的珍惜。

整个设计以推荐传统革命文学作品"红色名人榜"展区为任务情境带入,第一个活动通过推荐"水生嫂们"上榜,让学生对文中人物有一个基本了解。这是一篇较长的文章,这一活动的设置让学生能快速聚焦主要人物、主要事件,并锻炼梳理概括能力。

研习活动第二部分是让学生为人物绘制名片,提示学生可从最能抓住人物特点的场景、情节对话、细节描写等方面入手。通过本次活动,学生能走进文本,并结合已经掌握的解读小说人物的方法走进人物的内心。同时在此任务基础上有所延伸,结合在必修上册学过的战争诗化小说《百合花》,充分感悟《荷花淀》清新的语言,以及由此而形成的独特的艺术风格。

研习活动第三部分则是让学生通过为展区写引言去感悟主旨,去理解在清新的语言外表下依然深藏着战争的残酷性,去体悟作者对战争的厌恶、对和平的向往,当然还有深沉的家国情怀。

【课堂实录】

(教师播放《红船》片段)

师:同学们,刚刚看了这个片段有什么感受呢?

生:我们的先辈很不容易。

师:对! 革命者以其艰苦卓绝的奋斗换来了今天的和平。除了嘉兴地区的军民,河北白洋淀地区的青年们也在革命斗争中展现了革命者的风采。

PPT 出示:

"红色名人榜"的照片。

师:这节课,我们将围绕"革命者的情怀"这一主题,为学校的"百年建党"文化长廊设计传统革命文学作品"红色名人榜"展区。如果现在要推荐水生嫂上榜,请谈谈你推荐的理由。

PPT 出示:

研习活动一:用简洁的语言说一说水生嫂上榜的理由。

提示:

水生嫂,因为 _____(事迹),成为那个时代 _____ 的典型,给我留下了深刻的印象。

生:我认为上榜的理由是,水生嫂因为舍弃小家庭成全丈夫抗日的事迹,成为那个时代敌后妇女的典型。

师:"敌后"这个词用得很巧妙。

生:我认为上榜的理由是,水生嫂因为身处险境依然乐观开朗,成为那个时代斗志昂扬革命妇女的典型。

师:好。你从精神品质的角度予以推荐。刚刚我们整体感知了人物形象,下面我们再仔细读一读文本,看看水生嫂有着怎样的特点。

PPT出示:

研习活动二:小组合作,绘制人物名片。

任务1:研读文本,抓住最能体现人物特点的场景,从文章细节入手绘制人物性格名片,让同学们更加清楚地了解水生嫂的形象。

(学生分小组讨论,约3分钟)

生:我觉得水生嫂勤劳、乐观、开朗且深明大义。

师:说说看你从哪些地方看出来的。

生:文章开篇写女人编着席,动作娴熟,说明女人很勤劳。后来在跟丈夫的对话中,女人明知道丈夫这一去凶险万分,但只是说"你总是很积极的",嗔怪之中有赞扬,体现出在民族大义面前,水生嫂愿意全力支持丈夫,可见她深明大义。另外,水生嫂还很乐观,后面的对话,如"打沉了,我也会凫水捞东西,我管保比他们水式好,再深点儿我也不怕",面对敌人毫不畏惧,自信乐观。

师:嗯,你从场景中的对话入手,为我们描绘了这群可爱的女性的形象,她们深明大义、自信乐观。

[板书:深明大义　自信乐观]

生:我觉得有一个细节很有意思,"女人的手指震动了一下,想是叫苇眉子划破了手。她把一个手指放在嘴里吮了一下",手指"震动"是因为听到水生说"明天我就到大部队上去了",有震撼、无奈和不舍。

师:这一细节找得很好。那么"震动"之后,水生嫂是怎么处理的呢?

生:她把手指"吮了一下",感觉又稳住了情绪,很自然又充满生活气息。我觉得她很内敛而又坚韧。

师:嗯,从动作描写入手,抓住一个生活细节读出水生嫂的心理变化,很好地把握了那一刻人物形象的特征,"内敛坚韧"这个概括我觉得非常好!

[板书:内敛坚韧]

生:我觉得她很温柔细腻,关爱丈夫。你看文章当中,水生笑了一下,女人就能看出他笑得不像平常,说明水生嫂非常细腻并且关心她的丈夫。

师:你也非常敏锐,从一个细节读出了水生夫妇的关系,也看到了人物非常细腻的情感互动。

生:我觉得她们很含蓄且又率真。她们明明想去看丈夫,却说:"我本来不想去,可是俺婆婆非叫我再去看看他——有什么看头啊!"有点害羞却又很纯真,我觉得非常符合一个妻子的心态。

师:不错,她们是敌后的战士,有属于战士的坚韧的一面,同时她们又是妻子,是母亲,她们身上也有着属于这一身份的含蓄和细腻,这样的描写让人物更加真实!

[板书:含蓄细腻]

生:还有一个情节,水生嫂们被敌人追赶的时候,跑得非常灵活,丝毫不慌也不畏惧,并且准备"假如敌人追上了,就跳到水里去死吧",面对生死非常坦然且勇敢。

师:很好,还是通过文章的细节,从语言入手,发现了她们坦荡和勇敢,有一股英豪之气!

[板书:勇敢坦荡]

师:好,我们刚刚从文章的细节入手,从语言、动作、心理等维度,深入发掘了水生嫂们的人物形象,为水生嫂们绘制了人物性格名片。此刻我想起我们学过的还有一位女性也曾给我们留下深刻的印象,那就是《百合花》中的新媳妇,还记得当时我们曾简单提到过"诗化小说"这个概念。下面,我们就来比较一下两篇文章,深入认识一下诗化小说。

PPT 出示:

任务 2:通过比较所塑造人物的共性和个性,探究诗化小说的叙述特征。

(学生分小组讨论,约 3 分钟)

师:好的,我看大家的声音已经小下去了,哪个小组愿意先来分享一下?

生:两篇文章虽然都是写战争的,但我觉得都没有轰轰烈烈的战争场景,围绕在他们身上的都是一些极平凡的小事。

师:能具体说一说吗?

生:《百合花》的故事发生在民风淳朴的村庄及简陋不堪的包扎所,所以也才有了后面跟新媳妇有关的借被子的事。《荷花淀》选取了白洋淀这样一个地方,水生嫂们也没有什么特别壮烈的事,两篇文章写的都是极为家常的事。

师:很好,你从内容入手,发现了两篇文章在选材上与一般战争题材作品的差异。我们常见的战争作品大多以战争场面为主要描写内容,而这两篇文章则不然,换句话说,这两篇文章在情节的故事冲突上——

生:故事冲突弱一些,不像正面描写战争那么激烈。

师:很好,你发现了诗化小说的一个基本特征,那就是淡化情节冲突。

[板书:淡化冲突]

师:非常有意义的发现,很好!还有别的同学要分享吗?

生:两篇文章描写的环境都很美。比如《百合花》中的这一段:"早上下过一阵小雨,现在虽放了晴,路上还是滑的很。两边地里的庄稼,给雨水冲洗得青翠水绿,珠烁晶莹,空气里也带有一股清新湿润的香味。"写雨后的田野,语言就像诗一样,视觉、触觉、嗅觉都包含了,给人很强的画面感。

师:嗯,你的赏析也很专业。那么《荷花淀》呢,也举个例子好吗?

生:《荷花淀》开头几段对白洋淀的景致描写也特别美,而且水生嫂在这样的环境下编席,特别和谐。尤其第 1 自然段"跳跃"这个词语,显得特别灵动。总的来说,就是我感觉两篇文章都通过优美的语言营造出了诗歌的意境。

师:很好,诗化小说,就是像诗歌一样,语言优美,意境隽永!确实,这也是诗化小说一个重要的标志。本来战争是硝烟弥漫的,在这两篇文章里却给人一份诗情画意,这便是语言的魅力。

[板书:语言优美　意境隽永]

生:两篇文章的人物情感抒发都很含蓄,《百合花》里面新媳妇对通讯员的情感没有轰轰烈烈的表现,哪怕到最后毅然地献出自己的被子时,新媳妇的语言也很克制,很多话都只说了半句。《荷花淀》里其实水生嫂和她的丈夫感情挺好的,但当水生嫂得知水生要去部队时,好像显得挺平静的,正常的话会哭诉或是拥抱,但水生嫂都没有。他们的对话看起来好像很平常,细细读来就会发现水生嫂对水生有很细腻的关怀,水生对妻子很疼爱,也很信任。

师:能从课文中找一处分析一下吗?

生:比如说"鸡叫的时候,水生才回来。女人还是呆呆地坐在院子里等他"这句,说明女人一夜都没睡,一直在等,可见她心情也很沉重,对丈夫充满担心。又如"水生嫂说:'你有什么话,嘱咐嘱咐我吧'",其实水生嫂知道这一别可能是生离死别,所以她想得到丈夫更多的嘱托,这也是对丈夫的依恋。

师:不错,从抒情的角度来看,诗化小说有着诗歌的含蓄,情感比较内敛,体现出一份别致的美感。

[板书:抒情含蓄]

师:大家看到的都是共性,两篇同样诗化的文章有没有不同点呢?

生:结局不同。《百合花》中小通讯员最后扑在手榴弹上壮烈牺牲,新媳妇把绣着百合的被子盖在他身上,充满悲剧色彩,但也让人感受到力量。而《荷花淀》中结尾水生嫂们无意之中立下诱捕敌人的功劳,还获得了小小的胜利,因此她们斗志昂扬,对未来充满信心。

师:你想通过不同的结局告诉我们什么呢?

生:两个故事的结局都仿佛在意料之外,又在情理之中。我们仿佛慢慢地从生活走入了战争,巨大的心理落差也恰恰是小说带给我们的独特魅力,因此,我觉得小说的构思很独特。

师:确实,诗化小说还是小说,因为淡化了情节冲突,所以更加要注意构思的精巧,否则,可能就会略显无聊。

[板书:构思独特]

师:通过两文的比较,我们进一步了解了诗化小说的特点。目前,我们的展区布置还缺一个内容。现在,需要对"水生嫂"这个位置增加一个引言部分,向参观者介绍设置这个展区的目的,请你创作一段引言。

PPT 出示:

研习活动三:结合文本,创作展区引言。

为"水生嫂"这个位置创作一段引言,向参观者介绍设置这个展区的目的。(80 字左右)

(学生写作,约 5 分钟,教师选择一名学生的答案进行展示)

师:好的,我看大家都已经写得差不多了,这里我选择一位同学的答案,我们一起来看一看。

PPT 出示:

这里是充满诗情画意的白洋淀,在这片灵动的水面上,有一群勇敢坚韧、深明大义的女性,她们跟着时间一起成长,像盛开在水面的荷花,绽放属于她们的独特芳华。

师:要不先请作者自己来说一说,来吧——

生:我觉得引言嘛,主要是引出水生嫂她们这群可爱的女性,所以,不需要太多介绍她们的内容,只要能够像主持人串词一样把她们介绍出来就可以了。

师:这个理解没有问题,确实,你的这段文字也能够很好地引出后面的人物,这一点我同意。其他同学有要点评的吗?

生:我觉得他写得挺好的,尤其是在语言上照顾到了诗化小说的特征,这段文字也很优美,我觉得挺好的。

师:好的,还收获了一个小粉丝。

师:我做一个假设,如果大家没有看过《荷花淀》这篇文章,不了解白洋淀的故事,看到这段引言,你会想到什么?

(生沉默一会儿)

生:应该会想到一些非常美好的事情,一群女性在成长中绽放芳华。

师:那么,你们觉得这样有问题吗?

生:有点问题,因为毕竟本文是一篇描写战争的文章。

师:描写战争的文章,那么问题出在哪里呢?

生:诗化的特征,淡化了战争的感觉。《百合花》中是有人牺牲的,我们一下子就觉得很悲痛,但是《荷花淀》不一样。

师:确实,《荷花淀》中诗化的特征似乎欺骗了大家。同学们要注意,一篇好的作品不仅要能体现一事一物的独特特征,还要能够反映时代的整体风貌。那么,《荷花淀》到底有没有回避战争的残酷呢?请大家再次阅读文本,相互探究一下。

(学生阅读、讨论,约 3 分钟)

生:有的,一开始,水生嫂的手被划破,就源于深深的担忧,她一听到丈夫要到大部队去,就明白了其中的凶险。作者虽然没有明说,但是通过水生嫂的这个反应,还是委婉地告诉了我们。

师:有道理,读出味道了!

生:女人们去马庄找丈夫们,没有找到,他们是半夜走的,说明走得很急,也侧面反映了战争的紧张。

师:从一个时间看出一些玄机,很好!

生:水生走的时候对水生嫂的叮嘱我觉得非常痛心——这个时候本应是一些关怀,但是水生说的是,"不要叫敌人汉奸捉活的。捉住了要和他们拼命"。这里,并不是水生不关心妻子,而是在那样一个残酷的年代,人人都时刻准备着献出生命,这是那时人们的一个基本写照,反映出战争年代的残酷。

师:确实,从这些细节中,我们可以发现诗化的语言下的另外一面,大家可以课下再去做一些推敲。同样地,我们的引言也不应回避战争的内容,不能一味追求诗化而忽略了情感。诗化的语言,是在叙述上给读者带来不一样的感受,但是,诗化的外表下并没有回避战争的残酷,这里依然涌动着对敌人的控诉、对战争的厌恶和保家卫国的胆识,作者的这份情感并没有因为语言而改变,反而在诗化的语言衬托下,变得更能深入人心!

浙江省诸暨市海亮高级中学　黄巧英

【专家点评】

　　黄巧英老师的这堂《荷花淀》,通过三个活动贯穿单元学习任务,带领学生将"细节"和"诗化"这两个重点内容进行深入的学习和探究。课堂设计紧凑、环环相扣,内容充实、层层递进,课堂氛围活泼,互动充分,总体十分不错。

　　在任务设计上,黄老师通过展区的布置,先用推荐理由让学生整体感知人物形象,再以人物名片带领学生研读文章细节。然后通过与《百合花》的比较,让学生发现诗化小说的特征,将课堂由文本推向文体,实现教学内容的跨越。最后,以引言的创作,引导学生发现问题,发现诗化小说在主题表达上的特征,实现教学内容的又一次推进。活动逻辑清晰,层次合理,一步步将学生引向对文本、文体的深入认知。

　　尤其是在第三个环节,黄老师充分结合选择性必修教材的任务要求,变学习为研习,让学生发现自己创作的问题,主动从文本寻找解决问题的抓手,找到问题根源并寻求解决的办法。设计十分巧妙,在充分调动学生积极化的同时,呼应了单元的任务,让课堂更见深度,更有层次。

(杭州市余杭第二高级中学教师、浙江省特级教师、正高级教师　应　健)

25. 于突转中把握戏剧冲突的实质

——《玩偶之家（节选）》课堂教学实录

【课文简析】

　　《玩偶之家》又译作《傀儡之家》或《娜拉》，是使易卜生闻名全世界的剧本，它通过女主人公娜拉与丈夫海尔茂之间由相亲相爱转为决裂的过程，探讨了资产阶级的婚姻问题，暴露了男权社会与妇女解放之间的矛盾冲突，进而向资产阶级社会的宗教、法律、道德提出挑战，激励人们尤其是妇女为挣脱传统观念的束缚，为争取自由平等而斗争。

　　《玩偶之家》是易卜生根据他朋友劳拉的亲身经历写成的。原型劳拉的经历与女主人公娜拉非常相似，她对丈夫基勒感情深厚，为了给丈夫治病，偷偷借债，到期还不上后，便伪造担保人签字。事情暴露后，基勒暴跳如雷，责怪劳拉败坏了他的名誉，毁灭了他的前途。劳拉看到丈夫如此绝情，大感意外，精神受到打击，得了精神病，被送进了精神病院。基勒提出离婚，幸福家庭从此宣告完结。

　　易卜生在以劳拉为原型创作《玩偶之家》时，融进了更深、更广的社会内容。剧本揭露了妇女在家庭中所处的从属地位，是具有深刻的社会意义的。而易卜生对戏剧结尾的情节处理，又使这种意义得到很大提高。娜拉的爱情虽然破灭了，但她不脆弱，而是觉悟了并选择出走。因此这个形象的塑造比起原型来得更高、更集中、更具有典型性。

　　人物的性格在"戏剧事件"中展现，在激烈的矛盾冲突中得以立体化。而娜拉的出走，无疑是这个戏剧中最精彩的一笔。

【教学目标】

　　本课时的教学目标如下：

　　(1)学会在戏剧的矛盾冲突中把握分析人物性格；

　　(2)从分析人物矛盾本质中把握作品思想意蕴，认识"娜拉出走"在当时社会的意义；

　　(3)体味"社会问题剧"的特点，了解"突转"等手法，领略作家独特的艺术创造。

【设计阐释】

　　《玩偶之家》是被誉为"现代戏剧之父"的易卜生的名作，作品中表现的妇女解放、个性解放、社会解放的鲜明立场，是这部剧作最鲜明的特点和价值，所以设计主要围绕这一点来进行。我们在阅读中可以感受到挪威与我国的文化差异，感受到不同国度、不同文化、不同时代的人不同但是非常丰富的精神世界。同时我们也可以通过课堂上的引导,带领学生通过人物语言,尤其是人物在"突转"中的语言变化理解背后折射的人物形象和主题。

【课堂实录】

师:我们古老的《诗经》里曾经为我们塑造了一位性格鲜明的女子形象,"反是不思,亦已焉哉!"她用决绝、铿锵的语气表达了强烈的反抗和愤慨心理。今天我们要一起来认识一位西方的女性,她用"砰"的一记关门声结束了自己的婚姻和家庭生活。她是谁?

生:娜拉。

师:这个女子,戏剧除了赋予了她名字,还给了她很多的称呼,请同学们到文中找找看,她有哪些称呼,以及是谁给她的称呼。

生1:海尔茂称她为"迷人的小东西"。

生2:还有"一个人的亲宝贝儿"。(其他学生大笑)

生3:"我的娜拉""小娜拉""我的小鸟儿"。

师:海尔茂对娜拉的这些称呼给我们什么感觉?

生:很宠溺,当然也有点肉麻。不过挪威可能表达情感比较直接,再加上戏剧表演本身就是要高于现实的,适度夸张一点也可以理解。(其他学生笑)

师:你的理解很有意思。还有其他同学说说娜拉还有哪些称呼吗?

生:"坏东西""伪君子"。

师:为什么对她的称呼会有这么大的变化?

生:因为她遭遇了一件事情。因为一封信,娜拉曾经伪造父亲签名的事情暴露了。

师:这样的改变源于一次意外的事件或者说突发事件。突发事件是引爆性格冲突的炸弹。在戏剧中,突发事件具有重要意义。这些事件可以引爆人物之间的意志与性格冲突,具有戏剧性的意义。这样的戏剧处理手法就是我们讲的"突转"。

师:主人公因为生活中的突发事件,爆发了尖锐的矛盾冲突。我们接下来就要在这样的矛盾冲突中去分析我们关心的男女主人公的性格特点,看看作家到底为我们塑造了怎样一对男女。

师:请同学们依据这个表格进行整理。

PPT出示:

时间	第一封信前	第二封信前	第二封信后
称呼			
态度			

生:称呼上我填了"我最得意最喜欢的女人""下贱女人""受惊的小鸟儿""可怜小宝贝儿""泥娃娃孩子""玩偶老婆"等。

师:这些称呼都是谁给的?

生：有些是海尔茂给的，有些是她自己给的。海尔茂对她有宠溺，也有侮辱和轻视，甚至是谩骂，然后又走向哄骗、宠溺。

师：为什么会有这样的变化？

生：因为随着戏剧情节的发展，人物命运会有不同的变化。当海尔茂知道娜拉曾经伪造签名，会影响自己的发展时，他就开始谴责娜拉。

师：不是很宠溺吗？

生：宠溺是有条件的，当海尔茂发现自己的女人不是理想中那么完美的时候，就开始了谴责与侮辱。

师：从人物称呼的变化上我们可以感受到海尔茂是怎样一个人？

生：这个男人从最初的甜言蜜语、百般宠爱，到发现妻子的存在对他有不好的影响时，就用各种恶言恶语进行各种讽刺和侮辱，当发现妻子对自己没有威胁的时候，他又表现得很心疼、很真诚、很宽容的样子，太善变了，简直像"变色龙"一样，感觉这是个"渣男"。（其他学生笑）

师：能用书面语精准概括一下海尔茂的形象吗？

生：虚伪、自私、无情、冷血、善变。

师：好，谢谢你的分享。谁可以为我们总结一下，我们是如何把握海尔茂的形象的？

生：我们是通过戏剧语言，尤其是称呼的变化来了解人物的性格的。

师：很好。戏剧人物在戏剧冲突中总会有不同的台词，我们可以根据戏剧中大量的人物语言（台词），尤其是人物的称呼来了解和概括人物性格。那么在这个变化过程中，我们的女主角是怎样一个人呢？我们依然可以透过人物的语言来进行分析。请看这三组对白。

PPT 出示：

第一组

海尔茂：他喝得太多了。

娜拉：大概是吧。托伐，你出去干什么？

……

海尔茂：一定是。这是怎么回事？我想佣人不会——？这儿有只撅折的头发夹子。娜拉，这是你常用的。

娜拉：一定是孩子们——

海尔茂：你得管教他们别这么胡闹。好！好容易开开了。（把信箱里的信件拿出来，朝着厨房喊道）爱伦，爱伦，把门厅的灯吹灭了。（拿着信件回到屋里，关上门）你瞧，攒了这么一大堆。（把整叠信件翻过来）哦，这是什么？

娜拉：那封信！喔，托伐，别看！

第二组

海尔茂：娜拉！

娜拉：啊！

……

海尔茂：真有这件事？他信里的话难道是真的？不会，不会，不会是真的。

娜拉:全是真的。我只知道爱你,别的什么都不管。

海尔茂:哼,别这么花言巧语的!

娜拉:(走近他一步)托伐!

海尔茂:你这坏东西——干的好事情!

娜拉:让我走——你别拦着我!我做的坏事不用你担当!

海尔茂:不用装腔作势给我看。(把出去的门锁上)我要你老老实实把事情招出来,不许走。你知道不知道自己干的什么事?快说!你知道吗?

娜拉:(眼睛盯着他,态度越来越冷静)现在我才完全明白了。

第三组

海尔茂:娜拉!娜拉!

娜拉:我马上就走。克里斯蒂纳一定会留我过夜。

海尔茂:你疯了!我不让你走!你不许走!

娜拉:你不许我走也没用。我只带自己的东西。你的东西我一件都不要,现在不要,以后也不要。

……

海尔茂:别的不用说,首先你是一个老婆、一个母亲。

娜拉:这些话现在我都不信了。现在我只信,首先我是一个人,跟你一样的一个人——至少我要学做一个人;托伐,我知道大多数人赞成你的话,并且书本里也是这么说。可是从今以后我不能一味相信大多数人说的话,也不能一味相信书本里说的话。什么事情我都要用自己脑子想一想,把事情的道理弄明白。

师:下面我们分别请同学来朗读表演,体会娜拉的心理变化,感知人物形象。

三名学生分别朗读三组对白

生:这三组对白中,我们可以感受到娜拉的心理变化,第一组中,娜拉刚开始很担心事情被海尔茂知道,所以很紧张很害怕;第二组中,娜拉对海尔茂的表现极度失望;第三组中,她从原来的思想中觉醒了,她不再是那个只知道爱情的小女人,她看清了海尔茂的真实面目,所以她绝望后变得清醒而决绝,她开始思考自己作为人的一面,开始有了对书本的质疑,甚至有了对尊严、价值、文化等的觉醒和需要。她在怀疑中变得开始拥有自己的思想。

师:所以,卢卡契说,"易卜生写出了也许最为完美的对白"。透过精彩的人物对白,我们可以清晰地把握人物的形象。那么,娜拉为什么会选择出走?

生:因为她对海尔茂失望透顶。

师:仅此而已?

生:或者说,她是对爱情失望透顶。本来她对爱情有着美好的憧憬,并全身心投入。她一心爱着海尔茂,不为阮克对自己的痴情所动;她为了所爱的人做出当时违反法律的事,甚至可以为之牺牲名誉和生命;她渴望得到丈夫同样的真爱,为了这份真爱,她"耐着性子整整等了八年"。但是,柯洛克斯泰的信让她清醒地看到,丈夫并不是真的爱自己,她没有等到"盼望它发生又怕它发生的奇迹",对于爱情,她彻底绝望了。或者说,她对美好爱情的理解幻灭了,她的爱情理想彻底破灭。因此,决定离开这个没有真爱的人和没有真爱的家。

[板书:爱情理想幻灭]

师:出走是因为爱情理想的幻灭,还有其他看法吗?

生:不仅是爱情,我觉得爱情破灭只是其中之一。最重要的是她作为个体平等存在的意念的觉醒。她在被海尔茂不公平对待的事上觉醒了。她发现自己没有独立的人格和尊严,并没有被丈夫当成一个真正平等的人来对待——她,只是个"玩偶",丈夫的"玩偶老婆",父亲的"玩偶女儿"。海尔茂认为:"正经事跟你有什么相干?"所以,夫妻二人在八年中"从来没在正经事情上头谈过一句正经话"。丈夫不了解她,并不真正爱她,只是拿她消遣,估计就是觉得养眼或者欣赏;她被赋予"一个老婆,一个母亲"的"神圣的责任",却没有任何人对她负责任,丈夫可以随意羞辱、责骂她。为了获得人格尊严和平等地位,她决定离开家庭。

[板书:个体意识觉醒]

师:为了获得人格尊严和平等,因为个体意识的觉醒。还有吗?

生1:我觉得她出走还是有些无情,毕竟还有三个孩子。

生2:我不同意这个观点。我觉得娜拉不带走三个孩子是有原因的。海尔茂说出了"可是孩子不能再交在你手里。我不敢再把他们交给你"的话,让娜拉想到自己因为借钱的事而撒谎。娜拉害怕自己撒谎的行为,对孩子的成长造成不利的影响。她说:"我不配教育孩子。要想教育孩子,先得教育我自己。"对娜拉而言,自己的蒙昧不足以支撑起自己教育孩子的自信。只有出走,娜拉自己的内心才能获得暂时解脱。

生3:我觉得娜拉出走是因为她明白了自己在家庭中没有地位,没有经济来源,一切建立在海尔茂的单方面给予上。这八年,由于没有独立的经济地位,靠着给丈夫"耍把戏过日子";不能感受到生活的"快活",最终成为一个只能和丈夫"说说笑笑凑个热闹"的"没出息"的人。所以娜拉可能是明白了这一点,她想要开始新的生活,去追求一份独立的经济来源。

[板书:追求经济独立]

师:同学们从爱情破灭、个体意识觉醒、追求独立的经济地位等角度去理解了娜拉,其实都可以。萧伯纳说:"娜拉身后关门的'砰'的一声比滑铁卢或色当的炮声更有力量。"你们怎么看待这句话?

生:这句话讲的应该是萧伯纳眼中娜拉这个离家的社会意义。

师:你展开说说看。

生:娜拉生活的年代,估计是挪威男权社会比较盛行的时候,女性地位低下,所以会有一些反抗。但是像娜拉这样坚决的,估计在当时也很少。但是这样善良、无私奉献、忠于爱情,同时又美丽的女性,勇敢而又决绝地离开了男权的笼罩,勇敢去追求新生活,这在当时肯定是一道黑暗中的光芒,让和她一样处于不平等男女地位中的女性阶层看到了不一样的存在状态,会让她们看到希望。也许,后来的男女平等也有娜拉的功劳。

师:的确,当时处于19世纪中叶。第二次工业革命促进了生产力的巨大发展,企业的规模进一步扩大。长期处于男权社会的挪威,妇女解放的呼声越来越高。娜拉的行为,无疑在当时具有很强的感染力和影响。"妇女解放的第一个先决条件就是一切女性重新回到公共的劳动中去。"因此,社会需要更多的女性走出家庭,参与"公共的劳动"。有了公共劳动,就拥有了独立的经济地位,这样才能在慢慢的成长中拥有被人尊重和被男性平等对待的可能。

师:这也是这部戏剧的价值和意义。这样一个文学形象,这样的精神追求,在我们的文学作品中有没有出现过呢?

生1:刚刚讲的《氓》中的女子。

生2:祥林嫂。(生笑)

师:祥林嫂反抗了吗?

生:反抗了呀。她先逃婚,后来又撞桌子,后来又捐门槛。只是反抗多次无效。

师:祥林嫂最终摆脱自己的命运了吗?

生:祥林嫂最终死在了寒冷的冬天。

师:祥林嫂为什么不选择出走?

生:祥林嫂又没有家。而且她离开了鲁镇的话,既没有独立的产业,也没有可以依附的亲人,关键还没有地方打工,所以只能沦为乞丐。在那个贫穷又遍地看客的年代,她只有死路一条。

师:探讨到这里,我们充分感受到了娜拉这个形象的独特价值,也充分明白了,没有独立生存的经济保障,就没有出走的底气与能力。女性的存在史,也必将是一部奋斗史呀。

师:针对娜拉出走的结局,鲁迅在《娜拉走后怎样》中说:"娜拉或者也实在只有两条路:不是堕落,就是回来。……还有一条,就是饿死了。"对于鲁迅这一观点,你是否认同?为什么?

生:我认同。因为从当时的社会环境来看,社会还没为妇女的独立生存提供充分的空间。第二次工业革命开始于19世纪60年代后期,易卜生创作《玩偶之家》的1879年,工业革命还在发展中;挪威的女权运动虽然处于高涨阶段,但妇女的社会地位还没有得到社会的充分认可。因此,社会还不能为妇女提供充足的劳动就业机会,娜拉出走之后很可能难以及时得到足以养活自己的正常工作。戏剧中的林丹太太就是一个例子。她为了得到一份工作,不得不求助于并没有什么地位的娜拉,让娜拉央求海尔茂为她找工作。

师:还有吗?

生:作为一个八年都没有独立生存过的女性,我认为她没有赖以生存的劳动能力。从剧情来看,娜拉除了长得漂亮、跳舞跳得好,并没有什么特长,甚至操持家务的工作也是由佣人来做的;从人物性格来看,娜拉出走时不带走海尔茂的任何东西,即便在"手头不方便的时候",也不愿接受海尔茂的任何帮助,是一位性情刚烈的女性;从她对爱情的态度来看,她是一位理想主义者,她的思想观念与社会现实有着很大的差距。这样一位年轻女子,很难适应当时男权主义流行的社会。

师:她不可以求助朋友吗,就像我们遇到困难时一样?

生1:剧中她的朋友只有爱她的阮克和林丹太太。阮克大夫即将离世,而林丹太太虽然帮助娜拉解除了借款风波带来的危机,但她本身就是向娜拉求助的人,她没有经济实力长期资助娜拉;而且平时没有经济地位的娜拉,花钱都是跟海尔茂要,省下来的钱都用于还债了,所以根本不可能有积蓄。

生2:而且从社会发展的必然规律来看,一般具有影响意义的往往是第一个,第一个因为珍贵才会有价值。但是第一个也意味着还没形成普遍现象,所以娜拉很可能成为女权运动的牺牲品。

师:同学们,你们能够从社会背景中去理解人物的命运,还能把它放到历史的纵深度上去考虑,真是很好的探索。鲁迅在《娜拉走后怎样》中写道:"可惜中国太难改变了,即使搬动一张桌子,改装一个火炉,几乎也要血;而且即使有了血,也未必一定能搬动,能改装。"这句话的意思是说中国的每一次变革和进步,都会有人付出血的代价。中国是这样,挪威也如此。我们丝毫不怀疑社会进步的必然性,然而,综合以上几点来看,娜拉为追求个性解放、人格独立、男女平等、经济独立的出走,要么以失败告终后重新回到海尔茂的身边,要么沦为社会进步的牺牲品。

师:有没有不一样的看法?

生:我觉得娜拉虽然不具备太强的劳动能力,但是也不是没有可能。因为从剧情来看,娜拉有着刚烈的性格、果敢的气质,有敢于质疑法律、宗教的勇气,有对美好生活的追求,这决定了她不会向困难屈服,有勇气战胜出走后的一些困难,努力实现自己的追求;她聪明而有头脑,有办法解决出走后面临的生存、工作等问题。同时,娜拉的性格特点决定了她不会再回到海尔茂身边做一个"玩偶",更不可能堕落而走向肮脏的泥潭。所以她很有可能在出走后经过学习,经过各种磨难,成长为一个女强人。她身边也有成功的案例。娜拉的同学林丹太太,就是一位典型的独立女性,她不受男性的庇护,愿意承担家庭经济来源。她为了帮助娜拉摆脱借款危机而大胆劝说柯洛克斯泰,并表示柯洛克斯泰失去工作后,她也愿意和他重建家庭。这表明,女性完全可以成为经济独立、有人格尊严的人。

师:讨论至此,我想起了全国著名的张桂梅校长有一句"我最反对当全职太太"的言论。这一言论曾在网络上引发热议,你怎么看?

生1:我觉得张校长这句话意在强调女性独立的重要性,不是纯粹反对全职太太。

生2:我觉得张校长就是鼓励女生要好好学习,从而有自己独立存在的地位和赖以生存的立身之本。

师:我们学习过的有过出走史的女性,有离开周朴园的鲁侍萍,有马斯洛娃,还有鲁迅笔下《伤逝》中的子君,等等。她们都在探索自己的人生道路,也有了不同的人生命运。生活在一个可以自食其力的社会,多么幸福;拥有一份可以赖以生存的技能,多么安全。曹禺的《日出》中有个女主人公叫陈白露,她说:"我一个人闯出来,自从离开了家乡,不用亲戚朋友一点帮忙,走了就走,走不了就死去。到了现在,你看我不是好好活着,我为什么不自负?"拥有一份独立生存的能力,多让人有底气。

师:各位同学,其实不光是女性,任何人,在不平等的社会环境中,在没有独立的经济和精神地位的时候,都会沦为社会的"玩偶"。希望我们在文学作品中洞见自己。戏如人生,人生如戏,愿我们都能找到属于自己的精彩人生。

师:下课!同学们再见!

浙江工业大学附属德清高级中学教师　方香椿

【专家点评】

一、紧扣文体特征,目标设置合理

戏剧是语言的艺术,方老师的教学目标设定紧扣戏剧的文体特质,通过三组对白的表演和赏读引导学生透过人物的语言来赏析矛盾冲突,分析主人公娜拉的性格,了解"突转"等艺术手法,并探讨"娜拉出走"在当时社会的意义。这样的教学目标设置无疑是非常合理的。

二、抓住人物称呼,强化文本细读

从课堂实录来看,方老师利用表格的形式让学生梳理了海尔茂对娜拉的不同称呼,"称呼"这一切入点引爆了课堂,效果颇佳。这一环节,学生的学习热情高涨,有近10人次踊跃发言。这一环节引导学生进行了一次深入的文本细读,让学生通过称呼深入地把握住了海尔茂"虚伪、自私、无情、冷血、善变"的形象。

三、提供互文联读,开展深度学习

在深入学习《玩偶之家》一文的基础上,方老师带领学生以《娜拉走后怎样》《伤逝》《日出》《氓》等文本作为联读参照,并最终引导学生聚焦张桂梅的"我最反对当全职太太"这一观点,链接现实,让学生自主进行深度学习,多位学生展示了精彩纷呈的个性解读,彰显了文本的现实价值。无痕地对学生进行人生观、价值观的教育,落点是"立德树人"。

（温州第二外国语学校教师、正高级教师　陈智峰）

26. 吾将囊括大块,浩然与溟涬同科

——《自己之歌(节选)》课堂教学实录

【课文简析】

《自己之歌》是美国诗人惠特曼《草叶集》中最长的一首诗,也是最有代表性的一首诗。惠特曼对其一生的心血《草叶集》做了如下评价:"这不是一本书,谁接触它便是接触一个人。"作为其代表作的《自己之歌》正是通过一个人(即诗中的"我")来表现一个时代、一个国家的生命律动。全诗共 52 节,象征一年的 52 个星期。教材节选的是诗歌的第 31 节。有批评家认为,"融合"是这首《自己之歌》最根本的母题。在诗歌的第一节,诗人罗列了一系列日常生活中不显眼的意象,草叶、蚂蚁、沙、鹪鹩的卵、雨蛙、黑莓、关节、母牛低头啮草的样子、小鼠,在诗人充满深情的赞美中,它们的生命之美被展现得淋漓尽致又摇曳生姿。诗歌的第二节作为融合者的"我"出现了,"我"并没有高高在上,或者说生命本就是平等的,"我"作为一个人,与世间的各种生命形态都有着亲缘关系,而"我"的身体上也不可分离地拥有着许许多多在亿万年演变历程中获得的、与其他各种生命形态相同的特征。应该说,诗人用诗歌诠释着进化论的真谛,诗歌也充分表现了他坚定的民主主义和自由平等的思想。诗歌的第 3 节诗人再次罗列了一系列的意象,火成岩、爬虫、海洋、大的怪物、鹰雕、蝮蛇、麋鹿、海燕,旨在说明无论想要威胁"我",还是疏远"我"都是徒劳的,都根本损害不了"我"的存在,也就是说"我"与世界的融合是必然的事实。

惠特曼的诗歌汪洋恣肆、磅礴大气,他的诗歌不受传统格律的限制,而是情随意动,自由驰骋,形式上采取了一种无拘无束、天马行空的自由体。

【教学目标】

《自己之歌(节选)》意境开阔、气魄宏大,有一种质朴而明朗的力量。朗读本诗时,要注意感受其中涌动的旺盛的生命力和诗歌中凸显出来的那个宏大的"我"。诗歌中出现了大量自然事物,这些意象之前很少会在惠特曼诗歌中出现,而惠特曼赋予了它们诗意,这是在诗歌学习中要重点关注的地方。据此,确定本课的教学目标如下:

(1)通过查阅资料,了解惠特曼的创作成就及其在世界文学史上的地位,并对《自己之歌》的创作背景有初步认知;

(2)有感情地朗读诗歌,圈画诗歌中的意象,通过分析意象中所寄寓的诗意来鉴赏诗歌的意境美、情感美;

（3）关注诗行的长短对诗歌节奏和情感表达上所起的作用，通过反复吟诵，感受诗歌自由的形式中涌动着的旺盛的生命力。

【设计阐述】

朗读法在语文教学尤其是诗歌教学中有着不可替代的作用，这首《自己之歌（节选）》也同样如此。只有通过反复地吟诵，学生才能生成对诗歌的个人体验和情感认知，所以本节课教学的重点之一就是有感情地吟诵诗歌。

这首诗歌基本上没有押韵，形式上也不受格律的束缚，和我们高一所学的新诗《立在地球边上放号》有类同之处。学生通过朗读会发现，诗歌整体诗行较长，便于抒发一种豪迈的、无法遏制的情感，也有几句相对较短，诗行的变化就是诗人情感的变化，初读诗歌之后学生对这种特点能够有所体会。正是因为诗人认识到自我与世界之间本质的同一性，没有一种力量可以遏制，所以诗歌的节奏是昂扬的、一泻千里的，情感是豪迈的、冲垮一切的，要通过朗读感受到这种特点。

除了诗歌的外在形式，通过朗读，我们对诗歌的内容也可以有进一步的把握。这首诗一个典型的特点就是诗人选择了一系列独特的意象来表达情感。如果直接让学生去品读，未必能直接品读出来，但是通过设计形式不一的各种朗读活动，可以让学生生成自我的阅读体验，更好地理解这首有难度的诗歌。

小组合作探究法也是学习这首诗歌的一种非常有效的方法。因为诗歌的隐喻性极强，导致我们在解读时障碍极多，但是如果采用小组合作探究的方式，发挥群体的智慧，多方位多角度地去解读诗歌，也许会产生 1+1＞2 的效果。在设计时，将最难的内容和主旨解读分解成小组讨论的话题，在讨论中品评鉴赏诗歌，帮助更多的学生读懂诗歌。

【课堂实录】

师：同学们，预习作业中要求大家收集惠特曼和这首《自己之歌（节选）》的资料，你们收集了吗？（学生点头）

师：那请同学来给我们介绍一下。

生：惠特曼是美国诗人，代表作是《草叶集》。

师：你读过《草叶集》吗？（学生摇头）

师：可以在学完《自己之歌（节选）》后找来读一读。

生：《自己之歌》原诗很长，课文是节选的。

师：你知道它有多少节吗？

生：52 节。

师：很厉害。那么为什么写成 52 节，有什么特殊含义吗？

（学生摇头，教室里有窸窸窣窣的讨论声）

师：其他同学知道吗？（有学生举手）

生：52 节象征着 52 个星期，一年就是 52 个星期，惠特曼也许想借由这首诗歌告诉大家，

"我"贯穿于生命历程的始终,"我"在天地当中有重要价值。

师:为他鼓掌!(学生热情鼓掌)这位同学很厉害哦,已经读出这首诗的精髓了。

师:这首诗歌很难读,但是"诗无达诂",惠特曼当年写作此诗时的心境和我们现在去读它时的感受可能有很大差异,每位同学只要能读出自己的阅读感受,也不枉我们有幸与它相遇。那么,怎么读呢?我觉得最有效的方法就是有感情地去吟诵这首诗。

[板书:自己之歌(节选) 美·惠特曼]

师:请同学们四人一组来读一读,品一品,你觉得这首诗应该用什么样的节奏语调来读?

(学生分组讨论,教师边巡视边指导,此环节耗时5分钟)

师:有没有同学来讲一讲你的理解?

(零星一两个学生举手)

师:没关系,各抒己见而已。

生:我觉得要激昂一点。

师:为什么?

生:感觉"我"很勇敢,他敬告所有的想要逃跑或畏怯的事物,一切都是"徒然"的。所以我感觉要大声一点,比较有气势。

师:所以你感觉"我"代表着什么?

(学生支吾)

师:没关系,已经讲得很好了,随着我们分析的深入,相信你会对"我"这个形象有更深刻的认知。

[板书:勇敢]

师:还有同学想要说一说吗?

生:我觉得在朗读这首诗歌时前后的情感应该要有变化,前面诗人赞美所有一切,而且句子比较长,可以读得慢一点,舒缓一点。第2节是过渡,第3节像刚才小郦同学说的,可以读得激昂一点,速度快一点。

师:你分析得很细致,你能为大家演示一下吗?

(学生朗读,本环节耗时3分钟)

师:大家觉得他读得怎么样?

(全班回答"好",并报以掌声)

师:这样的朗读诠释算得上真正的读书,真不错!

师:还有同学想为大家展示一下吗?

(学生沉默,无人举手)

师:我们同学都比较内敛啊。那么老师来献丑了,我想来试一试,挑战一下自己。

(班级马上热闹起来了,学生都鼓掌叫好,教师朗读,读完学生鼓掌,此环节耗时4分钟)

师:谢谢大家的鼓励!请大家点评一下老师的朗读。

生1:我觉得老师读的时候有急有缓,很有情感。

生2:我也觉得,尤其是第2节,开始我不知道怎么处理朗读,但是刚刚听了老师读的,我感觉,怎么说呢,就是比较骄傲的感觉。

［板书:骄傲］

师:再一次感谢大家！听了大家的评价,我对自己的朗读有了信心,以后我会多读给大家听的。

(学生笑)

师:其实我在处理朗读时主要是抓住了诗中不同的意象。诗歌里的意象一共可以分成几类?

生(齐声):三类。

师:对,三类意象寄寓着诗人不同的情感。请同样按四人小组,去谈谈这些意象各自的寓意。

(学生四人小组交流分析,教师巡视全场,此环节耗时4分钟)

师:请大家交流一下讨论成果。

(陆续有学生举手)

生:第1节里的意象都很小,但是作者却夸它们完美神奇,是造物者精工的制作。在作者眼里,生命不存在大小高下的区别,所有生命都是平等的。

师:甚至有的都不是生命。

生:对,比如说沙。

师:这种世界观有没有熟悉感?

(学生迟疑,有学生在底下小声说"庄子")

师:我听到有同学说庄子,你想到了庄子的什么观点?

生:天地与我并生,万物与我为一。

师:哇,你好厉害！这种迁移理解的能力真是了不得！

师:在19世纪,诗人这样的观点当得上石破天惊,他通过第1节表达了万物平等的理念,特意挑选了一些平常被我们忽视甚至被我们讨厌的意象来表达自己对世界的认知,既然物与物之间绝对平等,那么同是造物之子的人类和天地万物便也没什么差别了。

师:还有同学有想法吗?

生:我来说一说第3节的意象,第3节的意象和第1节不一样,第1节的意象像老师说的,都是渺小甚至丑陋的,但是第3节中的意象却很大,都处在食物链的顶端。

(全班笑)

师:你能为我们罗列一下有哪些意象吗?

生:烈火、爬虫、海洋、大的怪物、鹰雕、蝮蛇、麋鹿、海燕。

师:果然都是处在食物链的顶端。请大家再读一读这些意象,作者与它们之间的关系一样吗?

生:不一样。烈火和爬虫是"逃跑或畏怯",其他的意象是"远离开我"。

师:对的,它们不可能逃跑或者离开,因为"我"——

生(齐声):快速地跟随着,"我"升到了绝岩上的罅隙中的巢穴。

师:所以诗人对这些意象是一种什么样的感情?

生:亲近。

生:感觉"我"是单方面的。

师:单方面什么?

生:单方面亲近这些事物。

师:"我"为什么要执着于亲近万物?

生:可能是因为"我"具有包容一切的能量。

师:也就是说,"我"不仅仅指个人,也指——

生 1:一种包容一切的能量。

生 2:全人类。

师:所以人类和世界应该是共同前进、并肩前行的。同学们,你们有没有发现,这些意象有共同之处?

(学生小声交流)

生:我觉得它们很多在洞里。

师:那还有的在天上呢!

(学生笑)

生:我觉得它们都是远离人群,然后历史悠久的。

师:对了,从古至今,这么多年都是这样,难道就对吗? 所以诗人说,他要钻到它们的洞里,和它们一起,改变! 前进! 所以你会发现这是不是和时代的特点有相似之处?

(学生点头)

PPT 出示:

惠特曼生活在美国历史上一个巨变的时代:工业化引起的产业革命、向西海岸的扩张、废奴运动,以及他壮年时期经历的南北战争。

师:在一个急剧变革的大时代下,我们不可能因循守旧,所以他支持所有为了理想的变革,他的生命热情从不会因为暂时的失败而消减。所以,结合背景和他的人生选择再来读这第 3 节,你有什么新的感悟? 先请同学们花 3 分钟读一读第 3 节。

(学生自由诵读)

师:请同学们再来谈一谈。

生:他热情地拥抱万事万物,并希望它们做出改变。

[板书:热情]

师:嗯,这个解读已经有深度了。

生:时代的改变是不可阻挡的,无论你躲到哪里去都不行。

师:时代大潮,浩浩汤汤,所以"我"带来的就是自由变革的气息。

生 1:对。

生 2:世界是一个整体,就和第 1 节说的一样,万物都是一体的。

师:就像约翰·多恩的名言,"没有人是一座孤岛"。

生:对。

师:好的,刚才我们一起探讨了第 3 节意象所具备的内涵。那么,意象到底有什么作用呢?

PPT 出示:

所谓意象,就是客观物象经过创作主体独特的情感活动而创造出来的一种艺术形象。简单地说,意象就是寓"意"之"象",就是用来寄托主观情思的客观物象。当我们对生活中的事物属性熟悉后,就容易感受事物可能具有的一种象征性的特点。

师:接下来请同学们一起来分析一下第2节的意象,看看这一节的意象有什么特点。

(学生小声讨论)

师:这一节中出现了哪些意象?

生(齐声):片麻石、煤、藓苔、水果、谷粒、可食的菜根、飞鸟和走兽。

师:对于"我"而言,这些事物意味着什么?

生:"我"和它们混合在一起。

师:"混合"是什么意思?

生1:混为一体。

生2:"我"从万物中来。

师:对,"我"来自万物,和所有一切融为一体,你中有我,我中有你。所以读这一节的时候怎么处理情感比较合适?

生:情感饱满一点。

师:怎么个饱满法?

生:很喜欢它们。

师:你来读一读好吗?

(学生读,情感较平淡)

师:喜欢得稍微内敛了一点。

(学生笑)

师:没关系,可以再试试,慢一点,读出一种亲近、喜欢的感觉,以及"我"能够召来万物的骄傲和自豪。

(学生再读,有进步)

师:大家给他掌声鼓励!(全班鼓掌)

师:解读到这里,我们再反过头来看"我","我"到底代表什么? 请同学们将大屏幕上的三句话再读一读,分析"我"究竟是谁。

PPT 出示:

①我手掌上一个极小的关节可以使所有的机器都显得渺小可怜!

②但需要的时候我又可以将任何东西召来。

③我快速地跟随着,我升到了绝岩上的蟑隙中的巢穴。

(学生自读、讨论,教师巡视全场)

师:请同学们来说一说。

生1:"我"有可能就是指自然的一部分,来自自然,又回归自然。

生2:"我"前后有变换,第1节的"我"应该就是指现实中的诗人,因为他说"我手掌上一个极小的关节",但是从第2节开始,应该就不是实际的"我"了,而是一个虚拟的"我",可能是一种精神,或者一种思想。

[板书:实指的个人 虚指的精神]

师：你觉得有可能是一种怎样的精神或者思想？

生：可能就是之前所讲的，在一个急速变革的时代，一种追求进步的精神。

师：谢谢你给我们的启发。

生："我"是变革时代的力量，团结一切可以团结的力量。

师：所以世界就是一个整体，对于我们现在所处的这样一个特殊的时期而言，这首诗歌也极具针砭时弊的意义。

生："我"也许是一个博爱者，爱天地间所有的事物。

师：的确有点。

生：我也觉得"我"是一种精神或思想，这种精神很强大，感觉上天下海也要变革所有逃避他的事物。

师：摧枯拉朽，我想到了李白的一句诗，"吾将囊括大块，浩然与溟涬同科"，与自然同化。

师：同学们读得很到位，读出了"我"字的丰富内涵，接下来就请同学们充满力量地把这三句话再读一读，自己读。

（学生自由读课件上的三句话）

师：下课时间马上要到了，同学们对惠特曼笔下的"我"是否有了新的理解呢？

（学生点头）

师：正如前面介绍的，这首诗歌来自《草叶集》，《草叶集》是惠特曼的代表作，是美国文学史上第一部具有美国民族气派和民族风格的诗集。它是具有开创价值和里程碑意义的一部诗集，对美国诗坛产生了很大的影响。诗集热情地讴歌了民主和自由，民主精神正是《草叶集》的灵魂。在学完课文之后，请同学们在课余时间去读一读《草叶集》，相信你会对惠特曼的诗歌风格有更深刻的认知。下课！

安吉高级中学　王　惠

【专家点评】

《自己之歌（节选）》是一首外国诗歌，大多数的中国读者对其知之甚少，高二学生也不例外。因此这首诗歌在品读上存在一定的难度，这堂课采用了朗读法、小组研讨法，很适合这类有一定难度的课文。

一是朗读法强化审美的浸润价值。整堂课以朗读贯穿始终，通过学生个别读、教师范读、反复品读等多种形式，抽丝剥茧，将这首诗歌最难的地方加以分解。课堂始终有学生朗读的声音，教师重视对学生朗读的指导，将朗读与诗歌内容、主旨解读巧妙结合在一起，使学生的朗读水平有了不小的进步。

二是小组讨论法发挥研讨的作用。教师多次组织小组讨论，非常有效。小组内参与度高，学生都积极地发表看法。学生剖析得越来越深，讲得越来越好，这和有效的小组讨论密切相关。

（杭州市余杭第二高级中学教师、浙江省特级教师、正高级教师　应　健）

27.怨而不怒，哀而不伤

——《氓》课堂教学实录

【课文简析】

　　《氓》讲述的是两千多年前一个普通女性恋爱、结婚、被抛弃、断舍离的悲情故事，这个古老的"痴心女子负心汉"的故事至今还在生活中无数次地重演。这首叙事诗以弃妇的口吻，叙述了相识相爱、无尽相思、花好月圆、无情被弃、忆苦自伤、恩断情绝的全过程，艺术地展现了女主人公曲折的心路历程和"为情所伤、为情所苦"的坎坷人生经历。

　　这首叙事诗结构巧妙，塑造了丰满生动的人物形象。这位婚姻失败的妇人令人动容，面对青年男子的追求，单纯的她芳心荡漾、热烈回应，表现出对美好爱情的极度渴望；面对男子的无理取闹，多情的她自降身份、好言安慰，进而"送子涉淇，至于顿丘"，透露出对亲密爱人无底线的放纵宽容；面对男子的消失不见，痴恋的她深陷情网、难以自拔，预示了她在爱情之中完全迷失自我的可悲可叹；深陷爱情中的美好女子，在婚姻生活中辛苦地劳作、无私地奉献着，对爱情忠贞不渝；在遭遇婚姻的背叛后，多情的她不乏警觉，勇敢自救，刚毅坚强，清醒冷静地拔慧剑斩情丝，凸显她的成熟与成长。

　　比兴手法和环境描写是本文在表达上的突出特色，中间三、四两节分别以"桑之未落""桑之落矣"比兴，既展示了女主人公的日常劳动生活，也揭示了婚姻生活对女子容貌和心灵的摧残，更显得真实亲切。"送子涉淇，至于顿丘""淇水汤汤，渐车帷裳"，淇水，是女子以欢乐开始、以悲伤结束的爱情生活的"见证人"。淇水既是爱情欢乐的起点，也是欢乐与痛苦的交点，更是彻底决裂的终点。比兴的运用和淇水环境的描写，二者相得益彰，表面上是中断了叙述，舒缓了节奏，实则暗示了故事的走向，起到了画龙点睛的作用。

【教学目标】

　　本课时的教学目标如下：

　　(1)品味《诗经》的语言之美，感受人物形象的悲欢苦乐。根据女主人公不同阶段的动作、神态、心理描摹，理解诗经中强烈深沉的抒情性和"怨而不怒，哀而不伤"的诗风；

　　(2)通过对桑树和淇水描写的分析，理解比兴手法对叙事和抒情的作用；

　　(3)将对诗经的理解与鉴赏能力拓展运用到阅读其他古诗词作品中，并进一步探究古诗词在当今社会生活中的作用与价值。

【设计阐释】

《氓》是一首讲述古代婚姻爱情悲剧的叙事诗。这首叙事诗塑造了鲜明生动的人物形象，塑造了一个对爱情充满渴望、沉醉爱情中难以自拔,遵守婚嫁礼法,对男子善良体贴,对婚姻生活忠贞不渝,在婚姻失败后冷静自尊、理智刚强的女主人公形象,也塑造了一个狡猾虚伪、性情暴躁、违背诺言、始乱终弃的负心汉形象。

古诗词因为年代的久远、字词的深奥及诵读记背任务的繁重,导致学生对其容易产生畏难和抗拒情绪。本堂课从现代爱情歌曲导入课堂,符合年轻人的心理发展规律,能够拉近和学生的心理距离,也能极大地激发学生的学习兴趣。同时采用小组合作共同完成学习任务的方式,降低了学习的难度。设计任务一:对《诗经》中类型相同的《氓》和《江有汜》进行小群文阅读。通过比较阅读紧扣文本语言进行情节的梳理、人物形象的感悟、表现手法的品味。设计任务二:小组合作重点探讨比兴手法的学习和应用。通过对桑树和淇水的理解,分析比兴手法对叙事和抒情的作用,这一设计目的是在语言建构和运用的基础上提升学生的思维发展和审美鉴赏。设计任务三:将对诗经的理解与鉴赏能力拓展运用到其他古诗词作品阅读中,同时培养学生灵活运用本课所学的比兴手法,去解释和解决真实情境中的真实问题。结合当下的文化现象及自身的学习体验,探究古诗词在当今社会生活中的价值,探究古人生活和情感对当今社会的启示作用,实现传统文化的理解和传承,进一步提升学生的核心素养。

【课堂实录】

(说明:《氓》计划上两个课时,本实录为第一课时的教学过程。)

师:同学们最近有一首歌比较火,名字叫作《听闻远方有你》,大家知道这首歌吗?有没有同学会唱呢?

PPT出示:

听闻远方有你

听闻远方有你,动身跋涉千里,追逐沿途的风景,还带着你的呼吸,真的难以忘记,关于你的消息,陪你走过南北东西,相随永无别离,可不可以爱你,我从来不曾歇息,像风走了万里,不问归期,我吹过你吹过的风,这算不算相拥,我走过你走过的路,这算不算相逢,我还是那么喜欢你,想与你到白头,我还是一样喜欢你,只为你的温柔。

(有的学生答"会",有的答"不会")

师:既然有的同学会唱这首歌,有的同学不会唱这首歌,那么我们就一起来听听这首歌,会唱的同学,我们一起唱,不会唱的同学就仔细地听。听完之后,请大家说说这是一首饱含着什么情感的歌。

(教师播放歌曲,学生边听边哼唱)

生:这是一首非常缠绵的爱情歌曲。

师:哦,还有补充的吗?

生:这是一首很痴情的歌。

师：哦，很痴情。那我冒昧地问一下，你最喜欢其中的哪一句歌词？

生1（腼腆）：我最喜欢这一句歌词："我吹过你吹过的风，这算不算相拥，我走过你走过的路，这算不算相逢。"这句歌词显得那么的缠绵深情，好像是虽然我们还没见面，但是你到过的地方我也到了，似乎我们就拥抱在一起。

生2：你是风儿我是沙，缠缠绵绵到天涯。

师：哎呀，原来是尔康和紫薇呢，这位同学理解得很到位呢。

（有学生笑）

师：其实呀，爱情是人类永恒的话题，两千多年前也同样有这样痴情的人儿，今天我们就一起来学习《诗经》中的《氓》，看看《氓》讲述了一个什么样的故事。

［板书：氓］

师：昨天老师已经布置了预习内容，同学们在昨晚都已经预习过《氓》了吧？是否完成了老师布置的预习作业？

生（全体）：预习了，完成了。

师：请大家分组朗读诗歌，一、二小组朗读第一、二节，三、四小组朗读第三、四两节，五、六小组朗读第五、六两节。（朗读约2分钟）

师：好，大家读得都很认真。老师下面请一、二组推举一位同学先来朗读一下第一、二节。

（生朗读）

师：同学们觉得他朗读得怎么样？有没有什么地方需要改进一下？

生：老师，我觉得"垝垣"应该重读，"泣涕涟涟"中的"涟涟"最好也重读一下，显得很悲伤的样子。

师：那么，你可以来读一遍吗？

（生有感情地朗读）

师：第一、二节讲述了什么内容？请一、二组的同学概括一下。

生1：第一节讲了女子和男子相识相恋。

生2：第二节讲女子没有允婚，男子发脾气。

师：女子为什么不允婚？

生：因为男子没有好媒人。

师：哦，原来男子不合乎礼数。这两章还说了什么内容？

生：男子走后，女子对男子的无尽相思。

师：那么最后女子和男子结婚了吗？

生：结婚了。不仅结婚了，女子还带着丰厚的嫁妆嫁给了他。

师：三、四组同学集体来朗读一下第三、四节。

（生齐读）

师：三、四组各推荐一位同学来概括一下内容吧。

生1：第三节讲男子变心。

生2：第四节讲女子似乎有所醒悟。

师:哦,女子开始反省了。

生:女子反省自我,发现自己没有犯错误,错的是男子,男子花心出轨,反复无常,负人变心。

师:那么,面对这样的情况,女子是如何应对的呢?请五、六组同学推荐一位代表来朗读一下。

(生深情朗读)

师:大家觉得这位同学读得如何?还有没有需要改进的地方?重音呀,节奏呀,还有没有要注意的地方?

生:我觉得"咥其笑矣"的"咥"应该拖得更长,同时重读,这样就更能显示出娘家兄弟的冷酷、麻木、缺乏同情心,也更能显示出女子的可悲可怜,即使回到娘家去,也是日子很不好过的。

师:嗯,这位同学说得很好哦。五、六组同学来概括一下第五、六节的内容吧。

生1:女子婚后在家里辛勤劳动。

生2:男子家暴女子。

生3:娘家兄弟嘲笑女子。

生4:女子心里怀有怨恨,要和男子彻底决裂。

[板书:相识相恋—相思成婚—遭弃离婚]

师:同学们总结得很不错,说明大家认真地预习了,也读懂了诗歌的大致意思。其实同学们,你们知道吗?在《诗经》中还有一首诗歌,也是写了一个女子被丈夫遗弃的悲惨遭遇,请同学们欣赏这首《江有汜》。

PPT出示:

江有汜

江有汜,之子归,不我以①。不我以,其后也悔。

江有渚,之子归,不我与②。不我与,其后也处。

江有沱,之子归,不我过③。不我过,其啸而歌。

注释:①不我以:不带我。以:带着。②不我与:不与我相聚。③不我过:不看望我。

译文:大江自有分流水,这个人儿回故里,不肯带我一同去。不肯带我一同去,将来懊悔来不及。大江自有洲边水,这个人儿回故里,不再相聚就离去。不再相聚就离去,将来忧伤定不已。大江自有分叉水,这个人儿回故里,不见一面就离去。不见一面就离去,将来嚎哭有何益。

师:请同学四人一组,分析《氓》和《江有汜》两篇文章的异同。

(学生前后桌四人一组讨论交流,教师巡回走动观察、视听,讨论交流约5分钟结束)

师:同学们刚才交流得很热烈很认真,这是一个非常好的现象,要知道交流就是思想与思想的互相唤醒和启迪。下面我们请每个小组推荐一位发言人来谈谈,当然你们小组如果有解决不了的疑难问题,也可以直接提出来,我们大家共同探究,好吗?

生(全体):好!(学生热情高涨,开始交流分析)

生:我们组认为两篇文章都表达了对丈夫始乱终弃、薄情寡义的强烈不满和被抛弃后的悲痛之情。两篇文章也有很大的不同,《氓》写得很详细,有细节描写,《江有汜》写得简略,只有两句话是写女子被抛弃后的心理描写，而且这两句话还是对男子的诅咒和报复。

师：哪两句话是对男子的诅咒和报复？

生："其后也悔""其后也处"，这是女子活在自己的假想中——假想丈夫抛弃她以后一定会后悔，女子觉得丈夫一定会幡然醒悟，出轨之后和别的女人相处一段时间后，最后还是会觉得她好。

师：你刚才说《氓》中有细节描写，能不能举例说明一下？

生：当然可以。例如，有对女子在恋爱中的动作和神态描写，写得很详细，写这个女子在男子离开后，对他有无尽的相思，写这个女子"乘彼垝垣"，"垝垣"这个词语写得非常细腻，一个这么娇弱的女子，因为难熬思念的痛苦，为了能眺望远方的爱人，竟然不顾生命的危险，登上了快要倒塌的墙壁，这充分地说明了女子对男子是多么一往情深、奋不顾身。

（全班学生集体笑，气氛热烈）

师：哎呀，我们这位同学分析得很细致呀，眼光犀利，很有思想呢。于细节处挖掘出了女子的情感和思想，很好。

生：老师，我也要补充。

师：好，欢迎踊跃的你来谈一谈。

生：老师，我觉得我们组刚才那位同学提到的"乘"这个动作细节描写得也很好。教材中对"乘"的注释是"登"，不是"踏"也不是"踩"，我觉得这个注释很好。

师：为什么呢？

生："踩""踏"突出的是脚步很有气势很轻松，似乎不费力气地就踏上去、踩上去了，很霸气很飒的感觉，"登"却是很费脚部力量的感觉。我们经常说"登山"，大家都知道登山是很费体力的，有时候下山腿都在发抖。对一个柔弱女子来说，"登"上快要倒塌的断壁残垣不仅仅是一件费力的事，更是一件危险的事，但是这个女子熬不住内心的相思，还是勇敢地登上去了。由此可见，这个女子是多么痴情，相思是多么的深刻。真是"一日不见，如隔三秋"啊。

（全班学生集体笑，气氛非常活跃）

[板书：女主人公　乘——痴情热烈、不顾安危]

师：这位同学分析得很好，很好地感受到了《氓》中的语言魅力。还有哪个组来补充？

生：我们组认为《氓》对人物形象的塑造是丰满和多侧面的，而《江有汜》，人物形象是淡薄的和单方面的，可以说《氓》中的人物是圆形人物，而《江有汜》中的人物是扁平人物。

师：好，那么能否举例来说明？

生：可以的。例如，从"送子涉淇，至于顿丘"中"送"这一动作描写，就可以看出这个女孩很单纯很痴情，情意绵绵的。就我们现代来说，男女双方谈恋爱的时候，都是男子送女子回家，而文中却是女子送男子渡过淇水，还送到顿丘，可见女子对男子爱得真挚爱得热烈，女孩是一个天真多情的人。在男子急于成婚不得，以至于发怒时，女子"将子无怒"来宽慰男子，这里的"将"是"请"和"愿"的意思，这个"将"字一方面展现了女子的温婉和善良，另一方面也暴露了女子对男子无底线无原则的宽容和退让，在男子没有良媒的情况下，还轻易地允诺"秋以为期"，这也为她婚后的悲剧埋下了浓重的伏笔，因为要知道，人性是残忍的，容易得到的东西总是不太会珍惜的。

师：讲解很独特、很好，"送"展现了女子的天真多情，"将"体现了女子的温婉、善良。还有哪个组有独特的见解？

[板书：送——天真多情、情意绵绵　将——温婉端庄、善意宽慰]

生：我们组认为在《氓》中对男子氓的形象塑造得还是较为丰满的，而《江有汜》中的男子形象几乎没有。

师：《氓》中的男子是什么样的性格，你能给大家分析一下吗？

生：从"蚩蚩"两个字可以看出这个男子貌似很忠厚，但是实际上很虚伪很狡黠。

师：何以见得？你能从文章中找到依据吗？

生：他打着"抱布贸丝"的旗号来求婚，在当时那个非常讲究礼的时代，他竟然连一个媒人都没有，从这一点就可以看出他其实是一个坏心眼的人，他只是想把女子给勾搭走，而且不想走媒人的途径，更不想花钱。当春心萌动的女子，因为不合礼数，不肯成婚时，他竟然大发脾气，显现出暴躁的性格特点，婚后更是暴躁无比，"二三其德"又表现出他品德的败坏，对女子始乱终弃，婚前的狡猾勾搭和婚后的无情抛弃都揭示了这个男子是一个渣男，是一个不值得托付终身的"陈世美"。

[板书：男主人公：无良媒——狡猾虚伪　至于暴——脾气暴躁]

（学生集体发笑，气氛热烈）

生：我们组认为弃妇与氓的关系中存在错位与不平衡。正如文章所说："士之耽兮，犹可说也，女之耽兮，不可说也。"这种错位和不平衡，给女子带来了巨大的伤害。在这场婚姻中，女子自身也是有缺陷和有责任的。

师：来，说说看。

生：这种爱的不平衡表现为女子和男子在爱情中地位是不平等的，女子是不受到尊重和爱护的，这从"送子涉淇，至于顿丘"可以看出来，这一点前几位同学都说过，我就不赘述了。然后，从"不见复关，泣涕涟涟"也可以看出，男子回家去了，多日不来见女子，女子就哭得一塌糊涂，"泣""涕"都是眼泪的意思，"涟涟"是泪流不断的意思，一个女子对一个没见过几次面的男子，虽然说钟情，但也不至于哭泣到这种程度，这说明她在这份感情中投入太多，迷失了自我，而男子却态度随便，有点无所谓的样子。从"言既遂矣，至于暴矣"可以看出来，这个男子在和女子结婚以后，尽管女子辛勤劳作，男子还是对她态度很粗暴，一点都不尊重她、不爱惜她。

师：嗯，我赞同你的观点，感觉这两个人在爱情和婚姻中的付出是不对等的，这是一场错位、不平衡的爱情。

[板书：爱情——错位、不平衡]

师：其他组还有什么独特的发现吗？在婚姻失败后，两位女子的选择有什么不同吗？

生：我们组认为这两个女子面对婚姻失败的结果，选择也是很不同的，《氓》中的弃妇在回忆了曾经的恋爱过程，谴责了男子违背誓言的可耻行为，承受着来自家人、社会的各种舆论压力，却发现自己没有过错，发现感情已经无法挽回，那就及时止损，凸显了她刚毅坚强、清醒理智的形象。而《江有汜》中的女子除了无尽的抱怨，对自己的丈夫还是抱有幻想，对夫妇关系重归于好还是有着隐隐的期盼，她对男子的背叛怀恨在心，但是她很软弱，寄希望于男子能后悔，能重新回到她的怀抱中来，这是缺乏冷静和清醒的，也缺乏自尊和自爱。

师：同学们通过小组合作学习，对文本开始有了自己的独特见解，对主人公的情感变化把握得越来越到位。下面同学们提一提在合作学习过程中遇到的困惑，好不好？

生1：老师，我们组有一个困惑，就是文章第一、二两节是写女主人公的恋爱和结婚，第五、六两节是写两人的婚后生活和离异断绝的过程，那么为什么第三、四节突然加入对桑叶的描写？这和叙述的主要内容有什么关系呢？

生2：老师，我们组也有一个疑惑，文章中为什么多次描写淇水这条河流？对淇水的环境描写对表达人物的情感有什么作用呢？

师：同学们读书读得很认真呀，有一双很会发现问题的慧眼，那么我们就先来解决第一个问题：为什么第三、四节中突然加入对桑叶的描写？是否有这个必要？是不是像我们同学写作文时不小心开始跑题了呢？

PPT 出示：

桃之夭夭，灼灼其华。之子于归，宜其室家。（《诗经·周南·桃夭》）

译文：桃花怒放千万朵，色彩鲜艳红似火。美丽姑娘嫁夫家，从此夫家和顺又兴旺。

关关雎鸠，在河之洲。窈窕淑女，君子好逑。（《诗经·国风·周南·关雎》）

译文：关关和鸣的雎鸠，相伴在河中小洲。美丽贤淑的女子，真是我的好配偶。

蒹葭苍苍，白露为霜。所谓伊人，在水一方。（《诗经·国风·秦风·蒹葭》）

译文：初生芦苇青又青，白色露水凝结为霜。所恋的那个心上人，在水的另一边。

师：同学们自由朗读这些《诗经》中的句子，能否总结一下这些句子的相似点？

生：好像前面的字句都是写动物和植物的生长情况，而后面的字句都是写人物的活动。

师：同学们感悟一下，诗歌创作者写了动物、植物、人物，在这些动物、植物和人物之间有没有地位的高低之分？

生：有的，我感觉诗歌创作者最终目的是写人物的生活。动物和植物只是一个引子，就像大桥的引桥一样，最终的目的是要把主桥给牵出来。

师：对，同学们对文字的敏感度很强，这种手法其实就是《诗经》中的一种手法——"起兴"。"起兴"就是"先言他物以引其所咏之辞也"，即借助其他事物作为诗歌的发端，以引出所要歌咏的对象。

师：同学们，你们能不能再找一找前面的动物、植物和后面的人物之间有什么内在联系？

生：我似乎感觉到前面的植物、动物和后面的人物有相似之处。

师：嗯，从你的"似乎"二字，可以感觉到你不太自信，那么有没有同学可以帮助我们这位同学自信起来，从以上诗句中寻找一句，来找找它们的相似之处，好不好？

生：好的，我认为《桃夭》里面不仅有起兴还有比喻，用色彩鲜艳的桃花比喻新娘的娇媚容颜，也比喻二人美好的爱情和婚姻，要不然现在怎么说，一个人遇到爱情了，就是"桃花朵朵开"呢。

（生集体笑，气氛热烈）

师:这位同学真是妙语连珠啊。

生:老师,我来补充。

师:好的,你来补充,这位同学回答问题非常积极,同学们是不是应该给点掌声?

(生集体鼓掌,气氛更热烈)

生:我觉得《关雎》中有比也有兴,一方面用水鸟求偶引出青年男女的爱情,另一方面用水鸟的求偶和鸣比喻青年男子对美丽女子的追求和爱恋。

师:嗯,说得很有道理,那么如何理解《氓》中的"桑之未落,其叶沃若""桑之落矣,其黄而陨"? 你能不能也从比兴的角度来谈一谈?

生:当然可以。"桑之未落,其叶沃若"是说桑叶新鲜润泽,碧绿有生机,蓊蓊郁郁,以此来比喻女子的年轻貌美。"桑之落矣,其黄而陨"则是比喻女子年老色衰、人老珠黄了。

师:这位同学非常自信,也很积极。平时应该是很喜欢学习语文吧?

(生点头)

生1:我感觉嫩嫩的桑叶也比喻二人甜美的恋爱,枯萎凋零的桑叶比喻爱情的失败。

生2:老师,我和他们有不同的看法。我认为嫩桑叶比喻男子在婚前对女子曾经眷恋爱慕,枯萎的桑叶比喻婚后男子对女子的爱已经消失了,男子出轨了。

师:分析得很好,还有补充的吗?

生:老师,我的意见和前面这位同学恰恰相反,觉得嫩桑叶比喻的是女子对男子的痴情,而枯萎的黄桑叶却是痴情女子在经历婚后的暴戾生活后,觉醒了,她对这个男子的爱枯萎了、消失了。这样写恰好暗示了这个女子被抛弃的悲惨命运。

师:还有同学想发言吗?

生:老师,我觉得嫩桑叶是娘家兄弟曾经对女子的兄妹情谊和女子结婚时的美好祝福,美好而富有生机,而枯萎的桑叶是现在对婚姻失败女子的无情嘲笑。

(全班窃窃私语)

师:嗯,这个解读很奇妙,很与众不同啊。还有吗?

生:老师我觉得嫩桑叶比喻女子丰厚的嫁妆,枯萎的桑叶比喻被用旧用坏的嫁妆。文章不是说"以尔车来,以我贿迁"吗,当时女子带来了好多嫁妆,现在几年过去了,嫁妆全用坏用旧了。

(全班同学笑,课堂气氛热烈活泼)

师:这位同学的发散思维非常厉害啊,对文章的理解独辟蹊径,且不论准确与否,至少这种努力思考、认真阅读的态度值得老师为你点赞。"一千个读者就有一千个哈姆雷特",我们在阅读的时候就是需要有这种精神,在文本的缝隙中读出别人没有读出的东西,非常好。这一点特别值得表扬,老师给你点个大大的赞。同学们,我们下面一起来探讨一下这个比兴手法的作用,好吗? 为什么古人那么喜欢使用比兴手法呢?

PPT出示:

孔子谈及《诗经》时曾这样评价:"诗,可以兴,可以观,可以群,可以怨。"意思是《诗经》可以抒发人的志气情感,可以观察天地万物及人世的盛衰得失,可以交往朋友、相互切磋,可以抨击不平之事。请从"兴"的角度，讨论这种写法对表现女主人公"怨"的作用。

生1：我觉得插入的比兴句有暗示作用，暗示后面的故事情节，暗示那个新嫁娘，在经历几年不美满的婚姻生活后，容颜迅速地凋零了，叙事的线索表面上看是断的，但实际上似断实连。

生2：我觉得起到了烘托气氛的作用，一方面烘托了结婚时的幸福氛围，一方面也烘托和暗示了婚后苦难、悲惨的氛围，引起读者对女子的关注和同情。

生3：我觉得舒缓了节奏，留下了一个空白，激发读者的想象空间，想象女子婚后生活的悲惨。

生4：我觉得是从情节结构上起到了一个情感过渡的作用，本来是幸福出嫁的新嫁娘，爱情的幸福高涨到顶点，这时突然中断，为后面的婚姻不幸做好冷静的铺垫，这里是欢乐和悲伤的交点，为下面克制冷静的断舍离埋下伏笔。

师：这几位同学联系文本做了分析，我觉得分析得比较到位。确实，《诗经》中比兴句多在一首诗的开头，或起协调韵律的作用，或起创造意境、烘托气氛的作用，或起象征、联想、比拟的作用，或起对比衬托、暗示情节的作用。这里比兴手法的运用，既暗示了女子婚姻生活的变化过程，也揭示了女子情感和心理的前后变化，很好地体现了诗歌"怨而不怒，哀而不伤"的抒情特征。

师：我们今天学习了诗经中的比兴手法，现在就来活学活用。在当今自媒体迅速发展的时代，传统文化的诗歌传承是否能真正地发扬光大？

PPT出示：

《采薇》是中国歌剧院编排的舞剧《孔子》中的选段。《孔子》展示了孔子周游列国的生命历程，有"仁"而不得的坎坷梦想。

师：选段《采薇》来源于《诗经·小雅·采薇》，本指因军中生活困苦，老兵借助描述不同季节的景致抒发对战争的无奈和悲凉。在这段舞蹈中，只重复了其中的"昔我往矣，杨柳依依，今我来思，雨雪霏霏"，有人认为听起来过于隽永柔情，无法与战争联系起来，有人则认为如此轻快的选段不适合在孔子最悲凉的时刻穿插进来。请大家结合我们所学的比兴手法，进行小组合作探讨，谈谈你们对这段舞蹈设置的理解，写一段不少于300字的简析。

（学生开始小组合作探讨，教师巡视）

（PPT出示两名同学的作品，并请他们代表小组上台发言）

师：这堂课，我们学习了《氓》，也重点学习和实践了比兴这一艺术手法，想必同学们对这一手法有了比较深刻的认识。请同学们今天在课后再次结合比兴手法，对2022年春晚上大火的舞蹈《只此青绿》和王希孟的《千里江山图》的关联性方面进行有价值的探究，写一篇800字的文学评论。

（老师发放和布置课后作业）

师：下课！同学们再见！

浙江省诸暨中学暨阳分校　　庞云萍

【专家点评】

这堂课以诵读、鉴赏古诗词为教学定位,通过课堂讨论(主要是小组讨论)、群文阅读、任务学习的教学手段和方式来完成教学任务,同时实现学习的迁移,培养学生在真实情境下古诗词拓展性的鉴赏能力和运用能力,实现传统文化的理解和传承。定位是正确的,效果是明显的。其成功之处主要体现在以下四个方面。

首先,课堂的导入环节具有激趣性。以现代爱情歌曲导入环节有两个妙处:一是极大地激发学习兴趣,调动了学生学习的主观能动性;二是营造了良好的氛围,也做了情绪上的梯级铺垫。

其次,开展群文教学。将《氓》和《江有汜》进行比较阅读,紧扣文本设置任务,实现教学"面"的扩展、"线"的串联、"点"的选择,使得学生在感受形象、品味语言的过程中提升语言建构能力、思辨能力及文学欣赏能力。这种小群文阅读教学,精彩在异同之间,深刻在情味之中。课堂上摆脱了单篇的点式阅读,进行了同质多篇(两篇)线式阅读的有益尝试,帮助学生打破了思维的壁垒。

再次,始终是把课堂交给学生,教师只充当一个引导者的角色。课学上,教师始终关注学生的学习,关注学生的自我感受,不断地启发学生,组织学生研习讨论,鼓励学生紧扣文本,涵泳品味、把握诗歌意蕴,读出自己独特的见解和看法,同时指导学生朗诵技巧,注意重音、停顿、节奏等,读出韵律,读出感情。

最后,注重探究古诗词在当下社会生活中的价值,寻觅千百年前古人的生活和情感与当今社会的联系,让学生学会活学活用,灵活运用本课所学的比兴解释真实情境中的真实问题,让学生探究春晚上的舞蹈《只此青绿》和王希孟《千里江山图》,具有较强的拓展性。

(杭州市余杭第二高级中学教师、浙江省特级教师、正高级教师　应　健)

28. 一唱三叹，豪迈飘逸

——《蜀道难》课堂教学实录

【课文简析】

李白(701—762)，字太白，号青莲居士。《蜀道难》是李白的代表作品，为开元初年李白初到长安时为送友人入蜀而作。《蜀道难》属乐府古题，它的传统内容就是描写古代蜀道的险阻难行。李白按照这一传统内容，展开丰富的想象，着力描绘了由秦入蜀道路上惊险绮丽的山川风光，并以山川的险要告诫人，表达了诗人对社会的某些忧虑与关切。诗歌第一句提纲综述：山路既高且危，所以蜀道之险比登青天还难。然后从蜀道开辟神话说起，继而从蜀道的高、险等方面想象描述，发出"蜀道之难，难于上青天，使人听此凋朱颜"的感叹。最后从战乱角度写蜀道之难，表达人生感慨，以"蜀道之难，难于上青天，侧身西望长咨嗟"作结。全诗一唱三叹，既表现了诗人对友人的关切，又反映了诗人对国家形势和人民命运的忧虑，抒发了他对人生道路坎坷不平的感慨。

古典诗词多以虚实相生的手法营造艺术境界。借助想象，置身诗境，通过对意象的揣摩和对意境的体察，把握诗歌的主旨，是鉴赏古典诗歌的重要方法。李白诗歌风格豪迈奔放，清新飘逸，意境奇绝。诗中常将想象、夸张、比喻、拟人等手法综合运用，从而创造出神奇异彩、瑰丽动人的意境，如《蜀道难》写实与想象交织，写出蜀道之"难"，形成迷离恍惚、奇丽峭拔的诗歌境界。全诗想象奇特，笔意纵横，境界阔大，集中体现了李白诗歌豪放飘逸的创作特点。

学习本诗，要围绕"诗意的探寻"展开研习，品味诗歌之美，感受诗人的哀乐悲欢，把握诗歌意蕴。了解我国古典诗歌的发展脉络，注意乐府古诗在用词、句式、节奏韵律、表现手法等方面的特点。语言上，《蜀道难》是杂言体古诗，格律不拘，句式灵活，韵脚多变，我们要感受杂言古体诗的参差错落之美。探究诗人是如何运用虚实相生的艺术手法，写出蜀道的雄奇险峻的，体会李白诗歌的浪漫主义风格。

【教学目标】

本课时的教学目标如下：

(1)通过意象的梳理，揣摩诗歌意境，把握诗歌的主旨，感受诗人炽热奔放、不可抑制的情感；

(2)找出诗歌中想象和夸张的内容，探究诗人是如何运用虚实相生的艺术手法的；

(3)感受诗歌自由奔放的语言风格，《蜀道难》是杂言体古诗，格律不拘，形式灵活，诵读时要感受杂言古体诗的参差错落之美。

【设计阐释】

《蜀道难》是诗仙李白的经典名篇,在写作时间上,有不同说法;在内容上,兴寄遥深,对于它的主旨,论者殊多,一是罪严武,二是讽章仇兼琼,三是讽玄宗幸蜀,四是即事成篇,别无寓意;在语言形式上,篇无定句,句无定字,字无定韵。《唐诗品汇》评《蜀道难》曰:"妙在起伏,其才思放肆,语次奇崛,自不待言。"《增订唐诗摘抄》说:"倏起倏落,忽虚忽实,真如烟水杳渺,绝世奇文也。"对高中生来说,这是相对较难的古诗,对于这类古诗词,我们怎么确定教学内容?

褚树荣老师认为,在教古诗词的时候,按照三层次(文字、文章、文化)、九环节(情境导入、朗读感知、字词教学、扣题切入、文本解释、总结迁移、知人论世、回归文本、教学总结)去走,一首古诗词的教学就不会错到哪里去的,特别是像《蜀道难》这样有点难度的古诗。但一堂课内解决九个环节,时间显得仓促,所以,这堂课设计时,分列了以下几个环节。

首先安排学生进行预习。《蜀道难》是选择性必修下册中的课文,教学对象是高二学生,学生对李白的生平及诗歌有了一定的接触和积累。因此,课前让学生去疏通文字,熟悉诗歌的内容,了解诗歌的背景。

其次,精心组织好课堂的研习探究活动。作为研习探究活动,一堂课不能设计过多的枝节问题,应该有一条主线。本课的思维主线是"诗歌写了什么? 怎么写的? 写得怎么样?"。围绕主线问题展开研习探究,使研习探究活动既能延伸拓展,又不枝不蔓。小组讨论是在教师设置的主线问题的引导下,按学习的思维逻辑由浅入深地有序讨论,在学生积极参与、思考基础上的研习探究。

最后作为诗歌学习,当然要坚持"语言"这个主体。不管采用怎样的方式去完成教学,都不能抛开"语言"这个主体。因此,教学的过程始终引导学生围绕课文、联系教材,做到问题有据、答案有据。在疏通内容的基础上,引导学生去反复品读诗歌,感受诗人的情感、性格。最后请学生从诵读的角度品味诗歌,感受诗仙李白自由奔放的语言风格。

【课堂实录】

师:在我国盛唐时期,曾经出现过一位伟大的浪漫主义诗人,被人们尊称为"诗仙"。他是谁?

生(齐声):李白。

师:李白在文学上取得了后人难以企及的成就!"诗圣"杜甫对他极为倾服,称他的诗"笔落惊风雨,诗成泣鬼神"。今天我们再学习一首李白的代表作品《蜀道难》。

[板书:蜀道难 李白]

师:课前让大家预习课文,大家预习过了吗?

PPT 出示:

1.结合注解,疏通文本,解决"扪参、巉岩、砅崖"等字词的读音和意思。

2.查找相关资料,了解李白生平及本文的写作背景,尝试解读诗歌的内涵。

3.诵读诗歌,把握意象,初步感受李白的奇特想象和灵活多变的诗歌语言。

生:预习过了。

师:那我先来检查一下大家预习的情况。这首诗的写作时间和写作背景是——

生1:李白刚到长安时。

生2:天宝初年。

师:你怎么知道的?

生:注释中有写。

师:很好,能利用课文注释及工具书来了解写作背景。

师:《蜀道难》是李白最富浪漫主义色彩的代表作,从内容看,此诗应是天宝初年,诗人在长安为送别友人入蜀而作的。请同学们把注释标注一下。

师:《蜀道难》这首诗的体裁是——

生:古乐府旧题。

师:能说说古乐府旧题诗的特点吗?

(学生有点为难,私下讨论)

师:乐府诗又称"古诗""古风",是与近体诗相对而言的一种诗体,主要是指唐以前的乐府民歌、文人诗及唐以后文人仿照它们的体式而写的诗歌。古体诗格律自由,不拘对仗、平仄,押韵较宽,篇幅长短不限,句子有四言、五言、六言、七言和杂言。表现在诗体上,有歌、行、引、吟等体裁。《蜀道难》就是一首典型的古体诗。近体诗又名今体诗,为唐代新兴的诗体,因与古体诗有别而得名。近体诗分为绝句、律诗两种,四句为绝句,八句为律诗。律诗是近体诗的一种,格律严密,起源于南朝齐永明时沈约等讲究声律、对仗的新体诗,至初唐沈佺期、宋之问时正式定型,成熟于盛唐时期。律诗要求诗句字数整齐划一。律诗由八句组成,每首有四联(即八句),每句五个字的是五言律诗,简称"五律";每句七个字的是七言律诗,简称"七律"。律诗的一、二句称为"首联",三、四句称为"颔联",五、六句称为"颈联",七、八句称为"尾联"。"颔联"和"颈联"必须对仗;二、四、六、八句最后的一个字必须同韵。

(PPT出示相应文字)

师:下面先一起来整体感受一下这首诗,听朗诵,完成任务。

PPT出示:

任务一:梳理诗歌内容,把握诗歌主旨,感受诗人情感。

1.找出诗歌中诗人直接惊叹蜀道难的三个句子,说说它们分别写出了蜀道的什么特点。

2.标注出生字词,查看注释等解决。

(朗诵结束)

师:诗歌中诗人直接惊叹蜀道难的三个句子是——

生:三个直接感叹蜀道难的句子,分别是第1段中的"噫吁嚱,危乎高哉!蜀道之难,难于上青天!"、第2段中的"蜀道之难,难于上青天,使人听此凋朱颜!"和第3段中的"蜀道之难,难于上青天,侧身西望长咨嗟!"

师:三个句子分别写出了蜀道的什么特点?

生:第一句"噫吁嚱,危乎高哉! 蜀道之难,难于上青天!"写出了蜀道的"危和高"。

师:请大家在诗歌中寻找出体现"危和高"的词句。

生:第二句,"蜀道之难,难于上青天,使人听此凋朱颜!"

师:这里的"此"指代什么?

生:指山峰之高、悬崖之陡,指"悲鸟号古木""子规啼夜月",点出了蜀道的艰塞难通。

生:第三句"蜀道之难,难于上青天,侧身西望长咨嗟!"以战乱写蜀道之难,表达人生喟叹。

师:这位同学找的这三句,大家同意吗?

生(齐声):同意。

师:这位同学不仅找出了这三句诗,而且对诗句表达出的蜀道特点概括得也很准确,我们是不是要表示一下?(学生鼓掌)

师:从意象入手,通过想象,把握意境,进而掌握诗歌意蕴主旨,是诗歌鉴赏的一般程序。仔细阅读这首诗,你能找出诗歌的意象、梳理诗歌的内容、品读出诗歌的意蕴吗?

(学生阅读、查找、思考整理)

师:接下来请三位同学分别说说诗歌三个段落的意象和寓意。

生1:第1段,写蜀道开辟之难,以人烟不通、西当太白鸟道、天梯等意象,突出一个"难"字。诗人从古老的传说落笔,追溯了蜀秦隔绝的漫长历史,指出五位壮士付出了生命的代价,才在不通人烟的崇山峻岭中,开凿出一条崎岖险峻的山路,强调了蜀道来之不易。然后用"黄鹤""猿猱"写蜀道之高危。

[板书:高危]

生2:第2段,以巉岩、悲鸟、枯松、砯崖等意象突出一个"险"字。

[板书:险]

生3:第3段,把自然环境与政治形势结合起来,用猛虎、长蛇、豺、狼等意象写国情的险恶,以引起人们的警惕,突出一个"恶"字。写剑阁险要、蜀地险恶,规劝远行的友人不可久留。这最后一部分,从自然环境写到社会人生,赋予"危途难行"的主题及政治的内容。

[板书:恶]

师:三位同学查找准确,分析到位,我们再来表示一下。(学生鼓掌)

PPT出示:

任务二:品味丰富的想象、奇特的夸张,感受诗人的浪漫主义风格。

师:请同学们找出诗歌中的想象部分,思考诗人是如何运用虚实相生的艺术手法的。

生1:"但见悲鸟号古木,雄飞雌从绕林间。"古木参天,气象森严,鸟声凄厉,回荡其间。丰富的想象、精心的构思,把人们引入一个悲凉、惨淡的艺术境界。

生2:"飞湍瀑流争喧豗,砯崖转石万壑雷"两句,使读者如临其境,如闻其声,不得不叹服作者的想象力和描写的本领。

师:还有吗?

生1:李白并没有到过剑阁,因此有关山行艰险的生动描写,是通过想象,从鸟兽的感受来刻画蜀道之高险:六龙回日、黄鹤难飞、猿猴愁攀。

生2：从行人的感觉来具体描写蜀道之艰险：峰回路转、山势险峻，人走在上面呼吸紧张、抚胸长叹，十分畏惧。

生3：以山川幽冷深寂的悲凉气氛来衬托渲染蜀道之艰险：古木荒凉、鸟声凄切，将自然界渲染上了旅愁，还具体描绘了行人眼中的蜀道等。

师：这些都说明了李白的什么特点？

生（齐声）：李白的想象力十分丰富，天马行空，不受约束。

师：是啊！诗人的想象，出古入今，驰骋上下，从天上到地下，所有的想象与夸张都临近或超越了事物性质的极限，基本是超现实的。因此形成的意象，一个接一个地急促奔涌，奇意迭出。在想象、夸张之中又往往加上诗人的感叹、惊呼、反问，这不仅充分显现了蜀道山川雄奇险峭的气势，而且表现着诗人激情的跌宕，从中可感受到诗人灵魂的飞动和落落大方的胸襟气度。正是这种鲜明强烈的主观性，才使得"蜀道"这一客观对象深深地印入读者心中，而难以忘怀。

师：李白善于夸张，他的夸张往往有与众不同之处，请与同学探究讨论，并做概括说明。

生1：古人常以比登天还难比喻绝对办不到的事，而诗里却极度夸张地说："蜀道之难，难于上青天。"

生2："扪参历井仰胁息"中"扪""历"两个动词的连用，显示出友人出没在星宿之间，那山之高就不言而自明了。

师：你们原先学过的李白的诗歌中，有类似极度夸张的诗句吗？

生1："燕山雪花大如席。"

生2："飞流直下三千尺。"

生3："轻舟已过万重山。"

生4："天姥连天向天横。""天台一万八千丈，对此欲倒东南倾"。

师：李白往往是将事物夸张到极致，并且动辄用"千""万"等数词来形容、修饰，所以他的夸张往往与众不同。

PPT出示：

任务三：探寻李白乐府诗的章法特点，感受诗歌自由奔放的语言风格。

胡震亨评李白乐府诗说："太白于乐府最深，古题无一弗拟，或用其本意，或翻案另出新意，合而若离，离而实合，曲尽拟古之妙。尝谓读太白乐府者有三难：不先明古题辞义源委，不知夺换所自；不参按白身世构遇之概，不知其因事傅题、借题抒情之本指；不读尽古人书，精熟《离骚》、《选》、赋及历代诸家诗集，无繇得其所伐之材与巧铸灵运之作略。"

请大家以小组为单位，讨论《蜀道难》这首诗的章法特点。

（学生小组讨论，教师巡回察看讨论情况，了解各组进度）

师：我看各组讨论得差不多了，下面请各组派代表报告本组讨论情况。

生1：《蜀道难》中一般是七言，多至九言，还有十一言的。长句适合描写较为细致的景象和抒发较为复杂的情感。

生2：诗的最后部分，多用四字或五字的短句。简短、精练的句式，有力地反映出蜀地自然环境和政治形势的险恶,反复为友人敲响了一阵又一阵短促而震耳的警钟。

师:李白的乐府诗,其句法、章法都是直接继承《楚辞》和汉乐府的,他用的都是乐府旧题,诗的内容也大多是依照传统的题意。但是,他有针对现实的主题,他的辞藻表现着充沛的时代精神,诗的形式也大胆地摆脱了一切古典的束缚。他给古老的乐府诗注入了新的生命,影响了之后的许多诗人,使乐府诗也成为唐诗的一个重要形式。

师:李白的杂言古体诗,格律不拘,句式灵活,韵脚多变。试分析《蜀道难》的语言特色。

(学生对分析语言特色有点为难,教师带领拓展)

师:诗歌一般末字押韵,一韵到底,这首《蜀道难》是不是也这样?

生:不是。这首诗的前后部分押韵不一样。

师:能具体说说吗?

生:诗的前半部分,"天""烟""巅""连"等,用的是"an"韵。诗的后半部分,用韵变化较大。有用"yi"韵的,如"尺""壁";有用"ai"韵的,如"开""豺";还有用"a"韵的,如"家"。

师:用韵的变化,与诗歌的内容和作者的情感是有关系的。后面韵脚的变化,与后半部分写环境的险恶、政治形势的动荡有关系,也体现出诗人变化不定的、紧张的情绪。另外声调的安排上,也与表达内容相称。例如,"愁""平""山"连用三个平声,空谷传响,荡人心魄,极写蜀道令人可畏,气氛感伤悲凉;"扪""参""历""井""仰""胁息"连用六个仄声,形象地反映出行进在极高的山路上那种高度紧张局促的心理。

(学生若有所悟)

师:同学们,今天这堂课,我们从《蜀道难》的具体内容、诗人李白如何表现"蜀道难",以及李白乐府诗的语言特点三个方面,分析了这首《蜀道难》。相信大家通过这堂课的学习,对诗人的思想情感及李白诗歌的浪漫主义特点,有了进一步的理解。最后,让我们一起朗读(能背的同学背诵)这首诗,来感受诗人炽热的情感和独特的艺术。

(全班集体朗读)

师:今天的课后作业有3项:

1.李白在长安受排挤被放归的主要原因是什么?

2.你有了解一些关于李白的逸闻趣事吗?试举一例,并谈谈你对此事的看法。

3.有感情地诵读诗歌,背诵全诗。

师:下课,同学们再见!

仙居县城峰中学　华伟臣

【专家点评】

新课标新教材背景下,各类新词纷至沓来,大情境、大单元、任务群、跨媒介……经过各类培训的轮翻轰炸,听过专家教授的耳提面命,许多老师无所适从,觉得不整点时髦的东西,就跟不上形势,一时间,许多老师反而不知道课该怎么上了。实际上,语文课的本质不应该改变,无非是引导学生深入文本、合作探讨,在品读语言文字中提升语文素养。不管采取怎样的形式,内容才是第一位的。从这个角度来说,语文应该有恒久的坚守的东西,不应一味地迎合,不应一味地追求新潮。一言以蔽之,扎实有效地开展课堂活动,合适的才是最好的。从这个层面来说,华伟臣老师这堂课是一节扎实有效的课。概而言之,这节课在"适"字上下了大功夫。

一是适宜指导。

在大情境大任务下,生本被抬到了很高的地位,许多老师讳言讲述、金口难开,连基本的指导也省略了。这种做法未免有点矫枉过正。华老师不惧流俗,多处进行了适宜的指导。有关押韵的指导,于学生学习困难处用力,三言两语让学生懂得了韵脚知识;有关用韵变化,与诗歌的内容和作者之情感关系的引入,则让学生深入理解作品有了很好的支架。

二是适时追问。

课堂问题探讨的本质是学生思维的训练。不可否认,学生由于年龄、阅历诸方面所限,其思维往往是跳跃的、零散的、模糊的、幼稚的。理想的课堂,老师对学生的回答要适时地追问,在追问与引导中让学生的思维由零散到系统,由模糊到清晰,由跳跃到连贯,由幼稚到成熟。探讨蜀道之难时,一学生说了"蜀道之难,难于上青天,使人听此凋朱颜!"华老师随即追问:这里的"此"指代什么? 学生马上明白,这里的"此"指山峰之高、悬崖之陡,指"悲鸟号古木""子规啼夜月",这是蜀道的艰塞难通,因此对"三叹"有了准确的理解,对文本的理解也就深了一层。

三是适量补充。

在倡导学生主动获得的课程理念的当下,补充介绍的教学方式成了过街老鼠,这些内容都交给学生课外完成。实际上,当下学生功课多、时间紧,许多学校禁带手机、上网条件不充分,全部放手让学生寻找资料不太现实。而且从效率角度而言,老师补充介绍反而更加便捷。如华老师对乐府诗诗体、格律的补充,让学生对乐府诗诗体与格律的知识有了一定的认识,既节省了学生大量查找的时间,又为接下来的学习奠定了良好的基础。

四是适当小结。

课堂的小结有助于学生思维的聚合,精当与适时的小结,可以补充内容,拓展思维,引导学生往课文更深处漫溯。华老师对想象手法的总结,让学生感受到了诗人灵魂的飞动和落落大方的胸襟气度;对夸张手法的总结,让学生了解了李白诗歌的一些用词特色。

教学的真正意义,在于学生在课堂上学有所得,而不在于外在形式的新颖、课堂表面的热闹。华老师的课堂,正如他的为人,踏实、扎实,在乱花渐欲迷人眼的当下,确实是一种难得的坚守。

（浙江省台州中学教师、浙江省特级教师、正高级教师　洪方煜）

29. 点染为引填诗词

——《望海潮》课堂教学实录

【课文简析】

《望海潮》是描绘北宋时期杭州景象的一首词,对杭州的宣传可以说是妙到极点了。

词的上片描写杭州的自然风光和都市的繁华景象。"东南形胜,三吴都会,钱塘自古繁华"是从地理条件、自然条件着笔写的。其中"形胜""繁华"四字,为点睛之笔。自"烟柳"以下,便从各个方面描写杭州之形胜与繁华:"烟柳画桥"写街巷河桥的美丽;"风帘翠幕"写居民住宅的雅致;"参差十万人家"表现出整个都市户口的众多。上片从横向和纵向两个角度交代出杭州"自古繁华"的历史,勾画出杭州的粗略面貌。"市列珠玑,户盈罗绮,竞豪奢"则是就"繁华"二字的进一步铺展。"珠玑""罗绮"暗示杭城声色之盛。"竞豪奢"暗写商人比夸争耀,反映了杭州这个繁华都市奢华的一面。

词的下片描写杭州人民和平宁静的生活景象。湖山之美,词人先用"清嘉"二字概括。"三秋桂子,十里荷花"这两句确实写得高度凝练,把西湖以至整个杭州最美的特征概括出来,引起读者无尽遐想,写尽杭州西湖的湖山之美。"羌管弄晴"写出了吹笛人悠然自得的愉快心情。"菱歌泛夜"写出了采菱女的歌声在宁静的夜晚轻轻飘荡的情景。"嬉嬉钓叟莲娃"生动地描绘了一幅喜乐安宁的游乐图卷。

"千骑拥高牙"写出了人物的身份,写出了游玩时随从的众多,表现出了官员的威势。"乘醉听箫鼓"写宴饮之乐。"吟赏烟霞"写山水之乐。前面写了山,写了水,这里以"烟霞"二字来表现景物之美,体现出山川灵秀的一面。整句既表现出了官员的儒雅风流,更衬托出了山水的美丽。

这首词虽为赠献之作,有一定的奉承成分,或许有粉饰太平之嫌,但它确实反映了当时的某种社会现实。

据说"此词流播,金主亮闻歌,欣然有慕于'三秋桂子,十里荷花',遂起投鞭渡江之志"。这虽然只是一种传说,但是却可以说明,《望海潮》的写作是很成功的。读了这首词,不由地会使人对杭州心向往之。

该词在艺术构思上匠心独运,上片写杭州,下片写西湖,以点带面,明暗交叉,铺叙晓畅,形容得体。写景壮伟、声调激越,展现了柳永式的豪放词风。

【教学目标】

本课时的教学目标如下：

（1）通过品味诗意的语言,感受诗画语言与美丽杭州;

（2）欣赏诗词文化,选择合适的意象,学写填词。

【设计阐释】

柳永的《望海潮》是一首非常典型的描写杭州城的诗词,对于这篇诗词的教学,切入点可以有很多种,如果单单从意向、情感、手法这些角度切入,那就过于常规化。

这堂课设计的初衷是语言的建构与运用、思维的发展与提升、审美的鉴赏与创造、文化的传承与理解这四个语文素养维度都能兼顾,而且教学方式上能够突破常规。首先这四个语文素养维度按理说是平等的,但是个人觉得文化的传承与理解更为重要。中华诗词文化毕竟是中华民族的瑰宝,现在的学生写新诗的有而且比较多,但是能够创作古典诗词,特别是符合平仄押韵格律要求的诗词的学生并不是很多。所以本堂课的切入点就是抓住诗词鉴赏表达技巧,譬如说这篇文章的点染手法,看原作是怎么运用的,以此来带动学生创作古典诗词的兴趣。这个切入点难度是有的,以学习填词这种方式,让学生欣赏诗词文化,继而能够传承文化创作,我想这对于整个语文教学形式应该是一种很好的探索。

其次,精心组织好这篇诗词的研习探究活动,需要前期做大量的准备。围绕着"填词"这个核心问题,学生要去了解天台山的自然与文化,要去了解望海潮这种诗词的特点,要去思考天台山自然、文化景点与自己创作这首诗词的情感的结合点,所以说这堂课的教学其实是可以作为诗词教学项目化学习的一个重要组成部分来进行的。换句话讲,这需要学生自主研习、小组讨论探究,在教师设置的填词这个核心问题的引导下,进行思维的碰撞,这是一种积极的合作学习方式。引导学生去积极思考,品味和运用诗意的语言,让他们开动脑筋去选择合适的意象填写诗词,在这个过程当中传承诗词写作的文化,这是对家乡文化生活的体验与再认知,也是对中华传统文化的一种传承和理解。想法可能有点大胆,实际的过程可能会遇到很多困难,但是尝试一下,或许是一种全新的诗词教学方式。

【课堂实录】

一、课堂导入

课间播放天台山旅游节展播歌曲《登天台》视频,学生兴奋而专注。

（上课铃响）

师:刚才这个视频播放的歌曲是咱们天台人的骄傲——《登天台》。今天,我们得以欣赏咏唱有关自己家乡的歌曲,感觉怎么样?

生1:爽。（学生笑）词调悠扬,很有味道!

生2:歌词很有文化韵味,仿佛我也走在了那弯弯的山间古道之上了。（学生笑）

生3:听起来很符合我们素有"佛宗道源"之称的天台山的神韵。

师:是啊,意蕴深远、底蕴深厚的歌曲,总能让人回味无穷。这是一首天台山旅游之歌,从地理、历史、文化、崛起等方面展现了天台山的魅力,令每一位天台山人感到骄傲自豪,并产生无限的希望和力量,也让无数旅游者对天台山向往之至,从而踏上这方神圣的土地。这就是文学的魅力。

师:许多城市、景点,它们的名声都离不开文学作品的宣传之功,这也是文化底蕴的一种体现。譬如,杭州自古就有"人间天堂"的美誉,赞美杭州的诗词数不胜数,但是有这么一首词,引得金朝皇帝海陵王完颜亮读完以后想要"提兵百万西湖上,立马吴山第一峰"。这可以说是那个时代顶流的"杭州城市宣传广告"了。

师:"凡有井水饮处,皆能歌柳词。"柳永用他的诗词介绍了杭州,宣传了杭州。作为新时代的青年,我们是否可以宣传一下我们的大天台呢?请看大屏幕。

PPT 出示:

情境任务:2022 年 5 月 19 日天台山旅游节到来之际,天台县文旅局联合天台县团委、教育局,开展"我为天台山代言"活动。天台中学团委结合实际情况,决定开展一期诗词写作活动,用诗词展现天台山,宣传天台山。优秀作品将在天台山各景点文化长廊展出。

师:今天,我们先通过柳永的《望海潮》,领略一下这座江南名城的动人魅力及作者对它的无限热情。再以他的作品为例,我们一起来仿写,尝试着填词,大家有兴趣吗?

生:有!

师:好,我们这节课先学习柳永的《望海潮》,然后尝试填写一首《望海潮·天台山》,向全国的游客介绍我们的天台山。

二、初读感知

师:我们都知道柳永是婉约词的代表人物,代表词作《雨霖铃》,写得凄凄切切、缠绵悱恻。今天,请朗诵专家小徐同学给大家诵读《望海潮》。

(小徐同学诵读,其他学生鼓掌)

师:小徐同学,诵读后感觉怎么样?

生:不同于一般的婉约词,本首词读起来有一点豪放的味道,这是一首豪放词。

师:是的,婉约词大多以儿女情长、闺妇情愁为题材,笔调细腻,缠绵悱恻。而《望海潮》场面宏大,大气豪迈,读来荡气回肠。

师:下面大家齐读这首词,从词中找出凸显杭州城特征的两个关键词,记得用原词回答。

生:我认为是形胜、繁华。前者是讲杭州的自然风貌,后者是讲杭州的人文特点。放在首句有提纲挈领的作用。

师:其他同学有没有观点要表达的?

生(交头接耳后):没有。

师:这位同学的回答精准抓住了要点。

[板书:形胜、繁华]

三、文本研析

师:那作者是如何表现杭州"形胜、繁华"的特点的呢?同学们,学写诗词不是那么容易的,不同的词牌有不同的格律要求,对于没有经过声律启蒙的现代高中生来说确实有很大的难度。所以我们这堂课就先从形式上来填词,找找填词的感觉。明白了这种填词的方式,以后再对照《词林正韵》完善格律就会容易很多。

任务一:词中寻景觅参照

PPT 出示:

为了给填词小白们提供一种参考,我们先分析一下柳永是如何将杭州的景物转化成诗词中的美妙意境的,以及思考一下柳永的表达意图,完成下列表格。

	杭州城景物	作者表达的意图
形胜		
繁华		

师:下面请一位同学给大家朗读词的上片,其他同学边听边思考:柳永是如何将杭州人文、景物融入他的诗词中去的?

(一名学生读上片,其他学生鼓掌)

师:大气磅礴,意蕴悠长!诗词讲究情景交融,借景抒情。本首词中,柳永写了哪些景物?

生1:"云树绕堤沙,怒涛卷霜雪,天堑无涯",对应"形胜",这是用来形容它的自然风貌。"云树、堤沙、怒涛、霜雪"都是杭州城的特色景物,钱塘江堤上的树木,远远望去,郁郁苍苍,犹如云雾一般。一个"绕"字,写出了长堤迤逦曲折的态势。"怒涛"二句,写钱塘江水的澎湃与浩荡,表现了一种波涛翻滚、排山倒海的气势。"天堑",原意为天然的深沟,这里用来形容钱塘江是非常贴切的。

生2:"市列珠玑,户盈罗绮,竞豪奢",对应的是"繁华"。金银珠宝、丝绸织品,品种丰富,反映了杭州繁华的一面。

生3:"烟柳画桥,风帘翠幕,参差十万人家",河、桥等景物也是美丽的,"风帘翠幕"这句使我想到了小桥流水人家那种清凉、雅致、安宁的生活氛围。

生4:"参差"一词粗读起来感觉杭州城是杂乱的,但是细细品味,总觉得那是一种错落之美,一种满溢出来的繁华之美。就像我到临海紫阳古街走走时,看到弯弯曲曲的石板路、青苔满墙的老房子,那种娴静安宁、不疾不徐的节奏给人一种生活的烟火气,读起来很有味道。

师:说得好。有自己的独到见解,能结合人生经历,读出自己独特的人生感悟,这是一种比较好的读书方式。接下去,请大家再齐读一遍,体会其中的韵味。

(学生齐读)

师:非常好,豪放又富有变化。

师:请同学们自由朗读下片,分小组呈现你们的导学案答案:下片五句是如何分别表现杭州城的美丽与繁华的?

(学生自由朗读、思考,并举手展示答案,起身向同学分享)

生:"重湖叠巘清嘉",是指湖和山很美。根据注释,"重湖"是指西湖中的白堤将湖面分割成的里湖和外湖,"叠巘"是指灵隐山、南屏山、慧日峰等重重叠叠的山岭。有山有水的地方就有风景。我去年去过西湖,坐在保俶塔下,看着西湖美景都不想回家了。

师:山美、湖美,美得你"乐不思天台"了。(学生笑)那还有哪些美呢?

生:"三秋桂子,十里荷花。"

师:你具体讲讲吧。

生1:杭州的桂花自来有名,我搜过一些资料,据说是月中的桂树所生。《南部新书》中说:"杭州灵隐寺多桂,寺僧曰:'此月中种也。'至今中秋望夜,往往子坠,寺僧亦尝拾得。"这种传说给杭州桂花蒙上了一层神话色彩,对游客来说有很大的吸引力。还有宋之问《灵隐寺》诗云:"桂子月中落,天香云外飘。"白居易《忆江南》词云:"江南忆,最忆是杭州。山寺月中寻桂子,郡亭枕上看潮头,何日更重游?"

生2:"十里荷花"照应"重湖"二字,写的是水里荷花。红花绿叶,莲芰清香,也是很能体现西湖特点的景物。南宋杨万里说:"毕竟西湖六月中,风光不与四时同。接天莲叶无穷碧,映日荷花别样红。"这些都增加了杭州城的文学韵味、文化底蕴。我不说景美,我想说这是千百年来延续着的文化之美。

生3:我来补充一下。"三秋",从时间上说明秋天的西湖自有其自身特色,我比较喜欢上个学期《红楼梦》里讨论的"留得残荷听雨声"的场景,十里荷花固然美,但是曲院风荷的十里"残荷叶"也是比较吸引我的;"十里",是从空间着眼写荷花之多。桂为秋季开花,莲为夏季开花,写出了西湖不同季节的美景。以小见大,闻一知十,杭州一年四季都是美丽的。

师:好,后面同学继续。

生:"羌管弄晴,菱歌泛夜,嬉嬉钓叟莲娃"写了吹羌笛的渔翁和唱菱歌的采莲姑娘,他们都很快乐。"嬉嬉"二字生动地描绘了百姓生活的舒适、富足,从侧面写出了杭州城的富庶繁华。

师:分析得很好。繁华盛世,百姓生活富足,这欢乐的场景又是一幅绝美的图画。这跟"沂水春风"里"风乎舞雩,咏而归"有异曲同工之妙。

生:"千骑拥高牙,乘醉听箫鼓,吟赏烟霞",根据创作背景,这是柳永间接在夸奖地方治理得很好,一片富裕繁华之象,百姓安居乐业,虽然有拍马屁之嫌,但是确实把杭州城那种闲适、从容、繁华的一面展示出来了。

师:最后一句呢?

生:最后一句是说,希望长官把杭州美好的景色画出来,等日后升迁,去朝廷做官时,可以把它拿出来,献给朝廷,并夸示于同僚。这里其实暗含了作者对长官日后飞黄腾达,不断高升的美好祝愿。其实这是从侧面表现杭州的繁华。

师:同学们的发言非常精彩,竟然让老师无话可讲了。(学生笑)接下来请同学们齐读下片,再次感受杭州的繁华。

(学生朗读下片)

师:这首词上片饱含赞美之情,气势宏大。下片完全沉浸在富庶繁荣的安乐氛围中,陶醉沉迷。有兴趣的同学不妨在假期里去杭州走走看看,到时候在西湖边吟诵一下《望海潮》。(学生笑)

任务二:手法鉴赏为创作

师:一个历史悠久的地方总有丰富多彩的自然文化资源值得我们去关注,去创作,但我们只能选择部分有代表性的入文章,入诗词。我们该如何选择?

PPT 出示:

结合 2018 年高考浙江卷中"这首诗《送王昌龄》与柳永《雨霖铃》词都运用了点染手法,试赏析本诗的点染手法"这道题,回顾一下什么是点染手法,完成下面这张表格。

篇目	点	染
《雨霖铃》		
《望海潮》		

(学生的讨论 2 分钟)

师:哪个小组先来回答?

生 1:诗词鉴赏中的"点染手法"是先点出主体重点,然后再对其细节进行详细渲染描写的一种手法。"点",指的是点明情感;"染",指的是用景物来渲染烘托所点明的情感。

生 2:点染是一种写景抒情的手法,我记得上次老师说过可以先"点"后"染",也可以先"染"后"点",也可随"染"随"点"。

生 3:"点"与"染"相辅相成。"点"因"染"才有依托,去掉染,就显得空洞干瘪,索然无味;"染"因"点"才显得深刻厚实,才能引人联想,发人深思。二者紧密相连,不可偏废。

生 4:点染,本是国画的术语,后来变成诗词的一种艺术手法,"点"就是总写,"染"就是描述。记得老师在讲《雨霖铃》时说过,"多情自古伤离别"是点,"执手相看泪眼,竟无语凝噎""更那堪冷落清秋节!今宵酒醒何处?杨柳岸、晓风残月"等是染。

师:同学们上课都很认真,对点染的记忆和理解很到位。接下来哪位同学说一下《望海潮》这首词是如何运用点染手法的?

生:作者开篇即点明了杭州是一个美丽繁华的大都会,这是"点"。接着用大量的笔墨从多个方面反复渲染其美丽与繁华:既有自然景观角度渲染西湖和钱塘江的胜景,又有人文景观的描摹;既有市井场面的全景扫描,如"十万人家"和"市列珠玑",又有个体情态的特写镜头,如"羌管""菱歌""钓叟莲娃"等;既有百姓生活的祥和欢乐,又有官员的威仪闲适。这就是"染"。

师:同学们对词中点染手法的运用已经领会得非常到位,我就不赘述了,接下来就让我们再次齐读全词体会一下词的韵味。

(学生齐读全词)

任务三:模仿借鉴试填词

师:同学们,接下来我们就尝试运用点染手法,填一首词,赞美我们生活的这座城市。大家先梳理一下天台山的自然与人文景观,谈谈天台山上令你印象深刻的事物,畅所欲言。

PPT 出示：

项目	天台山特点	采用意图
地理位置		
历史传承		
别称		
著名景点		
百姓生活		
地方名人		

生1:天姥山。我是白鹤镇人,我所在的村就叫天姥山,但是被李白归到新昌去了,我作为天台人很不舒服,我要把天姥山入诗入词,让天姥山的历史和文化为天台服务。

生2:始丰、始平、唐兴见证了天台的文化历史,我住在始丰街道唐兴大道,深有感触。

生3:赤城山虽然在李白《梦游天姥吟离别》中被用来衬托,但我觉得"赤城栖霞",佛道并存,自然与文化相得益彰,很有特色。

生4:我要说华顶葛玄茶圃。西湖龙井名闻天下,但据说是由天台山云雾茶传播过去的,这一点让我非常自豪。

师:同学们举的例子都很有特色。当然,天台山几千年的文化积淀,绝不止这些。但胸有丘壑、腹藏万卷书才能字吐芬芳,厚积薄发,文思泉涌,这是我们文学创作的源泉。我要强调一下:词是有格律的,要押韵,每句字有定数,用词要准确,其他暂且不论,因为我们是尝试填词。我汇总了一下同学们昨天的答案,请看大屏幕。

PPT 出示：

项目	天台山特点	采用意图
地理位置	华顶、天姥山……	
历史传承	和合文化、济公文化、徐霞客文化、元宵节抬阁……	文化底蕴深厚
别称	始丰、始平、唐兴……	
著名景点	国清寺、石梁、华顶、龙穿峡、赤城山……	山水神秀
百姓生活	天台云雾茶、饺饼筒、麦饼、糊辣沸、天台山小狗牛……	生活滋润
地方名人	智者大师、孙绰、葛玄、司马承祯、济公、张伯端、寒山子、拾得、贾似道、齐召南、曹天风……	文化底蕴深厚

师:接下来,我们就进入第四个任务,一起来看看我们身边的"填词高手"的大作。(学生笑)

任务四:牛刀小试展身手

PPT 出示：

望海潮·天台山

李梦娇

淡烟青瓦,彩云氤霞,天台风情难忘。浩然歌马,太白舍楼,墨客多情留乡。

石梁挂飞瀑,琼台架空廊,乘鹤流浪。谁观华顶,谁访国清？多琳琅。

人潮客流汹涌,俗世凡尘忘,付之谈笑。远道来客,多年旧友,推杯热情滚烫。游尽神秀山川,赏遍繁华人间,千姿模样。风止残阳欲睡,邀月醉一场。

望海潮·天台山

徐靖雯

宗源毓秀,吴越台州,更胜凤阙龙楼。桃源春晓,寒岩夕照,南山瑟瑟秋枫。白鹿倚迷花,雪瀑映栖霞,山间人家。金身肃穆,桐柏流殇,唐风起。

终年乐语恣意,招归云满山,和合相济。梁妃醉酒,霞客夜游,琼台夜月贪求。一念逍遥游,二欲云雾醉,三祈千秋。长思桃李芳华,山风摇柳花。

望海潮·临天台

许婧怡

佛宗道源,山水神秀,天台自古祥安。重嶂密峦,落云萦雾,惟听湍溪飞泉。烟岚云岫绕,山间栖鸟鸣,霞绮水远。香客不绝缕,经声未暂歇,遥钟起。

最是琼台如仙。有曼回曲流,耸峰峻岩。漫步观鱼,攀顶览小,自是昂扬心安。若无醉山水,何来逢诗仙,留咏成篇。且放白鹿青崖,骑访名山。

(学生惊呼,鼓掌)

生1:我读起来很亲切。里面的国清寺、寒岩、琼台都给我一种熟悉的感觉,在这几位同学的词作中显得很贴切、很自然。

生2:"吟赏亦从容"让我有一种自在轻松之感,仿佛我现在就处在大自然之中,悠闲安逸。

生3:都有情景交融和用典手法的体现,将天台的历史文化和风景特点概括得比较全面,体现了对天台悠久历史文化的喜爱之情。

生4:和他们一比较,我写得太幼稚了,都不敢拿出来。我觉得许婧怡词中"烟岚云岫绕,山间栖鸟鸣"一句动静结合、虚实结合,有一种很美的意境或者说给读者一种诗意之美,这一点才是我们高中生缺乏的,也正是我们应该努力的。

师(小结):其实同学们的词作也给了我很大的震撼,你们从没有接触过填词,但作品其实已经很有水平,你们选择了天台山文化的代表性景物,融情于景,情景交融。你们在诗词创作方面大有可为。

师:同学们,诗中自有文化在。同学们的诗词鉴赏与创作体现了新时代青年的责任与担当意识,传承文化,你们责无旁贷,但"路漫漫其修远兮",希望你们上下而求索,并一直坚持下去,你们的填词水平将不可估量。今天的作业,请同学们将自己手头的诗词再加工一下,我们将挑选优秀的作品交给天台县旅游部门。今天的课到此结束,下课。(学生鼓掌)

浙江省天台中学　庞加栋

【专家点评】

本堂课以《望海潮》为引子,介绍了《望海潮》的词作特点,然后据此教学生模仿,尝试写作。

这是对传统教学模式,特别是写作教学模式的一种改变。

写诗填词本是属于中华传统文化的一部分,但现在的语文教学缺少了这种写诗填词的传统文化味道。这堂课以这种传统文化的技能,作为我们教学的重点。

语文教学应立足语言建构与运用、审美鉴赏与创造、思维发展与提升,在此基础上进行突破,教学的落脚点还是回到文化的传承与理解上,用文化感染学生,培养学生对语文的学习兴趣。这种兴趣是学生终身学习、持久学习的保障。当然写诗填词难度是有的,学生毕竟没有接受过传统的诗词格律学习。但可以从中华新韵入手,把学生对诗词的兴趣给培养起来,有了这种兴趣,可以再去学习"声律启蒙""词林正韵"等知识。

这堂课是一个全新的突破,为我们提供了很好的思考,教学不能仅仅局限于书本,还要提升自身的语文素养,用人格魅力培养学生对语文的兴趣,这或许就是这堂课的价值所在。

（杭州市余杭第二高级中学教师、浙江省特级教师、正高级教师　应　健）

30. 无悖自然的人生形式　真善永存的边城世界

——《边城（节选）》课堂教学实录

【课文简析】

创作于 1933 年秋到 1934 年春的小说《边城》是沈从文的代表作,它以川湘交界的边城小镇茶峒为活动背景,在"田园牧歌式"的湘西风物中展开画卷。作为小说,作者有意淡化故事情节,不以惊险曲折来博人眼球,而是通过对自然环境大手笔的描绘,用抒情诗般优美的笔触,以"散文化"的意境倾诉自己的生命体验,寄托"美"与"爱"的美学理想,建构出一个真、善、美和谐统一的艺术世界。《边城》是沈从文作品中最能体现人性美的一部小说,曾入选 20 世纪中文小说 100 强,且排名第二位,仅次于鲁迅的《呐喊》。

课文节选的是小说第三、四、五、六章。节选部分大篇幅从正面着墨于湘西的风物人情,描写具体而细致,故事情节则进展舒缓,主要以时空的转换、翠翠的心理变化为依托,行进至其情窦初开而止。

【教学目标】

本课时的教学目标如下:

(1)细读文本,感知边城整体风貌,体会自然而不悖乎人性的人生形式;

(2)通过动作、语言、心理描写,把握翠翠的性格特征;

(3)探讨"大鱼"意象,了解湘西地域文化特征。

【设计阐释】

本单元属于"中国现当代作家作品研习"学习任务群,按照课程标准的规定,这一任务群"旨在大体上了解现当代作家作品概貌,培养阅读现当代文学作品的习惯,以正确的价值观鉴赏文学作品,提高文学阅读和写作能力,把握中国现当代文学作品思想性、艺术性、观赏性有机统一的价值取向"。

《边城》因缺少跌宕开合的情节、离奇多变的刺激感,往往让人难以投入阅读热情。基于这一困境,本堂课尝试从小说节选部分所营造的世外桃源般的氛围入手,带领学生感知与现代都市生活截然不同的自然淳朴的边城风貌,以此来激发学生的阅读兴趣,并基于小说的基本情节,来揣摩人物的情感世界,体悟湘西独有的文化特色,进而使学生走进《边城》的整本书阅读。同时引导学生在阅读名著过程中构建探究式对话阅读平台,寻找整本书阅读的途径,以作品见证者、评价者的角色,理解作品反映的社会生活和情感世界,探索作品蕴含的人文精神,在写意与写实交融的世界里,体悟"一种优美、健康而又不悖乎人性的人生形式"。

【课堂实录】

(说明:《边城(节选)》计划上两个课时,本实录为第一课时的教学过程。)

师:同学们,今天我们来学习沈从文的小说《边城(节选)》。那么,什么是边城?

生:两省接壤处。

师:对,这是我们课文第一句话交代的。现在我们来看看小说第一章第一句话对"边城"的定义吧。

PPT出示:

由四川过湖南去,靠东有一条官路。这官路将近湘西边境到了一个地方名叫"茶峒"的小山城时,便有一溪……

师:显然,这个"边城"名叫茶峒,是四川和湖南交界处。

师:知道了边城的地域概念,我们来看看边城是一个怎样的地方。请大家找找课文的相关语段朗读并做概括。

PPT出示:

边城风貌。

(学生举手,朗读第1自然段)

生:没有战争和土匪,社会安定有秩序,人民安分乐生。

[板书:社会安定有序 人民安分乐生]

(学生举手,朗读第3自然段)

生:热衷于传统节日,军民同乐。

师:这部分介绍的是边城人民在端午、中秋、过年时的情景,这些节日是一年中最热闹的日子,并且这三个节日和过去的三五十年前一样,仍旧是边城居民最有意义的日子。这是第2自然段里说的。这些描述表明了什么情况?

生:传统几十年来一直没变。

师:对,准确地说,边城一直延续着古老的民风民俗。

[板书:民风古老 军民同乐]

师:刚刚几位同学对边城的整体风貌把握得不错。在同学们朗读过的部分,老师留意到一个"出镜率"很高的词——"莫不"。你们看看它"出镜"了几次?

(学生寻找相关语句朗读,PPT依次同步出示)

PPT出示:一切莫不极有秩序

人民也莫不安分乐生

莫不穿了新衣

莫不倒锁了门

莫不在税关前看热闹

也莫不因鼓声想到远人……

师:"莫不"是"概莫如此、全部"的意思。你们能从这些"莫不"中读出什么?

生:作者对边城的社会生活进行了极度的赞美。

师:你用了"极度赞美"这个词,好! 这些"莫不"的使用已经超越了一般事实的存在了,它已经成了作者的一种理想和希望,看来边城在作者笔下,俨然成了一个美好的世外桃源。

PPT 出示:

《边城》是一部田园牧歌式的杰作。——李健吾

师:我们继续回到课文,研讨边城风貌。请同学们积极发表意见。

生:边城有泅水高手——龙头大哥顺顺。

(学生笑)

师:对,这也是边城风貌的组成,只是从整体到了个体,从面到点了。顺顺这个人物作者只是突出他是个泅水高手?

生:还突出他有责任感。

师:请你朗读一下相关语段。

(学生朗读第 6 自然段)

生:顺顺不和年轻人下水竞争捉鸭子,但对下水救人的事却不会逃避,说明他是个有格局、有担当的人。

[板书:乐于助人　有责任感]

师:还有吗? 请大家再补充。

生 1:第 8 自然节里描写"十六个结实如牛犊的小伙子",体现了一种原始的健康美。

生 2:过节时的景象,体现了边城人的自然和淳朴。

[板书:原始健康　自然淳朴]

师:说得很好,在课文中沈从文对边城风貌的描写着墨很多,大家继续找找。

(学生举手,朗读第 38 自然段)

生:那人送翠翠回家,翠翠听说是祖父派来的,就同那人一起回家,一路上两人攀谈,那人告诉翠翠自己是二老家的伙计等,这些让我感觉那里的人都很信任陌生人,没有一丝防备。

师:如果你是翠翠,在黑夜里独自一人,有陌生人要送你回家,你会怎样?

生:我不会让他送我回家,我会自己回家,或者一直在原地等爷爷,或者打 110。

(学生笑)

师:是的,这就是边城人和都市人的区别之一吧。请你概括一下这里所表现的边城人的特点。

生 1:友善、相互信任。

生 2:我也看到一个很有趣的地方。第 51、52 自然段,在下一个端午节,翠翠又同祖父到城边河街去看了半天船,忽然下雨,避雨的时候翠翠看到去年送她回家的那个人,就告诉祖父:"爷爷,那个人去年送我回家,他拿了火把走路时,真像个山上的喽啰。"祖父听后,就突然一把抓住那个人,笑嘻嘻说:"嗨嗨,你这个喽啰!""喽啰"本来是翠翠和爷爷私下对那人的称呼,但

爷爷当面对那个陌生人也称"喽啰",还一把抓住他,这些都像是对一个老朋友的举动,很亲密,我觉得爷爷很可爱。

师:你说得对。我们一起来感受一下这个可爱的爷爷吧。请两位同学分角色朗读一下第50—52自然段,一个读翠翠的话,一个读爷爷的话。

(两名学生朗读,读后大家笑)

[板书:热情友善 相互信任]

生:我看到第六部分,爷爷同过渡人的争持,是由过渡人要给爷爷钱,爷爷却一定不肯收引起的,真是匪夷所思,给钱还不收,还要吵一架。我们现在只有一个赖账,一个要钱,才可能引起纷争的。

(学生笑)

师:是的,这部分内容所表现的边城人的性格特征也很典型。我们一起来朗读一下相关语段吧。

(学生齐读第66—76自然段)

师:读完文段,请概括一下这部分所表现的边城人的性格特征。

生1:礼轻仁义重。

生2:一个一定要付钱,一个一定不要钱,两人像是要打架一样,性格很耿直呢。

[板书:重义轻利 耿直率真]

师:好的,我们继续探讨。

生:还有爷爷给我的印象很深,他很爱自己的孙女。

师:请结合文本具体说一说。

生1:在第15自然段,爷爷为了能陪翠翠进城看划船,"赶夜里到城里去商量,请那老人来看一天渡船",可以看出爷爷很疼爱孙女。

生2:这里也说明爷爷很有责任心,他考虑到没人撑渡船,会给大家出行带来不便,于是连夜去城里找人来替代。

生3:这个部分里,我觉得爷爷不仅爱孙女,对朋友也很好。"因为那人比渡船老人更孤单,身边无一个亲人,也无一只狗,因此便约好了那人早上过家中来吃饭,喝一杯雄黄酒",还有因为时间充裕,爷爷就想"溪边的那个朋友,也应当来看看年轻人的热闹,回去一趟,换换地位还赶得及""把翠翠留在河边,自己赶回来,好让他也过大河边去看看热闹"。

生:但是爷爷和那朋友一起喝醉了,导致翠翠天黑了一个人在河边,好像对孙女又不够有责任心。

(学生笑)

师:爷爷也喝醉了?

生1:哦,爷爷没醉,是那个朋友醉了。

生2:第18自然段说:"人既醉倒后,无从入城,祖父为了责任又不便与渡船离开,留在城中河边的翠翠,便不能不着急了。"这说明爷爷还是有责任感,这个责任感是爷爷对大家负责,无奈舍弃了孙女。

生3:这个情节的设置,使得翠翠有机会认识傩送了。如果爷爷一直和翠翠在一起,翠翠就不能和二老谈恋爱了。

(学生笑)

师:哦,这也是作者为了推动情节发展有意设置的。

[板书:善良细心　真诚守信]

生1:老师,我留意到第23自然段说:"楼上妇人的爸爸是七年前在棉花坡被人杀死的,一共杀了十七刀。"这说明边城也有恶势力,也有凶残的人。

生2:还有第21自然段中说"吊脚楼有娼妓的人家",这个妇人应该是娼妓,也说明边城有污浊的一面。

师:两位同学提得很好,当我们用一系列褒义词来概括边城特点的时候,他们发现了边城另外的一面。怎么来理解边城这凶残污浊的一面呢?

生:我认为这是合理的,每个地方都有好的,也有不好的;如果都是好的,那就不现实了。

师:关于《边城》的创作动机,作者这样说:"我要表现的本是一种'人生的形式',一种'优美,健康,自然而又不悖乎人性的人生形式'。我主意不在领导读者去桃源旅行,却想借重桃源上行七百里路酉水流域一个小城小市中几个愚夫俗子,被一件普通人事牵连在一处时,各人应得的一份哀乐,为人类'爱'字作一度恰如其分的说明。"

PPT 出示:

我要表现的本是一种'人生的形式',一种'优美,健康,自然而又不悖乎人性的人生形式'。我主意不在领导读者去桃源旅行,却想借重桃源上行七百里路酉水流域一个小城市中几个庸夫俗子,被一件普通人事牵连在一处时,各人应有的一份哀乐,为人类'爱'字作一度恰如其分的说明。(沈从文)

师:边城安定有序、其乐融融的生活氛围,边城人积极正向的精神状态,确实让人产生田园牧歌般的生活憧憬,这应该就是作者所说的一种"优美,健康,自然的人生形式"吧。但任何事物都有其两面性,这些细节的加入说明边城人人性中自私、残忍的一面,就是作者说的"不悖乎人性"的,《边城》也确实并不是带着读者去桃源旅行的。

师:我们刚刚找到很多关于边城人、地、风物的描写,不过还没有涉及小说的主人公——翠翠。现在请大家找找描写翠翠的文字。

生1:翠翠总是和狗在一起。

生2:在课文第10自然段中,黄狗听到过节的鼓声"汪汪地吠着,受了惊似的绕屋乱走",翠翠就骂它,可当那鼓声被翠翠发现了,"她于是也绕屋跑着"。这表现了翠翠可爱的一面。

[板书:与狗相伴　可爱]

生3:翠翠在找不到爷爷后,"记得祖父嘱咐她不要离开原来地方那一句话",一直"在码头边等候祖父",表现了翠翠的听话懂事。

[板书:听话懂事]

生4:翠翠怎么总是想到"爷爷死了"呢?

师:哦,发现了一个问题。谁能来解释一下?

（学生沉默）

师：大家看看翠翠是在什么情形下想到爷爷要是死了的这个事情的？

生：在独自等爷爷的时候。

师：在什么时间想到这个的？

生：在听到有人说楼上妇人的爸爸被人杀死的时候。

师：小说前几章介绍，翠翠的父母是为情自杀而死，留下翠翠与爷爷相依为命。当暗夜里，翠翠独自一人时，又听说有人被杀死，她想到爷爷可能遭遇不测，这种心理的产生应该说是符合常理的。而这种心理也正说明了翠翠对爷爷的依赖之深，在她的生命里，除了爷爷，就只有一条黄狗了。

师：老师再请大家看看课文第 24 自然段，翠翠和傩送相遇的情景。

PPT 出示：

翠翠身旁的黄狗，仿佛警告水中人似的，汪汪地叫了几声，表示这里有人，那人才注意到翠翠。码头上已无别的人，那人问："是谁人？"

"我是翠翠。"

"翠翠又是谁？"

"是碧溪岨撑渡船的孙女。"

"这里又没有人过渡，你在这儿做什么？"

"我等我爷爷。我等他来好回家去。"

"等他来他可不会来。你爷爷一定到城里军营里喝了酒，醉倒后被人抬回去了！"

"他不会，他答应来找我，就一定会来的。"

"这里等也不成，到我家里去，到那边点了灯的楼上去，等爷爷来找你好不好？"

翠翠误会了邀她进屋里去那个人的好意……

师：哪位同学能通过这个片段来谈谈翠翠的性格特点？

生：陌生人问她什么，她就如实回答什么，表现了翠翠的单纯。

师：这个陌生人是谁？

生：傩送。

师：如果联系到前面我们分析过的边城人的性格特点，翠翠有这种单纯的表现就不奇怪了。如果在现在的社会，我们就会被教育不要去搭理陌生人，也不能把自己的真实情况和盘托出。

师：大家再看，当傩送知道了她是碧溪岨撑渡船的人的孙女后，便告诉她："你爷爷一定到城里军营里喝了酒，醉倒后被人抬回去了！"然后又邀请她到自己家里去，这时翠翠却不相信，坚持要等爷爷。这又表明什么？

生：表明翠翠对陌生人还是有防备的。

师：对，信任是有个度的，毕竟对方是个陌生人，全然接受对方的建议就不是单纯，而是头脑简单了。这里我们看到的是翠翠灵活机智的一面。

［板书：天真单纯　灵活机智］

师:请大家继续分析翠翠。

生1:第46自然段,"翠翠对祖父那一点儿埋怨,等到把船拉过了溪,一到了家中,看明白了醉倒的另一个老人后,就完事了"。这里表现出了翠翠的宽容大度、善解人意,不会一直生爷爷的气。

[板书:宽容大度　善解人意]

生2:翠翠情窦初开。第44自然段,翠翠"心里又吃惊又害羞,再也不说什么,默默地随了那火把走去"。

[板书:情窦初开]

生3:第54自然段,二老家的伙计向翠翠提到二老,"二老说你在河边大鱼会吃你,我们这里河中的鱼,现在可吞不下你了",翠翠听了后,"一句话不说,只是抿起嘴唇笑着"。这里表现了她的腼腆。

[板书:腼腆]

生4:第56自然段,"那个水上名人同祖父谈话时,翠翠虽装作眺望河中景致,耳朵却把每一句话听得清清楚楚",表现了翠翠的羞涩与机敏。

(板书:机敏)

生5:还有年轻女孩面对朦胧的爱情时特有的羞涩。如第56自然段,爷爷说:"翠翠,假若大老要你做媳妇,请人来做媒,你答应不答应?"翠翠说:"爷爷,你疯了!再说我就生你的气!"

生6:翠翠喜欢傩送,虽然嘴上不说,但还是会有各种少女的表达。比如在第62自然段,她会突然把话题转移到"爷爷,你的船是不是正在下青浪滩呢?"当时傩送正在青浪滩。

生7:翠翠还会常常说起她和傩送第一次见面时,说的有关大鱼吃掉你的话。这也表明她情系傩送。

师:老师也留意到课文中有好几处说到"大鱼吃掉你"的话。大家找找看看在课文的哪些地方出现过。

(学生依次找出,教师总结)

PPT出示:

第35自然段,傩送:"回头水里大鱼来咬了你,可不要喊救命!"

第36自然段,翠翠:"鱼咬了我,也不关你的事。"

第45自然段,翠翠:"不是翠翠,不是翠翠,翠翠早被大河里鲤鱼吃去了。"

第53自然段,伙计:"二老说你在河边大鱼会吃你,我们这里河中的鱼,现在可吞不下你了。"

第80自然段,祖父:"我还以为大鱼会吃掉你!"

第82自然段,翠翠:"爷爷,你以为大鱼会吃掉我?是别人家说我,我告给你的!"

第83自然段,祖父:"翠翠,现在你人长大了……不怕大鱼吃掉你了。"

师:说说你们对这些"大鱼"的理解。

生:是他们爱情的象征。

师:为什么是"鱼"作为爱情的象征?

生：有什么文化内涵吧。

师：从表层含义上看，大鱼意象第一次出现是少男少女间的调侃玩笑，后面多次出现，爷爷就有点明白翠翠的心思了，借大鱼来隐喻傩送对翠翠的爱慕，好像在和翠翠开玩笑，不明说那人的名字，引得翠翠害羞。不过大鱼的深层含义，还是需要我们稍微挖掘一下的。

PPT 出示：

河水洋洋，北流活活。施罛濊濊，鳣鲔发发。（《诗经·卫风·硕人》）

客从远方来，遗我双鲤鱼。呼儿烹鲤鱼，中有尺素书。（《饮马长城窟行》）

师：请看这两句诗，第一句借"鱼水交欢"来暗示夫妻关系的和谐；第二句说明古人常将书信结成双鲤形或将书信夹在鲤鱼形的木板中寄出，这里说的正是妻子等待远方丈夫的来信。看来鱼在中国的传统文化中，就与夫妻、爱情有关。另外这里还有民族文化的原因，湘西少数民族聚居，在苗族的传统文化中，鱼象征爱情和多子，苗族服饰会频繁出现交鱼纹图案，借描绘鱼类交配情景的图案寄寓生生不息、代代繁衍的愿景。所以，大鱼意象既暗示了翠翠和傩送的爱情，又体现了湘西的地域文化特征。

师：我们看课文，在第三部分中，我们可以看到男人头上有时会"包着红布""包着白布"，赛龙舟时"带头的坐在船头上，头上缠裹着红布包头"，头上包布是湘西人民特色的穿着；在住的方面，茶峒依山傍水，房屋建筑面积有限，一半在水中且建有吊脚楼，还有的人像老船夫和翠翠一样以船为家；在行的方面，茶峒以船为主要交通工具，因此也有了以水运为生的水保、水手、纤夫、船夫、商人等职业。这座小城还有许多中国特色的民俗，例如端午节穿新衣、写王字、赛龙舟、抓鸭子比赛，中秋节赏月、对唱情歌等，这些也带着湘西浓厚的地域文化特征。

师：好了，本节课我们一起探讨了边城风貌，分析了女主人公翠翠的性格特征，以及多次出现的大鱼意象，下节课我们将一起研究作者的人生经历与他构建的这个世外桃源式的乡村社会的关系，并体会散文化小说的特点。课后请大家借阅《边城》，在本周读完小说第一、二章。下课。

浙江省舟山中学　张　颖

【专家点评】

本堂课结构严谨清晰，赏景、识人、悟情熔于一炉，精读、跳读、泛读灵活转换，呈现良好的教学效果。教师充当课堂的引路人，努力突破散文化小说淡化故事情节的困境，从小说所营造的世外桃源般的边城氛围中走进《边城》，以链条式的系列提问法，将"湘西风貌""翠翠性格""大鱼意象"等三个大问题贯穿于整个课堂。在师生互动中，把握小说的基本情节，揣摩人物的情感世界，体悟湘西独有的文化特色，深化探究思维，保持了课堂教学的活力与弹性，为学生个性化、差异化的整本书阅读创设了可延续性空间。

（浙江省台州中学教师、浙江省特级教师、正高级教师　洪方煜）

31.大地上的颂歌：感受大堰河的形象及情感

——《大堰河——我的保姆》课堂教学实录

【课文简析】

《大堰河——我的保姆》是艾青创作于 1933 年 1 月 14 日的诗歌，是他的成名作。当时诗人在狱中，融合了自身经历，通过对自己乳母的回忆与追思，抒发了对贫苦农妇大堰河的怀念之情、感激之情和赞美之情。而"大堰河"的形象之所以在诗坛熠熠生辉，是因为她已成为中国大地上勤劳善良而又命运悲苦的普通母亲的形象符号，具有普遍意义，历久弥新。

20 世纪 30 年代，新诗蓬勃发展。诗中贴近生活的细节描写，反复、排比、对比等多种修辞的运用，变换的人称，多元的色彩，富有深意的意象等使那份朴实真挚而强烈的感情自有动人的力量，深深感染着一代代的读者。艾青的诗作破除旧体诗的固有格式，不受格律限制，而根据内在情感的起伏变化安排诗歌意象和诗歌语言的节奏韵律，这类诗被称为现代自由体诗，是中国新诗的重要形式。

【教学目标】

本课时的教学目标如下：

(1)梳理全文，鉴赏细节，把握"大堰河"形象；

(2)吟诵比对，品味诗情，探究"大堰河"形象的意义；

(3)联读他篇，明晰特点，感受现代自由体诗这一诗体。

【设计阐释】

根据"中国现当代作家作品研习"任务群的要求，结合单元导语"结合特定的社会历史背景，理解作品的思想文化内涵，探索其中蕴含的民族心理和时代精神"，以及"有感情地朗诵这首诗，感受现代自由体诗的特点，体会大堰河这一形象的意义"这一学习提示，并考虑到学生的具体学情，确定"大堰河"的人物形象作为教学的切入口，引导学生鉴赏人物形象，品味诗歌的抒情性，感受自由体诗歌的特点，并以此来加深对 20 世纪三四十年代人们的社会生活及心灵变化的了解。

对于高二学生来说，梳理"大堰河"这一形象特点并不难，理解形象的意义及作家如何通过散文化的诗歌语言来塑造这一人物形象应成为课堂的重点。对于教者，如何设置贴合文本、激发学生兴趣的情境，安排有效的学习任务是紧要之事。最终，我选取了热播剧《人世间》作为背景材料,以设计网站(学生浏览的热门网站)宣传视频为主题活动,分解为剪辑细节、吟诵推荐、揽镜观像等三个学习任务来组织这堂课的教学。

任务一"剪辑细节",主要是围绕诗歌中的叙述和描写展开,鉴赏"大堰河"的人物形象。但这也会导致学生对文体模糊,所以任务二中的"比对改写"就尤为重要了,通过将本首诗歌与老舍先生的散文做比对并改写,他们会更直观地感受到诗歌与散文的区别,并在表达中感受到自由体诗的一些基本特点。任务三是在前两者的基础上做深入探究,即无论是《大堰河——我的保姆》这首诗,还是艾青其他的自由体诗,成为那个年代的现象级作品的原因。这个问题的探究是暗合了单元人文主题"时代镜像"的,以此也可观照当下的爆款作品,其"热度"背后隐藏着怎样的集体意识和时代精神。"入乎其内,故有生气;出乎其外,故有高致",斯之谓也。

【教学实录】

(课前播放剪辑好的《人世间》中关于周母的视频片段)

师:同学们好！刚才给大家播放的是最近热播剧《人世间》的片段,能不能谈谈你观看后的感受?

生1:这位"母亲"有烟火气,温暖又慈祥,让我想起了外婆。

生2:演员演得真好,特别是很多细节上,让人觉得真实感人,很治愈,配乐也特别棒。

生3:让我想到作家陈映真的一句话:"一个好的作品,应该能让忧伤的人得到安慰,让绝望的人重新点燃希望的灯火。"

师:说得真好呀,好的作品总让我们看见生活,看见自己。《人世间》改编自梁晓声的同名作品,"周母"只是众多人物群像中的一员。从刚才的交流中,我们可以说这位母亲打动我们的,有这么几个关键词——"真实""细节""生活化"。现代文学史上也有这么一位"母亲"打动了许多人,请大家跟着季小军先生的朗诵走进艾青的《大堰河——我的保姆》。

[板书:大堰河——我的保姆　艾青]

(听朗诵,学生轻声跟读)

师:《人世间》中关于周母的片段琐碎而零散,剪辑过的短视频则更好地表现了周母的温暖、慈爱与坚韧,宣传效果也非常好。作为网络的原住民,大家应该都很喜欢B站吧。(学生笑)B站上有几十个关于《大堰河——我的保姆》的视频,但没有一个是介绍"大堰河"这一人物的。请根据文本,剪辑一个短视频,向大家介绍你理解的"大堰河"。

PPT出示:

情境活动:网络视频是年轻人获取知识的重要途径,《大堰河——我的保姆》在B站上有几十个视频,但没有一个视频是介绍"大堰河"这一形象的,今天我们以此为角度来做个爆款推荐视频。

任务一:剪辑细节,鉴赏形象

确定你所剪辑的视频的主题"大堰河是一位_____的人",并以画面、滤镜(色调)、背景音乐等视频要素来做支撑。

视频主题	大堰河是一位_____的人	
画面	滤镜（色调）	背景音乐（高亢/低沉/轻柔……）

（3分钟过后）

师："一千个读者，就有一千个哈姆莱特。"大家的剪辑各不相同啊。请同学们来展示一下。

画 面	滤镜（色调）	背景音乐
她的家：打骂、醉酒的丈夫，五个儿子，乌黑的酱碗、乌黑的桌子	悲伤、苦难、压抑的冷色调	低沉、哀怨
她的工作：不仅要喂养地主家的儿子，还要做饭、补衣、洗衣、切萝卜、掏猪食、晒谷等		
她的丧事：四块钱的棺材、几束稻草、几尺见方的坟地、一手把的纸钱的灰		

生：大堰河是一个地位卑微、生活困苦、命运悲惨的底层劳动妇女。

师：你从家、工作、丧事三个角度展示了大堰河的生活，用了卑微、困苦、悲惨三个形容词点明了大堰河的形象，整合得非常好。如果视频最后停留在"丧事"这个画面，你会聚焦哪个镜头？又会配上哪些文字？

生：嗯，"一手把的纸钱的灰"吧，极其潦草地结束了一个人的一生。文字的话，就写"四十几年，奴隶的凄苦，生活的凌侮，今卒"。

师：非常沉重！你巧妙地撷取了诗中的句子，还押韵，有点睛之妙呀。好，请继续展示。

画 面	滤镜（色调）	背景音乐
她的手：厚大的手掌，在每次劳作之后，她都会把"我"搂在怀里，抚摸我	昏黄的暖色调	添加关于"母亲"的民间小调，亲切、悠扬、感人的音乐
她的哭：生活艰难时她没有哭，"我"被领回家时她哭了。她死时，乳儿不在她的旁侧，她含泪去了	压抑的冷色调	
她的笑：她洗衣、提篮、切萝卜、扇火时都含有笑，为乳儿切糖，为他到家里来，叫一声"妈"，为贴上他的画而笑	较明亮的暖色调	
她的梦：一个不能说的梦，期待乳儿成家立业	梦幻的滤境	

生：大堰河是一位勤劳能干、善良宽容又非常爱"我"的母亲。

师：你的视角与刚才的同学完全不同，为什么选择这些画面呢？

生：其实我一开始的时候，也关注了与他相似的内容。但是我再读诗歌的时候，感触更深的是她的善良勤劳，特别是她对"我"的爱。虽然她只是一个保姆，但是她的爱是那样深情而无私，我被深深地感动了。（同学们纷纷表示赞同）

师：我被你的话语打动了。你选取的这四个细节，典型而真实，读来感同身受。艾青在《创作回忆》中说："我出生在地主家庭，因母亲难产，算命先生说我会'克死爹娘'。父母迷信，因此不喜欢我，很快就被送到本村一位贫苦的农妇家里抚养。回到父母家里，我是在一种冷漠、被歧视的空气中长大的。我觉得只有在'大堰河'家里，我才感到温暖，得到宠爱。'大堰河'很爱我，我也爱她。"（有学生作恍然大悟状）

师：这位同学，刚才看你的表情好像是有什么困惑得到了解决？

生：是的，老师。之前我在读第6节时，对"家里的新客""不熟识的妹妹""吃着碾了三番白米的饭怩怩不安"这些感到困惑，以为他只是回家后不适应。刚才的背景介绍，让我理解了作者说的这些内容。这些看上去的矛盾点，正与前文形成了对比，写出了大堰河对他的爱是超越血缘、阶级的。

师：你从困惑、推导到解惑这个过程很值得大家借鉴。知人论世是解读诗歌的重要工具，当然文本依然是第一位的。说到困惑，我读的时候也有一个，就是"梦"既然不能说，为什么出现在"我"的诗歌里？

生1：我认为，他们真挚的感情让"我"觉得乳母肯定期待他能够成家立业。

生2：我觉得大堰河是不大可能跟乳儿诉说这个梦的，因为世俗的隔阂、阶级的差异，这说出来要遭人非议的。

生3：联系创作背景，此时的诗人在狱中，大堰河也已过世。这个梦与其说是大堰河的，不如说是诗人的。他对她的离世是有哀悼、痛悔之情的，诗中说"大堰河，在她的梦没有做醒的时候已死了"。现实中无法实现，就在诗中与深爱他的乳母重逢。

师：梦境愈是美好，现实愈是残酷。我赞同你的看法，这个梦或许就是诗人造的，是他对大堰河深深的爱的回应。好的，还有同学展示吗？

画　　面	滤镜（色调）	背景音乐
现实：雪花从监狱飘到草盖的大堰河的墓，落在枯死的瓦菲，融化在长了青苔的石椅上	朦胧，肃穆，冷色调	低沉而有力量
回忆：她短暂而飘零的一生——没有名字、童养媳、四十几岁去世，干不完的活儿	冷色调	
特写：她的肖像——拥抱过我的厚大的手，吻过我的嘴唇、泥黑的温柔的脸颜，养育了我的乳房，还有笑容	暖色调	
结尾：雪花落在黄土上，与紫色的灵魂整合		

生：大堰河是一位苦难而伟大的母亲，像一片雪花。

师：你的剪辑既契合了诗人的情绪起伏，又很独特，为什么想到以"雪花"来贯穿始终呢？

生：诗人看到"雪"便想起了她。雪天，很冷，诗人在狱中身心困顿，大堰河是他心灵的慰藉。雪飘洒大地，然后融为水渍，这就像大堰河命运悲苦的一生。雪花很美，大堰河在"我"的心中无私、善良，也很美。

师：你有诗人的潜质呀。由物及人，借物喻人，解读得合情合理。这里有个意象"紫色的灵魂"，该如何理解呢？

生1：紫色给人很高贵的感觉。

生2：我想到生活里，因受了伤而皮肤淤紫，这是她苦难的写照。但是修饰"灵魂"的话，我觉得是苦难而伟大的灵魂吧。

师：诗人留学法国学习绘画，对颜色十分敏感。紫色可以说是由蓝色与红色调和而成，蕴含着诗人的生命体验：不单选红色，是不掩其伤，她历经曲折坎坷；不选蓝色，是生活苦痛中她总给人暖意。"紫色的灵魂"与诗中的"手""唇""脸颜""乳房"等意象组合在一起，表达了诗人对这位饱受苦难却与苦难和解的伟大母亲的深深赞美。

［板书2：苦难而伟大］

师："母亲"是文学史上永恒的话题，文坛上有不少脍炙人口的佳作。为了任务一中的视频获得更高点击量，接下来我们要在标题中添上"最深情"三字。（学生笑着说"套路"）

PPT出示：

任务二：吟诵比对，深情推荐

"母亲"是永恒的文学命题。老舍、季美林、史铁生、梁晓声等作家都写过有关母亲的散文，惹人泪目。而朱光潜在《诗与散文》中说道："我们可以说，就大体论，散文的功用偏于叙事说理，诗的功用偏于抒情遣兴。事理直截了当，一往无余，情趣则低徊往复，缠绵不尽。"由此推测，诗歌《大堰河——我的保姆》会"更深情"？

师（笑）：咱们尽量"合理地夸张"。我给大家找了老舍先生《我的母亲》片段，节选文字与本诗的第4节、第7节有同工之妙，都描写了"母亲"的辛勤劳作。

PPT出示：

比较探究：老舍的《我的母亲》是质朴无华、情真意切的回忆母亲的散文佳作。节选文字与本诗的第4节、第7节有同工之妙，都描写了"母亲"的辛勤劳作。探究：与散文相比，诗歌是如何来增强抒情性、感染力的？

我的母亲（节选）

为我们的衣食，母亲要给人家洗衣服，缝补或裁缝衣裳。在我的记忆中，她的手终年是鲜红微肿的。白天，她洗衣服，洗一两大绿瓦盆。她做事永远丝毫也不敷衍，就是屠户们送来的黑如铁的布袜，她也给洗得雪白。晚间，她与三姐抱着一盏油灯，还要缝补衣服，一直到半夜。她终年没有休息，可是在忙碌中她还把院子屋中收拾得清清爽爽。桌椅都是旧的，柜门的铜活久已残缺不全，可是她的手老使破桌面上没有尘土，残破的铜活发着光。院中，父亲遗留下的几盆石榴与夹竹桃，永远会得到应有的浇灌与爱护，年年夏天开许多花。

（两名同学分别朗读）

师：请你点评一下两位同学的朗读。

生：（挠挠头，笑）都挺好的，都很深情。

师：噢，对母亲的爱他们旗鼓相当啊！那我们来改写一下。请大家仿照《大堰河——我的保姆》中的第4节或第7节将选文改写成诗。来，试试看！

（学生反应比较快，3分钟后结束）

师:好,大家差不多完成了。请大家前后左右推荐,或自荐一下修改得比较好的作品。(学生相互交换、推荐,还有一人自荐)好的,请这三位同学朗读一下自己的作品,并说说改写后的感受。

PPT 出示:

改写一:

你的手终年是鲜红微肿的;

在用你的手洗净布袜之后,

在用你的手补完衣服之后,

在用你的手收拾屋子之后,

在用你的手抹去尘土之后,

在用你的手擦亮铜活之后,

在用你的手浇灌花草之后,

你的手终年是鲜红微肿的。

改写二:

你悉心照顾父亲留下的石榴与夹竹桃,年年花开;

在你洗了一两大绿瓦盆之后,

在你洗白屠户们黑如铁的布袜之后,

在你缝补衣服至半夜之后,

在你收拾院子干干净净之后,

在你抹去破桌面的灰尘之后,

在你擦亮残存的铜活之后,

你悉心照顾父亲留下的石榴与夹竹桃,年年花开。

生1:《大堰河——我的保姆》第4节中,诗人通过首尾呼应,用同一个句子构成了反复吧(小声不确定),抓住了"厚大的手掌"这一细节,中间用了"搭、拍、尝、放、补、包、掐、拿"八个动作,而且都采用了"在……之后"的句式形成排比,强调大堰河无论多么辛苦,总会在劳作之后关心我、爱护我,比散文的表达更加强烈!

生2:我也差不多,但是我想表现的是,这位母亲不仅辛勤劳动,更有生活情趣,就是很温暖。我就把"悉心照顾花草"这一点进行了反复、强调。

师:哦,强调的句子就是最具张力的情感表达。我们回到《大堰河》中,发现这种反复大量出现在诗歌中,我们挑出来,读一读。

生1:原来诗人将深情的话说了两遍,让人泪目。

生2:就像一首诗歌的主旋律,循环往复地诉说着他对大堰河的怀念、眷恋、感激、同情等情感。

师:如泣如诉,吐露着一位儿子对母亲的深爱与赞美。好的,还有一位同学请继续分享。

生:我认同刚才两位同学的说法。同时我发现艾青的诗歌没有押韵,每行字数也不相同。但我觉得押韵可以让诗歌更有节奏感、旋律感,所以我选用了"净、更、清、青"四个字结尾,还保证每行字数相同。

PPT 出示:

改写三:

用那双鲜红微肿的手,将两大绿瓦盆的衣物洗净。

用那双鲜红微肿的手,守油灯缝补衣至半夜三更。

用那双鲜红微肿的手,将院落屋中灰尘一并扫清。

用那双鲜红微肿的手,护庭中的绿植常郁郁青青。

(课堂上响起了热烈的掌声)

师:你提出了一个很有探究价值的话题,诗歌要不要押韵?每行字数是否要相等?《大堰河》这首诗歌基本不押韵,结构上句式参差不齐,这会影响其抒情的感染力吗?

生1:不会,一个人真实情感流露的时候,和押不押韵没有关系吧。我读的时候,就感觉诗人把生活场景描写得非常真实,读起来很有代入感。譬如"为山腰的荆棘扯破的""冰屑悉索"等修饰语就很真实,感情就在这生活化的语句里自然流露了。

生2:虽然没有押韵,但排比、反复等手法运用让整个结构很和谐,刚才我们对诗歌中反复句子的梳理就体现了这一点。每行字数相等,可能更多的是在格律诗中吧。现代的诗歌里对这一点好像并不遵循什么规则,参差错落,随着诗人情感而变化,很自由,但不削弱情感。

师:同学们讲得很好,并发现了艾青这首诗歌的体裁,它是一首自由体诗。我们了解到自由体诗的一些特点,如基本不押韵,体式很自由。

[板书:自由体诗]

师:这个环节,我们以"最深情"为标签,从诗歌的抒情性上对这个视频做推荐。我们感受了诗歌与散文在抒情方式上的不同,特别是用诗歌的分行、反复手法、人称变换、鲜明的意象等来增强诗歌抒情的感染力。同时,初步感知了自由体诗的特点。

师:其实,20世纪30年代,就有位诗人为"大堰河""打call"。如果采用他这句话来做推荐标题,怎么样? 请同学之间相互交流、讨论。

PPT出示:

20世纪30年代末,有位诗人见到艾青时,激动地说:"德国有莱茵河,法国有塞纳河,埃及有尼罗河……我们可以骄傲地说:中国有大堰河!"

(讨论声渐渐轻了,教师请学生分享看法)

生1:特别好。"大堰河"不再只是具体的哪个人,而是成了一种象征。我们之前研读的时候,觉得"大堰河"是指千千万万大地的母亲,而这位诗人将其理解为了母亲河。

生2:这个推荐比"深情"更有力。母亲河流淌在大地上,滋润着大地、哺育着人民,成为人类文明发展的摇篮。而"大堰河"们也是这样哺育着我们,滋养着我们。

师:的确,诗人的生命中确有一位"大堰河",但文学世界中的"大堰河"显然不止于此。她是孕育生命、滋养灵魂的母亲河,她是慈母般的大地,是宽容博大、流传绵长的民族精神,甚至她就是那饱经岁月沧桑而伟大的祖国。以此来做推荐也更符合诗人的写作意图呀!

[板书:祖国 民族精神]

师:现在我们回头捋一捋。这堂课,我们先感受了《人世间》的魅力,特别是周母这一人物,与今天所学诗歌中的"大堰河",都是中国大地上普通而又伟大的母亲。以视频形式为这些优秀作品"打call",从画面选择到推荐语的设计,让经典作品走入年轻人的心里,这是这代人对上一代人的理解与传承。

师:卡尔维诺说:"经典作品是一些产生某种特殊影响的书,它们要么自己以遗忘的方式给我们的想象力打下印记,要么乔装成个人或集体的无意识隐藏在深层记忆中。"《人世间》如它的所获得的茅盾文学奖授奖词那样,用写了"一代人在伟大历史进程中的奋斗、成长和相濡以沫的温情,塑造了有情有义、坚韧担当、善良正直的中国人形象群体,具有时代的、生活的和心灵的史诗品质"而成了当下的爆款。那么,在中国新诗蓬勃发展的20世纪30年代,艾青和他的自由体诗为什么能轰动一时呢？这个问题有难度，请同学们以小组合作的形式，结合时代背景，在诗歌的内容、形式上做一些探究。

PPT 出示：

任务三：聚焦时代，揽镜观像

"艾青在 30 年代初走上诗坛，他作品深沉而忧郁的抒情风格受到了人们普遍的注意。抗战爆发后，艾青已成为最具代表性的诗人之一。"

联读《雪落在中国的土地上》《我爱这土地》这两部作品，探讨艾青及其自由体诗成为当时"现象级作品"的原因。

生 1：自由体诗的语言口语化，有很多老百姓感到亲切的俗语、口语。《雪落在中国的地上》全篇无深奥华丽的字词，《我爱这土地》中最后一句朴实平易，但又蕴含着深沉的忧郁情感，受众多，流传广，成了表现爱国情怀的经典句子。

生 2：这三首诗歌中，"大堰河""鸟""风""河流"等意象生活化，接地气。诗中有许多描写劳动人民苦难的画面，真实感人，能引起人的共鸣。

生 3：那时候的中国内忧外患，老百姓饱受凌辱。艾青从广大农民的感情出发，去感受生活的苦难，让自己的心灵贴近农民和土地。

师：大家都很有见地。"把诗从沉寂的书斋里，从肃穆的讲坛上呼唤出来，让它在人民的苦难和斗争中接受磨炼，用朴素、自然、明朗、真诚的声音为人民歌唱：这便是中国自由诗的战斗传统。"自由体诗在中国新诗诗坛的主导地位，是由其诗体本质特征决定的，崇尚思想的自由和表达的自由，也是当时时代对除旧立新的迫切渴求。艾青，以"农人的后裔""旷野的儿子"自居，被誉为"人民的诗人"，以诗歌定格了历史的影像，以深情吟唱这多灾多难的祖国大地，奏响着爱国的主旋律。

［板书：时代镜像］

师：大风泱泱，大潮滂滂，中国现当代文学承载了无数艰辛的探索，汇聚着不懈的追求。当下的我们，应在这"人世间"，于人间烟火处彰显道义和担当，让光明照亮时代的间隙！课后，大家可以读读艾青的《光的赞歌》，那又是另一首时代之歌了！下课，同学们，再见！

浙江省象山中学　黄黎莲

【专家点评】

这堂课紧扣统编高中语文教材的单元导语、课后学习提示、单元研习任务等内容，准确把握了《大堰河——我的保姆》的独特价值，有较大的借鉴意义。下面分三点来阐述。

首先，课堂设置了有效的真实情境，拉近了学生与作品的距离，激发了学生的主动性。整堂课的情境就是在 B 站上推荐《大堰河——我的保姆》这首诗歌。为实现情境的真实有效性，这堂课抓住这几个要素：视频等多媒体的运用，有利于营造氛围，增加感染力；学生非常喜欢浏览 B 站；视频标题中的"噱头"是学生熟悉的"技巧"。

其次,课堂设计了三个关联密切的学习任务,符合学生的思维进阶,避免碎片化学习。"剪辑细节,鉴赏形象""吟诵比对,深情推荐""聚焦时代,揽镜观像",分别从人物形象鉴赏,诗歌抒情性的探究与表达,诗人、诗体与时代的关系溯因三个方面,培养学生的理性思维与探究能力,提高学生对现当代文学的理解和认识,提升鉴赏品位,把握时代精神和时代走向。三个任务之间难度递增,相互关联,前后印证。

第三,课堂巧妙处理了预设与生成的关系,关注学生的困惑,及时调整教学策略。面对同学提出的问题,如"为什么说是'父母家里的新客?'""诗歌要不要押韵? 每行字数是否要相等?"等,在课堂上组织交流,抓住课堂生成的重要契机。同时,积极提供支架,当学生对比较老舍的《我的母亲》与《大堰河》很难入手时,教师就提供了"改写"这一方法,使学生在表达中自然发现了自由体诗的特点,不但课堂更流畅,学生的主体性也得到了体现。

（杭州市余杭第二高级中学教师、浙江省特级教师、正高级教师　应　健）

32. 戴着镣铐跳舞:现代新诗的放与收

——《再别康桥》课堂教学实录

【课文简析】

《再别康桥》是统编高中语文教材选择性必修下册第二单元的一篇选读课文。本单元所选课文都是现当代文学作品中的名篇,文学体裁上涵盖了小说、诗歌、散文、话剧等主要体裁,体现了现当代文学创作的多方面成就。

《再别康桥》是徐志摩最脍炙人口的名篇,也是新月派诗歌的代表之作,在中国现代新诗史上的地位举足轻重。此诗作于徐志摩第三次从康桥归国的途中,1928 年夏,远赴康桥拜访朋友而未得的徐志摩满心遗憾,等待他的只有沉默的康桥,过去一幕幕美好的生活场景一一浮现眼前。整首诗以清新柔美的语言、匀齐精巧的形式、灵动跳脱的韵律和丰富华丽的意象,将一个含情脉脉的康桥和一个细腻而真实的诗人形象展现在读者眼前,抒发了诗人对康桥依依惜别的深情。当然,作为一首现代抒情诗,结合徐志摩的生平经历,《再别康桥》的情感内涵也会包括"怀念爱情""理想破灭"等多义性,但作为抒情的主体,康桥是徐志摩的母校所在地,康桥游学的重要经历铺垫了本诗浓郁的抒情色彩,对母校的不舍和惜别之情是本诗最贴近学生生活体验的情感主旨。在艺术形式上,《再别康桥》充分体现了新月派"三美"的诗歌创作主张:诗歌语言隔行押韵,节奏分明;整体形式行节匀齐、错落有致;在意象上辞藻浓丽、色彩鲜艳,极富画面感。学生在探究学习与反复诵读中,体会诗中的音乐美、建筑美和绘画美,是理解诗人浓郁情感、获得鲜活审美体验的关键。

【教学目标】

《再别康桥》选自选择性必修下册第二单元,本单元节选了中国现当代不同文学体裁的优秀作品,属于"中国现当代作家作品研习"任务群,要求学生把握各种文学体裁不同的艺术表现形式,多角度、多层面探究作品的意蕴,在个性化解读中获得鲜活的审美体验。《再别康桥》作为新月派的代表,充分体现了"三美"的主张,要求学生了解现代新诗的艺术风格,并在反复诵读中,体会诗歌的节奏韵律,感受诗句的美,看看诗人的情感与诗歌的形式是如何完美融为一体的。鉴于此,本课的教学目标如下:

(1)通过反复诵读,体会诗人的惜别之情,感受诗歌的音乐美;

(2)把握诗歌意象,品味诗歌意境,领会诗歌的绘画美;

(3)通过比较阅读,了解现代诗有别于传统格律诗的艺术风格。

【设计阐述】

现代诗文本因其体裁的特殊性,学生在学习时很难达到体悟透彻的程度。一方面,作为最具个人主观化情绪表达的文学体裁,过多的知人论世、文本拆解都是对诗歌情感内涵的窄化和对诗歌整体诗意的破坏。另一方面,诗歌审美体验的获得更多的是在于欣赏独属于"我"的"这一首",而非局限于属于作者的"那一首"。

《再别康桥》作为现代新诗的典范,在现当代文学史上的地位和语言表达上的诗意美不言而喻。其诗意美的呈现,并不是因为用了几个叠词、几种修辞或几处倒装,而是在于诗歌整体艺术上的表现,在于对传统格律诗上的继承而突破、突破而不放纵的艺术表达。闻一多主张的"三美"理论为新诗的创作提供了方向,尤其重要的是打破了白话文写诗以来现代新诗以背离传统为荣、为自由而自由的桎梏,反对放纵,强调诗人要"戴着镣铐跳舞",这"镣铐"就是"三美"主义,《再别康桥》正是"三美"主义集中与完美的体现。所以学生在学习本诗时,抓住了诗歌的"三美",也就把握了本诗的艺术特色,也就理解了现代新诗的风格概貌和其在诗歌发展过程中的重要作用。

学生学习的认知过程是从感性感受到理性分析的一个过程,诗歌整体诗意美的感知是感性认知,而诗歌艺术特色的把握是基于感性感知的理性分析,所以本课教学采取品读—品赏—品析的设计。朗诵是学习现代诗歌最好的方法,通过多种形式的朗读与指导,感受诗人情感,也在感性认知维度体会诗歌的音乐美。品赏环节,学生在感受诗人内心情感的基础上进一步有个性地解读诗歌中意象的运用,要体会诗中丰富唯美的意象和意境,采用动笔写作的形式最合适不过了。在品读与品赏的铺垫之后,品析环节理性分析本诗的艺术特色就比较顺理成章又水到渠成了。新诗的新,是相对传统格律诗的旧而言的,所以采用比较阅读的方法,选取学生熟悉的传统格律诗做比较,来把握本诗的"三美"艺术风格。

基于以上三个环节的设计,学生可以在充分感受诗意的同时,理性把握诗歌的艺术特色,获得自己独特的审美体验。

【课堂实录】

师:上课!同学们好!

生:老师好!

一、激趣导入

【激活诗心】

师:同学们,谈论起诗,我们内心总会泛起一些微妙的情绪,诗是我们对抗平庸尘世,从人性上升到神性的最佳途径,你能背一两句你最喜欢的现代诗吗?

(学生跃跃欲试)

生1:"面朝大海,春暖花开。"

生2:"我达达的马蹄是个美丽的错误,我不是归人,是个过客。"

生3:我最喜欢《雨巷》,里面每一句诗我都很喜欢。

（学生笑，有学生附和点头，表示深有同感）

师：非常好，听到大家背的这些诗句，我看到了你们都是有诗性的人。与有诗性的人谈诗，是一件非常愉悦的事情。（学生笑）那么你觉得一首好诗的标准是什么？

生1：语言优美。

生2：要有真情实感。

生3：要有诗意。

师：刚刚同学们说的，确实是一首好诗的标准或者说特点。今天我们就一起来欣赏一首好诗——《再别康桥》。

[板书：再别康桥]

【品读诗情】

师：《再别康桥》是中国现代诗中绕不开的名作，也是让徐志摩名声大振的经典名篇，请大家结合诗人生平和创作背景，试着身临其境地自由读读这首诗。

（PPT出示徐志摩生平简历、《再别康桥》创作背景）

（学生自由诵读）

师：好。同学们读得都很有感情，能不能推荐一位你觉得读得最好的同学为大家展示一下？

（学生推荐，鼓掌。一名女生有感情地朗读，读完学生鼓掌）

师：读得相当有感情，让我们仿佛置身康桥河边，亲见了一个鲜活的徐志摩。那么大家有没有发现，这位同学在朗读技巧上做了怎样的处理？

生1：语速舒缓。

生2：语调比较低沉。

师：确实，用这样的语速语调来体现徐志摩惜别母校的不舍之情是非常贴切的。你觉得诗中哪些语句最能体现诗人的不舍深情？

生：第一节和最后一节。

师：用你的方式读读看。

（学生有感情地朗读）

师：第一节和最后一节内容和形式上非常相似，但是我发现你在朗读上对这两节有不同的处理。

生：两节的最后一句语气不一样。"不带走一片云彩"要比"作别西天的云彩"更缓慢更轻柔一些。

师：为什么有这样的处理呢？

生：第一节诗人的告别其实是一种不舍之情，虽然告别，但是仍驻足怀想。最后一节的离开是真正要走了，更多的是充满了遗憾。

师：不舍与遗憾的区别，所以第一节中有一个修饰词在最后一节中也做了变化。

（学生集体回答"轻轻改成了悄悄"）

师：这两个词在传递情感上有什么不同？

生："轻轻"指的是动作轻柔,不愿打扰。"悄悄"有了内心的不舍与落寞。

师:好的,你来读一读,读出这种情感上的区别。

(学生朗读,"悄悄"一词读得更加低沉缓慢,其余学生鼓掌)

师:确实感觉到了一种难言的离别之情。请大家化身诗人,一起朗读这两小节。

(学生集体朗读)

师:除了读出诗人饱满的情感,我们还需要读出诗歌的节奏韵律,节奏感体现在朗读时停顿、轻重的处理上,大家不妨再放慢语速,将节奏感体现得更明显一些。

(学生再次朗读)

师:这种诗意的沉浸真是美的享受啊,看大家意犹未尽,还想再读读吗?

(学生笑,有学生点头表示愿意)

师:好的,我们不急,同学们刚刚以诗歌第一节和最后一节为例,注意到读诗要读出停顿、轻重的节奏韵律,以及关键词语所传递出的诗人的情感。下面我们的朗读要更投入,请同学们选择诗中你最喜欢的小节,同桌互读、互评,然后我们再请同学来读一读并谈谈是如何读出诗人的情感的。

(学生同桌互读,教师巡视并指导)

(学生朗读"但我不能放歌"一节)

生:"悄悄、沉默"等词要稍重、低沉,稍加停顿,体现诗人的失落之情。

师:失落从何而来?

生:因为要离别。

师:是的,因为无言的离别。在文中,这种失落是承接上文的何事而来的?

生:因为不能放歌。

师:所以诗人的失落感主要是因为夏虫、康桥的"沉默"吗?

生:是因为想放歌而不能。

师:所以哪个字也很关键?

生:但。

师:是的,强烈的转折让这种失落更加强化,我们可以怎么处理这个字的朗读?

(学生集体回答"稍重一些,停顿稍久一点")

师:请你们把两小节连起来再读一读。

(学生朗读)

(一名学生朗读"那河畔的金柳"小节)

生:这一节"新娘、艳影、荡漾"稍微加重突出,读出一种喜悦和心动。

师:离别之情为何有喜悦与心动?

生:诗人有种回忆涌上心头,将眼前的金柳比喻成新娘,河畔夕阳下的美景带给诗人往昔的心动。回忆越美,离别之时就越伤感。

师:将金柳比喻成新娘,你觉得金柳像新娘吗? 它们之间有何相似之处?

生:金柳和新娘带给诗人的感觉是相似的。

师:确实,通过这样的文字,我们能真切感受到诗人对康桥的深情。而且诗人灵性的文字也正体现在这些地方,不求如实地描摹,而是在思维的跳跃中追求感觉的相通,以引起读者的深切共鸣。

【品赏诗画】

师:"金柳",是诗中非常突出的一个意象,除"金柳"之外,诗中还有哪些意象?

(学生齐答"云彩、青荇、榆阴潭、虹、星辉、笙箫、夏虫等")

师:诗歌意象繁多,且华丽唯美。但鉴于诗歌的文体局限,这些意象所营造出来的唯美画面更多的是存留在我们的心里。大家能不能挑选一个意象,参照示例,用最优美的文字将你们所体会到的唯美画面描绘出来。

PPT出示:

描绘意境并刻画作者心理。

(学生动笔写作,教师巡视并指导,用时5分钟)

师:请同学们展示一下自己的成果。

生:我写的是最后一节:夕阳西下,漫天云彩,空空的脚步声是我来过的唯一痕迹。天空不语,晚霞却染红了半边天。是该离开的时候了,我举起的衣袖兜满了风,却带不走任何东西。

师:很有诗意的描绘。

生:我写的是第三小节:康河还是原来的康河,水草依旧在水里油油地飘动,但这次,它们仿佛在向我招手,劝我留下来。如果时间能够重来一次,我甘愿做其中的一条水草,再也不离开。

师:在你的解读里,康河的水草也有了情感。

生:我写的是第四小节:榆阴下的潭水清澈见底,水面上浮藻相间,恍惚间如彩虹般绚丽。不是潭水五彩,而是曾有的梦斑斓。虽不及桃花潭的深度,但我对康桥的情谊不比汪伦赠李白的情谊浅。

师:"不是潭水五彩,而是曾有的梦斑斓。"你真是走进徐志摩的心里去了。

(学生发出感叹声,并鼓掌)

师:那么,你觉得诗人"彩虹似的梦"实现了吗?

生:没有。

师:何以见得?

生:因为后文写"寻梦?向青草更青处漫溯",作者依然在寻梦,而且作者想要在星辉斑斓里放歌,但是却不能放歌,就要离开了,这是作者的遗憾。

师:所以在你对这些意象的解读里,发现作者在离愁别绪之外,还有梦想破灭的遗憾。同学们,读诗就是这样,只有融入自己的体悟和思考,诗才能称为"我"的诗,我们对诗的审美才能更上一层楼。

师:让我们再次有感情地诵读《再别康桥》,注意体会诗中丰富的意象,以及这些意象所营造出来的意境美。

(学生诵读)

【品析诗风】

师：刚刚大家用十分优美的语言描绘了诗中的意象，但是我想，如果用同学们的语句替换掉诗中的诗句，结果显而易见是不行的。

（学生笑，点头表示同意）

师：诗歌的语言要求凝练，而且在内容和形式上都有很高的要求，不把《再别康桥》和我们的作品对比，那我们不妨将它和传统的格律诗名篇进行比较，看看它们有什么异同点。

PPT 出示：

比较阅读《南浦别》和《再别康桥》，从音韵节奏、整体形式、意象意境三个方面探究这两首诗的异同点。

师：请大家小组合作讨论，选择一个比较点，思考这两首诗有哪些异同点。

（学生小组讨论，教师巡视并适时参与讨论）

师：时间到，请同学们来交流下思考探究的结果。

生：在形式上，两首诗区别很大，古诗《南浦别》非常整齐，《再别康桥》形式比较自由。

师：自由体现在哪里？

生：每行字数都不一样。

师：是"每"一行"都"不一样吗？

（有学生抢答"不是"）

生：不是，虽然不像格律诗每行字数均相同，但每行字数也差不多。

师：现代诗和传统格律诗的篇幅和字数分别是怎么规定的？

生：格律诗主要是每行 5 字或 7 字，篇幅 4 句或 8 句，现代诗没有要求。

师：我们的《再别康桥》每行如果都规定一样的字数会怎么样？

生：太死板了。

师：确实，现代新诗打破传统格律诗行数、字数的限制，形式自由，这是它的突破与开放。

［板书：放］

师：既然开放，为何不开放得更彻底一些，形式上完全随心所欲不好吗？

生：会显得很乱，不美观。

师：是的，在放的同时，也需要有所收敛，以达到形式上的美观，正如新月派诗人闻一多所主张的，诗歌要有形式上的"建筑美"。

（PPT 出示"三美"理论"建筑美"）

［板书：收　建筑美］

（有学生举手，教师示意）

生：为什么隔行都空了一格？

（其余学生望向教师，表示感兴趣）

师：很好的问题，那我们不妨把《再别康桥》每一行都向左对齐，与原文排列方式进行对比，有什么不同？

生：好像会更工整一些。

师:那原文这样排列看着凌乱吗?

生:也不凌乱。

师:会有美感吗?

生:错落有致。

(有学生说"文似看山不喜平")

师:是的,就像建筑一般,参差中有变化,变化中又有整齐。你觉得这种排列形式还像什么?

生1:招摇的水草。

生2:婀娜的金柳。

生3:诗人起伏的心理。

师:非常棒的理解,这样一解读,形式与情感好像联系起来了。

生:在韵律上,两首诗都注重押韵。

师:请大家找出《再别康桥》的韵脚。

生:来、彩、娘、漾、摇、草、箫、桥。

师:有什么不同呢?

生:传统格律诗要求一韵到底,现代诗的韵脚有多个。

师:在押韵规则上有什么不同?

生:格律诗偶数句必须押韵,《再别康桥》也押韵,但要求没有那么严格。

师:在朗读节奏上有什么区别?

生:都注重节奏感,格律诗每行的节奏是固定的,而现代诗更灵活一些。

师:格律诗工整对仗的语句,使得它的节奏相对固定。《再别康桥》在朗读时有节奏感吗?能不能举例说明。

生:有,比如第一小节,每句结构是一样的,都是在"的"字后停顿,很有节奏感。

师:现代新诗虽然更加灵活自由了,但是在韵律方面,好的诗歌同样也要注意音韵节奏的美感,这是闻一多所主张的诗歌要有"音乐美"。

(PPT出示"三美"理论"音乐美")

[板书:音乐美]

师:还有哪个小组来分享探究的结果?

生:现代诗和传统格律诗都通过意象来营造意境,《再别康桥》中意象更丰富。

师:这种丰富是篇幅更长带来的吗?

生:也不是篇幅的原因。《南浦别》并不是每一句都有意象,而《再别康桥》每一小节都有意象。

师:我们都知道诗歌必须要意象来承载诗人的主观情感,意象所营造的意境画面可以让读者更能走进诗意。也就是说,《再别康桥》的画面更密集一些。

(学生点头)

师:除了丰富密集,《再别康桥》在意象方面还有什么特点吗?

生：《南浦别》的"西风袅袅秋"虽然也有意象的描绘,但是《再别康桥》对意象的描写更多一些。

师：比如呢?

生："那榆阴下的一潭"这一小节就描绘得很详细。

师：如果我把它改写成"清泉彩虹梦,星辉且放歌"呢?

(学生笑)

师：所以现代诗对意象的描绘比格律诗更详细,是因为现代诗语言——

生：更自由。

师：是的。传统格律诗的意象更讲究含蓄和点染,现代诗语言更加自由开放。但是这种自由和开放并不是无限的,作为诗歌,仍然需要意象来营造美的画面。

(PPT 出示"三美"理论"绘画美")

[板书：绘画美]

师：我们来总结一下,注定要成为中国现代诗经典的《再别康桥》情感饱含、诗意盎然。作为一首经典的好诗,我们从中学习到它在音律、意象、形式上的美感,充分体现了新月派"三美"的诗歌创作主张,尤其是在中国白话文诗歌写作的初期,大部分现代诗突破了传统格律诗的种种束缚,为自由而自由,逐渐走向极端。在这种时候,是这样的《再别康桥》为以后的现代新诗创作提供了方向,具有划时代的意义。诗歌是舞蹈,却是戴着镣铐的舞蹈,这镣铐,正是"三美"主张。现代诗创作在形式自由开放的同时,也要收住过度自由的步伐。

PPT 出示：

戴着镣铐跳舞：现代诗的放与收。

师：最后,大家用自己的方式再来有感情地朗诵《再别康桥》。

三、作业布置

(PPT 出示徐志摩的《偶然》)

师：请同学们以徐志摩的小诗《偶然》为对象,写一篇诗评,阐述新月派的"三美"主张在这首诗中的体现,字数 400 字左右。

师：下课,同学们再见!

生：老师再见!

浙江省永嘉第二高级中学　　李海广

【专家点评】

《再别康桥》一诗清新唯美、诗意盎然,实属现代诗歌中的佳作,学生大多熟悉且喜欢,所以在学习这首诗前,对课堂的期待要高于其他课文,这对教学是一个不小的挑战。但学生对这首诗的认识还停留在感性层面,而没有理性认知它的艺术特色。这堂课,正是以此为教学切入点,让学生对此诗的理解更上升了一个层次。

  整堂课设计合理、目标突出，从导入环节的"激活诗心"，到读诗、赏诗、析诗，到作业"评诗"，循序渐进。课堂围绕音乐美、绘画美、建筑美"三美"展开教学，教学充满诗意且效果显著。

  学习《再别康桥》"三美"的艺术特色，容易陷入"概念先行"的误区。本课采用比较阅读的方法，指导学生探究现代新诗的艺术特色，让学生自主探究，获得结论，这样的结论真实且印象深刻。值得一提的是，新月派是现代新诗潮流中的突出流派，而《再别康桥》是其中的佼佼者，所以如果选取其他现代诗与《再别康桥》进行横向比较，对比层次会更丰富。

  总而言之，整堂课设计合理，效果突出，课堂氛围活跃，诗意和思考真实地在发生。

        （杭州市余杭第二高级中学教师、浙江省特级教师、正高级教师 应 健）

33. 细读文本，品悟真情

——《秦腔》课堂教学实录

【课文简析】

贾平凹在文章中多次提过,散文是最容易表现情绪的。好的散文能够最直接地袒露作者的思想、情感,教材选入的这篇《秦腔》流淌着创作者的真情,彰显着作家的精神自由。文章以原生态的写作,生动、真实地展现了在物质如此匮乏甚至恶劣的条件下,秦地人民凭借口耳相传、融入血脉的秦腔获取了无尽的精神滋养。课文从秦腔的地域背景与人文渊源切入。以秦地人民的具体行为表现对秦腔的热爱,并着力分析其热爱的原因;再从日常的排练、围观、演出等多角度多侧面的细节及场面描写,并将台前幕后、戏里戏外的故事通过叙议结合等多种表达方式展现,呈现秦腔形成的独特文化风俗;最后,将对秦腔的艺术欣赏、秦地人民生活的悲喜与浓郁的人情寄托融为一体。作家以热切饱满的情感,为读者展现故土带有野性乡土气息的民情风俗,豪迈的秦腔就是秦地人民的精神风骨,是秦地人民的生命之歌。

这篇散文在写法上具有鲜明的艺术特色。

其一是场面描写声势磅礴、气象宏阔。或黎明黄昏聚焦于田野,可见一人独立,二胡声与秦腔叫板,在苍茫空阔中酝酿着一股强硬气魄的喷薄;或排演时台上台下的浑然一体,开演前观众的前呼后拥,演出时的聚精会神与热烈欢呼,以及散戏后的热闹不息,尽显人间烟火气;诸多人与戏相关的细节与故事穿插,体现了秦腔艺术植根于人民,融入生活的温情。

其二是语言鲜活,富有特色。表现秦地人民与秦腔融合而张扬的爽快、狂喜、激动、雄壮的情绪情感,大胆的比喻,呈现如在眼前的画面感;作家在表达上也打破语言规则的界限,用"逞能""拥挤"来表现秦腔,淋漓尽致地展现秦腔的情绪与气势;方言的使用,表现了作品的地域特色,散发着质朴浓郁的乡土气息;长短句的参差错落、对话语言的穿插等也有助于增强读者的阅读体验感;叙述、描写、议论、抒情的综合运用,便于读者切身体悟情感,展现作品主题。

【教学目标】

课后"学习提示"写道,本文"以秦腔为描写对象,笔触广阔深远"。从人文目标角度看,要求体悟三秦大地的山川风貌、风俗人情、民族性格等背后的文化意蕴。从语文素养角度看,要求关注细节描写,体会作者是如何将秦腔所激发的喜怒哀乐场面表现出来,并且与秦腔艺术的韵味融为一体的。

本课的教学目标如下:

（1）细读文章，概括秦腔、秦地、秦人的基本特点，体会文章大气和深沉的文化底蕴；

（2）体会作者在场面描写上的出神入化，鉴赏本文独特的语言特色；

（3）了解中国民俗文化的特点，体会民间文化的魅力。

【设计阐释】

学生爱读小说，对名家作品自然很喜欢。而教材中节选的恰恰是贾平凹一篇与小说同名的散文，因此可以从辨析小说与散文的文体特征入手，结合初读作品的感受，去理解描写、抒情等多种表达方式综合运用的写法，以及散文传达真情实感，培养审美鉴赏的能力。

抓住"真情"，体味"真情"，是调动学生有感情地诵读体悟散文内涵及美感的关键，围绕这一核心，课堂教学中设计了两个学习任务：一是解读秦腔渊源与秦地人民对秦腔的热爱，通过品读文章第1—3自然段，能概括秦地、秦腔、秦地人民的特点，体会秦地、秦地人民与秦腔的紧密联系；二是感受秦地人民对秦腔的喜爱与痴迷，文章再现了许多有关秦腔的场面——戏班排演、看戏、演戏等，并叙写了与演出有关的秦地人民生活的悲喜剧，这些足见秦腔在秦地人民生活中的重要地位。学生被作品所触动的正是这些可以品出乡土味的原生态的抒发当地风俗人情的地方戏曲，以及观众们因为热爱而展现的众生百态。在感受作品时，理解文本描写、叙述、议论、抒情多种表达方式相结合的写法及产生的艺术效果。

课堂以"品悟真情"这一主题贯穿两个学习任务，并通过交流讨论、思辨分析及穿插视听结合辅助激发学生对文本的解读。

【课堂实录】

（PPT出示《平凡的世界》《白鹿原》《秦腔》三本小说的封面）

师：平时，大家都爱看小说，其中《平凡的世界》似乎最有市场！

（全体学生笑，表示赞同）

生：对。路遥写的，初中就开始读。

师：对小说蛮有研究的，谁知道其他两部小说的作者？

生：《白鹿原》的作者是陈忠实，我看过同名电影。

师：好，《秦腔》呢？

生：书上写了，贾平凹。

师：关于"凹"这个字的读音，还有点故事。

［板书：贾平凹］

生：老师讲一讲。

师：好！说法蛮多的，比较可信的这样说，贾平凹原名"平娃"，后来或许觉得不合适，改为"平凹"，在贾平凹的老家——陕西地区，"娃"与"凹"的读音是相同的，读"wā"。在他获得茅盾文学奖成名后，这种读法才被大家熟知；其实，这个字在方言中同"洼"，常用于地名，主要适用于陕西一带，他以一己之力，使得《新华字典》对"凹"的读法做了补充。

生：哇……

师：由此可见作家的影响力！路遥、陈忠实、贾平凹三位的作品确实影响着千万中国人！他们被誉为陕西文学界的"三驾马车"，如今唯有贾平凹在世，坚守文学阵地……预习时，我们已经读过课文，你认为这篇文章是不是小说？

（学生翻书，静默，思索中）

师：想想四大文体的特征，你认为它符合哪一种？前后左右讨论交流一下，说说读后有什么感受。

（学生前后桌四人一组讨论交流，教师巡回走动观察、视听，约3分钟）

师：好，刚才看到大家交流得很热烈，也有争论，来分享下你有什么发现吧。

生：是散文！注释里写着选自"中华散文珍藏本丛书"。（全体学生笑）

PPT出示：

《秦腔》既是创作于1983年的散文，又是出版于2005年并获得第七届茅盾文学奖的同名长篇小说。中国散文的一兴一衰，皆是真情的一得一失。

师：确实如此！课文节选自前者，是散文！按照贾平凹自己的话说："中国散文的一兴一衰，皆是真情的一得一失。"在刚刚的讨论之后，你怎么理解他这句话的内涵？

生1：文中没有人物对话，也就证明它不是小说，但它却能将人们等待看戏的热闹氛围呈现得有声有色。

生2：小说似乎也不一定要有对话。不过文章也没有围绕固定人物展开的情节，而只有"我"作为叙述者，串起了有关秦腔的很多景、很多人的行为，以及综合的情境。

师：你说的"情境"应该是指"场面描写"！"场面描写"就是对特定时间、地点许多人物活动的总体描写，可以通过叙述、描写、抒情等方式将看到、听到、感受到的进行综合呈现。

生：是，热闹的场面，写得很有感染力，作者也时不时表达他的感想。

师：说得好！散文散发的文气，传达着作者的生活态度。那么，怎样的情感才能打动读者，引发读者共鸣呢？（教师指向PPT中贾平凹的话）

生（齐声）：真情！

师：好，我们自由放声诵读课文第1—3自然段，感受作者真挚的情感，完成任务一。

PPT出示：

任务一：解读秦腔渊源与秦地人民对秦腔的热爱

品味句段，概括秦地、秦腔、秦地人民特点。

类别	特　点
秦地	
秦地人民	
秦腔	

（学生热烈地读课文）

师：大家读得很认真，很有感觉，很有味道。

生:那是文章写得好!

师:说"好",必然有标准、有依据。趁着此刻的热情,快把你觉得写得好的地方带着你的感觉给大家读一读,说说你感受到的秦地、秦腔与秦地人民。

生:第1自然段中间讲了秦地人民"敦厚"的民风、讲话的特点,让人能联想到西北地区的一种豪爽。有这样的声音条件也就有利于秦腔的形成。

师:有了声音条件还不够,得有人热爱,有人传承,谁找到了传承的依据?

生1:老一辈的能唱,小一辈的能唱,男的能唱,女的能唱。

生2:并且他们以唱秦腔为荣。文中说,"只有唱秦腔"做人才最体面、出人头地、有出息,是人才。

生3:还有,开头说,八百里秦川,列举了好多地名,在这样辽阔的土地上养育秦地人民,显然秦腔也容易得到传承。

师:秦腔对于现在的我们来讲,已经是一种文化遗产了,而容易融入生活的歌曲应该是流行的,所以歌手谭维维前些年携手老腔传承人联合创作了《华阴老腔一声喊》,唱响在各大舞台,我们用几分钟感受"经典新唱"。

(MV播放约4分钟)

师:MV更加直观地展现了秦腔的魅力,其中融入了电影的画面。这种带着泥土气、原生态的演唱,在秦腔的文字里表现得更加透彻,秦地人民之所以如此热爱秦腔、传唱秦腔,让秦腔在秦地风靡流行原因有哪些呢?请大家细品课文第2自然段,找找看。

生:秦腔是他们大苦中的大乐。

师:他们是谁?为什么要唱秦腔?唱别的不行吗?

生:是农民,是世上最劳苦的人,大喊大叫可以解除劳动带来的困乏劳累,文中说:"来一段秦腔,那心胸肺腑、关关节节的困乏便一尽儿涤荡净了。"我觉得这句话很有意思!

师:确实,表达得很有特色,好,我们来仔细品一品。来,大家齐读!

生(齐声):"立在犁沟里大喊大叫来一段秦腔,那心胸肺腑、关关节节的困乏便一尽儿涤荡净了。"

师:这句话,传达了秦川人的情绪,哪些词能表现?

生(异口同声):大喊大叫。

生1:毫无顾忌;

生2:粗野、豪爽。

生3:喊一喊很解乏,前文说"已经累得筋疲力尽"了。

师:是情绪的宣泄,也是热情地传达乐观精神,可见秦腔的精神动力及对奉化人民真挚的热爱!此外,这句话中"心胸肺腑""关关节节"很有地方的风味。

生:土味!

师:而"荡涤"又是一个文雅的表达,更体现了"秦腔"有无穷的力量!这样口语与书面语的结合,原生态的乡土气使得语段既活泼又踏实真诚。同学们感受得很仔细,关于"秦腔"还有其他想法吗?

生:还有。唱秦腔很"亲民"。

师:为什么?

生:农民不识字,我想他们主要靠口耳相传,因为第1自然段交代了,男女老少都能唱。

师:这说明,它具有教育和文化延续的作用!

生:秦腔已经成为秦地人民生命中的五大要素之一。

师:一谈到西凤酒,世人皆知是陕西的特产,用贾平凹的话说,这五大要素,就是农民想象伟大的共产主义生活的体现,可见秦腔就是秦地文化的——

生(七嘴八舌):名片、符号、象征。

师:秦腔与秦地人民朝夕相伴、不可或缺,包揽了秦人的喜怒哀乐。无论是高兴时唱"快板",痛苦时唱"慢板",在大吼大叫之间,宣泄着人们最真实的情绪。贾平凹回顾自己走在秦川大地上的所见所闻,处处有戏班,随时见清唱,不分季节,不论黎明与黄昏,秦腔就是秦地的文化基因,抒发着秦地人民胸中一股强硬磅礴的气魄,这就有力地证明了秦地人民真挚的热爱,长长久久,生生不息,大气磅礴。

PPT出示:

任务二:感受秦人对秦腔的喜爱与痴迷

散文再现了许多有关秦腔的场面,戏班排演、看戏、演戏,并叙写了与演出有关的秦地人民生活的悲喜剧,这些足见秦腔在秦地人民生活中的重要地位。

请选择你喜欢的场景,有感情地朗读,也可以进行表演,畅谈你的感受或进行解读,让大家评点。

师:我们明确一下要求,读你感兴趣的段落或场景,可以合作把部分的情境表演出来,这样不仅更生动,也能体现你理解的程度,同意吗?

生(齐声):同意!

师:给大家放一段由陕西电视台主持人用当地方言朗读课文的音频,感受一下氛围。

(学生认真聆听,不时发出笑声)

师:好!认真读,尝试演,大胆交流讨论。

(热情朗读,模仿陕西方言,边读边笑,一部分开始讨论,教师边巡回察看边参与学生活动,时间大概5分钟)

师:接下来10分钟,抓紧展示!

生:我先说!第5自然段写观众盼戏,就是感觉很热闹,人也很热情。大家先看教材第51页列举了一堆节日,然后总结说"月月有节,三月一会",这说明老百姓对看戏很在意,一次结束再盼望下一次,他们很着迷,文中形容他们认为"戏台是全村人的共同事业",更有人省吃俭用,筹钱改造戏台,可见对戏极致的热爱。

师:我插一句,老师是东北人,二人转和秧歌,特别受乡村喜爱。从前也看见过,好多人搬着自家板凳围着表演者坐一圈,和着锣鼓声边听边跟唱或跟着扭动起来,是一种娱乐放松的方式。为什么这种场面总是在乡村受众更多呢?大家想一想。

生:精神食粮!

师：对，同样是大苦中的大乐，逢年过节来一场，就算是一次盛会啦。

生：此外，文中列举了相当多做买卖的，很有生活气，也叫烟火气。在城市里也可以称之为市井气吧。接着写人潮人海的拥挤，我们组有两个同学刚才还学着表演了一下，想不想看？

生（齐声）：想！

生：介绍一下，这两位演员甲、乙演观众。大家翻到教材第 52 页，他们在戏台下发生了一些不愉快，有了冲突。注意还有两位演员来演"十二分忠诚于秦腔"的"二杆子"，因为看着比较结实。（学生笑）

师：好！表演之前提个要求，先模仿秦地方言，再用普通话讲，最后可以用你们各地方言试一试，对比后区分下效果！（课堂上欢声笑语，气氛热烈，表演对话略）

师：这一段，充分证明观众对秦腔是真爱。前一段也写了表演者排戏，寥寥几笔就勾勒出了排练的场面，哪些字眼最传神？

生：吹、拉、弹、奏、翻、打、念、唱、旗袍甩袖、吹胡瞪眼。

师：好！这些动作描写初显秦腔的热闹。作者在第 4 自然段又是怎样展现表演者对秦腔的热爱的？

生 1：关键在于秦腔面前人人平等。从文中能知道当地人注重礼节，注重尊卑观念，只有在戏台上，夫妻、父子、公公儿媳等，按照角色的要求参演，可以不顾及平时的身份。

生 2：还体现在排练环境的艰苦、条件的恶劣，要么闷热，蚊虫多；要么透风，严寒受冻。这些细节反衬了他们对秦腔的热爱。

生 3：还有，排练时，有人喝倒彩，有人给演员拿红薯、土豆当夜宵——人们的嬉笑怒骂，表现得很有生气。

生 4：作者甚至捕捉到孩子围着火堆弯腰踢腿的一招一式，一个个细节都在讲述对秦腔的热爱。

师：我们要思考一下，文章用了这么多文字来表现热爱，第 4 自然段与第 5 自然段都没有正面写秦腔的表演，却让我们读得津津有味，这是有原因的。比如在第 4 自然段，动作描写笼统地从"面"上概括，是为了展现热爱；叙事结合评论讲排戏的平等，环境恶劣反衬演员排戏的执着，也是在讲热爱；细节处表现热爱通过孩子的一招一式得到传承。这些都是作者扎实的文学功底的展现。而第 5 自然段运用的则是"繁笔"，丰富文章内容，使得作品表现力更强。同时，也做了对"点"的描摹挖掘，要看戏，却因拥挤而产生言语冲突；因为爱戏，"二杆子"竟然也主动维持秩序。这一切都展现了秦地人民把"热爱"融入了生活！好，我们继续寻找文中还有哪些看戏的奇闻轶事，说说你的领悟与认识。

生 1：我来说！第 7 自然段写新、老两代秦腔迷，老辈的既然没力气挤到戏台前看戏，就找个边边角角的地方，点根香烟，也可以心满意足地听戏；而年轻的爬上高处，美滋滋地享受，不小心摔在人堆里，即使被骂一顿，也毫不在意，更有人入迷到睡一觉忘记回家，以至于深夜进不了家门的地步。这从侧面展现了秦地人民对这秦腔有多少着迷。

生 2：着迷秦腔也会误事，甚至产生悲剧，爷爷带孙子看戏，不小心把花生塞进孙子鼻孔，没办法，只有动手术才能保住性命；相亲时男的因为在戏里扮了个伪兵，灰头土脸的戏码，最终

导致相亲失败。（学生笑）

生3：还有还有，大家看第53页最后，戏散场后，捡到钱，偷到瓜，总有意外惊喜！

师：读到这儿，你觉得这秦腔还仅仅是一场地方戏吗？

生1：就是百姓的生活。

生2：传达了秦人喜怒哀乐的情感。

生3：是精神寄托。

师：心情很好体现在方方面面。文章在浓墨重彩的描摹之后，以议论抒情的方式，表现秦腔的地位——

生：神圣不可动摇。

师：最高级的待客之道——陪同看一场秦腔，同时最尊敬两种人——

生1：一是国家领导人。

生2：一是当地秦腔名角。

师：生活处处见秦腔，美丑善恶、喜怒哀乐、大苦大乐，一切情感、一切寄托非秦腔不可，我们读得最津津乐道的莫过于文章彰显出的这种情绪，生动活泼。大家再读读文章，找找创造这种阅读感受的原因！

（学生沉默）

师：这堂课，我们已经提过很多写法上的特点了，现在需要总结一下，找找你觉得感兴趣的点，谈一谈。

生：我觉得读这篇文章画面感很强。

师：是的，很有生活气息，说说是怎样体现的。

生：排练、盼戏及观众的故事描写不少，并且写得很细致。

师：对，前面说过是繁笔细描，表现生活的情境。

生：此外还有叙议结合及抒情，带领我们……

师：我们是谁？

生：是读者，融入作者的讲述中。

师：好！

生：语言有意思。

师：怎么体现的？

生1：比方说，原文"秦腔是最逞能的，它的艺术的享受，是和拥挤而存在，是靠力气而获得的"，把秦腔人性化，写出了它的艺术特点，作者想表达出一种音乐的享受，还要呈现它的形象化、可视化特点。

生2：有些词土气，比如"脾性""绝了"，观众互骂时提到"猪年""狗年"之类的，还有前面的"关关节节"。

师：地域味浓郁！这篇散文，真切的情感和着乡土气息，时常穿插文化上的地域风情，展露了热情、淳朴、粗犷的民风。文章最后，作者再一次以情感的共鸣，印证了秦地秦腔融入秦地人民血脉，塑造秦地人民性格的意义。最后，希望我们有机会到西北去，亲自感受秦地人民的热

情与秦腔的魅力!

浙江省诸暨市海亮实验中学　沃　野

【专家点评】

这堂课以"品悟真情"作为教学基点,通过课堂讨论完成学习任务,效果是明显的。其有效性体现在以下几点。

首先,沃老师通过将文章与同名小说《秦腔》比较,进行文体辨析,引导学生辨析文体特征,加深对文学作品解读方法的理解,很有新意。课堂以此引出"真情"主题,明确学习任务脉络。学生围绕任务活动积极讨论、对话交流、质疑争辩,初步体悟了文章的情感与主题。

其次,关注学生的学,注重学生有感情地诵读,结合讨论,丰富情感、主动表达、交流感想。在讨论中学,在讨论中质疑,在讨论中解惑,从而理解、接受。课堂将学习重点放在表达方式及作用效果的交流学习中,提升感受及鉴赏能力。学生基本能表达自己的想法,引导效果良好。

第三,课堂架构逐层推进,在探究内容、情感、主题之后,让学生理解语言特色、作品风格。适当穿插体现风俗文化的视频,引发情感共鸣,使学生对秦腔的认识有充分感知,对理解文化内涵、秦地人民精神世界有促进作用。

(杭州市余杭第二高级中学教师、浙江省特级教师、正高级教师　应　健)

34. 满纸"情义"言，一把"辛酸"泪

——《陈情表》课堂教学实录

【课文简析】

李密的《陈情表》作于 267 年。在这篇臣子回呈给帝王的文章中，他呈现了自己在"忠顺帝王"与"尽孝祖母"之间难以抉择的处境，同时字里行间也透露出西晋初期君臣双方的微妙心态，从而折射出一种特殊的时代况味。

在集权时代，君对臣有绝对的控制权，臣对君则只能顺从。司马氏以"下"犯"上"，篡取了政权，有违忠义，故而晋武帝格外强调以"孝"治理天下。这实际上是强调以嫡长子继承制的方式强化长老型统治，强化臣对君的绝对顺从。王朝初立，政局不稳，如何笼络人心，强化皇权控制力，成为非常重要的政治课题。

多次征召李密，以彰显自己用贤之心，是晋武帝笼络人心方案的一次实践。在察举李密为"孝廉""秀才"后，又先后任用他为"郎中"和"太子洗马"。按照汉制，郎中一职仅次于尚书、丞相、侍郎，虽非位高权重，但也与李密在蜀汉时"历职郎署"对等。而后晋武帝考虑到李密在蜀汉时的身份与内心感受，又授予其"太子洗马"一职。尽管侍奉东宫荣誉大于实权，却展现了帝王足够的耐心和诚意。但多次征召，都被李密以祖母"供养无主"的理由推辞。在这种情形下，晋武帝对李密的诚意难免会转成怀疑与猜忌，文中"切峻""责""逼迫""急于星火"等词语，正体现了皇帝的严厉与恼怒。

《陈情表》从祖孙相依为命的往事写起，集中陈述"诏书切峻"和"刘病日笃"的矛盾，以诚恳的言辞，请求皇帝允许自己先孝后忠，暂不奉诏。全文情真意切，不加渲染而自能动人。要反复诵读，体会文中的感情；还要理解作者是怎样以孝道贯串全文，既以情感人，又以理服人的。可以结合作者身份和文章写作背景，进一步思考作者为何坚持不入朝为官，体会这篇文章表达上的委婉与得体。

全文语言表达切合身份，恭敬而得体，这得益于作者恰当地使用一些表达敬意和自谦的词语，如"伏惟""蒙""谨"等。

【教学目标】

本课时的教学目标如下：

(1)品味作者在叙述中蕴含的真切情感，理解"忠""孝"的含义；

(2)真正理解作为西晋初期力图有所作为的知识分子，如何在残酷的政治生态中找到一丝

273

喘息的机会。

【设计阐释】

选择性必修下册第三单元总体要求强调："'心生而言立,言立而文明。'(《文心雕龙·原道》)古人将自己的人生感悟、事理思考、情感体验等诉诸笔端,留下了许多佳作名篇。诵读这些作品,触摸民族文化血脉,可以增进我们对中华优秀传统文化的理解。"言下之意是让学生从选文中体验悲喜,产生共鸣,真正理解"尊奉孝道,眷恋家园,是我们中华民族重要的文化基因"。

古人云:"读李令伯《陈情表》而不堕泪者,其人必不孝。"这句经典的评价之所以能够和《陈情表》一起传之不朽,是因为它形象地说明了《陈情表》以"孝"动人的特点,"堕泪"与否并不重要,和孝与"不孝"也并没有太大关系。但是这句话流传甚广,而《陈情表》也因为其"孝道"的主题被后世的统治者和道学家反复推崇,就使得后世对《陈情表》的理解走向表面和单一,认为《陈情表》就是一篇单纯宣扬"孝道"的作品,而忽略了其中更加丰富的历史、政治和人性的内涵。

《陈情表》的内容围绕着"孝道"展开,从字面上看是这样的,但是如果我们探究一下"孝道"背后的目的和动机,以及在前前后后整个过程中李密和司马炎的表现,我们就会发现,作品的内涵远非"孝道"这么简单。《陈情表》的产生具有极其复杂的时代和社会背景,"孝道"的背后隐藏着政治利益的斗争与交换。李密与晋武帝之间,就像两个武林高手,斗智斗勇,见招拆招,忠诚与背叛,新朝与旧臣,博弈与和解,敌视与默契……围绕着《陈情表》上演了一出波澜壮阔、荡气回肠的大戏。

本课试从"交际语境"及"作者身份法"的视角去解读《陈情表》,以"满纸'情义'言,一把'辛酸'泪"为主题,让学生去体会李密的写作目的是让皇帝答应自己"先尽孝,后尽忠"的请求,以及为了要达到这一目的,李密必须综合考虑自己的身份、司马炎的身份、要选择的文体、要采用的语言。

【课堂实录】

(说明:《陈情表》计划上两个课时,本实录为第二课时的教学过程。)

师:1700年前,魏晋时局动荡。魏灭蜀国之后,司马炎篡位,魏国灭亡。晋武帝为了巩固自己的地位,他大量征召蜀汉旧臣。西蜀名士李密走进了他的视野。李密有年迈的祖母,无法脱身。一面是至高无上的皇帝,一面是至亲的祖母,在这人生的关键时刻,他做出了怎样的选择呢? 让我们穿越历史,回到晋朝,走进李密和他的《陈情表》。

[板书:陈情表 李密]

师:先让我们看看课文标题《陈情表》,这里的"陈情"是什么意思?

生1:陈述自己的感情。

生2:陈述事情的理由。

师:那么"表"呢?

生：是一种文体。

PPT出示：

文体拓展

我国古代臣子写给君王的呈文有各种不同的名称，战国时期称"书"，秦初改"书"为"奏"。汉代，呈文被分成四个小类，即"章""奏""表""议"。

章以谢恩，奏以按劾，表以陈情，议以执异。（刘勰《文心雕龙·章表》）

师："表"是中国古代臣子向帝王上书陈情言事的一种特殊文体，是封建社会臣下对皇帝有所陈述、请求、建议时用的一种文体。表的主要作用就是表达臣子对君主的忠诚和请求，"动之以情"也可以说是这种文体的一个基本特征。

师：请大家注意注音和句读。（教师伴随如泣如诉的音乐朗诵课文）

PPT出示：

初读感知

你落泪了吗？

师：古人说："读《陈情表》不下泪者，其人必不孝。"刚才听读课文时，不知道你是什么感受，有没有落泪，反正我是动情了。（俏皮）

（学生笑）

PPT出示：

读《出师表》不下泪者，其人必不忠；

读《陈情表》不下泪者，其人必不孝；

读《祭十二郎文》不下泪者，其人必不友。

师：好，言归正传。既然是"陈情"，应该有"陈情"的背景，有"陈情"的目的。我们大家可以围绕着这些问题展开讨论——

PPT出示：

深入探究

谁要陈情？

向谁陈情？

所陈何情？

如何陈情？

结果如何？

师：来，我们看看，文章中谁要陈情呀？

生（七嘴八舌）：那还用说吗，当然是李密了。

师：好，聪明。那李密又是谁呀？他是什么样的身份？有什么特点？

生：孝顺的孩子。

师：孝顺的孩子，总是让大人喜欢。（摸摸学生的头）你们是从文章哪些地方感受到的？

（学生纷纷找出令自己感动的，写祖孙之情的句子）

生：蜀汉的旧臣。

师：不妙，难道你不想跟我合作？这样的身份会不会令皇帝猜疑？李密是如何做的？

生：李密在写作的时候把蜀国贬斥为"伪朝"，以减轻这个身份对自己的影响。同时，李密还说自己是晋朝的"忠臣"。

师：的确，李密在文中 26 次自称为"臣"，委婉地表示自己对新朝的臣服，不信，你们数数看。当然除了从文本中了解李密，我们也可以看看后人给其做的传记。

PPT 出示：

李密传

李密，字令伯，犍为武阳人也，一名虔。父早亡，母何氏改醮。密时年数岁，感恋弥至，烝烝之性，遂以成疾。祖母刘氏，躬自抚养，密奉事以孝谨闻。刘氏有疾，则涕泣侧息，未尝解衣，饮膳汤药必先尝后进。有暇则讲学忘疲，而师事谯周，周门人方之游、夏。

少仕蜀，为郎。数使吴，有才辩，吴人称之。蜀平，泰始初，诏征为太子洗马。密以祖母年高，无人奉养，遂不应命。乃上疏《陈情表》。后刘终，服阕，复以洗马征至洛。司空张华问之曰："安乐公何如？"密曰："可次齐桓。"华问其故，对曰："齐桓得管仲而霸，用竖刁而虫流。安乐公得诸葛亮而抗魏，任黄皓而丧国，是知成败一也。"次问："孔明言教何碎？"密曰："昔舜、禹、皋陶相与语，故得简雅；《大诰》与凡人言，宜碎。孔明与言者无己敌，言教是以碎耳。"华善之。

出为温令，而憎疾从事，尝与人书曰："庆父不死，鲁难未已。"从事白其书司隶，司隶以密在县清慎，弗之劾也。密有才能，常望内转，而朝廷无援，乃迁汉中太守，自以失分怀怨。及赐饯东堂，诏密令赋诗，末章曰："人亦有言，有因有缘。官无中人，不如归田。明明在上，斯语岂然！"武帝忿之，于是都官从事奏免密官。后卒于家。

师：传记突出了李密的孝与智，最后部分还能看出他后来出仕晋朝的不如意呢！那么千方百计要让人出山，任用之后又不重用他的人是谁？此人是出于什么样的目的呢？

生：晋武帝司马炎。高贵尊崇，九五至尊！

师：作为皇帝，的确身份高贵，然而他的帝位来得却多少显得不那么理直气壮呵。

PPT 出示：

晋武帝司马炎

司马炎，晋朝开国皇帝（266—290 年在位），晋宣帝司马懿之孙，晋文帝司马昭嫡长子，晋元帝司马睿的嗣父（堂伯）。公元 265 年，逼迫魏元帝曹奂禅位，建立晋朝，建都洛阳，年号泰始。

为了尽早地使国家从动乱不安的环境中摆脱出来，司马炎革新政治，振兴经济，厉行节俭，推行法治，颁行户调式，促进人口增殖，整个社会呈现繁荣景象，史称"太康之治"。

咸宁五年（279），命令杜预、王濬发动"晋灭吴之战"，实现全国统一。此后，司马炎逐渐怠惰政事，荒淫无度。他为了巩固皇权而大封宗室，使得诸王统率兵马各据一方。然而，在晋武帝死后，诸王为争夺中央权力，内讧不已，形成 16 年的内战，史称"八王之乱"。

生：的确不怎么光彩，从某种角度来说，都可以算是乱臣贼子啦，还好篡位成功了！

（讨论交流约 8 分钟结束）

[板书：李密——晋武帝　蜀汉旧臣　名义上君臣　新晋皇帝]

师:李密是亡国之臣,若不应诏,会被认为怀念蜀国,对晋不满,招来杀身之祸;若应诏,又有96岁高龄的祖母卧病在床,无人照料,处于两难境地。于是李密写了此表,陈述这种实情。那同学们再细读全文,将全文各段分别做一概括,从内容、效果、手法角度拟写出结构导图并分享。

(学生先根据小组讨论情况和自己的阅读认识,画出自己的导图并展示,其他同学给予评点)

PPT 出示:

结构导图

先陈孝情 —— 博得同情　动之以情

复陈苦情 —— 打动真情

再释疑虑 —— 消除隔阂　晓之以理

后陈忠情 —— 折中示好　诱之以利

师:李密要采用说服的语言。要说服人,无非是三个角度:诱之以利、晓之以理、动之以情。但是,先说哪个,再说哪个,可能效果大为不同,你能理解李密这样安排顺序的用意吗?

[板书:动之以情　晓之以理　诱之以利]

生:祖母快要去世这句话不能先讲。太强调实用价值,就失去了情感价值,是假孝。"以孝治天下"的大道理同样不能先讲。否则,好像是在教训皇帝甚至威胁皇帝。因此,先言情,再说理,最后言利。这样,就能把实用价值隐藏在情感价值里面。(学生鼓掌)

师:文章写完了,我们也读完了。设想一下,如果你是皇帝,看完文章会不会同意李密辞官,在家奉养祖母?

生1:我不同意,理由有二:李密可以让亲人或仆人照顾祖母;二是李密可以一边做官一边照顾祖母,因为在蜀任职时祖母也年事已高了。

生2:我同意。因为"百善孝为先",如果李密都不能尽孝,又怎么能够去尽忠。

师:这位"女皇帝"看来是文章一开头就被感动了,后面的内容就不用看了。这样说来,我可以将你和晋武帝归为同类,之所以如此,是因为武帝也极为感动哩!

PPT 出示:

武帝览之,曰:"密不空有名也!"嘉其诚款(忠诚、真诚),赐奴婢二人。下郡县供其祖母奉膳。(《华阳国志·后贤传》)

生:(急忙否定)我可跟武帝不是同类,他那么阴险、狡诈、凶残!

师:那有着这样品性的国君,手中握有生杀大权,怎么就同意李密的请求了呢?我不理解,要不我们大家来讨论看看?

PPT 出示:

问题1:晋武帝为什么要这样重用李密?

问题2:面对西晋王朝的多次征召,李密为什么一再陈情,辞不就职?真正原因是不是要尽孝?他的"孝"是不是一个借口?有人说是由于他热爱蜀汉,不愿为晋效劳;有人说是由于晋朝政局未稳定,故采取观望态度。你怎么看?

（学生讨论，教师也参与其中，随后总结归纳出学生的看法）

PPT出示：

第一，当时东吴尚据江左，为了减少灭吴的阻力，收拢东吴民心，晋武帝对亡国之臣实行怀柔政策，以显示其宽厚之胸怀。而李密是个有一定影响的政治人物。他曾在蜀汉担任过尚书郎的官职，并且多次出使东吴，能言善辩，受到孙权的赏识。征召李密出仕，既可笼络、安抚蜀汉旧臣，又可吸引东吴官员归心于晋，减少以后征吴的阻力。

第二，李密当时以孝闻名于世，据《晋书》本传记载，李密奉事祖母刘氏"以孝谨闻，刘氏有疾，则涕泣侧息，未尝解衣，饮膳汤药，必先尝后进"。晋武帝承继汉代以来以孝治天下的策略，实行孝道，以显示自己清正廉明，同时也用孝来维持君臣关系，维持社会的安定秩序。正因如此，李密屡被征召。李密则向晋武帝上表"辞不就职"。

第三，李密是个学识渊博的学者。他少时曾拜当时的名儒谯周为师，博览五经，在儒林中有一定的影响。

①有留恋蜀汉的因素。他曾说刘禅"可次齐桓"。

②看重名节。自己所在的蜀国新亡，怎么能马上到晋国去当官？在道理上说不过去，在情感上转不过弯。何况"司马昭之心，路人皆知"，司马氏篡权，名声有损；爱惜名节的李密，岂肯应召出仕？

③奉养祖母。从李密的行止看，他对祖母确实孝顺，以孝辞命并不止在晋朝。他在蜀汉时就"事祖母以孝闻，其侍疾则泣涕息，日夜不解带，膳饮汤药，必过目尝口。本郡礼命，不应"。在获免出仕后，他在家一直侍奉祖母以终其天年，直到祖母去世，"服阕，复以洗马征至洛"。事亲理由，确实不虚。

④现实顾虑。西晋初年，政局暗流涌动，以缺乏根基的亡国旧臣身份贸然投身其间，包含很大风险。从后来李密在西晋出仕的经历看，虽名誉甚高，"贵势之家惮其公直"，却也在仕途上受到不少打压，很不得志，这也说明他的现实顾虑是有事实依据的。

生：我感受到晋武帝的无奈了，他被架在道德的高地上，骑虎难下啦，不得不同意！

师：这位同学真厉害，你算是一语道破天机！李密写的这篇《陈情表》写不好可真是要掉脑袋滴，这真是：满纸"情义"言，一把"辛酸"泪！

（教师布置课后作业）

情境和任务：最近，有个新鲜词在家长圈里流行了起来——"鸡娃"，什么叫"鸡娃"？就是给孩子打鸡血，"虎爸""狼妈"们为了孩子能好好读书，不断给孩子安排学习和活动，报各种补习班，生怕自家孩子落后别人一步。被父母各种紧节奏安排的孩子被称为"鸡娃"。

作为新时代的一位学生，假如你不幸是"鸡娃"，读了以上材料，有何感受和思考？请给家长（父亲或者母亲）写一封信，表达你的意见和请求，字数不少于600。

师：下课！同学们再见！

浙江省衢州第二中学　徐成辉

【专家点评】

本课的创新点是基于交际语境及"作者身份法"的理论去解读文本。这两种理论不但适用于《陈情表》的解读，还适用于其他相似文本的解读。当然，运用这两种理论去解读文本，对教师的要求很高：第一，教师要熟悉交际语境理论；第二，教师要熟悉"作者身份法"理论；第三，教师要熟悉解读的文本，要反复阅读文本，用理论去思考文本。整个教学过程中，徐老师目标明确，设计合理，层层深入。

首先在于老师对问题设计的正确把握。从整堂课来看，这堂课设计的核心是"陈情"两字，用两个字统揽全局。一堂课问题的设计不应该过多，正确的做法是有主问题，主问题能统领整堂课，能引导学生去思考发现更多的问题。授课老师围绕着"陈情"两字设计了"谁要陈情？""向谁陈情？""所陈何情？""如何陈情？""结果如何？"等问题，围绕着交际语境及作者身份进行由浅入深的研究体会。这一系列问题跳出了一般的设计，抓住了文本的"牛鼻子"，激发了学生研习探究的兴趣。

其次，师生课堂互动良好，氛围融洽。教师关注学生的学习，注重留时间给学生，激发其内省体察。整堂课的教学，无论是启发学生思考，还是组织学生研习讨论，始终坚持学生自主探究。教师善于创设情境，让学生设身处地，回到历史现实中去思考问题，这既切合整体设计中关于交际语境的理论，也让学生在历史现实的矛盾中感同身受。

总之，整堂课既完成了单元教学的目标——摸民族文化血脉，又可以增进我们对中华优秀传统文化的理解，让学生从心底遵奉孝道，眷恋家园，能传承中华民族重要的文化基因。但又不仅仅停留在这一层面上，而是真正感受到李密那个时代的知识分子共同所处的生存处境。课堂深入浅出，最后以情境写作的方式，将所学内容运用到实处，完成学生语言的建构。

（杭州市余杭第二高级中学教师、浙江省特级教师、正高级教师　应　健）

35.直寻本真　悲不自胜

——《项脊轩志》课堂教学实录

【课文简析】

《项脊轩志》是明代文学家归有光的散文名篇。全文以作者青少年时代读书的书斋——项脊轩为绾合全篇思想感情的纽结,"借一阁以寄三世之遗迹",寄托深沉的身世之感和思亲之情。全文取材于生活琐事,内容又分属三代人,但作者善于选取典型细节,以含蓄凝练的写作风格,简练地刻画人物形象,呈现家族兴衰气象,在看似平静的叙述中流露出内敛节制的情感,读来平实紧凑,没有丝毫琐碎矫饰之感。这种写作风格,对明中叶那个流行反映海晏河清的庙堂文化和歌功颂德的宫廷风致的文坛来说,无疑是一股难得的清流。

钟嵘在《诗品》中说:"观古今胜语,多非补假,皆由直寻。"意思是古今优秀的文章,大多不是引经据典来粉饰文采,而是借由真切感受,自然地抒发情感。钟嵘的这一"直寻说"是对《项脊轩志》语言风格一个极贴切的注脚。细读全篇数百文字,完全不张声势,不事渲染,只平常叙述,却传神到位地使人物毕肖,情溢纸面,更令作者对亲人的伤逝和家族衰败的哀痛之情虽历经千年,仍能感人于肺腑之间。

【教学目标】

本课时的教学目标如下:

(1)把握课文的思想感情及其承载的慎终追远、修身齐家的文化观念;

(2)体会自然质朴、言近旨远,于平静中见至深的语言风格;

(3)培养从细节处挖掘文章内蕴的能力,提高鉴赏与表达的水平。

【设计阐释】

选择性必修下册第三单元共选取了从魏晋到明代的六篇经典散文,这些散文都具有深厚的文化内涵,从不同方面体现出中国人的传统文化观念:《陈情表》所重的"孝",是中国文化中非常重要的价值标准;《兰亭集序》重"进",体现了魏晋文士中积极进取群体的处世之道;《归去来兮辞并序》重"退",表现魏晋隐逸之风的精髓;《种树郭橐驼传》针砭时弊,体现了文人的"求仁"之道;《石钟山记》则体现了士大夫"求实""求理"的文化追求。由此可见,《项脊轩志》编入本单元也不仅仅是表现作者对亲人的怀念之情,背后还蕴含着中国传统文化观念中重要的"兴家"的思想。该主题直承《陈情表》的家庭意识,又在其"崇孝"的基础上进一步突出家族意识。

此外,《项脊轩志》以书斋入笔,书斋情结不仅贯穿了归有光的一生,透过书斋,我们还能够认识和领略古代文人学者的风采、情操及处世立身之道,窥探一个时代的文化特征。以主任务"传统文化观念"为着眼点深入,让学生认识其中深刻的家庭、社会、伦理、文化等内涵是非常有必要的。

文章不采用任何华丽的辞藻来做恣意渲染,只用明净、流畅的语言,平静而不露声色地叙写往事,字里行间却渗透着作者深沉的情感波澜。加之作者善于剪裁,撷取典型细节或语言,使所写内容,看似平淡无奇,却能以简驭繁,情见乎辞,显示出作者对生活真切深刻的感受和精于提炼摹写的功力。这样的文章也是培植学生鉴赏、写作能力的一方沃土,所以,需要设计以课文为基础,进行文本细读、挖掘、思考与提炼的教学目标。

【课堂实录】

(说明:《项脊轩志》计划上三个课时,第一课时为字词句疏通,第二课时为"三世之情"内涵解读,第三课时为"阁中见变迁"的家族兴衰内涵解读。本实录为第二课时的教学过程)

师:同学们好! 通过昨天的字词句疏通,我们了解到,"项脊轩志"中的"志",是"记"的意思,它是古代记叙事物、抒发感情的一种文体。那么,归有光在文中具体记叙了什么?

生(抢答):记叙了项脊轩。

(学生笑)

师(笑):这个答案确实是很符合题目要求的。那还记叙别的了吗?

生:还记叙了一个老妪。

师:什么身份的老妪?

生:"妪,先大母婢也。"

师:记叙了老妪的什么事?

生(语塞):记叙了她和"我"说的一些话。

(学生笑)

师:什么内容的话?

生:"我"的母亲的一些事。

师:请你确定一下,这里记叙的主要是老妪,还是"我"的母亲?

生(稍作停顿):"我"的母亲。

师:既然记叙的是"我"的母亲,那么,老妪的作用是什么?

生:引出记叙主体。

师:很好! 现在请大家朗读一下记叙母亲的相关文句。

生(齐读):"室西连于中闺,先妣尝一至……吾从板外相为应答。"

师:概括一下,记叙了母亲哪些事?

生:关心"我"姐姐的事。

师:具体地说呢?

生:姐姐晚上哭的时候,母亲问老妪,孩子冷不冷,饿不饿。

师：嗯，是个关心孩子的母亲。你们同意吗？

（学生有些漠然）

师：作者是怎样表达对母亲的感情的？

生："余泣，妪亦泣。"

师：寥寥数语，作者把自己给写哭了，但好像并没有感动你们嘛。说说你们真实的想法。

生1：孩子哭了，做娘的只是"以指叩门扉"，询问保姆两个问题而已，都没有过去看看，似乎不太称职。

生2：怎么只写母亲关心姐姐，而没写关心"我"的事？

师：这两个问题确实需要深究。这样吧，我出示一下归有光的年谱表，你们看看会不会有启发。

PPT 出示：

> 先妣周孺人，弘治元年二月二十一日生。年十六来归。逾年，生女淑静，淑静者，大姊也；期而生有光；又期而生女、子，殇一人，期而不育者一人；又逾年，生有尚，妊十二月；逾年，生淑顺；一岁，又生有功。有功之生也，孺人比乳他子加健。
>
> ——《先妣事略》

时 间	年 龄	主要事迹
1506 年	1 岁	出生
1513 年	8 岁	母亲周孺人去世
1523 年	18 岁	作《项脊轩志》前 4 段
1525 年	20 岁	童子试第一名中秀才
1528 年	23 岁	娶妻魏氏
1533 年	28 岁	妻子魏氏去世
1536—1540 年	31～35 岁	补写《项脊轩志》后两段
1540 年	35 岁	中举人。徙居嘉定读书、讲学
1565 年	60 岁	中进士。任湖州府长兴县令
1568 年	63 岁	任顺德府通判（管粮运、水利）
1570 年	65 岁	任南京太仆寺丞（管皇家车马）
1571 年	66 岁	去世

（学生看后，进行思考讨论）

生：从《先妣事略》里看，母亲婚后每年都生孩子，课文里描写姐姐晚上哭了，母亲没有亲自过去看望，可能当时是正怀着孕或者是刚生完孩子。

师：很好！第二个问题怎么解释？为什么只写关心姐姐，而没写母亲关心"我"的内容？

生：生完有光，一年后母亲又生了一个女孩，没时间关心"我"。

师：注意，这里"又期而生女、子"，不是生了一个女孩，是生了一个女孩和一个男孩，就是一对龙凤胎。"殇一人"，是说一个出生就死了，"期而不育者一人"，是说一年后另一个也没能养活。

师：如果从这个资料中，大家看出是因为母亲忙于生养孩子，没时间关心"我"。那我再出示一个资料，大家再看看。

PPT 出示：

> 有光七岁，与从兄有嘉入学。每阴风细雨，从兄辄留。有光意恋恋，不得留也。孺人中夜觉寝，促有光暗诵《孝经》，即熟读，无一字龃龉，乃喜。
>
> ——《先妣事略》

师：这个材料，你们能看出母亲对"我"的关心吗？

生：母亲对我的关心主要是在学习上。

师：学习上怎样的关心？

生：在学习上对"我"严格要求，不允许因为天气不好而请假，也会在半夜督促我背书。

师：是的，虽然母亲为多子所累，但没有放松对"我"学业上的要求，这是一种严母之爱。大家细看课文，其实老妪回忆的第一件事并非是母亲对姐姐的关心，请大家朗读相关语句。

生（齐读）："妪每谓余曰：某所，而母立于兹。"

师：某所，是什么地方？

生：项脊轩。

师：立于兹，是什么意思？

生：站在这里。

师：站在哪里？

（学生沉默）

师：如果我们设身处地想象一下归有光当时和老妪对话的场景呢？老妪会是在怎样的情景下说出这一句"而母立于兹"？

生（顿悟）：老妪是指着项脊轩的某个地方。

师：对，这是当事人才能说得清的地方。

师：问题又来了，母亲站过的某处地方，也那么有回忆价值吗？

生（小声补充）：还只来了一次。

（学生笑）

师：母亲为什么不多去项脊轩走走看看？

（学生沉默）

师：大家看，老妪最早的身份是什么？

生：祖母的婢女。

师：后来呢？

生：乳二世。哺育两代人。

师：哪两代人？

生：归有光的父亲和归有光这两代人。

师：那么，这位老妪需要承担的府邸中的大小杂事肯定不少，还要应主人要求随叫随到，她的住所应该是靠近主人房间的吧？

生：是的。"室西连于中闺"。

师：大家找得很快呀！这里的"室"是哪里？

生：项脊轩吧。

师：为什么？

生："家有老妪，尝居于此。"

师：对。那么这里就引出了一个新的问题，项脊轩原先的功用不是书房，而是什么？

生：仆人的房间。

师：归家是当时的大户人家，古代的大家族有很多主仆等级的规矩，比如仆人的房间只有妾室和通房丫鬟才能进来，而正妻是一家的门面，进这等地方是对正妻的玷污。所以，母亲不进老妪的房间很可能是遵循当时的等级规范。同样，照顾孩子也是下人的工作，母亲本就无须惦念，但出于浓浓的母爱，母亲还是"以指叩门扉"，询问孩子是不是饿了，或是冷了。

（学生顿悟）

生：但是母亲还是到过下人的房间一次，"先妣尝一至"。

师：对，按规矩不能进，但母亲还是来过一次。女主人这一次到访可以用什么词来形容呢？

生：屈尊。

（学生笑）

师：母亲那一次造访，可能是来看孩子，也可能是来慰问老妪，无论是什么原因，那一次造访足以看出母亲的平易近人，也足以感动老妪，所以在事隔多年后，这件小事还深深地烙在她的脑海里，成为美好的记忆。

师：那么，我们总结一下，以上对母亲的这些描写，属于什么描写？

生：细节描写。

师：根据这些细节，可以看出母亲是个怎样的形象？

生1：慈爱。

生2：平易近人。

生3：对孩子严格要求。

师：大家说得都对，让我们再来细看前面这张年谱表，这位母亲是什么时候去世的？

生：归有光8岁的时候。

师：对于一个8岁就失去母亲的孩子来说，他对母亲的记忆会是怎样的？

生：比较淡的。

师：所以回忆母亲，必须要借由老妪之口引发。老妪在此既是讲述人，又是母亲形象的侧面衬托者。那么,同学们,作者在回忆完母亲之后,流露出怎样的感情?

生:泣。"余泣,妪亦泣。"

师:泣,是小声哭,像是小声啜泣,或是默默流泪的状态。自母亲去世后,陪伴归有光的是谁?

生:他的祖母。

师:现在我们来探究回忆祖母的片段。请大家朗读与此相关的语句。

生(齐声朗读):"余自束发,……,他日汝当用之!"

师:"吾儿,久不见若影,何竟日默默在此,大类女郎也?"当祖母说这句话的时候,她想表达一种怎样的情感?

生:爱怜。她觉得孙子读书太辛苦。

师:辛苦得变成一个女孩子了?

(学生笑)

生:不是。男孩子应该是奔跑玩耍的,而归有光整日待在书房,好像女孩子一样安静学习,祖母觉得他读书辛苦。

师:很有切身感受呀。

生:我觉得是欣慰。

师:为什么?

生:如果我能整天读书,我妈一定很欣慰。

(学生笑)

师:那祖母到底希不希望归有光读书呢?

生(齐声):希望。

师:从哪里能看出来?

生:希望归有光将来学成做官。

师:请朗读一下相关文句。

生:"顷之,持一象笏至,曰:'此吾祖太常公宣德间执此以朝,他日汝当用之!'"

师:看来,祖母是希望归有光能像先祖一样做高官。通向高官之位的最好途径是什么?

生:科举考试。

师:还有什么地方可以看出祖母对归有光的期望呢?

生:"吾家读书久不效,儿之成,则可待乎!"

师:是的,这里祖母的意思表达得更为直接。所以祖母对归有光日日在书房学习应该是感到什么?

生1:高兴。

生2:欣慰。

师:是的,但刚刚有同学说到的爱怜、心疼的情感也是有的,毕竟读书是很辛苦的。祖母对孙儿的期许,古今一也。

(学生笑)

师:作者写祖母有用到细节描写吗?

(学生沉默)

生:应该有,但我觉得更多的还是对祖母的语言描写。

师:是有一处,你们再仔细找找。

(学生寻找良久无果)

师:看看这句"比去,以手阖门"。

(学生哗然)

生:这句吗? 为什么?

师:"以手阖门",什么意思?

生:用手关门。

师:谁不是用手关门呢? 直接说关门不就好了,为什么要加上"用手"? 比如,你说,我去看望一个朋友,看到他正在用嘴吃饭。

(学生哄然大笑)

师:为什么笑?

(学生继续笑)

生:大家都是用嘴吃饭的,直接说"他正在吃饭"就可以了。

师:对了,这里作者说祖母离开的时候,是"用手关门",这应该不是归有光在说废话,而是有其他含义吧?

(学生沉默)

师:这个问题有点难,那我们一步步来推进。祖母走出项脊轩后就没再来了吗?

生:不是,"顷之,持一象笏至"。

师:"顷之",是多长时间?

生:一会儿,不久。

师:祖母离开项脊轩去干什么?

生:拿象笏。

师:既然祖母只是去拿个象笏,速去速回,那么是否有关门的必要? 你们平时有这个习惯吗?

生:冬天风大,不关门,会吹乱东西。

师:归有光写的是冬天风大的时候吗?

生 1:文中没依据。

生 2:可能祖母有随手关门的习惯。

(学生笑)

师:不能排除这个可能,但是我们要知道,好文章是需要精当选材的,所写的材料必须要符合主题的需要。如果"以手阖门"仅是祖母的日常习惯,那归有光写出来是为了赞美祖母习惯好吗? 请你们再仔细思考一下。

(学生沉默)

师:还是翻阅课文,试着从课文中寻找答案吧。你们看看,项脊轩的位置在哪里?

生:"室西连于中闺"。

师:和主卧连在一起。还有介绍它位置的句子吗?

生:"轩东,故尝为厨"。

师:对,东边是个厨房。请你继续读后面那一句。

生:"人往,从轩前过。"

师:这句说明了什么?

生:项脊轩前人来人往。

师:除了人来人往,还可能有什么声音?

生:爆炒的声音。

(学生笑)

师:对,厨房里的声音可不仅是爆炒,或许还有剁肉声,还会飘出各种饭菜的香味。这些对静心读书来说,可都是干扰啊。

生:我知道了,祖母关门是为了减少对"我"读书的干扰。

师:开窍了。再找找能印证我们刚才推测的句子。

生:"余扃牖而居,久之,能以足音辨人。"

师:很好!"我"平时就是关着窗在里面读书的,这就是抗干扰的方式。祖母关门是为了减少对"我"读书的干扰,可是祖母只出去一会儿就回来了,即使不关门,也不会有什么大的干扰吧?

生:那是祖母连一会儿都不舍得干扰"我"读书。

师:关门问题解决了。那"以手阖门"这里为什么要强调"以手"呢?

(学生沉默)

师:回答不了吗?那我们反向推导一下。如果是"以脚阖门"呢?

(学生笑)

生:粗鲁。

师:不仅是粗鲁,这样关门会怎样?

生:会发出很大的声音。

师:祖母关门就是为了避免对"我"读书产生干扰,所以她一定不会允许自己发出很大的声音的。

生:是的。我想,"以手"是用手轻轻地,祖母是想尽量轻一点,不浪费孙子一分一秒的读书时间。

师:说得太好了!"以手阖门"这个细节,就是为了突出祖母对"我"读书的重视。这样的话,你们想,祖母的形象和谁有了相通之处?

生:母亲。

师:找到共同点了,母亲和祖母都在学业上对"我"严格要求。不同的是,母亲更加严格,而祖母是对我满含期待,更慈祥温和一点。

师:她们为什么对"我"的读书那么重视?请用课文中的语句回答我。

生:"吾家读书久不效"。

师:不效,没产生效果。没产生什么效果?

生:通过科举考试再做官。

师:归有光是否达成了祖母的这个愿望?

生:达成了。

(教师再次出示归有光年谱表)

师:请大家看看,归有光到底是在多少岁的时候,实现了祖母对他"儿之成"的期望?

生:60岁!

师:从这张表中,我们看到,归有光是在60岁中进士,并任湖州府长兴县令的,但是还是不能像他的先祖那样执象笏与皇帝当面对话。归有光60岁时,他的祖母还在世吗?

生:应该不在了。

师:就是说祖母生前没能看到孙儿学有所成,并且归有光终其一生也没能实现祖母的期许。如果你是归有光,你是什么心情?

生1:惭愧。

生2:遗憾。

生3:伤痛。

师:归有光是如何表达他的感情的? 请朗读相关语句。

生:"瞻顾遗迹,如在昨日,令人长号不自禁。"

师:请大家找出表达感情的词。

生:长号。

师:号,是大声哭得意思。长号呢?

生:长时间大声哭。

师:长号不自禁呢?

生:长时间大声哭,不能自已。

师:回忆母亲的时候,作者是什么感情?

生:泣。

师:从回忆母亲时的小声哭泣,到回忆祖母时的长时间大声哭泣,难以自已,作者的情感正从节制隐忍变成奔涌喷薄。大家能说说原因吗?

生1:祖母慈爱,母亲严格,怀念祖母时情感更强烈。

生2:祖母寄"我"以厚望,"我"却没能如祖母的愿,因此情感更强烈。

师:是的,还归有光和母亲相处的日子比较短,和祖母相处的时间比较长,祖母的音容笑貌更深刻地印在归有光的脑海里,回忆的时候就更加容易触动其内心。

师:在归有光的生命中,还有第三个女子,那就是他的——

生(齐声):妻子。

师:这是个怎样的妻子?

生1:"时至轩中,从余问古事,或凭几学书。"很好学。

生 2："其后六年,吾妻死。"死得很早。

师:这里还有一句,你们没提到。"吾妻归宁,述诸小妹语曰:'闻姊家有阁子,且何谓阁子也?'"这句话是什么意思?

生:我妻子回娘家省亲的时候,转述小妹的话说:"听说姐姐家有阁子,什么是阁子?"

师:这应该是闺阁姐妹聊天的内容吧?

生:是的。

师:就聊这个?

生:不能,还有别的。

师:那为什么只写这一句?

生:剪裁呗。

师:是的,跟描写祖母的"以手阖门"效果一样。那你们说说,妻子回娘家后转述的这句话说明了什么?

(学生沉默)

生:说明了妻子的娘家没有阁子。

师:她娘家也是大户人家,没有阁子的可能性不大。

生:她娘家是没有用来读书的阁子吧?

师:是的。从前文看,这个项脊轩原先的功用是——

生:仆人的房间。

师:是的,后来才转为归有光的书房。为什么会有这个功能的转变,姐夫在这个阁子里都做些什么,姐姐在这个阁子里干什么……这些都可能是姐妹谈心的内容。这个阁子为什么格外引起妹妹的关注?

生:可能这个阁子姐姐聊得比较多。

师:聊得多,说明什么?

生:说明感兴趣。

师:新婚夫妻应该对婚房感兴趣呀,怎么是对这么个阁子感兴趣?

生:因为归有光一直在那里读书。

师:因为丈夫一直在那里读书,所以妻子去项脊轩的次数也就多了。这说明妻子是个怎样的人?

生:温柔,会追随丈夫的脚步。

师:她还在书房里干什么?

生:"从余问古事,或凭几学书。"妻子很好学。

师:这么好学,妻子也是要去考科举吗?

(学生笑)

生:不考。

师:那她这么用功干什么?

生:对学习感兴趣。

师：我倒是有新的想法。与其说是妻子对学习感兴趣，不如说是对谁感兴趣？

生：对丈夫感兴趣。

（学生笑）

师：对，当然我们这么表达并不妥当。我们可以说是妻子出于对丈夫的——

生1：崇拜吧。

生2：欣赏。

师：是的，妻子向"我"学习，是出于对"我"的崇拜，因为"我"是读书人，同时这种崇拜之情也使她不吝向娘家的妹妹多次倾诉。作为丈夫的归有光对此会有什么感想？

生1：激动。

生2：高兴。

师：妻子崇拜自己，做丈夫的总是高兴的。所以和妻子相处的时光，在妻子陪伴下在项脊轩读书的时光，对归有光来说，也是温馨愉悦的吧，这应该也激励着归有光"好好学习，天天向上"。但这种琴瑟和鸣的日子只持续了短短的六年，妻子亡故，对归有光又是一次打击。请找出文中相关语句，说明归有光对妻子死后感情的抒写。

生：好像没写。

师：写了，仔细找找。

生："吾妻死，室坏不修。"

师："室坏不修"，是一种什么样的情感？

生：没心情修。

师：还有几句，"其后二年，余久卧病无聊，乃使人复葺南阁子，其制稍异于前。然自后余多在外，不常居"。

生：不想再踏进项脊轩了。

师：对。虽然这里没有"泣"，没有"长号"，但是有比哭更深的悲伤，这种悲伤是无言的。在妻子逝去后，项脊轩成了归有光不能踏足的地方，那里存留着太多亲人的记忆，寄托着太多亲人的嘱托，但是亲人已逝，光阴不再，自己却功名未就。深深的失望，深深的愧疚，深深的不舍，笼罩在归有光的心头，让他难于呼吸，他只有离开这个伤心地，才能暂得解脱，所以"然自后余多在外，不常居"。最后以"庭有枇杷树，吾妻死之年所手植也，今已亭亭如盖矣"来表达物是人非的沧桑幻灭之感。

师：同学们，归有光写项脊轩，其实是写他的三位亲人——母亲、祖母和妻子。这三位女性是温柔可亲的，是归有光生命里的光，但是这些光留存的时间太短，从束发至花甲，俯仰一世，追念亲人成了归有光一生的伤痛。可谓是"以一轩寄三世之情"。

师：同学们，归家是当地书宦大家，亲人们又期待归有光学有所成，却安排这么一个窄小简陋的地方给归有光读书，这合理吗？小小的项脊轩又承载着怎样的家族兴衰史呢？课后请大家思考这些问题，并在课文中找到相应的证明，期待下节课与大家继续探讨。下课！

浙江省舟山中学　张　颖

【专家点评】

本堂课将文本细读作为教学抓手,通过设置有效的问题链,在启发引导和讨论研习中完成课堂的教学目标。整个教学过程纲举目张,课堂不枝不蔓,学生思维积极活跃,取得了理想的教学效果。本堂课的亮点主要有以下几点:

一是精准的文本细读。课堂抓住《项脊轩志》的写作特点——以细节见长,以幽情感人。通过文本细读,让学生在语言文字上潜心涵泳,挖掘隐藏在细节中的文学魅力,"字字未宜忽,语语悟其神",培养学生有慧心、好深思的语文思维品质。

二是紧凑的问题链设置。课堂设置了由浅入深的系列问题,启发学生思考探究。比如在分析回忆母亲这部分,课堂生成了一系列问题,层层推进,教师适时补充穿插《先妣事略》等相关引文,让学生从课文的只言片语入手,深入抒情核心,较为全面地理解母亲的形象,并了解古代大家庭的主仆等级文化,进而了解归有光婉曲而不简率的写作风格。

三是合情的语境渗透。这节课善于从生活常识、心理特点出发,在一般形态的文本解读基础上加入"因时因地因对象"的主观因素,使文本细读"穿行"在多重语言之间,唤起学生对文本的解读热情。如在研读祖母"以手阖门"的细节时,将其与"用嘴吃饭"这样的生活语言进行类比,引导学生从自身常识角度去思考祖母此番动作的深意,达到了很好的启发效果。

（杭州市余杭第二高级中学教师、浙江省特级教师、正高级教师　应　健）

36. 着彩生命的底色

——《兰亭集序》课堂教学实录

【课文简析】

《兰亭集序》选自统编高中语文教材选择性必修下册第三单元。这个单元选取魏晋到明代的六篇经典散文,有的以情见长,有的以理取胜,属于"中华传统文化经典研习"任务群。东晋永和九年上巳节,王羲之与谢安、孙绰、支遁等41人,在会稽山阴兰亭聚会,一起饮酒赋诗、畅叙幽情,之后将诗集结成册,由王羲之写成此篇序文。一经写成,首先征服众人的是它的书法,被誉为"天下第一行书",其飘若浮云、矫若惊龙自是不必多说,但其实这篇文章更难能可贵的是它的思想感情,对生命的深刻认识。这是一篇序文,它的基本作用是"序典籍之所以作",但这篇序却有自己的独特之处,已有前人总结:"非止序禊事也,序诗意也。修短死生,皆一时诗意所感,故其言如此。笔情绝俗,高出选体。"以序文抒发作者自己的思想和感悟,语言朴素淡雅,是"疏通圆美,而随所序之事变化"的作品。所以在解读这篇文章时,既要关注"序"的文体特征,又要着重领悟它的精神内涵和文化价值,同时还要兼顾语言结构特色。

一是关注"序"的文体特征。"序",也叫作"叙",或称为"引",是说明书籍著述或出版旨意、编次体例或作者情况等内容的文章,也包括对作家的评论和对有关问题的研究阐明。古代多列于书末,称"跋",也叫作"后序"。二者体例略同,因此合称序跋文。《兰亭集序》一文虽不是典型意义上规范的序文,但在文中也有基本的集会情况概述,应以此为基点,关注"序"的文体特征。

二是体会"序"的灵活性和多样性。《兰亭集序》作为一篇文学作品,不是老套地围绕着"序"的范式去写作,而是以它辞畅韵谐的笔调与深刻清醒的思考熠熠闪光于文学长河之中。全文因事生发,情感由乐转痛再到悲,波澜跌宕,一气呵成。写景时用笔清淡,朴素自然,以写意为主,勾勒出一幅恬淡宽舒、清幽雅致之景;抒情时张弛有度,卷舒自如,既是真情流露,但又不至疏狂,读来亦觉感同身受;议论时则理性客观,深刻清醒,跳出偏颇片面的桎梏,用心叹出热爱生命、积极求索的力量。三者融为一体,互相辅成,成就了《兰亭集序》的独特审美价值与精神内涵,所以探究本文也是一次思维拓展的训练机会。

【教学目标】

本课时的教学目标如下：

(1)通过梳理文章,提升阅读归纳概括能力;

(2)理解作者的情感,感受作者在赏心乐事与生命感慨中思绪的变化及对人生的热爱与眷恋之情。

【设计阐释】

不管是什么文体或主题的文言文,教学设计目标设置上首先要落实的一定是文言的基础知识。文言基础知识的落实和对文本内容的把握在日常教学中可以有几种不同的形式。一种是穿插交融,在预习解惑的基础上,将重点文言知识贯穿在文本解读中;另一种是将文言基础知识落实解决在前,然后再来鉴赏文本。选择何种形式,根据学情不同、文本及知识点难易不同的实际情况而定。在设计《兰亭集序》一文教学时,一方面考虑到这一篇序文是"天下第一行书",王羲之在书法领域造诣不凡,是中国书法史上和文学史上的一颗璀璨明珠,被称为"书圣",知人论世,需要补充相关的知识,结合文言翻译的落实,安排在同一课时;另一方面这篇文章的情感环环相扣,步步生发,一气呵成,是一个整体的过程,因此安排在第二课时,且为本文教学重点。

在设计第二课时教学时,要抓住文章的一条主线,那就是情感的变化,这也是行文线索。笔者关注到文章的写作目的"后之览者,亦将有感于斯文"的前提是"所以兴怀,其致一也",因赏心乐事生发愉悦之情,快乐之余想到人生短暂无常而生悲,但又能从悲痛中沉淀生命的力量,这样的"致"是"一"也,世代历来如此! 一百多年前的曹操感慨"对酒当歌,人生几何! 譬如朝露,去日苦多",又充满了"山不厌高,海不厌深。周公吐哺,天下归心"的抱负理想;八百多年后的苏轼在赤壁之下悲叹曹操"一世之雄而今安在"的同时,那一夜,他的情绪也是由"乐甚"到"愀然",继而"喜而笑",胸怀开阔,豁达乐观。这确如王羲之所说"每览昔人兴感之由,若合一契""后之视今,亦犹今之视昔"。所以在梳理文章时,抓住这一重心,围绕情绪的转变铺开,特别重视背后的原因探究,以期达到最终的理解。除此之外,对王羲之表达出的人生态度进行探讨也是树立学生情感价值观的良好契机,给予他们以感悟、以思考、以启示,以期达到最终的共鸣。

【课堂实录】

(注:本篇文章教学分为两个课时,此实录为第二课时,第一课时主要梳理文言基础知识及介绍"书法""序"的相关知识)

师:昨天的课堂我们疏通了《兰亭集序》的文言知识,也走进了书法家王羲之,领略了他飘若浮云、矫若惊龙的书法造诣;今天,我们要一起走进文学家王羲之,阅读他的文字,感受他的情思,领略从这篇文章中体现出来的王羲之深刻的思考与鲜明的人生态度。昨天给大家布置了两个课后作业,现在就请大家来回答第一个简单的问题:这篇序文的写作目的是什么? 原文有没有说明？

生：应该是最后一句。"故列叙时人，录其所述，虽世殊事异，所以兴怀，其致一也。后之览者，亦将有感于斯文。"

师：其他同学同意吗？

生（齐声）：同意。

师：嗯，这不难明确。谁能用自己的话简单说一下是什么意思？

生：就是虽然世事变迁，但是人们的感受是相同的，把这些记录下来，后人也会有感触。

师：不错，是这个大意，同学们也要注意，如果是翻译，需要更精准一些，字字落实。哪句话是表达感受相同的意思？

生："其致一也。"

师：请你来翻译一下。（指一名学生）

生：他们的思想情致是一致的。

师：这个"致"解释为？

生：意态、情趣。

师：那么"一"呢？

生：一样、一致。

师：这里有一个文言现象，是什么？

生："一"字词类活用，数量词做形容词。

师：很好。思想情致是一致的，那王羲之在文中的思想情感是怎样的？你能否在文中找到表达他情感的关键句子或词语？

（学生讨论）

生：我找到三处，"信可乐也""岂不痛哉""悲夫"。这里有三个表达心情的字，"乐""痛""悲"。这应该就是王羲之当时的情感变化了。

师：的确，这是很明显的情感词。王羲之说："其致一也。"那我们首先要弄明白，他为什么会有这些心情？"乐"因何而生？"痛"由何而来？"悲"缘何而发？我们一起来从文中找寻原因。

[板书："乐"因何而生 "痛"由何而来 "悲"缘何而发]

师：首先来看一看，王羲之为何感觉到乐？

生1：参加聚会很快乐。

生2：跟朋友们一起很快乐。

师：是啊，由彼及己，你们想想自己和朋友一起聚会是不是也很开心？

（学生笑，齐答"开心"）

师：能说得再具体一点吗？这个聚会上哪些事情让王羲之觉得快乐呢？注意这个"信"字，它是什么意思？

生：确实、实在。

师：这是由衷的感慨啊！

（学生讨论）

生：修禊，是古代的民俗，到水边嬉戏，祛除不祥。一边游玩一边又是寓意美好的事情，当然很开心。而且来了很多人，王羲之说是"群贤""少长"，就是老的少的都是贤者，大家志同道合，相谈肯定甚欢。

生：我觉得他们身处的环境非常优美，崇山峻岭，茂林修竹，清流急湍，清幽舒适，富有诗意。天气也好，暮春时节，天朗气清，惠风和畅，让人心情愉悦。

师：你注意到了环境，诗人写春天，一般有什么特点？

生：色彩会比较丰富，比较有生机，比如"日出江花红胜火，春来江水绿如蓝"。

师：王羲之笔下的景与之相比较，有何不同吗？

生：王羲之笔下的景色好像色彩淡雅一些，整体比较简净，不是那么明艳，给人一种清新疏朗的感觉。

师：说得很好，王国维说，"一切景语皆情语"，此景并不是桃红柳绿、草长莺飞，由此可见王羲之高雅脱俗的一面。还有原因吗？

生：流觞曲水好像很有意思，不像我们现在，聚会也离不开手机。

师：你们能想象流觞曲水的情景吗？知道流觞曲水的规则吗？

生：我在电视里看到过，把酒杯放在弯曲的水中顺水漂流，酒杯停在谁的面前，谁就拿起杯子喝下。

师：是的，我去过绍兴兰亭，见过曲水的所在，想想那个画面还真是充满了雅趣。还有别的快乐吗？

生：游目骋怀。不仅可以喝酒，还可以体察万物和宇宙，心情宽舒。

师：同学们说得很具体。我们在必修下册中学过一支曲子，汤显祖的《游园（皂罗袍）》里有一句话："良辰美景奈何天，赏心乐事谁家院？"汤显祖笔下的这两句话带着伤感无奈，但这些事，王羲之他们都具备了：良辰、美景、赏心、乐事。这四个合在一起叫什么呢？

生：完美。（学生笑）

师：叫"四美"，四件美事。三百多年后的王勃在他的传世名作《滕王阁序》中写道："四美具，二难并"。这里的四美就是上面所说的这些，二难指的是贤主和嘉宾。巧了，王勃的那篇文章也是一次盛会诗集的序文。他们跨越几百年，但都感受到了"四美具，二难并"的喜悦。清幽之色、名士相聚、诗酒相和、欢心之事，信可乐也！

［板书：良辰　美景　赏心　乐事］

师：在这样的欢乐之中，为什么王羲之会生出"痛"的情感呢？我们根据刚才分析"乐"的方法，同桌之间讨论梳理一下，尽可能地全面一些。给大家5分钟时间。

（学生讨论，教师巡视指导）

师：作者"痛"由何而来？

生：我们找到三个原因。在第3自然段一开始，作者点出了两种不同的生活状态，"悟言一室之内""放浪形骸之外"，静躁不同，但是不管何种状态，遇到了欣喜的事情，暂时感到欢乐，不知老年即将到来，这是说明人生短暂；接着说"所之既倦，情随事迁"，就是人的情感会不断变化,那就是世事无常了;后面再提到"修短随化,终期于尽",这是说生死无常。

师:这几点的确令人伤感。

生:还有一点,"向之所欣,俯仰之间,已为陈迹"。这句话是在感慨喜欢的事物并不永恒,会消失。

师:往事不再。所以王羲之得出什么结论?

生:"死生亦大矣",死生是一件大事。

师:人生短暂、世事无常、往事不再、生死无常,痛心之情油然而生,同学们能理解体会吗?

生:能。

师:那你们觉得这样由"乐"转"痛"的情感变化合理吗?

生1:应该是合理的,也能理解,乐极生悲。

生2:人生本就喜乐参半,在开心时,想到了这样的时光可能并不长久,想到人生与宇宙相比的渺小短暂、世事无常的变化,心里生出悲凉之情也是正常的。

师:留恋美好事物,感到快然自足,但想到终期于尽,不免感到痛哉!

[板书:人生短暂 世事无常 往事不再 生死无常]

师:情绪到了这里有了比较明显的波动,后面又感到"悲夫",悲和痛是相同的情感吗?"悲"缘何而发呢?

生:悲和痛应该是不一样的,总体感觉来说,痛的情绪是针对当下的,由宴会之乐延伸联想开去而产生;悲的情绪好像更深沉一些,在文中提到三类人——昔人、今人、后人,他们的感受相同,所以这个悲跨度长,是同一种感受。

师:那你们觉得悲是痛的延续吗?

生:好像也有些不同。痛是纯粹的痛,是感性的痛,悲似乎有些理性的思考在里面。

师:你这个发现值得探究,继续说一说。

生:文中说:"固知一死生为虚诞,齐彭殇为妄作。"这句话的意思是,把死和生看成一样的想法是不真实的,把长寿和短命等同起来的说法是虚妄的。这里表明了王羲之的人生态度,还是比较积极的,有一种思考在里面。

师:既然是积极的,为何觉得悲呢?

生:和当时的背景有关。

师:预习得很充分,或者说文学常识积累很好,你来说说。

生:作者生活在东晋时期,人们当时崇尚老庄,大谈玄理,不务实际,不能认真对待人生,显得比较虚无,所以有"一死生""齐彭殇"的想法。这种想法还很流行,王羲之不认同,所以认为这样的说法是"虚诞""妄作",但又不能改变大势,所以感觉"悲"。

师:同学知道为什么当时清谈老庄、玄理的风气很盛吗?这和当时的政治状况分不开。魏晋南北朝,是中国历史上政权更迭最频繁的时期,社会急剧动荡,统治集团内部互相倾轧,残杀现象时有发生。再加之选士制度被氏族掌控,那时候是上品无寒门,下品无士族。士大夫人人自危,普遍崇尚老庄思想,追求清静无为、自由放任的生活,感叹人生无常,在文章中常流露出消极情绪。一时之间,黄老之学在朝堂与江湖都极为盛行。我们回过头来看前文,你们能理解

"取诸怀抱,悟言一室之内"和"因寄所托,放浪形骸之外"这两种状态吗?

生:一种是交谈倾吐心声,一种是狂放不羁、不受拘束。

师:是这样。但谈什么呢?魏晋时期,社会上盛行"清谈"之风。"清谈"是相对于俗事之谈而言的,亦谓之"清言"。当时的士族名流相遇,不谈国事,不言民生,专谈老庄、周易,被称为"清言"。这种"清言"在当时被统治阶级和有文化的人视为高雅之事、风流之举。这种风气影响到文学创作,就出现了"理过其辞,淡乎寡味"的"玄言诗"。反过来,谁要谈及如何治理国家、如何强兵富民、何人政绩显著等事,就被贬讥为专谈俗事,遭到讽刺。另一种放浪形骸之外就有些隐士之风了,他们不满当时统治,选择寄情山水,在生活上不拘礼法,饮酒纵歌,寻求短暂的快乐,以排解心中的苦闷。你们想想,这样的状态持续久了会怎么样?

生1:有些消极,会不切实际,解决不了什么问题。

生2:反而会使社会发展进步变得更慢。

师:你们看问题很理性,虽然这是对个性和精神的自由追求,但一味地逃避、空谈不仅对社会无益,就算是对自身,也难免会产生消极影响,所以"一死生""齐彭殇"就自然而然了。要知道,王羲之其实自身也崇尚老庄的思想,但此时,难道因为有痛苦,就放得过且过吗?知道有死亡,就放弃生命吗?王羲之是这样认为的吗?

生:我认为王羲之也感觉到痛苦,就如前面想到人生短暂无常带来的那些感受是真实的,但是不能因为这些就自暴自弃。生就是生,死就是死,两者是完全不相同的,反而,知道生命短暂无常,更应该好好生活,珍惜当下。

师:说得很好。人们对生命的思考亘古延续,是一种永恒的存在,所以文中说"昔人兴感之由,若合一契",后之视今,亦如今之视昔,可谓"千古同悲"。王勃也在《滕王阁序》中说道:"胜地不常,盛筵难再;兰亭已矣,梓泽丘墟。"但这并不代表一味地沉浸于痛苦之中。罗曼·罗兰也说:"世上只有一种英雄主义,就是在认清了生活真相后依然热爱生活。"跨越国别,他们的观点是一致的。所以你们觉得这里的"悲"怎么翻译比较好?悲观?悲痛?还是——

生:我觉得悲壮、悲叹比较好,因为最终的情感是复杂却积极的。他悲叹岁月的流逝、人生的无常,但直面后的选择又是壮丽之举,想要用现实的努力来对抗人生的虚幻无常,充满了生命的力量。

师:因为有了痛苦,所以珍惜快乐;因为有了痛苦,所以思考生命;因为有了痛苦,所以寄情未来。同学们赞同吗?

生:赞同。

[板书:悲叹生命　热爱生命]

师:最后我们又回到最初的问题,这篇序文的写作目的是"后之览者,亦将有感于斯文",现在你能感受到那相同的情志了吗?

生:王羲之从乐到痛再到悲的情感转变,和大多数人都是相通的,可以说是人之常情,值得我们学习的是他对生命的深刻思考和积极态度,在很多让人感到挫败的时候,要直面难处,积极破解,才会收获有意义的生命价值。

师:你总结得非常好。学习此篇文章,不仅要掌握基础的知识,梳理文章的结构内容,更是要能从中汲取他的高雅脱俗、他的乐观积极,其思接千载,亦能给我们许多启示。今天的课后作业:请你结合文章和自己的思考,谈谈你是怎么看待生和死这一问题的,写一段 300 字的体会。同学们下课!

生:老师再见!

浙江省开化中学　　方　　园

【专家点评】

本节课抓住文章体现出的"乐—痛—悲"这一条线索,着重探究王羲之的情感变化和精神追求,目标清晰,主题突出,效果显现,主要体现在以下几点。

一是设计目标明确。一篇课文可以切入的角度丰富而多样,涉及的学习任务和目标也不止一点。在学习任务群贯彻落实的背景之下,单篇课文应置身于单元群文之中,探究其共性和个性。在制定教学目标和教学设计时,既要考虑到单元的整体,也要考虑到单篇的侧重。《兰亭集序》所在的单元,着重体现了中华传统文化的"情"和"理",兰亭中清幽雅致的景、欢欣愉悦的事都是为了更好地去抒真挚深刻的情。整节课突出了这一重心,设计目标明确。

二是课堂环节相扣。本课从"其致一也"入手,由果溯因,抽丝剥茧,以找到情感共鸣为主任务,然后从乐到痛再到悲,结合三个问题,即"乐"因何而生、"痛"由何而来、"悲"缘何而发,展开探究,思路清晰。课堂并没有太多预设,生成显得水到渠成,环环相扣。学生领悟到王羲之并没有一味沉沦,反而认为"一死生""齐彭殇"是虚诞、妄作,情感一泻千里,行文思路一气呵成。

三是价值引导正确。关于《兰亭集序》这篇文章中王羲之的思想,很多学者看法不同。纵观中国古代文学历史长河,很多的文人学者都有这样的共性,不能用单一的儒者或者道家去界定他们,独特的文化和个人的经历让他们形成了应适于世、进退有据的内心世界。这些知识可以在预习中或者背景链接时让学生去了解思考。在教学中,方老师抓住这篇文章的积极意义去引导学生在思辨的同时树立起积极乐观的价值观,从前人的思悟之中去找寻自我成长的答案,建构起完善的价值取向。

(杭州市余杭第二高级中学教师、浙江省特级教师、正高级教师　　应　　健)

37. 人物传记，寓言说理

——《种树郭橐驼传》课堂教学实录

【课文简析】

柳宗元的《种树郭橐驼传》是名篇。这篇传记是针对当时繁政扰民有感而发的，旨在告诫统治者要按照规律治理百姓，让百姓休养生息。柳宗元是怎样来写这篇文章以达到他的劝诫目的的呢？ 这就是我们接下来要探讨的内容了。

《种树郭橐驼传》是一篇人物传记。郭橐驼原来的名字不可考了，因为驼背，所以人家叫他"郭橐驼"。"郭橐驼"这名字就这么一直被叫下来了。他有他的家乡——丰乐乡，丰收快乐，有着美好的寓意。他的职业是种树，可别瞧不起这个种树的，他种树天下独绝，无人可超越。郭橐驼种树好的原因是什么？ 树的根要舒展，树的培土要平整、均匀，树的根上带旧土，树的筑土要紧密。做了这些之后，就不要再去动它，也不必担心它，种好以后离开时可以头也不回。

概言之，就是培元固本，而后不顾。而"他植者"有两种错误的做法，一种是爱得不够，一种是爱得太多。作者由"养树之术"中得到了"养人之术"，"养树之术"要在顺性，不在茍弃。而当时的丰乐乡不是真正的丰乐乡，官吏不顾民生，繁政扰民。

作者写这篇传记只是为了告诉我们有郭橐驼这么一个神奇的种树者，告诉我们郭橐驼生活的丰乐乡不是真正的丰乐乡吗？ 鲁迅在《中国小说史略》中则更进一步说它是"幻设为文""以寓言为本"，明确表示它是虚构的。笔者采用了《普通高中教科书　教师教学用书　语文选择性必修下册》中认为的说法，《种树郭橐驼传》是一篇人物传记，兼有寓言说理。"设事明理"是寓言最根本的特点，为了明理所设之事既可是真实的，又可是虚构的。本文中，既可能是作者虚构了一个橐驼的故事，也可能是生活中确实有那么一个驼背的种树人而引发作者写这样一篇寓言。所以，认为郭橐驼是真实的或是虚构的，都是有道理的，"以为官戒"才是作者真正的写作目的——是儒家积极的济世思想。

【教学目标】

本课时的教学目标如下：

(1)通过分析郭橐驼姓名、家乡、职业、特点、具体事迹等，进一步领会郭橐驼种树好的原因；

(2)在类比和对比的过程中，探究柳宗元在中唐儒道合流背景之下的儒家积极的济世思想。

【设计阐释】

《种树郭橐驼传》是一篇人物传记,兼有寓言说理。

本设计开头侧重对这篇文言文的朗读。这里的多遍朗读是很有必要的。通过自由朗读和对其他同学字音正误的评判初步读通文章,了解文章的大致内容;再次朗读则进一步读懂文章,并且借助对停顿、断句、语气等的揣摩、讨论加深了对疑难词、句的理解;集体朗读则是对讨论所得的回顾与确认。只有在充分朗读、初步理解的基础上才可能真正进入文本、实现对话。这是教学设计的第一板块。

教学设计的第二板块就从传记的定义角度用表格的形式让学生分析郭橐驼的姓名、家乡、职业、种树特点、种树的具体事迹等。

学生在梳理郭橐驼种树特点时,得到了四个特点:技术全面;百分百的存活率;观赏效益俱佳;可以被模仿,没法被超越。郭橐驼种树的具体事迹是什么呢? 他是如何做到的呢? 原来他是做到了"顺木之天,以致其性"。具体做法是培元固本,而后不顾。这时,把郭橐驼和他植者进行类比和对比。他植者是不顾根本,忧勤太过。这是本课重点探究式研习的内容。

教学设计的第三板块是探究柳宗元在中唐儒道合流背景之下的儒家积极的济世思想。这篇文章名为传记,同时也兼有寓言性质。柳宗元写这篇文章的根本目的是希望统治者顺民之性,爱民务本,让民自为,体现了柳宗元作为一个政治家的"爱民"思想。他的为政思想与老庄学派的"道法自然"不一样。柳宗元并不是主张"无为","以为官戒"才是他真正的写作目的,这是儒家积极的济世思想。

【课堂实录】

师:同学们都知道柳宗元吧? 初中时读过他的什么文章?

生(齐声):知道,《捕蛇者说》。

PPT 出示:

《捕蛇者说》全文。

师:大家齐读《捕蛇者说》。

师:《捕蛇者说》的文体是——

生:说,一种议论文体。

师:哦。那我们今天要学习的《种树郭橐驼传》是什么文体呢?

生:传。传记。

PPT 出示:

传记是一种用来记载人物生平事迹的文章体裁。一般由别人代为记述,也有自述生平的(称为"自传")。

师:《种树郭橐驼传》是什么类型的传记?

生:他传。

师:给谁作传? 是谁给他作的传?

生:给郭橐驼作传。是柳宗元给郭橐驼作的传。

师:看来郭橐驼蛮有面子的嘛,一个种树的,有柳宗元这么一个大文学家给他作传。柳宗元给郭橐驼作了一个怎样的传呢? 请同学们自由朗读一遍文章,遇到不认识的字举手向老师示意。

(教师巡回听读,讨论交流约 5 分钟结束)

师:现在我请一位同学把课文朗读一遍,请其他同学评一评字音是否读对了。

(一名学生站起来朗读,全班同学齐听)

师:这位同学有没有读错的音?

生:第 2 自然段的"凡长安豪富人为观游及卖果者"中的这个"为"字念第二声。

师:为什么呢? 这个词翻译成什么? 而且这是个什么句式?

生:翻译成"作为",是动词。"为观游"是做定语来修饰"长安豪富人"的,所以这是个定语后置句,意思是作为观赏游玩长安有钱有势的人。

师:还有吗?

生:第 2 自然段的"早实以蕃"的"蕃"也念第二声。"蕃"是"多"的意思。

师:为什么解释为"多"的意思?

(学生抓耳挠腮,答不出来)

PPT 出示:

fān,通"番"。是古代对外族的通称。fán,(1)茂盛;(2)繁殖;(3)通"藩",屏障。bō,吐蕃。Pí,姓。

师:"蕃"是"多"的意思,就是"繁盛"的意思。还有吗?

生:"病偻"的"偻"似乎都和脊椎弯曲有关,到底是念 lóu 还是念 lǚ,我不太自信。

师:脊椎弯曲的样子,lǚ。如果念 lóu,是佝偻病。

生:这个"爪"字我觉得他没有念对。

PPT 出示:

甲骨文　　金文　　小篆　　楷书

师:"爪"是象形字。甲骨文像一只朝下伸出的爪。金文像指尖朝上的手的形状。小篆由甲骨文演变而来,像鸟的脚趾和脚掌都向下的形状。变楷书后写作"爪"。"爪其肤"的"爪"念"zhǎo",是"抓"的意思,动词,不念"zhuǎ"。

师:现在我们全班同学读一遍文章。除了要把字音读对,还要注意朗读的停顿、断句、语气等。

(全班学生齐读)

师:既然这是一篇人物传记,按照人物传记的要素,请同学们小组交流讨论,完成表格。

PPT 出示：

姓名	家乡	职业	特点	具体事迹
				郭橐驼： 他植者：

（学生前后桌四人一组讨论交流，教师巡回走动观察、视听）

师：同学们刚才小组交流得很热烈，很好。下面我们先来完成表格的内容。郭橐驼是他的真实姓名吗？

生：不是。他的姓是"郭"，真实的名字已经不知道了。

师："橐驼"是后来乡里人给他取的名字。为什么取这样一个名字呢？

生：因为他"病偻，隆然伏行，有类橐驼者"，所以乡里人给他取了这么一个名字。

师：这个名字有点像同学们有时因别人的外形缺点取的绰号。比如，我们在《包身工》里看到给长得很瘦的包身工取的名字是——

生：芦柴棒。

师：对。如果现实生活中人家因为你的外形缺点给你取了个绰号，你的情绪会怎么样？

生：生气，太损人了，自尊心受伤了。

（全班大笑）

师：对。那郭橐驼的反应怎么样？

生："'甚善，名我固当。'因舍其名，亦自谓'橐驼'云。"他觉得给他取这个绰号本来就很好，很恰当，名副其实。而且他舍弃了原来的名字，自己称自己叫"橐驼"。

师：这个有趣的名字用我们现代汉语应该怎样称呼呢？

生1：郭骆驼。

生2：骆驼郭。

（全班大笑）

师：从郭橐驼对这个绰号的接受来看，他的性格特点是——

生1：开朗。

生2：乐观、豁达。

师：同学们说得很好。他的家乡在——

生：丰乐乡。

师：同学们顾名思义，猜猜这个地方是怎样一个地方。

生：丰乐丰乐，丰收快乐。

师：对，那是一个富饶的地方，老百姓安居乐业。郭橐驼在那里的职业是什么？

生：种树人。

师：种树的人在那个时代、那个地方生存容易吗？

生：我觉得还是可以的。长安城的富豪人家为了观赏游览，需要郭橐驼帮他们种植花木；那些以种植果树售卖水果为生的人也需要郭橐驼。

师：看来，有钱有闲的、谋生的，都需要他。难道整个丰乐乡只有郭橐驼会种树，能种树吗？我们思考一下，有钱有闲的需要什么树？售卖水果为生的人需要什么树？

生：前者需要观赏型的树，相当于现在的"盆景"；后者需要果树，要能卖钱的。

师：看来我们的郭橐驼两种类型的树都能种啊，无论是谋心的，还是谋身的。所以他种树的第一个特点是——

生：他是全能冠军。

师：对。

[板书：技术全面]

师：无怪乎这两种人都要争着迎接雇佣他。看来郭橐驼蛮吃香的。

师：他种树的第二个特点是什么？

生："视驼所种树，或迁徙，无不活。"就是说无论是他种的还是移植的树，都有很高的存活率。

师：哪里是很高的存活率啊，分明是百分百的存活率。会种树不稀奇，关键是移植的树也能活下来。

[板书：百分百的存活率]

师：我们接着往下看，郭橐驼种树的第三个特点是什么？

生："硕茂，蚤实以蕃。"就是说他种的树高大茂盛，果实结得又早又多。

师：对。这句话和前面哪一句话是相照应的？

生："凡长安豪家富人为观游及卖果者，皆争迎取养。"

师：为什么？

生：树有百分百的存活率，但如果不会结果，或者结果少，别人也不会"皆争迎取养"。郭橐驼种的树高大茂盛，果实结得又早又多。对前面第一种人来说，有很强的观赏性。而对第二种售卖水果为生的人来说，果实结得又早又多则可以做到人无我有、人有我优，带来很高的经济收入。

师：无怪乎前面两种人都要争着迎接雇佣他。

[板书：观赏效益俱佳]

师：这样会种树的人，其他种树的人能不眼红？

生：眼红的。

师：体现在哪里？

生："他植者虽窥伺效慕"，其他人想要去暗中观察模仿。

师：结果呢？

生："莫能如也"，其他人没有谁能比得上他。

师：郭橐驼种树的第四个特点是什么？请用一句流行语回答。

生：历来被模仿，从未被超越。

[板书：历来被模仿，从未被超越]

师：郭橐驼为什么会有这样的种树本领呢？我们接下来看第3自然段，看看能找到原因吗？我们能从第 3 自然段中找到一句总结性的语句吗？

生："能顺木之天,以致其性焉尔。"

师:什么意思？

生:只是能顺应树木的天性,让它尽性生长罢了。

师:对。"顺木之天,以致其性。"

[板书:顺木之天,以致其性]

师:具体怎么做的？

生："其本欲舒,其培欲平,其土欲故,其筑欲密。既然已,勿动勿虑,去不复顾。"

师:能不能试着把这段文字翻译一下？

生:树的根要舒展,树的培土要平整、均匀,树的根上带旧土,树的筑土要紧密。做了这些之后,就不要再去动它,也不必担心它,种好以后离开时可以头也不回。

师:对,这就是郭橐驼种树的具体做法。

[板书:培元固本,而后不顾]

师:那么,郭橐驼有没有向其他人隐藏一点商业秘密呢？

生:没有。

师:从哪里可以看出来？

生："故吾不害其长而已,非有能硕茂之也;不抑耗其实而已,非有能蚤而蕃之也。"

师:看来郭橐驼想要树长得高大茂盛,想要使果实结得又早又多,也就是观赏效益俱佳的诀窍是什么？

生:不妨害它的生长,不压制耗损它的果实。

师:对,郭橐驼是个坦荡的人,没有隐藏一点商业秘密啊。

师:顺应树木的天性,让它尽性生长,"他植者"是怎么做的呢？我们先从这一段找一个关键句。

生："木之性日以离矣",也就是日益背离树的天性了。

师:"他植者"具体是怎样背离树的天性的？

生："根拳而土易,其培之也,若不过焉则不及。苟有能反是者,则又爱之太殷,忧之太勤,旦视而暮抚,已去而复顾,甚者爪其肤以验其生枯,摇其本以观其疏密。"

师:这位同学找的这段文字很精确。其实,这段文字我们细细读,可以看到"他植者"有两种错误的做法,是哪两种呢？

生:一种是爱得不够。

师:具体怎么说？

生:种树时树根卷曲,又换上新土;培土不是过分就是不够。

师:对,这种种树法和郭橐驼的方法是完全相反啊。郭橐驼种树时树的根要舒展,树的培土要平整、均匀,树的根上带旧土,树的筑土要紧密。做了之后,就不要再去动它,也不必担心它,种好以后离开时可以头也不回。

师:还有一种呢？

生:还有一种是爱得太深,忧得太多。

师:具体怎么说?

生:早晨去看了,晚上又去摸摸,离开之后又回头去看看。更过分的做法是抓破树皮来验查它是死是活,摇动树干来观察栽土是松是紧。

师:对,这种种树法也和郭橐驼是完全相反啊。郭橐驼种树之后,就不再去动它,也不担心它,种好以后离开时头也不回。

师:所以,在这段最后,郭橐驼得出了怎样的结论?

生:"虽曰爱之,其实害之;虽曰忧之,其实仇之。"

师:这虽说是爱它,实际上是害它;虽说是担心它,实际上是与它为敌。我们生活中有多少人是打着"爱""忧"的旗号,干的却是"害""仇"的事情。

师:我们把种树之道,移植到官吏为政之道,可以吗? 他植者植树和官吏为政有什么相似之处呢? 我们从第4自然段找一个关键句。

生:"见长人者好烦其令,若甚怜焉,而卒以祸。"

师:对。那些小吏喜欢不断地发号施令,好像很怜爱百姓,结果却给百姓带来灾难。那些小吏具体发些什么号令呢?

生1:催促你们耕地,勉励你们种植,督促你们收割,早些缫你们的丝,早些织你们的布,养好你们的小孩,喂大你们的鸡、猪。

生2:一会儿打鼓招聚大家,一会儿鼓梆召集大家。

师:那些小吏的号令是从哪里来的呢? 他们自己就这么喜欢折腾老百姓吗?

生:从官那里。

师:在古代,"官"和"吏"是有鲜明的区别的。看来,那些小吏也可能是被上级层层施压的。为吏不易,为民更不易。那些小吏这样做的具体后果是什么?

生1:不得暇,没法蕃吾生而安吾性。

生2:病且怠,困苦又疲劳。

师:我们能否用简练的词语概括一下他植者和官吏治民的结果?

生:他植者的结果是勤虑害树。

[板书:勤虑害树]

师:官吏治民的结果呢?

生:太烦了,繁政扰民啊。

师:对,看来丰乐乡不是真正的丰乐乡。官吏不顾民生,繁政扰民。

[板书:繁政扰民]

师:文章最后说,从"养树之术"中得到了"养人之术",那么"养树之术"的要点是什么?"养人之术"的要点呢? 能用简练的词语回答一下吗?

生:"养树之术"要在顺性,不在莳弃。

[板书:要在顺性,不在莳弃]

生:"养人之术"要在务本爱民,让民自为。

[板书:务本爱民,让民自为]

师:从这里我们也可看出作者柳宗元心系民生的民本精神!柳宗元为什么写这么一篇文章呢?同学们猜一下当时的时代背景。

生:我猜应该是当时唐朝的官员繁政扰民。

师:猜得很准。

PPT出示:

据《旧唐书·食货志》载,各地官僚为巩固自己的地位,竞相向朝廷进奉,加紧对下层的盘剥,于是"通津达道者税之,蒔蔬艺果者税之,死亡者税之",民不聊生。

据《柳子厚墓志铭》载,柳宗元任柳州刺史时,"因其土俗,为设教禁,州人顺赖。其俗以男女质钱,约不时赎,子本相侔,则没为奴婢。子厚与设方计,悉令赎归;其尤贫力不能者,令书其佣,足相当,则使归其质。观察使下其法于他州,比一岁,免而归者且千人。"

师:作者从"养树之术"中得到了"养人之术",所以这篇文章名为给郭橐驼作传记,同时也兼有寓言性质,希望统治者务本爱民,让民自为。他本人在做地方官时,也践行着本文所提倡的"爱民"思想。我们再思考一下:他的为政思想与老庄学派的"道法自然"一样吗?

生1:好像很相似。种树不要去打扰树,顺应树的天性,这样树才能长得快,结果多。种树如此,为政亦如此。

生2:我觉得不一样。顺应树的天性并不是目的,而是一种方法,目的是让树按照本性充分发展。文章结尾"以为官戒",说明本文的目的还是在于为国献策,让统治者看到自己为政出现的问题。

师:对。柳宗元并不是主张"无为",本文其实体现的是柳宗元在中唐儒道合流背景之下儒家积极的济世思想。统治者养民爱民,只有这样,丰乐乡才是真正的丰乐乡。

(教师布置课后作业)

师:你生活中有没有遇到过类似"他植者"的现象?你觉得正确的做法是什么?大家课后想一想,下一节课课堂交流。

师:下课!同学们再见!

浙江省诸暨市海亮实验中学 叶其卿

【专家点评】

本堂课将引导学生研习探究作为教学定位,定位准确,效果明显。其成功之处主要体现在以下两个方面。

一是在于对问题设计的正确把握。从整堂课来看,这堂课"人物传记,寓言说理"这个问题的设计有两个好处:一是从"人物传记"的角度了解郭橐驼其人其事,用表格的形式让学生小组讨论,思路清晰。二是切入点有新意。学生读了这个人物传记,发现它和以前读的人物传记不太一样,这篇人物传记兼有寓言说理。无论认为郭橐驼是真实的还是虚构的,都是有道理的,

"以为官戒"才是作者真正的写作目的。这让学生深刻领悟了柳宗元积极的儒家济世思想。

二是关注学生的学情。这堂课开头侧重朗读，多形式的朗读效果显著。对"为""偻""蕃""爪"等字读音的讲解生动形象，丰富了学生的文言知识。可见叶老师在备课时是下了很大功夫的。学生在自由朗读、交流讨论中，加深了对疑难词、句的理解，了解了文章的内容，在充分朗读、初步理解的基础上真正进入文本、实现对话。

（杭州市余杭第二高级中学教师、浙江省特级教师、正高级教师　应　健）

38. 溯回"疑"之,缘景探理

——《石钟山记》课堂教学实录

【课文简析】

《石钟山记》是宋代大文豪苏轼于宋神宗元丰七年(1084年)夜晚,乘船游览石钟山后所写的带有说理性质的一篇游记,详述了苏轼出游的缘由、见闻和感想。文章不只是记游,在登山临水的兴致之中,始终萦绕着求真探伪的旨趣。出游之因,乃怀疑郦道元、李渤对石钟山命名之说。文章先交代了文献中记载的郦道元和李渤关于石钟山得名的由来的两种说法,由此引出苏轼对这两种说法的怀疑,恰逢其子苏迈将赴江西饶州担任德兴县县尉,苏轼亲自送苏迈赴任,顺道游览了位于江西湖口县的石钟山,进行实地考察验证,不顾夜黑风高,不避浪大舟小,最终有所收获,找到石钟山命名的真正原因,进而得出想要认识事物的真相必须"目见耳闻"、切忌主观臆断的道理,点明写这篇游记的目的,即记录自己的见解,证实、补充郦道元的观点,纠正李渤的观点。

山水游记散文始于魏晋,在唐代得到极大发展,到了说理之风大盛的宋代,于记游中穿插议论,在叙事和写景中阐发事理,形成了山水游记散文全新的景趣、理趣和情趣融为一体的独特风格。苏轼将石钟山山水之间万籁俱作、鹘鹘惊鸣、白浪滔天、众声纷起之状,描绘得妙趣横生,兴会淋漓。《石钟山记》写得潇洒随性而自有法度,景趣、理趣和情趣有机结合,由小事入,由深理出,浅入深出,体现了苏轼注重调查研究的质疑精神和实证精神,极富启发意义。"桐城派"代表作家姚鼐在《古文辞类纂》卷五十六引方苞之语来称赞此文"潇洒自得,子瞻诸记中特出者",可见这篇山水游记的典范作用和学习价值。

【教学目标】

本课时的教学目标如下:
(1)学习"反对臆断、重视实践"质疑求实的科学精神,学习对人对事做全面的评价;
(2)感受《石钟山记》集记叙、描写、议论于一体的行文特点,体会文章的景趣、理趣与情趣;
(3)分析鉴赏苏轼对石钟山夜景描写中隐藏的丰富意蕴。

【设计阐释】

本文结构不同于一般的记游性散文先记游再议论的特征,这篇文章是既有景趣,又有情趣和理趣。苏轼的文学思想是文道并重,注重文学的独创性和表现力,认为作文应该"文理自然,姿态横生",提倡文学创作的独创精神,同时苏轼还批判那种"力去陈言夸末俗"的辞章家习气,注重文章为社会现实服务,注重展示文章的理性说服力。

针对说理性强的古代游记散文,本堂课采用真实情境任务的设计来导入文章学习,让学生在古为今用的过程中,汲取理性的智慧——质疑精神,同时采用群文阅读和合作小组学习的方式,阅读李渤的《辨石钟山记》、俞樾的《春在堂随笔·卷七》、曾国藩的《石钟山名考异》、王安石的《游褒禅山记》,寻找作品中作者关于石钟山得名的观点、依据,探究作者当时的处境、探山的原因,发掘出其中的景趣、情趣、理趣。

教学设计思路如下:第一课时以培养学生的质疑精神为主,第二课时以发掘山水游记散文的景趣、理趣和情趣为主。

【课堂实录】

(说明:《石钟山记》计划上两个课时,本实录为第一课时的教学过程。)

师:同学们,最近网上有一个词很火,叫作"刘畊宏女孩",大家知道这个词吗? 是什么意思呢?

生1:老师老师,我知道,就是跟着刘畊宏跳《本草纲目》的女孩就被大家称为"刘畊宏女孩"。

生2:对对对,就是跳减肥操的女孩。

师:看来同学们不仅是风声、雨声、读书声声声入耳,家事、国事、天下事也是事事关心呀,这点真的非常好,关心时事,与时俱进。

PPT 出示:

2022 年 4 月 29 日消息,在上海居家隔离的刘畊宏和其妻子王婉霏因直播燃脂健身操火遍全网,吸引了众多女孩跟练健身操。近日,记者发现,"刘畊宏女孩"被广西一公司申请注册。在直播间内,刘畊宏花心思弄出了不少健身新花样,《本草纲目》版毽子操、马甲线教程,加上刘畊宏碎碎念式的花样打气,一时间,大批自称为"刘畊宏女孩"的网友跟随着夫妻二人一起跳操,并期待着刘畊宏为她们"在线批改作业"。

(播放视频:"刘畊宏女孩"注意啦! 多名女孩跳操出意外,12 岁女孩连续跳操,导致一侧输卵管被切)

师:对此,"元芳"你怎么看呢? 同学们各抒己见吧。

(全体学生笑)

生:这些女孩缺少安全意识和自我保护意识。

师:嗯,有一定道理。

生1:这些女孩太心急了,心急则乱,太想减肥啦,欲速则不达。

生2:这些女孩缺少质疑精神,有些盲从。

师:有道理,那你能不能再具体展开一下?

生:她们对刘畊宏减肥操的力度和强度都是主观臆断,对自己的身体承受能力也没有做出正确的判断,没有经过仔细的了解和科学的研究,就盲目地开始锻炼,导致了运动性伤害的出现。

师:哦,她们缺少质疑精神,对刘畊宏的做法有些盲从,说得很有道理。

生:叔本华曾经说过一句话:"怎样才能算做真正的自己？那就是不要让自己的头脑成为别人思想的跑马场。"我觉得这句话就比较适合用来告诫这些受伤的女孩。我们每一个人在生活中干任何事情都不能鲁莽,不能主观臆断,要有质疑精神,某些事情到底能不能做,做了以后会产生什么样的后果,必须要在事前进行充分的考虑和认真的评判,然后才能施行,否则就容易受到伤害。我们每一个人都要努力做到不被别人的思想所左右,成为一个有独立思想的人。帕斯卡尔说过:"人是一根有思想的芦苇。"人是很脆弱的,但是因为有了思想,人就变得强大起来。

师:我们这位同学的话说得非常有道理,老师觉得你就是一根有思想会思考的芦苇,未来可期呀。

(全体学生笑)

生:孟子说:"尽信书,则不如无书。"这句话是说读书人不能拘泥于和过于迷信书本上介绍的内容。同样的,我们现在生活在这样一个信息爆炸的时代,扑面而来的各种知识和信息更是良莠不齐,这时我们就特别需要质疑精神,不能全盘接受,我们要学会独立思考,去伪存真。

师:看来我们的同学很睿智呀,对这个问题的认识还是很有见地的,那么我们一起来看看古代的文学大师们,他们对号称"千古奇音第一山"的石钟山命名的原因是如何独立思考的。

[板书:石钟山记　苏轼]

师:昨天老师已经布置了预习内容,同学分小组分别领取了各自的阅读任务,相信同学们已经认真阅读了各自选取的文章,我们下面就请各小组来展示一下你们课外阅读的成果吧,谈一谈每位作家对石钟山得名的看法。来,第一组发言人请谈谈清代文学家俞樾的看法吧。

生:我在课前预习阅读时,就在清代人俞樾的《春在堂笔记》中看到这样一句话:"每冬日水落,则山下有洞焉。……盖全山皆空,如钟覆地,故得钟名。"由此可见,俞樾认为石钟山命名的原因是石钟山的外形如倒扣的钟。

师:那么,这是什么原因导致的呢?

生:石钟山下部山体,由于地下水和江湖水的冲刷、溶解和剥蚀,形成了很多溶洞,导致山形如钟。这种地形在地理上叫作"喀斯特地形",我们在地理课上学过。

师:哦,我们这位同学地理知识学得非常扎实,而且会活学活用,非常好。从这位同学的发言中,我们知道了俞樾的观点是石钟山的外形如钟。

[板书:山形如钟]

师:曾国藩也曾经去过石钟山,第二组发言人来谈谈曾国藩的观点吧。

生:曾国藩的观点同样是山形如钟,从他的文章中可以看出来这一点,他写道:"石钟山之片石寸草,诸将士皆能辨识,上钟岩与下钟岩,其下皆有洞,可容数百人,深不可穷,形如覆钟。彭侍郎玉麟于钟山之顶建立昭忠祠。"从这几句话中,我们可以看出曾国藩的观点也是认为石钟山的外形如覆钟,山名是根据它的形状来命名的。

师:也就是说俞樾和曾国藩的观点是一致的,对吗?

生：是的。

[板书：俞、曾之观点]

师：那么苏轼是什么观点呢？请第三组发言人来谈谈，好吗？

生：苏轼认为石钟山因为在地下水、江湖水的侵蚀下，在山体下面靠近水的地方就形成了很多的缝隙洞穴，当江湖水水位上涨到一定的高度时，如果这时还有合适的风力和风向，江湖水就会在风的助力下，在洞穴罅隙中涌进涌出，"与风水相吞吐"，形成"窾坎镗鞳"之声，发出了如敲钟一般的声音。

师：石洞中涌进涌出的风水声如钟声，对吗？换言之，石钟山命名的原因是"风水声如钟声"，对吗？

生：是的。

师：由此可见，俞、曾二人的观点是从"形"的角度来论述原因，苏轼是从"声"的角度来找寻原因。

[板书：风水声如钟（苏轼之观点）]

师：郦道元和李渤认为石钟山命名的原因什么呢？请大家集体朗读《石钟山记》第一段。

（学生集体朗读）

师：同学们朗读得很认真，大家来谈一谈郦道元和李渤是什么观点。

生1：郦道元认为水石搏击，声如洪钟。

[板书：水石搏击声如钟（郦道元之观点）]

生2：李渤认为石声如钟，溶洞地区的石钟乳、石笋、石柱、石块等，因为常年受到冲刷，石头中间已经出现很多空洞，用木槌敲打，是会发出含糊或清脆的声音的，正像一首歌里唱的，"这里的石头会唱歌"，李渤就是持这种"扣石得声"的观点。

师：哦，看来我们这位同学很喜欢唱歌，那么文中是如何记叙的？

生（笑）：文字是这样写的："得双石于潭上，扣而聆之，南声函胡，北音清越，枹止响腾，余韵徐歇。"

师：李渤在水潭边找到两块石头，用木槌敲击，石头发出或含糊或清扬的声音，李渤认为石钟山是因为这个原因得名的。

[板书：扣石声如钟鸣（李渤之说）]

师：那么苏轼对郦道元和李渤的观点是持什么态度呢？请一位同学给大家朗读一下课文第3自然段。

（学生朗读）

生："盖叹郦元之简，而笑李渤之陋也。"

师：同学们，从这一句话中可以看出什么问题？

生：可以看出苏轼对郦道元和李渤的观点在态度上是有所不同的。

师：这句话中哪些词语展现了苏轼态度上的不同的呢？能具体谈一谈吗？

生1：从一个"叹"字和一个"笑"字上可以看出来，"叹"是叹息的意思，"笑"是嘲笑的意思。从"郦元之简"同样可以看出苏轼认为郦道元对石钟山的命名原因陈述得过于简略了，不够详细,所以他是"叹息";而对李渤的看法,他是否定和讽刺的,因而用"笑"字,并且用一个"陋"字来再次强调他的态度,他认为李渤的看法是过于浅陋了。

生2:老师,第3自然段中"郦元之所见闻,殆与余同,而言之不详"这句话,也同样可以证明苏轼认为郦道元的观点和他的观点是几乎一致的,就是阐述得不够详细,也就是说在这篇文章中苏轼主要批驳的对象是李渤。对于李渤的看法,苏轼是持怀疑和否定态度的。

师:在文章的第1自然段和第3自然段的其他语句中,还能看出苏轼对李渤的否定态度吗?

生1:在第1自然段中,苏轼对郦道元的说法是"人常疑之",对李渤的说法是"余尤疑之"。"尤"是"尤其,特别"的意思,从这个字也可以看出苏轼对李渤的说法持更加不赞同的态度。

生2:我来补充一点,"人常疑之"的"人"字也很能表明苏轼的态度。从"人"这个字我们应该可以感受到苏轼把自己择除在外,他的意思是说其他人对郦道元的看法持怀疑态度,而他自己对郦道元的看法是不怀疑的,只是觉得郦道元的说法有些简略,不够详细,这跟后面第3自然段中"郦元之所见闻,殆与余同"的说法是一致的。

生3:老师,我发现苏轼在批驳郦道元和李渤的说法时,标点符号也是不同的。

师:噢,我们这位同学的观察力非常敏锐啊,那么,你来说说看。

生:苏轼在回应郦道元的说法时,用的是一个感叹句:"今以钟磬置于水中,虽大风浪不能鸣也,而况石乎!"这里句子结尾处用的是感叹号。而在驳斥李渤的说法时,用的是疑问句,"石之铿然有声者,所在皆是也,而此独以钟名,何哉?"这里结尾处用的是问号。我们大家都知道感叹号多表达感慨、惋惜、命令、喜悦、渴望等强烈感情的语气,但是问号常常就表示怀疑和否定的语气。从小小的标点符号中,我们其实也是可以看出一些端倪的,也是可以寻找到苏轼思想的蛛丝马迹的。

师:这几位同学分析得特别好,下面我们找两位同学来朗读一下这两句话,试着把这种惋惜感叹和怀疑否定的感觉分别朗读出来。

(两位学生分别朗读两句话)

师:同学们,你们觉得这两位同学读得如何?有没有读出那种语气?

生1:我觉得第一位同学应该再稍加修改一下,这个"乎"字的平声调应该读得更沉重一些,甚至声音拖得更长一些,这样更加能表现出那种感慨、惋惜的语气。

生2:我觉得第二位同学应该将"何"字读得更加上扬一些,甚至可以配合表情,眉毛挑起来或者皱起来读,这样更能表现苏轼的怀疑态度。

师:那么请你读读看。

(学生朗读)

师:读得很好,从这几位同学的朗读中,我们对苏轼的观点有了更加鲜明的感受。同学们,我们看到苏轼对李渤的观点有怀疑和否定之意,那么苏轼的观点是不是就一定正确呢?我们前后桌四人组成合作小组,开展小组合作讨论,一起来"吹毛求疵"一下,共同来寻找苏轼的疏漏和谬误,看看苏轼对李渤观点的反驳是否也有疏漏之处?是不是也有逻辑上的错误?

(学生讨论3分钟,教师巡视)

[板书：学生质疑苏轼：为李渤"鸣冤"]

生：苏轼对李渤观点的否定，在第3自然段是如此叙述的："事不目见耳闻，而主观臆断其有无，可乎？"这句话的潜台词就是说李渤有"不目见耳闻，而臆断其有无"的浅陋鄙薄之处，这个论点本身就是主观臆断，既违背客观事实，也缺乏论证的针对性和准确性。从第1自然段，我们就可以看出李渤和苏轼一样有审慎、不武断、重视调查、重视钻研的严谨学风和质疑精神，他和苏轼一样喜欢疑古探究，他实地考察，亲赴石钟山"访其遗踪"，这就是"目见"；在水潭边得到双石，"扣而聆之"，这也是"耳闻"，可见李渤严谨、认真地考察了石钟山得名的原因。因此，李渤的观点也非轻易地"臆断其有无"，对李渤的严谨认真，苏轼也是颇为肯定，由此恰恰可以发现苏轼犯了逻辑中"自相矛盾"的错误，我们完全可以"以子之矛，攻子之盾"。

师：好的，这位同学认为苏轼犯了"自相矛盾"的错误。

生：李渤和苏轼一样都不迷信前人的观点，也和苏轼一样实地考察，虽然没有成功，但是苏轼实在不应该嘲笑李渤。苏轼的"笑"实在是"自以为得之矣"后的"洋洋自得"的心理外现，这个"笑容"恰恰显示了苏轼的浅薄，因为我们知道，"实践是检验真理的唯一标准"，而苏轼自己的观点也并没有经过实践的检验，就想当然地把自己的看法奉为圭臬，这也是浅薄的一种表现，让我产生了一种"五十步笑百步"的感觉。

师：这位同学的意思就是说苏轼自己的观点也并没有得到实践的检验，也不能够算是真理。换言之，苏轼的观点也是不完美的，我们只能说他的观点可能比李渤的观点更接近真相而已。这两位同学分析得很好，我们知道人类在走向真理的艰难过程中，每一位像李渤那样的失败者都不可笑，我们应该为他们的奋勇前行点赞，正是他们的努力让我们和真理越来越接近，当然我们也应该为苏轼实地考察的质疑精神点赞。

师：苏轼在实地观察中看到了石钟山什么样的夜景呢？渲染了什么样的氛围？

生：苏轼描写的夜景渲染了一种阴森恐怖的氛围。

师：对石钟山夜景，文中是如何描述的？分别使用了什么手法？

生："大石如猛兽奇鬼，森然欲搏人""山上栖鹘磔磔云霄间""又有若老人欬且笑于山谷中者"使用了比喻和以声写景的方法，极力渲染石钟山夜景的阴森恐怖氛围。

师：面对这样阴森恐怖的夜景，亲自实地考察的苏轼一行人的心态有没有什么变化？

生：面对这样恐怖的夜景，"舟人大恐"，说明长年累月在江面上漂泊，经常遇到惊涛骇浪的船家都非常害怕，由此更加衬托出石钟山夜景的恐怖。还有"我方心动欲还"，这里的"心动"是内心非常震惊的意思，"欲还"说明苏轼也因为内心害怕想要回去了。

师：那么，苏轼最终回去了吗？

生：没有回去，不但没有回去，反而继续实地考察，最终听到了"钟鼓噌吰不绝声""风水吞吐的窾坎镗鞳之声"，由此可见苏轼有着异于常人的执着坚韧的质疑精神，这种精神是非常难能可贵的。

师：苏轼有着坚忍执着的质疑精神，不迷信前人的说法，对李渤的观点抱有质疑和否定的态度，那么俞樾和曾国藩对苏轼的观点又是持怎样的态度呢？

生：俞樾对苏轼的观点也是不赞同的。

师：从《春在堂笔记》中的哪些文字中可以看出这一点？

生：从"然东坡谓山石与风水相吞吐，有声如乐作，此恐不然。天下水中之石多矣。凡有罅隙，风水相遭，皆有噌吰镗鞳之声，何独兹山为然乎"中可以看出来，俞樾认为天下这种山石与风水相吞吐的例子数不胜数，为什么这座山就用石钟山命名呢？他认为这种说法不具有说服力。

生：文中还写到"盖全山皆空，如钟覆地，故得钟名。上钟山亦中空。此两山皆当以形论，不当以声论。东坡当日，犹过其门而未入其室"。在用"此两山皆当以形论，不当以声论"强调"山形如钟"这一观点的同时，也用"东坡当日，犹过其门而未入其室"表明俞樾自己不赞同苏轼的观点，认为苏轼的观点是浅薄的。

师：那么曾国藩对苏轼的观点又是什么态度呢？

生：也是抱有质疑和否定的态度，从"石钟者，山岩中空，其形如钟。东坡记叹李渤之陋，不知坡亦误也"可以看出，他的结论是"坡亦误也"。这种外形如钟的说法虽然不能完全否定苏轼说法的合理性，但至少也说明苏轼考察所得出的结论不一定是完全正确的。

师：那么，同学们，你们认为俞樾和曾国藩的结论有没有道理？

生：也不完全正确。他们也仅仅是从形状角度得出的结论，也是比较偏颇的。考察事物应该是全面细致地从多方面多角度入手，这样才能得到准确科学的论断。

师：针对石钟山命名的原因，在李渤、郦道元提出自己的看法后，苏轼、俞樾、曾国藩都对石钟山命名的原因产生了浓厚兴趣，为了验证前人之说是否可靠合理，都曾亲自前往验证。他们三人均否定前人之说，根据自己的判断树立新说。他们的说法都不见得正确，但是他们这种实地考察和质疑的精神却是弥足珍贵的，是值得我们学习的。

师：现在我校辩论队的一辩手，因为高考结束，暑假过后就要离开咱们高中去上大学了，这样一来校辩论队一辩手位置出现空缺，如果你想去竞争当一辩手，该如何来找出下面这两个辩题中的逻辑错误？同学们，我们现在还是前后四人小组进行合作讨论，对这两则材料进行理性分析和合理判断，寻找质疑支架，明确逻辑步骤，找寻逻辑错误，得出相对完善的论断并且推举一位发言人去竞争"校一辩手"的位置，为下次真正的应聘做一个事先演习，好不好？

PPT 出示：

1.只有苦难才能造就人才。

2.苦难造就人才。

（学生前后桌四人一组讨论交流，教师巡回走动观察、视听，讨论交流 5 分钟左右结束）

师：同学们刚才讨论交流得很热烈，很好。我们下面就针对第一个观点，通过讨论交流来明确逻辑步骤，寻找逻辑错误。

生：我们组针对第一个观点，概括的逻辑步骤是这样的：第一步判断观点为错，第二步发现观点中逻辑关系的疏漏处，第三步调整逻辑关系。我们发现这个观点的错误主要出在关联词这里，"只有……才……"表示必要条件且这一必要条件是唯一的，也就是说"只有苦难这唯一且必要的条件才能造就人才"，这显然是不符合事理逻辑的，因为造就人才的前提条件有很多，并且这些前提条件需要同时准确发力，才能造就人才。

师:说得非常好,那么同学们一起来说说看,造就人才的前提条件有哪些?

生1:良好的教育环境、一定的经济条件和个人自身的努力。

生2:健康的体魄。

生3:坚强的意志和较高的智商。

生4:有利的社会环境和适合自己发展的机遇。

生5:较高的情商及与人沟通的能力。

生6:卓越的表达能力。

生7:社会发展状况、社会经济形势、社会科技发展状况。

生8:国家的人才政策。

师:确定,造就人才的前提条件很多,除了个人的主观因素,还有众多的客观因素。一般来说,进步的社会制度、昌盛的国势、安定的环境、发达的经济形势、正确的人才政策都是人才辈出的前提条件。由此可见,第一个观点的错误是关联词使用不当导致的逻辑错误。

[板书:质疑:1.只有苦难才能造就人才。——逻辑错误:关联词不当]

生:我们组针对第二个观点概括的逻辑步骤如下:第一步判断观点为错,第二步找寻相反的或者例外的情况,第三步得出合理结论。我们组针对观点二"苦难造就人才",首先得出判断:这个观点是错误的。其次在现实中有人在遇到巨大的苦难时,不仅没有成才,反而走向了毁灭。例如双目失明、双耳失聪的海伦·凯勒,身体的残疾就是她的深重苦难,如果没有安妮老师50年的陪伴和鼓励,如果海伦没有那么坚韧不服输的意志,这份苦难对海伦来说那就是灭顶之灾。现实生活中,很多遇到苦难的人,并没有海伦的幸运,他们都被苦难折磨得气息奄奄、走向死亡。最后得出结论:苦难造就人才这个观点是错误的,过度美化苦难本身就是一种愚蠢的想法。

师:这位同学的意思,大家听明白了吗?他举出了例外的事例来否定第二个观点,其实这个观点在逻辑学中就叫作"归纳谬误"。例如,逻辑学中就有一个"寻找黑天鹅的故事",说的就是有个农民在几十年间见到过很多天鹅,每只天鹅都拥有白色的羽毛,于是这个农民就归纳道:"所有的天鹅都是白色的。"这其实就是犯了归纳谬误,同样的道理,我们只要能在现实生活中,找到一个"苦难毁灭人才"的例子,那么自然而然地就能证明这个观点的错误性。

[板书:质疑:2.苦难造就人才。——逻辑错误:归纳谬误]

生:我们组也是针对第二个观点来总结逻辑步骤的。第一步判断观点为错,第二步找寻观点成立的前提条件,第三步优化观点使之更严密。我们针对"苦难造就人才",首先得出判断:这个观点是错误的。我方认为如果要此观点成立,必须要有一些合理适度的前提条件,那就是苦难程度恰好在人物主体可承受的范围之内,并且能对人物主体进行精神的启迪和意志的磨练,这种适度的苦难才能造就人才。例如:著名作家史铁生,在最美好的年华残废了双腿,后来又患上严重的肾病并发展到尿毒症,这些苦难对史铁生是一场艰巨的考验。但史铁生用坚强的信念、伟大的意志战胜了苦难,直面惨淡的人生,不断地反抗命运的桎梏,不断地与病魔激烈搏斗,最后找到了文学创作的自我救赎之路,用文笔书写属于自己璀璨的人生华章。

师:我们这位同学的意思就是说,这一观点的成立需要很多前提条件,只有前提条件合适合理得当,才能推出正确的结论。

[板书:质疑:2.苦难造就人才——逻辑错误:前提谬误]

师:同学们,我们都知道人们对于客观事物的认识是一个曲折地接近真理的过程,苏轼不一味地迷信和盲从前人,能够在"莫夜""乘小舟"不畏艰险亲身探访,而俞樾、曾国藩等后人又对苏轼的说法怀疑、察疑、释疑,这种精神在当今这个信息爆炸、瞬息万变的自媒体时代,更是我们每一个人应该努力继承的,只有这样我们才能把握住正确的人生航向。

师:今天的课后任务是对王安石《游褒禅山记》与苏轼的《石钟山记》进行"同中求异"的比较性研读,探究两篇文章中呈现出来的景趣、情趣和理趣美,研讨它们在文学主张、记游手法和语言表达上的异同,下堂课我们在课堂中进一步交流。

师:下堂课再见! 同学们再见!

浙江省诸暨中学暨阳分校　庞云萍

【专家点评】

本节课设置真实情境导入文章的学习,采用群文阅读、合作小组学习的方式,实现了课内知识向课外实践能力的转换和运用,汲取理性的智慧——质疑精神古为今用,符合提升学生核心素养的理念。教学设计的闪光点主要体现在以下几方面。

首先,课堂设置了"'刘畊宏女孩'因为缺乏质疑精神,盲目地进行身体锻炼,导致运动性伤害"这一真实情境,一方面突破了古文学习的枯燥,有利于激发学生的兴趣,另一方面拉近了课文与学生的心理距离,在动态视频的播放中促发学生的思考,让学生对"愚昧地一味盲从"的害处有了直观的感受和体验,引起思想上的高度警觉。

其次,采用群文阅读和单篇有侧重点的细读相结合的方式,引导学生在高度整合中进入多文本的语文学习,使学生从多角度审视"质疑精神",感受到"质疑精神"的可贵,培养学生做一个有独立思想的人。

最后,培养学生运用课内知识去解决课外问题的实践能力,把静态的知识转化为"精神生命的感悟",让质疑精神内化于心、外化于行,让学生学会采用质疑精神、展开逻辑思辨,寻找逻辑错误,在语言运用的过程中提升了学生的核心素养。

(杭州市余杭第二高级中学教师、浙江省特级教师、正高级教师　应　健)